AMPHI LMD

AF859411

COURS DE DROIT PÉNAL GÉNÉRAL

Patrick Kolb

est Maître de conférences de droit privé et sciences criminelles à la Faculté de droit et des sciences sociales de l'Université de Poitiers. Il est membre de l' ISC-EPRED (Équipe Poitevine de Recherche et d'Encadrement Doctoral en Sciences criminelles - EA 1228).

Laurence Leturmy

est Professeur de droit privé et sciences criminelles à la Faculté de droit et des sciences sociales de l'Université de Poitiers. Elle est membre de l'ISC-EPRED (Équipe Poitevine de Recherche et d'Encadrement Doctoral en Sciences criminelles - EA 1228)

70, rue du Gouverneur Général Éboué
92131 Issy-les-Moulineaux cedex
ISBN 978 - 2 - 297 - 06286 - 2

AMPHI
LMD

COURS DE DROIT PÉNAL GÉNÉRAL

Patrick Kolb
Laurence Leturmy

3e édition 2017-2018

À jour des récentes évolutions législatives et jurisprudentielles

Gualino une marque de Lextenso

AMPHI LMD

La collection Amphi LMD permet aux étudiants de Licence (L1, L2 et L3), d'acquérir l'ensemble des connaissances d'une matière en conformité avec le cours dispensé en amphi.
Chaque livre :
- développe des connaissances approfondies sur la matière juridique traitée ;
- permet une accessibilité immédiate à une information approfondie.

Dans la même collection

Licence 1
- Cours d'Introduction générale au Droit, Marjorie Brusorio-Aillaud, 1re éd. 2017-2018.
- Cours de Droit constitutionnel et des Institutions de la Ve République, Carolina Cerda-Guzman, 3e éd. 2017-2018.
- Cours de Droit des personnes et de la famille, Clara Bernard-Xémard, 3e éd. 2017-2018.

Licence 2
- Cours de Droit administratif général, Xavier Braud, 1re éd. 2017-2018.
- Cours de Droit pénal général, Patrick Kolb et Laurence Leturmy, 3e éd. 2017-2018.
- Cours de Droit des obligations, Lionel Andreu et Nicolas Thomassin, 2e éd. 2017-2018.

Licence 3
- Cours de Droit commercial et des affaires, Daniel Bert et Frédéric Planckeel, 3e éd. 2017-2018.

Licence 3, Master 1, Master 2
- Cours de Droit international privé, Carine Brière, 1re éd. 2017-2018.
- Cours de Droit général des Sociétés, Dominique Vidal et Kevin Luciano, 2e éd. 2016-2017.
- Cours de Droit spécial des Sociétés, Dominique Vidal et Kevin Luciano, 2e éd. 2016-2017.
- Cours de Droit des entreprises en difficulté, Dominique Vidal et Giulio Cesare Giorgini, 2e éd. 2016-2017.

Chez le même éditeur

- Amphi LMD
- Mémentos LMD
- Exos LMD
- Méthodo LMD
- Carrés Rouge
- Annales corrigées et commentées
- Réviser en droit
- Master
- En Poche
- Droit Expert
- Petit Lexique

e-mail : gualino@lextenso.fr
www.lextenso.fr

Sommaire

Sommaire

Partie 1 : De la loi pénale

Titre 1 : Le principe de la légalité criminelle

Sommaire

Sommaire

Sommaire

Sommaire

Partie 4 : Les peines

Chapitre 1 : La diversité des peines 303

Sommaire

Sommaire

Sommaire

Liste des principales abréviations

AJ pénal	Actualité juridique Pénal
al.	Alinéa
art.	Article
Bull. civ.	Bulletin des arrêts de la Cour de cassation (l'année du Bulletin étant toujours celle de l'arrêt)
CA	Cour d'appel
Cass. ass. plén.	Arrêt de la Cour de cassation statuant en assemblée plénière
Cass. crim.	Chambre criminelle de la Cour de cassation
CEDH	Cour européenne des droits de l'homme
CESDH	Convention européenne de sauvegarde des droits de l'homme
C. pén.	Code pénal
CPP	Code de procédure pénale
CSS	Code de la santé publique
chron.	Chronique
comm.	Commentaire
concl.	Conclusions
Cons. const.	Conseil constitutionnel
D.	Recueil Dalloz
Dr. pén.	Revue Droit pénal
Gaz. Pal.	Gazette du Palais
IR	Informations rapides (Recueil Dalloz)
JCP	JurisClasseur périodique (Semaine juridique)
JO	Journal officiel
Ord.	Ordonnance
RSC	Revue de sciences criminelles
S.	Recueil Sirey
somm.	Sommaires commentés (Recueil Dalloz)
T. confl.	Tribunal des conflits

Introduction

1 — Importance du droit pénal. « *On a pu dire avec raison, et il est permis d'affirmer qu'à l'époque actuelle le droit criminel est une des branches les plus importantes de la science des lois.* » (Normand A., *Traité élémentaire de droit pénal*, 1896, A. Pedone, p. 1.). Rédigée il y a plus d'un siècle, cette citation dévoile une actualité surprenante.

2 — Médiatisation de la criminalité. La criminalité, que les médias présentent comme un phénomène en expansion, forge peu à peu une certaine culture. Prétendre y échapper s'avère délicat, tant notre quotidien est marqué de faits divers, plus ou moins sordides.

3 — Veille télévisuelle. Comme pour nous garder en éveil, la programmation télévisuelle ressert régulièrement les faits divers oubliés sortis de la mémoire. Qu'ils aient été condamnés, relaxés ou acquittés, Christian Ranucci, Simone Weber, Patrick Henry, Francis Heaulme, Omar Raddad, Patrick Dils, Marc Dutroux et bien d'autres continuent d'être régulièrement servis à l'appétit insatiable (si l'on en croit les indices d'écoute) des téléspectateurs.

4 — Récurrence macabre des attentats terroristes. Depuis janvier 2015 des mots, que d'aucuns pensaient naïvement appartenir au passé, ont resurgi avec une extrême violence sur le devant de la scène. Attentat, terrorisme riment avec douleur aujourd'hui avec Charlie Hebdo, Hyper Cacher, Bataclan, Magnanville, Nice, Saint-Etienne du Rouvray, Carrousel du Louvre, Aéroport d'Orly, Avenue des Champs-Elysées. En chacun de ces lieux résonnent des sons qui, pour s'écarter peu ou prou d'une partition de droit pénal général, forgent la conscience de ceux et celles qui étudient le droit pénal.

5 — Conséquence de la médiatisation sur l'étude du droit pénal. L'empreinte est telle que la matière semble familière, le vocabulaire entendu, le cheminement des procédures plus ou moins connu. C'est là un faux-semblant, une donnée qu'il faudra combattre. Les approximations d'une matière sont souvent pires que l'ignorance totale, car elles conduisent parfois à de singuliers contresens.

6 — Plan de l'introduction. Pour guider cette introduction, quelques mots de droit pénal, quelques rappels historiques et une brève présentation du Code pénal.

SECTION 1 Quelques mots du droit pénal

7 — Plan de la section. Après avoir défini la notion de droit pénal (I), nous aborderons la question de son contenu (II).

I Question de définition

8 — Plan. Droit répressif, droit criminel, sciences criminelles, politique criminelle, droit pénal et droit de l'infraction et des peines : autant de notions à définir.

A Droit répressif

9 — Définition du droit répressif. On retrouve le vocable dans les expressions « *justice répressive* » ou « *juridictions répressives* ». Le terme se réfère à l'une des fonctions les plus anciennes de la matière, celle de punition. Il possède une signification très étroite qui se révèle assez discutable. Donnedieu de Vabres définissait le « *droit pénal* » comme l'ensemble des lois qui réglementent dans un pays l'exercice de la répression par l'État.

10 — Réprimer n'est plus l'unique fonction du droit « pénal ». S'il reste vrai que la peine poursuit une fonction de répression, chacun s'accorde aujourd'hui à reconnaître que la peine participe également à l'amendement, à la resocialisation voire à la médicalisation du délinquant.

11 — Inadaptation du vocable « droit répressif ». Le droit pénal n'a plus pour seul objet de sanctionner celui qui a violé les règles, il cherche à identifier celui qui pourrait à nouveau les violer. En témoignent les textes sur les soins pénalement ordonnés, sur la notion de dangerosité ou encore la prévention de la récidive.

B L'émergence des sources internationales

12 — Droit criminel. L'expression renvoie au « *droit des crimes* », appréhendant ainsi la matière sous sa dimension « *normative* » (la norme) ou « *incriminatrice* » (l'incrimination). Si, pour certains, l'expression est synonyme de « *droit pénal* », pour d'autres, elle a une portée plus large. Ainsi est-il soutenu que le « *droit criminel* » offre une « *vision juridique du phénomène criminel* » dont le droit pénal n'est qu'une composante.

13 — Chambre criminelle. Le vocable « *droit criminel* » est finalement peu utilisé. Comme pour troubler le jeu, la Chambre criminelle de la

Cour de cassation marque de son autorité le respect des règles du droit en cette matière.

14 — Sciences criminelles. Le vocable regroupe les disciplines qui analysent le phénomène criminel sous l'angle scientifique. Participent à ce regroupement les sciences criminalistes (police scientifique, médecine légale) qui étudient les procédés de recherche des crimes et des criminels et la criminologie.

15 — Criminologie. La criminologie, dont l'objet est de contribuer à une meilleure connaissance de la criminalité par l'étude de ses facteurs et des mécanismes du passage à l'acte, se nourrit d'autres sciences, puisant ses sources notamment dans la biologie (biologie ou anthropologie criminelle), la sociologie (sociologie criminelle), ou encore la psychologie (psychologie criminelle).

16 — Politique criminelle. Certains préfèrent le terme « *politique anticriminelle* ». Elle correspond, selon la définition traditionnellement retenue, à l'ensemble des procédés par lesquels le corps social organise la réponse au phénomène criminel. Elle cherche en somme des remèdes qui contribuent à la protection de l'ordre social et participent, comme tels, aux côtés de l'outil répressif, à la lutte contre la criminalité.

C | Droit pénal, droit de l'infraction et des peines

17 — Définition du droit pénal. Entendu strictement, le droit pénal gouverne « l'ensemble des règles ayant pour objet de déterminer les actes antisociaux, de désigner les personnes pouvant être déclarées responsables et de fixer les peines qui leur sont applicables ».

18 — Incrimination et infraction. Incriminer est l'action d'ériger un fait en infraction. Ainsi, le législateur incrimine (décide d'un interdit qu'il encadre d'une sanction de nature pénale) et le délinquant (que l'on nomme « *auteur* » ou « *agent* ») commet une infraction.

19 — Incrimination et sanction. Le droit pénal semble s'articuler autour de ces notions clés, l'incrimination et la sanction. Comme il a été écrit avec ironie, le droit pénal tourne en rond : « La peine est un mal, que le Pouvoir, au nom de l'intérêt public, inflige à la personne coupable d'une infraction. Mais qu'est-ce qu'une infraction ? Un comportement interdit par la loi, sous la menace [...] d'une peine. »

Lombois C., *Droit pénal général*, 1994, Hachette, coll. « Les fondamentaux », p. 7.

20 — Fonction dissuasive de la peine. Quand le législateur édicte une peine, c'est avant tout dans l'espoir qu'elle ait un effet dissuasif. Autrement dit, l'effet attendu se situe en amont de l'infraction, car la peine doit avant tout servir à prévenir le crime.

21 — Fonction sanctionnatrice de la peine. Traduire la fonction répressive de la peine, c'est porter le raisonnement en aval de l'infraction, une fois que celle-ci a été commise. Si la menace de la sanction encourue s'est révélée inefficace, l'application de la peine apparaît alors comme un constat d'échec et un remède nécessaire.

22 — Signes d'appartenance du droit pénal au droit public. En suivant sa définition, il est tentant d'admettre le droit pénal dans la cohorte des matières formant le droit public. Incontestablement, c'est bien à l'État, et seulement à celui-ci, que revient le droit de fixer la liste des interdits, d'organiser la poursuite et d'assurer la répression des comportements prohibés.

23 — Sources historiques de l'appartenance du droit pénal au droit public. Le premier Code pénal français (1791) a été conçu comme le verso du « catéchisme révolutionnaire », le recto étant formé par la Déclaration des droits de l'homme et du citoyen de 1789 et la Constitution de 1791. Cet ensemble de textes avait eu en grande partie les mêmes rédacteurs et faisait explicitement du droit pénal une branche du droit public.

Lascoumes P., Poncela P. et Lenoël P., *Au nom de l'ordre, une histoire politique du Code pénal*, 1989, Hachette, p. 97.

24 — Appartenance du droit pénal au droit privé. S'il révèle de nombreux éléments de droit public, le droit pénal entretient surtout des liens très étroits avec le droit privé. Le procès pénal, dans lequel la victime, personne privée, voit son rôle grandissant, se déroule devant les juridictions de l'ordre judiciaire et met en jeu les intérêts fondamentaux de la personne poursuivie dont l'autorité judiciaire est constitutionnellement la gardienne (Const., art. 66).

25 — Enseignement du droit pénal. L'appartenance à la branche du droit privé explique que le droit pénal soit enseigné dans nos facultés de droit par des enseignants « privatistes ». À l'évidence – mais en va-t-il différemment dans les autres matières ? –, les fondamentaux du droit public ne peuvent être ignorés.

II Question de contenu

26 — Plan. Intéressons-nous à présent à la distinction entre droit pénal de fond et droit pénal de forme (A), puis à celle entre droit pénal spécial et droit pénal général (B).

A Droit pénal de fond, droit pénal de forme

27 — Domaine du droit pénal de fond. C'est le droit substantiel qui fixe le champ des interdits, détermine les conditions de la responsabilité pénale et en précise les conséquences en termes de sanctions encourues.

28 — Domaine du droit pénal de forme. Il dicte l'application de la loi pénale au travers d'un ensemble de règles qui définissent la manière de procéder (la procédure à mettre en œuvre) pour la constatation des infractions, le jugement de leurs auteurs, et l'indemnisation des victimes. Renvoyant ainsi aux règles applicables lors du procès, le droit pénal de forme correspond à la procédure pénale.

29 — Domaine de la procédure pénale. La procédure pénale décrit non seulement la composition, l'organisation et les compétences des différentes autorités intervenant dans le procès pénal, mais également le déroulement de celui-ci (procès/processus) au travers de quatre étapes que sont la phase policière, la phase d'instruction, la phase de jugement et la phase d'exécution de la peine.

30 — Procédure pénale, trait d'union entre l'infraction et la peine. Le fond et la forme ne sont pas étanches l'un à l'autre, bien au contraire. Contrairement à d'autres disciplines du droit privé, l'application du droit pénal suppose, sinon la tenue d'un procès, du moins une intervention judiciaire.

B Droit pénal spécial, droit pénal général

31 — Domaine du droit pénal spécial. L'étude du droit pénal spécial conduit à spécifier, pour chaque infraction prise isolément, les éléments constitutifs, les sanctions qui lui sont rattachées et, éventuellement, les particularités procédurales dont la poursuite et/ou le jugement peuvent être assorties. Il apparaît comme une discipline analytique qui procède par inventaire, par énumération, à l'image, souvent évoquée, d'un catalogue.

32 — Domaine du droit pénal général. Partant d'une démarche synthétique, il regroupe l'ensemble des règles qui constituent le fonds commun à toutes les infractions. Ces règles, nombreuses, sont relatives, pour l'essentiel, à la légalité, la complicité, la tentative, la culpabilité, l'imputabilité ou encore à la nature et au régime des peines.

Livre 1er du Code pénal, « Dispositions générales » (art. 111-1 à 113-12).

33 — Particularité du droit de la peine. L'étude des sanctions pénales est dissociée du droit pénal général pour constituer la pénologie ou droit de la peine. Cette relative autonomie présente le mérite de traiter d'une manière concise la matière dont les sources sont puisées à la fois dans le Code de procédure pénale (qui traite, pour l'essentiel, des mesures qui peuvent être prises postérieurement à la condamnation), et dans le Code pénal qui présente les formes principales des peines et les conditions générales de leur prononcé.

SECTION 2 Quelques mots d'histoire

34 — Plan de la section. La Révolution française marque un véritable tournant dans l'évolution du droit pénal.

I L'évolution du droit pénal avant 1789

35 — Plan. Suit un bref rappel historique sur le droit pénal de l'Antiquité, puis le droit pénal de l'Ancien Régime.

A Le droit pénal de l'Antiquité

36 — Temps de la vengeance privée. Les conflits se réglaient de famille à famille, de clan à clan. La famille de l'offensé pouvait recevoir une compensation de la famille de l'offenseur.

37 — Temps de la justice privée. La vengeance familiale va s'exercer sous le contrôle de l'État et la répression obéir à certaines règles de modération inspirées par l'exigence de proportionnalité entre le mal souffert et le mal causé (loi du talion).

38 — Temps de la justice publique. L'État prend le relais de la victime dans l'initiative et la conduite du processus pénal. C'est l'État qui, au nom de l'intérêt de la société qu'il représente, poursuit, juge et punit.

B Le droit pénal de l'Ancien Régime

39 — Caractéristiques du droit pénal de l'Ancien Régime. Il se singularise par une définition coutumière des infractions (on ne parle pas encore de loi), par l'arbitraire des juges dans la détermination des peines et par la rigueur des sanctions appliquées (nombreux châtiments corporels), conçues dans les seuls buts de neutralisation et d'intimidation.

40 — Réactions contre le droit pénal de l'Ancien Régime. L'arbitraire et la cruauté du droit pénal ont engendré des mouvements très critiques de la part de philosophes et pénalistes. Ainsi, Montesquieu prônait le principe de la légalité des délits et des peines et Beccaria défendait l'idée de l'inéluctabilité de la peine en préconisant leur humanité et leur utilité.

II L'évolution du droit pénal à partir de 1789

41 — Plan. Le droit pénal classique, apparu avec le premier Code pénal de 1791, laisse ensuite la place au droit pénal moderne dès 1876.

A Le droit pénal classique

42 — Plan. Si le Code pénal de 1791 marque une rupture totale avec le droit antérieur, le Code de 1810 est une œuvre de compromis, qui soulève cependant des contestations.

1 La rupture

43 — Code pénal de 1791. Le premier Code pénal, issu de deux lois de l'Assemblée constituante de juillet et octobre, rompt totalement avec le droit de l'Ancien Régime en consacrant le principe de la légalité des incriminations et des peines.

44 — Caractéristiques principales du Code de 1791. Il substitue au droit pénal coutumier un droit pénal écrit. Il supprime les châtiments corporels (exception faite de la peine de mort) et remplace l'arbitraire des sanctions par un système de peines fixes permettant de contribuer à un droit égalitaire et stable.

2 Le compromis

45 — Code pénal de 1810. Rapidement succéda à la période révolutionnaire la période des codes napoléoniens, le Code d'instruction criminelle tout d'abord, en 1808, puis le Code pénal en 1810.

46 — Code pénal de 1810, œuvre de compromis. Il conserve le principe de la légalité du droit révolutionnaire, mais renoue avec une plus grande sévérité des peines en rétablissant certaines peines corporelles et en multipliant les cas d'application de la peine de mort. Il réinstaure un large pouvoir d'appréciation au profit des juges en abandonnant le système des peines fixes.

3 La contestation

47 — Hostilités à l'égard du Code pénal de 1810. La trop grande sévérité du Code est farouchement dénoncée par de nombreux auteurs et penseurs. Les principaux acteurs de ce mouvement critique sont Guizot, Ortolan et Rossi. Ils représentent la doctrine de l'école néoclassique.

48 — Arguments proposés par la doctrine néoclassique. Animés par l'idée que la société ne peut punir ni plus qu'il n'est juste ni plus qu'il est utile, les partisans de cette doctrine proposent comme fondement du droit pénal son utilité (utilité des incriminations au regard de l'ordre social et de la sécurité publique) et se prononcent en faveur de sanctions qui soient proportionnées et individualisées pour tenir compte, à l'heure du choix de la peine, du degré de libre arbitre de l'auteur de l'infraction au moment de sa commission.

49 — Inefficacité des mesures portées par la doctrine néoclassique. Alors que les arguments de la doctrine trouvent un écho assez favorable en droit positif (adoucissement des peines, accroissement du domaine des circonstances atténuantes...), l'expérience se révèle désastreuse. La criminalité et le nombre de récidivistes augmentent en effet considérablement. La peine telle qu'ils l'ont pensée se révèle inefficace.

B Le droit pénal moderne

50 — Variété de courants doctrinaux. Le droit pénal moderne fait son entrée sous l'influence partagée de trois courants doctrinaux aux conceptions idéologiques diversifiées, parfois opposées. La date charnière peut être l'année 1876, année de parution de l'ouvrage de Lombroso, *L'Homme criminel*.

51 — Doctrine du positivisme. Animé par Lombroso, Ferri et Garofalo, le courant révèle que l'homme n'a pas de libre arbitre. Il obéit à un déterminisme dont les origines sont endogènes et/ou exogènes. L'infraction ne résultant pas de sa volonté consciente, le délinquant ne peut être tenu pénalement responsable. Il peut seulement faire l'objet de mesures de sûreté décidées en considération de son état dangereux.

52 — Doctrine de la défense sociale nouvelle. Animée par Marc Ancel, la doctrine renie le déterminisme tout en proclamant, avec les positivistes, l'importance de la prévention. Le délinquant est présenté comme en danger bien avant d'être estimé dangereux. Tourné vers l'avenir, le traitement fondé sur la personnalité du délinquant vise principalement à permettre les meilleures chances de reclassement de la personne.

53 — Doctrine de l'école néoclassique contemporaine. La doctrine repousse toute idée de substitution d'un jugement pénal classique par une décision d'ordre thérapeutique. Elle vise à restaurer les notions de blâme et de responsabilité comme fondements de la répression en considération toutefois de l'individualisation des peines.

III Brefs regards sur le Code pénal

54 — Entrée en vigueur du Code pénal. Commencée en 1974, la réforme va donner naissance au nouveau Code pénal par quatre lois du 22 juillet 1992 (les quatre premiers livres) et une cinquième du 16 décembre 1992. Le Code est entré en vigueur le 1er mars 1994.

A Les temps de la réforme

55 — Réformer le Code, une idée ancienne. Malgré de nombreuses retouches, aucun projet de réforme d'ensemble n'a pu aboutir tant à la fin du XIXe siècle (rapport Bomboy) que dans le premier tiers du XXe siècle (« projet Matter », du nom du procureur général près de la Cour de cassation chargé de la commission de révision).

56 — Nécessité d'une réforme. Le caractère « obsolète » du Code était dénoncé et sa réforme souhaitée. À la fin du XXe siècle, la société française ne disposait pour penser l'ordre public que d'un ensemble de catégories anciennes qui n'avaient jamais été remises à plat dans leur totalité, malgré les multiples modifications ponctuelles du texte initial qui en avaient déséquilibré la structure.

57 — Mise en place d'une « commission de révision du Code pénal ». Par un décret du 8 novembre 1974, un collège d'experts est installé sous l'appellation très officielle de « commission de révision du Code pénal ». Il présente, en 1978, un avant-projet imprudemment qualifié de « définitif ».

58 — Accueil très critique des travaux réalisés. Le travail présenté reçoit un accueil assez mouvementé. La doctrine pénale n'est pas avare de commentaires. Critiques, reproches et railleries sont au rendez-vous. Vaille que vaille, la commission poursuit son travail de révision. En juillet 1980, la partie spéciale est remise au garde des Sceaux.

59 — Influence des travaux sur la loi « sécurité et liberté ». Certaines dispositions vont directement inspirer la loi « sécurité et liberté » du 2 février 1981 dont l'idéologie s'éloigne singulièrement de celle qui a animé la rédaction de la partie générale du projet de Code. À tort ou à raison, la loi du 2 février souleva de vives contestations dans les rangs de l'opposition de gauche. Comme on l'a dit, l'affaire de la révision du Code pénal prit, dès lors, une coloration fortement politique.

60 — Conséquence de l'alternance politique. Le résultat des élections de 1981 entraîne le renouvellement des membres de la commission de réforme. Sous la présidence de Robert Badinter, une nouvelle commission reprend le travail dès l'automne. En 1983, un nouvel avant-projet de la partie générale est établi.

61 — Projet déposé au Sénat. En février 1986, un projet de loi portant réforme du Code pénal est déposé au Sénat. Ledit projet est composé de trois livres consacrés respectivement aux dispositions générales (Livre I), aux crimes et délits contre les personnes (Livre II) et aux crimes et délits contre les biens (Livre III). Pour autant, la procédure parlementaire n'est pas lancée.

62 — Conséquence de la cohabitation politique. Les échéances politiques vont encore retarder la mise à l'agenda de ce projet. La droite remporte les élections législatives et le gouvernement de cohabitation (1986-1988) se garde bien d'inscrire le projet à l'ordre du jour du Parlement. L'avenir du texte semble alors assez compromis.

63 — Annonce du vote. En 1989, à l'occasion de ses vœux télévisés pour la nouvelle année, le président François Mitterrand annonce en direct qu'il fera voter un nouveau Code.

64 — Préparation du vote. Dès l'annonce présidentielle, le Premier ministre modifie la présentation du texte. En concertation avec les deux assemblées, le projet de loi est divisé en autant de projets de loi qu'il y a de livres, plus un projet de loi sur les crimes et délits contre la Nation, l'État et la paix publique (le futur livre IV du Code).

65 — Vote du Code pénal. Après bien des discussions, ces livres sont votés à une forte majorité des suffrages exprimés et promulgués, donnant lieu à quatre lois du 22 juillet 1992. L'ensemble est complété d'une partie réglementaire portée par un décret du 29 mars 1993 et par une loi dite d'adaptation du 16 décembre 1992, sans oublier, pour la partie législative, l'importante circulaire du 14 mai 1993.

66 — Aparté. En définitive, le 1er mars 1994, l'entrée en vigueur du Code clôture une entreprise de réforme commencée près de vingt années plus tôt.

B Le Code « nouveau »

67 — Consensus politique. Le fait le plus frappant réside peut-être dans le consensus politique qui a accompagné le vote final. Rarement une réforme pénale, *a fortiori* de cette ampleur, est apparue aussi consensuelle. Le texte a été adopté à une forte majorité des suffrages exprimés. Le Code n'a donc pas été imposé par une majorité parlementaire et gouvernementale à une minorité cantonnée dans un rôle de figurant.

68 — Absence de saisine du Conseil constitutionnel. L'adoption consensuelle du Code a eu pour conséquence importante que le texte n'a pas été soumis au contrôle du Conseil constitutionnel. La formule n'est pas une simple clause de style si l'on prend la mesure de l'ampleur de la réforme et si l'on sait que dans les années précédentes le Conseil fut saisi de manière quasi systématique à l'occasion de chaque réforme pénale.

69 — Divergences doctrinales. Il ne pouvait en être autrement, le Code a suscité de nombreux commentaires et révélé bien des avis partagés. De la franche hostilité à l'approbation élogieuse en passant par des discours plus nuancés, chacun y a porté son appréciation.

> Delmas-Marty M., « Nouveau Code pénal, Avant-propos », RSC 1993, p. 433 ou « Prudence et silences, Observations sur le nouveau Code pénal », LPA, 6 oct. 1993, n° 120, p. 4.
>
> Poncela P. et Lascoumes P., *Réformer le Code pénal, où est passé l'architecte ?*, 1998, PUF, coll. « Les voies du droit », p. 10.

70 — Double fonction annoncée du Code pénal. Pour remplir sa mission, le Code pénal doit répondre à une double exigence. La première est d'ordre juridique. Il convient de doter notre société d'un ensemble cohérent de lois pénales adaptées à notre temps. La seconde est d'ordre éthique. Le Code doit exprimer les valeurs de notre société par les incriminations qu'il formule et les peines qu'il comporte.

> « Tout Code pénal doit remplir une double fonction. La première, évidente, est la fonction répressive. La loi pénale a pour finalité première la défense de la

société civile et de ses membres. À cette fin, la loi édicte des peines qui frappent ceux qui attentent à l'ordre social [...]. La seconde fonction de la loi pénale est plus secrète. Toute société repose sur certaines valeurs reconnues par la conscience collective. Ces valeurs se traduisent par des interdits. Et ces interdits à leur tour engendrent des peines contre ceux qui les méconnaissent. Ainsi la loi exprime-t-elle par les sanctions qu'elle édicte le système de valeurs d'une société. C'est la fonction expressive de la loi pénale [...] » R. Badinter, « Introduction de l'exposé des motifs du projet de loi de 1986 portant réforme du Code pénal », Document Sénat n° 300.

1 Bref regard sur la forme

71 — Abrogation du Code de 1810. Sur la forme, la rupture est consommée. Du Code de 1810, il ne reste qu'une enveloppe ; techniquement, celui-ci est abrogé dans son intégralité et remplacé par le nouveau Code.

72 — Code pénal nouveau et non nouveau Code pénal. L'expression « nouveau Code pénal » n'a pas de valeur juridique. Il n'existe donc pas, au sens strict, un « nouveau » Code pénal comme il existe un nouveau Code de procédure civile. Si le contenu de « l'ancien » Code pénal a été entièrement refondu, l'intitulé est resté le même.

73 — Structure du Code. Le plan témoigne des valeurs protégées. En consacrant, en toute première ligne, la protection de la personne humaine là où hier le Code napoléonien privilégiait la défense de l'État et la propriété individuelle, le Code apparaît à tous plus moderne, plus humaniste. Il affiche, en écho à certains textes fondamentaux de droit interne ou de dimension internationale, les priorités actuelles du droit répressif. À l'identique, cette orientation nouvelle se retrouve dans l'articulation du Livre II dans lequel les crimes contre l'humanité (Titre I) précèdent les atteintes à la personne humaine (Titre II).

Couvrat P., « Les infractions contre les personnes dans le nouveau Code pénal », RSC 1993, p. 469.

74 — Partie législative du Code. Elle comprend cinq livres (le livre VI est vierge et renvoie indirectement à la partie réglementaire du Code) :
- le premier est consacré aux « Dispositions générales » ;
- le deuxième aux « Crimes et délits contre les personnes » ;
- le troisième aux « Crimes et délits contre les biens » ;
- le quatrième aux « Crimes et délits contre la nation, l'État et la paix publique » ;
- le cinquième aux « Autres crimes et délits ».

75 — Changement dans la numérotation. La méthode retenue par le nouveau texte est celle de la numérotation décimale à trois chiffres. Le premier chiffre renvoie au numéro du livre, le deuxième à celui du titre au sein de ce livre, le troisième au chapitre au sein de ce titre. Enfin, les chiffres inscrits après le tiret révèlent l'emplacement de l'article au sein du chapitre.

76 — Intérêt de la nouvelle numérotation. Le système présente l'avantage important de repérer rapidement l'emplacement des articles étudiés. Pour cela, c'est le passage obligé, il faut avoir pris un peu de temps pour mémoriser, au moins schématiquement, la structure du plan.

77 — Illustration. L'article 311-1 s'inscrit au livre troisième du Code (sur les crimes et délits contre les biens), au premier titre (consacré aux appropriations frauduleuses), au premier chapitre (consacré au vol) et le chiffre placé après le tiret indique qu'il s'agit du premier article du chapitre (ici, la définition du vol) : « Le vol est la soustraction frauduleuse de la chose d'autrui. »

78 — Absence d'exhaustivité. On a reproché au Code de s'être écarté d'une de ses ambitions premières, à savoir regrouper en un seul corps l'ensemble des dispositions pénales. Selon la définition classique de la notion : « *Code, un ensemble de lois et dispositions relatives à une matière spéciale.* » Jérémy Bentham, à qui l'on attribue volontiers la paternité du terme « Code », voyait dans cette entreprise le projet de composition d'un corps complet de législation.

79 — Exhaustivité impossible. L'unité qui caractérisait les codes de 1791 et 1810 serait-elle d'un autre temps ? On a fort bien dit comment les enjeux d'un Code moderne étaient ailleurs et comment la confrontation du juridique et du social imposait de repenser les modes de régulation.

> « L'unité doit être d'une autre nature. Un Code ne peut plus être un simple catalogue de solutions juridiques guidant les conduites et régulant les conflits » : Giudicelli-Delage G., « Rapport général », *in Dix ans après la réforme de 1994, quelques repères dans le Code pénal*, Travaux de l'Institut de sciences criminelles de Poitiers, 2005, Cujas, vol. 24, p. 201.

2 Bref regard sur le fond

80 — Permanence et continuité du droit pénal. Les grands principes ont été sauvegardés, parfois précisés. Il en va ainsi de la classification tripartite des infractions, de la légalité criminelle, de l'interprétation stricte, de la non-rétroactivité de la loi pénale (complétée par les principes de la rétroactivité de la loi plus douce et de l'application immédiate des lois de procédure).

81 — Modernité des valeurs affichées. Plus moderne dans sa terminologie, plus lisible dans sa numérotation, le Code pénal nouveau exprime surtout mieux les valeurs et les priorités de la société actuelle non seulement au travers d'une modification, à la hausse ou à la baisse, des sanctions pour certaines incriminations déjà existantes, mais surtout par la création de nouvelles infractions.

82 — Nouvelles incriminations. Sans être exhaustif, on compte ici la mise en danger de la personne d'autrui, les actes de tortures et actes de barbarie, le terrorisme écologique, le harcèlement sexuel, les conditions de travail et d'hébergement contraires à la dignité humaine, la provocation des mineurs à commettre des actes immoraux, dangereux ou illicites, l'institution des actes de terrorisme en tant qu'infractions spécifiques, les crimes contre l'humanité.

83 — Instauration de la responsabilité pénale des personnes morales. Annoncée de fort longue date et déjà connue de bien des législations voisines, la responsabilité pénale des personnes morales ne s'inscrit pas moins au chapitre des nouveautés.

84 — Dépénalisation de certaines infractions. Considérées par tous comme désuètes ou archaïques, on compte ici le vagabondage et la mendicité, l'avortement de la femme sur elle-même, les relations sexuelles librement consenties entre deux mineurs.

85 — Appréciations sur la dépénalisation. Il était tentant de penser que la réforme eût été la meilleure occasion pour « dépoussiérer » la liste des incriminations. La dépénalisation était dans les années 1990 un concept à la mode. L'inflation législative était par tous dénoncée. Or, rien de tel dans l'œuvre législative. Le nouveau Code est resté bien timide sur cet exercice.

86 — Plan général. À l'évidence, chaque livre du Code pénal traduit bel et bien les principes que le législateur entend voir respectés. S'inspirant, peu ou prou, du plan retenu par le Code pénal, quatre concepts guident et encadrent les développements de cet ouvrage : la loi pénale, l'infraction, la responsabilité et les peines. En somme, aucune originalité ici, le modèle est guidé par le bon sens. L'étude successive de ces thèmes conduit en pratique le raisonnement du magistrat chargé d'appliquer la loi pénale.

PARTIE 1

De la loi pénale

TITRE 1

Le principe de la légalité criminelle

87 — Caractère régalien du droit pénal. Attribut essentiel de la souveraineté, le droit pénal puise ses sources, aujourd'hui encore, exclusivement en droit interne. L'exclusivité ne peut être comprise que si l'on se réfère à des sources « parfaites », des sources capables d'organiser et de définir le comportement interdit (on parle alors de l'incrimination) et de prévoir la sanction qui s'attache au non-respect dudit comportement (on parle alors de sanctions, voire de peines).

88 — Influence internationale du droit pénal. Aujourd'hui, l'influence européenne et internationale remet en question l'exclusivité en droit pénal. On ne peut ignorer que les normes pénales s'internationalisent et l'on peut voir « *le droit pénal comme éthique de la mondialisation* ».

Delmas-Marty M., « Le droit pénal comme éthique de la mondialisation », RSC 2004, p. 1.

89 — Précision. Puisqu'il ne saurait y avoir d'infraction sans qu'un texte prévoie une sanction pénale, il semble légitime d'étudier aujourd'hui encore la question des sources du droit sous couvert du principe de la légalité.

Le principe de la légalité criminelle, fondement des sources du droit pénal

90 — Définition du principe de la légalité criminelle. Le principe est présenté comme l'axe autour duquel évolue l'ensemble de notre droit pénal. Il est la clé de voûte du droit pénal. Son acception est des plus simples. Le pouvoir d'édicter les règles du droit pénal incombe à la loi seule : *Nullum crimen, nulla poena sine lege*, c'est-à-dire « *nul crime, nulle peine sans loi* ».

91 — Historique du principe de la légalité criminelle. Un tel principe ne peut se développer que dans un État de droit qui connaît au surplus le principe de la séparation des pouvoirs. C'est pourquoi il est commode d'en fixer les origines à la fin du XVIIIe siècle, la Déclaration de 1789 apparaissant alors comme son acte de naissance officiel.

92 — Fondement du principe de la légalité criminelle. Sa vocation première est de réagir contre l'arbitraire des juges. Les Britanniques John Locke et William Blackstone ont fixé les premiers échos de cette nouvelle tendance. Fondateur de l'école du « contrat social », Locke affirmait que tout acte limitant la liberté personnelle devait être justifié par une loi.

> « Les juges ne sont que la bouche qui prononce les paroles de la loi, des êtres inanimés qui n'en peuvent modérer ni la force ni la rigueur » : Montesquieu, *L'Esprit des lois*, chap. VI, livre XI (« Des lois qui forment la liberté politique dans son rapport avec la constitution »), 1748.
>
> « Que les lois seules peuvent fixer les peines de chaque délit, et que le droit de faire des lois pénales ne peut résider que dans la personne du législateur, qui représente toute la société unie par un contrat social » : Beccaria C., *Des délits et des peines*, 1764.

93 — Réaction contre l'arbitraire des peines. L'Ancien Régime n'a pas vécu sous « *le bon plaisir des juges* ». L'action du juge était canalisée tant par quelques textes (tels des édits et ordonnances) que par le respect de précédents judiciaires (on parlerait aujourd'hui de jurisprudence constante). En cas de silence sur la peine à appliquer, le recours à l'arbitraire s'imposait et le juge décidait de la sanction. L'adage affirmant que « *les peines sont arbitraires en ce Royaume* » prenait alors toute sa signification.

94 — Proclamation initiale du principe. C'est à la Déclaration des droits de l'homme et du citoyen que revient le mérite d'avoir proclamé pour la première fois le principe de la légalité :
« Tout ce qui n'est pas défendu par la loi ne peut être empêché et nul ne peut être contraint de faire ce qu'elle n'ordonne pas » (art. 5).
« La loi ne peut établir que des peines strictement et évidemment nécessaires et nul ne peut être puni qu'en vertu d'une loi établie et promulguée antérieurement au délit et légalement appliquée » (art. 8).
« Nul homme ne peut être arrêté ni détenu que dans les cas déterminés par la loi et dans les formes qu'elle a prescrites » (art. 7).

95 — Reprises et confirmation du principe. Le principe sera repris par les Constitutions de 1791, de 1793, de l'an III puis par l'article 4 du Code pénal de 1810. Le besoin de proclamation se fera à nouveau sentir à partir du milieu du XXe siècle. La Déclaration universelle des droits de l'homme de 1948, la Convention européenne de sauvegarde des droits de l'homme et des libertés fondamentales de 1950 ou encore le Pacte international relatif aux droits civils et politiques de 1966 reprennent en des termes similaires le principe.

96 — Confirmation du principe par le nouveau Code pénal. Sous couvert du principe de la séparation des pouvoirs, le pouvoir exécutif comme le pouvoir judiciaire ne sauraient empiéter sur la sphère de compétence législative. Pourtant, aujourd'hui, les choses ont bien changé.

97 — Précision sur le nouveau Code pénal. Si l'intitulé « *De la loi pénale* » du titre I du nouveau Code fait encore illusion, son contenu révèle clairement le double sens qu'il convient de donner au vocable « loi ». Le principe de la légalité ne sort indemne que si l'on accepte d'en élargir le sens et d'y englober, outre la loi, les textes de nature réglementaire.

98 — Conséquences. Si la loi et le règlement apparaissent bien comme les sources, sinon exclusives, du moins incontestées du droit pénal, il est de bon usage de porter le regard sur d'autres sources qui n'en paraissent pas moins discutées.

SECTION 1 La loi et le règlement, sources indiscutées du droit pénal

99 — Plan de la section. Le partage de compétences entre la loi et le règlement est en réalité un partage déséquilibré, le règlement étant subordonné à la loi.

I Le partage de compétences entre la loi et le règlement

100 — Formulation positive. Les incriminations et les peines ne peuvent être prévues que par un texte : une loi pour les crimes et les délits, un règlement pour les contraventions. Telle est l'exacte formulation de celui-ci : « La loi détermine les crimes et les délits et fixe les peines applicables à leurs auteurs. Le règlement détermine les contraventions et fixe, dans les limites et selon les distinctions établies par la loi, les peines applicables aux contrevenants » (C. pén., art. 111-2).

101 — Formulation négative. « Nul ne peut être puni pour un crime ou pour un délit dont les éléments ne sont pas définis par la loi, ou pour une contravention dont les éléments ne sont pas définis par le règlement » ; « Nul ne peut être puni d'une peine qui n'est pas prévue par la loi, si l'infraction est un crime ou un délit, ou par le règlement, si l'infraction est une contravention » (C. pén., art. 111-3).

102 — Source constitutionnelle du partage des compétences. Selon les termes de l'article 34 de la Constitution, la détermination des crimes et délits, les peines qui leur sont applicables et la procédure sont, en matière pénale, du domaine de la loi. L'article 37 complète cet énoncé : « les matières autres que celles qui sont du domaine de la loi ont un caractère réglementaire. »

103 — Interrogations doctrinales. Quelques auteurs ont vu dans l'expression « crimes et délits » de l'article 34 une référence à l'ensemble des infractions englobant les contraventions. D'autres, plus nombreux, affirmaient au contraire que les contraventions, pour échapper au pouvoir législatif, relevaient pleinement de la compétence du pouvoir réglementaire.

104 — Réponses jurisprudentielles. Rapidement, le Conseil d'État puis le Conseil constitutionnel confirmèrent l'analyse : les contraventions relevaient bien du pouvoir réglementaire.

CE, 12 févr. 1960, Société Eky : RSC 1961, p. 103, obs. Legal ; JCP 1960, II, 11629, note Vedel ; D. 1960, p. 263, note L'Huillier – Cons. const., 19 févr. 1963 : D. 1964, p. 92, note Hamon.

A La notion de loi

105 — Définition de la loi. En un sens juridique usuel, le terme « loi » désigne le texte voté par le Parlement. Cette définition recouvre la majeure partie des dispositions pénales relevant du domaine législatif. L'exemple le plus significatif est à l'évidence le Code pénal lui-même.

106 — Précisions sur la notion de loi. La notion de loi visée par l'article 111-2 englobe également des textes qui, bien que produits par le pouvoir exécutif, s'inscrivent parfaitement dans le domaine législatif soit en application des règles constitutionnelles, soit en raison de circonstances particulières. Certains de ces textes ont été adoptés avant la Constitution de 1958, d'autres y sont postérieurs.

1 Les textes adoptés avant la Constitution de 1958

107 — Décrets-lois. Sous la IIIe République, le gouvernement sur délégation du Parlement bénéficiait, pour un temps limité et pour un domaine précis, des prérogatives parlementaires et était autorisé à « légiférer » dans des domaines concernant parfois le droit pénal.

108 — Textes de nature législative adoptés par le pouvoir exécutif à la suite d'une confusion des pouvoirs. Chacun aura reconnu ici les « lois » promulguées par le gouvernement de Vichy en 1940 et 1944.

109 — Ordonnances de février 1945 prises par le gouvernement provisoire. On compte évidemment ici celle relative à l'enfance délinquante. L'article 122-8 du Code pénal, réécrit en 2002, renvoie toujours, et pour cause, les conditions de la responsabilité pénale des mineurs à une loi particulière. La particularité de cette loi réside dans le fait qu'elle n'est pas intégrée au Code pénal (ce qui peut paraître assez contestable) et qu'en réalité elle prend le nom d'ordonnance.

2 Les textes adoptés sous la Constitution de 1958

110 — Cadre constitutionnel. Selon les dispositions de l'article 38 de la Constitution de 1958, « le Gouvernement peut, pour l'exécution de son programme, demander au Parlement l'autorisation de prendre par ordonnance, pendant un délai limité, des mesures qui sont normalement du domaine de la loi ».

111 — Précisions juridiques. Techniquement, l'assimilation de ce type d'ordonnances aux lois ne sera parfaite qu'une fois le texte ratifié par le Parlement. Jusqu'à la ratification, la validité de telles ordonnances peut en effet être contestée tant devant le Conseil d'État que devant les juridictions répressives.

112 — Codification à droit constant. Par une loi du 16 décembre 1999, le gouvernement a été habilité à « rerédiger » par voie d'ordonnance et à droit constant la partie législative de plusieurs « petits codes ». La demande émanait de la Commission supérieure chargée de procéder à la codification ou la recodification « à droit constant » de l'ensemble de notre droit positif, qui était lassée de voir les projets de codes qu'elle avait élaborés bloqués au Parlement.

B La notion de règlement

113 — Définition ordinaire du règlement. Ordinairement, la notion vise l'ensemble des actes administratifs de portée générale et impersonnelle tels que les décrets, arrêtés ministériels, préfectoraux ou municipaux.

114 — Définition restrictive du règlement. L'article 111-2 révèle ici un sens constitutionnel du terme. La notion de règlement vise donc exclusivement les décrets pris par le Premier ministre ou par le président de la République dans les limites de l'exercice du pouvoir réglementaire qui leur est attribué par la Constitution.

115 — Précision. L'article R. 610-1 du Code pénal enregistre une donnée supplémentaire : « Les contraventions, ainsi que les classes dont elles relèvent, sont déterminées par décrets en Conseil d'État. » La formule reprend celle de l'article R. 25, un décret simple ne peut donc pas édicter une contravention.

II Un partage déséquilibré, la subordination du règlement à la loi

116 — Déséquilibre entre loi et règlement. Le doute n'est pas permis. Dans la répartition des compétences entre la loi et le règlement, l'équilibre n'est pas assuré, la loi joue le rôle principal et le règlement les rôles secondaires. Il est important de souligner que dans les limites imposées par la Constitution, la compétence de la loi a été étendue.

> Roujou de Boubée G., « Les deux sources du droit pénal d'après la Constitution du 4 octobre 1958 », JCP 1961, I, 1638 : « dépourvu de toute indépendance, le règlement n'est que l'humble serviteur de la loi, à l'ombre de qui il vit ».

A La loi délimite la compétence réglementaire

117 — Limites législatives à l'exercice de la compétence réglementaire. C'est toujours l'article 111-2 du Code pénal qui dicte le raisonnement. Selon les dispositions de l'alinéa second, « le règlement détermine les contraventions et fixe, dans les limites et selon les distinctions établies par la loi, les peines applicables aux contrevenants ».

118 — Conséquences générales. Il appartient donc au seul législateur de définir, et ce de façon générale, les contraventions et de fixer les peines qui leur sont applicables. Il revient désormais au législateur la charge de fixer la limite maximale des peines contraventionnelles.

119 — Conséquence particulière. La division des contraventions en cinq classes est réalisée, depuis le nouveau Code (art. 131-13), par la loi et non plus par le règlement. Cette division avait déjà été consacrée par la loi du 10 juillet 1989 qui fixait le taux des cinq classes de contraventions. Le nouveau Code pénal n'a fait qu'entériner ce transfert de compétences.

120 — Conséquences spécifiques. Il revient au législateur le pouvoir de déterminer les règles spécifiques du régime des contraventions. Il en va ainsi, par exemple, des règles relatives à la tentative, à la complicité ou encore au cumul des infractions.

B La loi concurrence la compétence réglementaire

121 — Empiétements du législateur sur le pouvoir réglementaire. Il n'est pas rare que des dispositions législatives édictent des peines contraventionnelles. Comme on le souligne en doctrine, même dans son champ de compétences limité, le pouvoir réglementaire n'est pas à l'abri des incursions législatives.

122 — Régularité des empiétements de la loi sur le règlement. Interrogé sur de tels empiétements, le Conseil constitutionnel s'est bien gardé de les annuler. En théorie, seul l'article 37, alinéa 2, de la Constitution permet au gouvernement de modifier des dispositions de nature législative entrant dans son champ de compétences.

123 — Ineffectivité du contrôle du Conseil constitutionnel. En pratique, le gouvernement ne saisit pas le gardien de la Constitution afin qu'il puisse vérifier que les dispositions relèvent bien du pouvoir réglementaire. Il n'est donc pas étonnant de lire, au détour des ouvrages, que, de fait, le gouvernement abandonne au Parlement le pouvoir de légiférer en matière contraventionnelle.

SECTION 2 De l'existence discutée d'autres sources en droit pénal

124 — Autres sources en question. Si la loi et le règlement peuvent seuls être considérés comme des sources à part entière du droit pénal, d'autres sources méritent une observation attentive.

125 — Principes généraux du droit. Si souvent cités à l'occasion des sources, les principes généraux du droit (PGD) ne suscitent pas en droit pénal le même intérêt qu'en d'autres matières. Hissés au rang des principes constitutionnels, ils ont perdu ici leur autonomie.

126 — Plan de section. Guidé par une démarche bien connue, on peut tenter de porter le regard tant sur les textes supralégislatifs que sur des « sources » infralégislatives. Deux points méritent une particulière attention, les traités internationaux et la coutume.

I Des traités internationaux

127 — Suprématie du texte international sur la loi interne. Chacun connaît, en substance au moins, les dispositions de l'article 55 de la Constitution de 1958 : « les traités ou accords régulièrement ratifiés ou approuvés ont, dès leur publication, une autorité supérieure à celle des lois [...]. »

128 — Conséquences de la suprématie du texte international sur la loi interne. La formule laisserait à penser que cette suprématie du texte international sur la loi interne concerne tous les domaines du droit. Si de nombreux auteurs citent les textes internationaux au titre des sources du droit, c'est assurément par commodité pédagogique et art de la nuance.

129 — Exception en droit pénal. Les textes internationaux ne peuvent être considérés comme de véritables sources du droit pénal. Le constat est le même pour les plus accomplies des conventions internationales que sont les traités européens. Ils ne peuvent « *quoi qu'on en dise parfois, ni incriminer ni sanctionner* ».

> « Il n'y a pas de disposition pénale émanant d'une convention internationale, quelle qu'elle soit, qui puisse s'appliquer directement en France. » : Rassat M.-L., *Droit pénal général*, 3e éd., 2014, Ellipses, n° 134.

130 — Justification de cette exception. La solution s'appuie sur le bon sens et la distinction entre les notions d'injonction, d'incrimination et de sanction. En somme, le texte international formule des injonctions, de buts communs que chaque État s'engage à atteindre, mais le texte ne possède pas de moyens propres pour parvenir à ces buts.

131 — Première hypothèse. L'État ne reprend pas à son compte la prescription internationale. La prévalence du texte international est alors entendue quant à ses prescriptions, mais celles-ci ne peuvent être pénalement sanctionnées.

132 — Deuxième hypothèse. L'État intègre les prescriptions par une loi pénale interne. La question ne se pose plus, la loi interne est alors seule source du droit pénal.

133 — Troisième hypothèse. L'État fixe, en interne, les sanctions applicables aux comportements définis par le texte international.

134 — Synthèse. Un texte national doit nécessairement prendre le relais du texte international pour l'assortir d'une sanction effective. C'est ce qu'on désigne communément sous la formule d'« *intégration par référence* ».

135 — Propositions doctrinales. D'aucuns n'hésitent pas à proposer un système plus direct visant à donner une effectivité maximale à la norme internationale. La règle communautaire est évidemment le domaine privilégié de cette pensée. Il y a plus de vingt ans, certains évoquaient déjà l'idée d'un Parlement européen pleinement compétent pour délimiter seul le champ des incriminations et apprécier seul les limites des sanctions encourues.

> Boré L., « La difficile rencontre du droit pénal français et du droit communautaire », in *Mélanges Vitu*, 1989, Cujas, n° 56 et s.

136 — Opportunité des propositions doctrinales. À l'inverse, et ce notamment pour les textes communautaires appelés principalement à réglementer les domaines économiques et sociaux, on peut penser qu'il est préférable que l'État ne soit pas contraint de recourir à la sanction pénale alors que d'autres voies de gestion des conflits peuvent paraître plus pertinentes.

137 — Effectivité et efficacité du texte international. Le droit pénal reste si intimement attaché à la notion de souveraineté que l'efficacité et l'effectivité du texte international restent soumises à l'action répressive de chacun des États signataires seuls compétents pour prendre les mesures répressives.

138 — Incitation du texte international. Il est aisé de le comprendre, la norme internationale va inévitablement inciter le législateur à prendre, au plan national, les dispositions visant à respecter les règles dégagées au plan international. En outre, le texte, selon les termes et les conditions posés par l'article 55 de la Constitution de 1958, occupe, dans la hiérarchie des normes, une place importante.

139 — Suprématie du texte international. Cette suprématie doit être assurée. Le texte international apparaît alors comme un moyen de contrôle de la loi interne. Faute de pouvoir lui être substitué, il peut très bien en suspendre l'application.

140 — Conséquences pratiques. Le texte international donne à la partie poursuivie un artifice et un moyen de défense. Il appartient alors à la juridiction saisie d'apprécier la conformité du texte national au texte international et éventuellement de repousser la poursuite fondée sur le texte national. Tel est le sens du contrôle dit de « conventionnalité » opéré par les juridictions.

141 — Conséquences théoriques sur les sources du droit pénal. Lorsqu'il est activé pour écarter une source pénale nationale, le texte international ne devient pas pour autant source du droit pénal, car s'il empêche de faire (ici, de condamner), il ne peut pas faire (ici, servir la condamnation).

II De la coutume et de l'usage entendus comme sources du droit pénal

142 — Place nécessairement modeste de la coutume. Devant la force du principe étudié, on peut légitimement s'interroger sur l'opportunité même d'évoquer la coutume à propos de l'étude des sources du droit pénal. Toutefois, la coutume s'inscrit tantôt comme base de la répression, tantôt comme entrave à celle-ci.

A La coutume et l'usage au service de la répression

143 — Coutume et texte incriminateur. Nationale ou internationale, la coutume ne peut remplacer un texte incriminateur. Il paraît ainsi assez excessif de lire dans la coutume une source possible d'incrimination. Il s'agit donc ici une affaire de présentation.

144 — Illustration jurisprudentielle. Les magistrats de la Chambre criminelle ont eu l'occasion de juger que la coutume internationale s'opposait à ce que les chefs d'État fassent l'objet de poursuites pénales devant les juridictions pénales d'un État étranger.

Cass. crim., 13 mars 2001 : Bull. crim., n° 64 ; D. 2001, p. 2631, note Roulot : les chefs d'État en exercice ne peuvent faire l'objet de poursuites devant les juridictions pénales d'un État étranger.

145 — Référence implicite à la coutume ou à l'usage. Le procédé est peu utilisé pour servir la poursuite. Lorsqu'il en est ainsi, il vise à préciser les éléments caractéristiques de l'incrimination. C'est alors plutôt un usage, voire un usage professionnel, qui est activé au service de la répression.

146 — Illustration jurisprudentielle. Les magistrats de la Chambre criminelle ont pu juger qu'à l'occasion d'une poursuite pour fraudes, les juges du fond, à défaut de réglementation sur la composition du produit, devaient se référer aux usages loyaux et constants du commerce pour savoir si le produit mis en vente par la personne poursuivie méritait la qualification retenue.

Cass. crim., 15 mai 2001 : Bull. crim., n° 121.

147 — Référence à la coutume pour interpréter la loi. La coutume peut servir de critère pour permettre l'interprétation de certaines dispositions législatives telles que celles visant les bonnes mœurs ou l'outrage public à la pudeur (aujourd'hui nommé exhibition sexuelle). En somme, il revient alors au juge la mission de rechercher les habitudes sociales partagées par le plus grand nombre.

148 — Incapacité de la coutume à suppléer l'absence de texte incriminateur. Telle a été la solution retenue par la Chambre criminelle à propos des faits de tortures commis pendant la guerre d'Algérie entraînant ainsi le refus de la qualification de crimes contre l'humanité.

Cass. crim., 17 juin 2003 : Bull. crim., n° 122 ; Massé, « La coutume internationale dans la jurisprudence de la Chambre criminelle », RSC 2003, p. 894.

B La coutume et l'usage obstacles à la répression

149 — Coutume entendue comme cause d'irresponsabilité pénale. Certains auteurs considèrent la coutume comme une cause d'irresponsabilité pénale ; l'étude du rôle de la coutume en droit pénal se confondant alors largement avec celle des causes d'irresponsabilité pénale.

Desportes F. et Le Gunehec F., *Droit pénal général*, 16ᵉ éd., 2009, Économica, nº 240.

150 — Justification. Lorsque la coutume est invoquée comme cause d'irresponsabilité, certains auteurs admettent que le principe de légalité ne s'oppose pas alors catégoriquement à ce qu'elle soit prise en considération. À l'égard de la personne poursuivie, le propos est bien, il est vrai, « *in favorem* ».

151 — Illustration jurisprudentielle de la coutume source d'irresponsabilité. « *Une coutume ancestrale* » repousse la poursuite pour sévices graves et actes de cruauté à l'égard d'un individu qui noyait des chiens pour les manger.

CA Papeete, 19 févr. 1998 : Dr. pén. 1999, comm. nº 51.

152 — Réserve d'interprétation. On ne peut s'empêcher de penser que ce genre d'atteintes (bien que modestes) au principe de la légalité conduit inévitablement bien plus à multiplier les difficultés qu'à les résoudre. Il est en effet assez délicat de reconnaître un rôle justificatif à la coutume en dehors de toute disposition législative.

153 — Coutume relayée par la loi. Ainsi en est-il de l'organisation des courses de taureaux ou de combats de coqs. On sait en effet que l'incrimination de sévices graves ou actes de cruauté envers les animaux est écartée en ces deux domaines lorsque peut être invoquée une tradition locale ininterrompue. Telle est alors le sens de la justification apportée par l'article 521-1 du Code pénal.

Cons. const., 31 juillet 2015, nº 2015-477 QPC. Le Conseil a jugé que si le législateur a entendu, pour les courses de taureaux comme pour les combats de coqs, fonder l'exclusion de responsabilité pénale sur l'existence d'une tradition ininterrompue, il s'agit de pratiques distinctes par leur nature. Ainsi, en interdisant la création de nouveaux gallodromes, le législateur a traité différemment des situations différentes et cette différence de traitement permet de déclarer conformes à la Constitution les dispositions du 8ᵉ alinéa de l'article 521-1 du Code pénal. de Lamy B., « Le coq, le taureau et le conseil constitutionnel : fable sur la nature », RSC 2015, p. 718.

154 — Refus d'entendre l'usage comme cause d'irresponsabilité pénale. Tradition ou pas, usage ou non, la vente du muguet sur la voie publique à l'occasion du 1er mai ne saurait échapper, en vertu d'une tolérance générale, à l'application des articles réprimant les vendeurs à la sauvette.

Cass. crim., 30 oct. 1984 : JCP 1985, IV, p. 12 – Paris, 13 févr. 1992 : D. 1992, IR, p. 143 – CA Paris, 29 avr. 1997 : Gaz. Pal. 1998, 1, somm. p. 71.

CHAPITRE 2

La signification du principe de la légalité criminelle

155 — Plan du chapitre. La signification du principe se révèle tant à l'égard du législateur qu'à l'égard du juge pénal.

SECTION 1 La signification du principe de la légalité à l'égard du législateur

156 — Plan de la section. Le principe de la légalité n'aurait guère de sens si le législateur pouvait agir selon « son bon plaisir ». S'il n'en a pas toujours été ainsi, ces qualités font ou peuvent faire l'objet d'un véritable contrôle.

I Les qualités exigées de tout texte pénal

157 — Clarté et précision guident la plume du législateur. L'exigence n'est pas nouvelle ; Beccaria l'avait déjà parfaitement mise en évidence. Le principe de la légalité ne peut se contenter d'une seule référence au texte, lequel doit présenter certaines qualités. Au-delà, la peine édictée doit posséder les vertus de la mesure.

A La nécessaire précision de la règle pénale

158 — Exigence de textes clairs et précis. Le principe de la légalité commande que chacun puisse faire le partage entre le permis et l'interdit, connaître les sanctions de la transgression et les conditions dans lesquelles il peut être poursuivi et éventuellement jugé. Les exigences de clarté et de précision valent bien entendu tant pour les incriminations et les sanctions que pour les règles de procédure.

> « En matière criminelle, il faut des lois précises et point de jurisprudence. » (Portalis)

159 — Précisions portées par le Code pénal. Fort naturellement, le nouveau Code précise que les éléments de l'infraction doivent être définis par la loi (pour les crimes et les délits) ou par le règlement (pour les contraventions) et que nul ne pourra être puni d'une peine non prévue par la loi ou le règlement.

160 — Limites à l'exigence de précisions des textes. Le principe de la légalité n'exige pas l'utilisation de termes définis avec la plus extrême rigueur. On pourrait le souhaiter, mais il semble sage de ne pas être plus légaliste que la loi. Le législateur verrait son action paralysée s'il devait contenir de façon très rigoureuse chacun des termes qu'il utilise.

161 — Illustration législative. L'exemple le plus significatif est assurément celui du vol. La référence à la chose peut faire sourire celui qui étudie l'exigence de précision imposée par le principe de la légalité. Quoi de plus vague qu'une chose ?

> « Le vol est la soustraction frauduleuse de la chose d'autrui » (C. pén., art. 311-1).

162 — Illustration jurisprudentielle d'hier. Encouragées par l'imprécision du vocable « chose », les juridictions pénales ont pu décider que l'électricité était une chose susceptible d'être volée. Aujourd'hui, l'article 311-2 du Code l'énonce expressément : « *la soustraction frauduleuse d'énergie au préjudice d'autrui est assimilable au vol.* ».

> Cass. crim., 3 août 1912 : S. 1913, I, p. 337, note Roux.

163 — Illustration jurisprudentielle d'aujourd'hui. Il ne faut pas s'aventurer bien loin sur les terres du droit pénal spécial pour mesurer combien la précision des termes est toute relative. Ainsi, à poursuivre avec la qualification de vol, on s'aperçoit que la notion de « soustraction frauduleuse » permet bien des variations et sous-entend notamment que la chose n'ait pas été abandonnée. Comme par provocation, la présentation doit être poursuivie en ajoutant que l'abandon peut être volontaire ou involontaire. Seul ce dernier permettra, le cas échéant, une qualification de vol.

> Cass. crim., 12 mai 2015 : Dr. pén. 2015, comm. 96, obs. Veron (à propos d'un tiers ayant ramassé une valise pleine de billets de banque laissée par un suspect en fuite).

Cass. crim., 15 déc. 2015 : Dr. pén. 2016, comm. 59, Conte (à propos de la directrice d'un point de vente qui s'était emparée de denrées retirées de la vente et mises à la poubelle).

164 — Référence possible à des termes généraux. Si l'on peut éprouver quelques doutes sur l'effectivité du principe, la majeure partie de la doctrine accepte et tient pour conforme au principe étudié, des expressions, souvent utilisées pour « définir » les moyens de l'infraction, comme celles « par tous moyens » ou « de quelque manière que ce soit ».

165 — Justification de l'utilisation de termes généraux. Refuser un tel aménagement et raisonner autrement, en dénonçant systématiquement ces notions « ouvertes », impose comme seul remède une multiplication des textes. Ce qui, à l'évidence, n'est pas un projet enthousiasmant.

B | La nécessaire proportionnalité de la peine édictée

166 — Définition du principe de proportionnalité. La peine édictée ne doit pas être d'une sévérité excessive au regard de la gravité du comportement interdit. La formule peut faire sourire. Elle n'en demeure pas moins d'une importance considérable.

167 — Ancienneté du principe de proportionnalité. L'idée n'est pas nouvelle. Beccaria recommandait déjà de rechercher un équilibre entre l'infraction reprochée et la peine encourue. De ses propres termes, toute rigueur était superflue et devenait par conséquent tyrannique.

« *La loi ne doit établir que des peines strictement et évidemment nécessaires [...]* » (DDHC 1789, art. 8).

168 — Effectivité du principe de proportionnalité. Si le législateur a souvent pris la mesure du principe de la proportionnalité, les manquements à la règle restaient le plus souvent, faute de sanction, sans aucun effet. Aujourd'hui et depuis quelque temps déjà, il n'en va plus tout à fait ainsi. Le principe de proportionnalité fait l'objet d'un véritable contrôle.

II | Le contrôle des qualités exigées

169 — Double contrôle en question. À la suite d'une longue et inexorable évolution, deux contrôles de nature fort différente peuvent être aujourd'hui exercés sur la loi pénale. Chacun d'entre eux peut conduire, le cas échéant, à sanctionner l'inobservation des qualités exigées.

170 — Contrôle par le Conseil constitutionnel. C'est de la notion d'État de droit dont il s'agit ici. Sans nul doute, l'État de droit appelle l'existence d'un contrôle juridictionnel tendant à faire respecter la hiérarchie des normes. Il doit donc exister un juge compétent pour mesurer et contrôler l'activité du pouvoir législatif. C'est la mission confiée au Conseil constitutionnel.

171 — Contrôle par le juge pénal. Les magistrats, chargés d'appliquer la loi (ici, la loi pénale), ne sauraient suivre aveuglément les dispositions d'un législateur qui aurait perdu quelque peu la mesure de ses obligations.

A Le contrôle de la qualité de la loi pénale par le Conseil constitutionnel

172 — Plan. Après avoir étudié le principe du contrôle de constitutionnalité, nous en verrons la portée, puis évoquerons le contrôle *a posteriori*.

1 Le principe du contrôle

173 — Historique du contrôle de constitutionnalité. Fort de l'idée de souveraineté parlementaire, il n'y a jamais eu avant la Ve République d'organe juridictionnel chargé de contrôler, au regard de la Constitution, la conformité des lois votées par le Parlement. Rompant avec cette tradition, le Conseil constitutionnel détient aujourd'hui ce pouvoir.

174 — Valeur constitutionnelle du principe de la légalité. Si besoin était, cette valeur est doublement affirmée, tant par la Constitution elle-même (art. 34) que par la Déclaration des droits de l'homme de 1789 qui, en bloc, fait corps avec le texte constitutionnel.

175 — Effectivité du contrôle de constitutionnalité. Lorsqu'il est saisi, encore faut-il qu'il le soit, le Conseil constitutionnel, sous couvert de l'article 8 de la Déclaration des droits de l'homme et du citoyen de 1789, veille rigoureusement au respect des exigences de clarté et de précision. La double exigence a pu être rappelée en 1981 à propos de l'analyse de la célèbre loi « sécurité et liberté » alors même que la censure constitutionnelle ne la visait pas directement.

176 — Illustration jurisprudentielle. En 1998, le Conseil considéra comme contraire au principe de la légalité, donc à la Constitution, une disposition législative renvoyant à un arrêté du ministre de l'Intérieur le soin de fixer la liste des associations à vocation humanitaire exemptées de certains pans de la responsabilité pénale des personnes morales.

Cons. const., 5 mai 1998 : JO, 12 mai 9982. Pour le Conseil, l'appréciation de la « vocation humanitaire » des associations, dans le silence du législateur, ne pouvait être laissée à l'instigation du pouvoir réglementaire. Moralité : le champ d'application de la loi ne saurait dépendre d'une quelconque décision administrative.

Cons. const., 27 juill. 2000 : JO, 2 août 2000. Le Conseil déclarait contraire à la Constitution une disposition orchestrant la responsabilité pénale des « hébergeurs » de sites Internet. La disposition en question ne précisait en aucune façon les caractéristiques essentielles du comportement susceptible d'engager la responsabilité pénale.

2 La portée du contrôle opéré

177 — Étendue du contrôle de constitutionnalité. La portée est réelle, et ce d'autant que le 16 décembre 1999 le Conseil a déclaré, dans un contexte beaucoup plus général – celui de la codification à droit constant – « l'objectif de valeur constitutionnelle d'accessibilité et d'intelligibilité de la loi ».

Lhuillier G. et Plouvier E., « Le droit pénal et la Constitution », D. 2011, p. 1091 ; Frison-Roche M.-A. et Baranès W., « Le principe constitutionnel de l'accessibilité et de l'intelligibilité de la loi », D. 2000, chron. p. 361 ; Lasserre-Kiesow V., « La compréhensibilité des lois à l'aube du XXIe siècle », D. 2000, chron. p. 1157.

178 — Limite du contrôle de constitutionnalité. Il ne faut pas se méprendre sur la portée exacte du contrôle opéré. Si les mauvais points distribués par le Conseil sont réels et efficaces, ils sont liés évidemment à la saisine de ce dernier. Or, le Conseil n'est pas saisi en toutes circonstances. On l'a noté, il ne l'a pas été pour le nouveau Code pénal.

179 — Conséquences de l'absence de contrôle de constitutionnalité. À défaut de saisine du Conseil constitutionnel, toute loi promulguée devenait, par la force des choses, présumée conforme à la Constitution.

a Contrôle et incriminations

180 — Critiques doctrinales. Dans un tel schéma, il n'est guère surprenant que fleurissent régulièrement en doctrine des propos visant à dénoncer, ici et là, une certaine démission du législateur au regard du principe de la légalité.

181 — Dénonciation de l'obscurité du texte. Il en va ainsi notamment lorsque la loi, en bout de course, se contente d'annoncer que « toute infraction aux dispositions du présent chapitre (ou de la présente loi) est punie de »... En effet, il est parfois malaisé de distinguer les agissements qui sont alors sanctionnés de ceux qui ne le sont pas.

182 — Dénonciation de la générosité du texte. La largesse des termes utilisés appelle bien souvent des réserves. On a dit plus haut comment ces réserves, sans être éconduites, pouvaient être tempérées.

183 — Dénonciation de la technique du renvoi à un autre texte législatif. Alors que toute incrimination devrait être rigoureusement déterminée, la loi se borne à renvoyer à un autre texte la définition du comportement qu'elle entend sanctionner. Par la force des choses, les conséquences de cette technique, dite du renvoi, varient en fonction du texte qui sert alors de support. Si celui-ci est d'origine législative, le procédé du renvoi manque d'élégance, mais ne trahit en rien le principe de la légalité.

184 — Dénonciation de la technique du renvoi à un texte infralégislatif. Tel est le cas en présence d'un décret d'application. D'aucuns dénoncent sévèrement cette « *délégation de compétences* » du législateur au profit du pouvoir réglementaire. Les expressions « *loi pénale en blanc* », « *chèque en blanc* », témoignent de ces agissements législatifs quelque peu hétérodoxes.

185 — Opinions contraires. À l'opposé, certains auteurs, et non des moindres, admettent le procédé comme « *un mal nécessaire* ». À n'en pas douter, devant l'évolution et la technicité des matières à administrer, le législateur ne peut sérieusement envisager de porter lui-même toutes les définitions requises. Refuser ce schéma conduirait inévitablement à multiplier les interventions législatives.

186 — Solution retenue par le Conseil constitutionnel. De toute évidence, les justifications doctrinales évoquées ont partiellement guidé la plume du Conseil : « aucun principe ou règle de valeur constitutionnelle n'interdit au législateur d'ériger en infraction le manquement à des obligations qui ne résultent pas de la loi ».

Cons. const., 10 nov. 1982, n° 82-145 : JO, 11 nov. 1982.

b ▮ Contrôle et exigence de proportionnalité

187 — Rappel de l'exigence de la nécessité des peines. S'appuyant sur la Déclaration de 1789, « la loi ne peut édicter que les peines strictement et évidemment nécessaires », le Conseil a pu pour la première fois en 1982, à propos des amendes fiscales, rappeler au législateur la force du principe.

Cons. const., 30 déc. 1982, n° 82-155.

188 — Rappel de l'exigence de proportionnalité des peines. Le principe de la nécessité des peines a été doublé, pour la même matière, en 1987 par celui de la proportionnalité. La disposition censurée en 1987 punissait la divulgation des revenus d'une personne d'une amende dont le montant était égal à celui des revenus divulgués en méconnaissance de la loi.

Cons. const., 30 déc. 1987, n° 87-237.

189 — Élargissement du périmètre du contrôle. Le Conseil a pu indiquer que le principe s'étendait au-delà des peines prononcées par des juridictions pénales et concernait également toutes celles pouvant l'être par une autorité de nature non judiciaire. C'est le cas notamment de l'Autorité de la concurrence et de l'Autorité des marchés financiers qui disposent du pouvoir d'infliger des sanctions pécuniaires.

190 — Justification de cet élargissement. Cette extension, au demeurant naturelle, n'est pas sans évoquer la notion de « matière pénale » telle qu'elle a été dégagée par la Cour européenne des droits de l'homme. Assez curieusement, l'expression, après avoir eu une très grande popularité chez les auteurs, semble aujourd'hui quelque peu abandonnée.

c Contrôle et respect des principes fondamentaux

191 — Domaine. Si en définitive les exigences du principe de la légalité sont peu ou prou respectées, le contrôle du Conseil porte sur un domaine beaucoup plus étendu. Le droit pénal étant par nature « un droit à haut risque pour les libertés », le Conseil a eu l'occasion de rappeler, ces dernières décennies, bon nombre de principes fondamentaux.

192 — Principes fondamentaux en question. Ces principes qualifiés par la doctrine de « généraux » ou encore de « directeurs » concernent, outre la légalité, l'égalité devant la loi, le respect des droits de la défense, la non-rétroactivité de la loi pénale. À l'évidence, l'intégration dans le bloc de constitutionnalité des textes visés par le préambule de la Constitution de 1958 a fortement contribué à transformer ces principes en principes constitutionnels. C'est le cas de tous ceux qui viennent d'être visés.

Cons. const., 16 juill. 1971 : JCP 1971, II, 16823. Sans doute faut-il ajouter à ce processus de transformation la loi de 1974 qui a étendu la saisine du Conseil aux simples parlementaires.

193 — Principes écartés. D'autres principes, comme le non-cumul des peines, celui de l'individualisation ou encore celui porté par la règle *non bis in idem*, n'ont pas reçu le « label » constitutionnel. Soit le Conseil leur refuse expressément, soit il manifeste à leur égard plus d'incertitudes.

194 — Illustration en droit pénal financier. Remanié par la loi du 26 juillet 2013 de séparation et de régulation des activités bancaires, le droit pénal financier n'a pas encore totalement mis fin au débat sur la question du cumul des sanctions administratives et pénales.

Contrairement à la position de la Cour européenne qui se montre peu favorable à telle solution, la Chambre criminelle a récemment, délaissant la règle *non bis in idem*, confirmé sa position en faveur de l'admission d'un tel cumul.

Cass. crim., 22 janv. 2014 : AJ pénal 2014, p. 180, Lasserre Capdeville.

Cons. const., 24 oct. 2014, n° 2014-423 QPC – Peltier V., « Infléchissement de la validation constitutionnelle des cumuls de sanctions pénales et administratives », Dr. pén. 2015, p. 36.

195 — Illustration en droit pénal boursier. Pour autant, la donne semble tout de même se modifier quelque peu. En matière boursière, le Conseil constitutionnel, affirmant l'impossibilité d'un tel cumul, a noté que celui-ci était possible à la condition que quatre critères soient réunis : des faits similaires, des intérêts sociaux identiques, des sanctions de même nature et une répression devant le même ordre juridictionnel. Et le Conseil constitutionnel de valider la double poursuite fiscale et pénale en formulant la réserve habituelle que « le montant global des sanctions éventuellement prononcées ne peut dépasser le montant le plus élevé de l'une des sanctions encourues » et en précisant que « le principe de nécessité des délits et des peines impose que les sanctions pénales ne s'appliquent qu'aux cas les plus graves de dissimulation frauduleuse de sommes soumises à l'impôt ».

Cons. const., 18 mars 2015, n° 2014-453 QPC et 2015-462 QPC – Peltier V., « Un an de droit de la peine », Dr. pén. 2016, chron. 3.

196 — Intervention du législateur. Avec la finalité de remédier à la censure du Conseil constitutionnel par sa décision du 18 mars 2015, la loi du 21 juin 2016 a réformé le système de répression des abus de marché. Si les répressions pénale et administrative sont maintenues, les doubles poursuites ne sont plus possibles en raison de la création d'un système de concertation entre le parquet national financier et l'Autorité des marchés financiers. Les sanctions administratives garantissent le bon fonctionnement des marchés, les sanctions pénales s'affichent pour les cas les graves.

Loi n° 2016-819, 21 juin 2016, réformant le système de répression des abus de marché : JORF, 22 juin 2016.

Robert M., « Le principe *non bis in idem* : vers un bouleversement du droit français de la sanction ? », AJ pénal 2016, p. 475.

197 — Illustration en matière fiscale. À la suite de la décision du 18 mars 2015 (juste citée) qui a mis fin aux doubles poursuites administratives et pénales contre les délits boursiers, certains pouvaient espérer que le Conseil constitutionnel prolonge sa solution à la matière fiscale. Comme d'aucuns pouvaient le constater les critères exigés par le Conseil semblaient réunis : mêmes faits poursuivis au nom de la protection des mêmes intérêts, encourant les mêmes sanctions, et susceptibles de recours devant les mêmes juridictions. L'attente fut vaine et l'espoir déçu pour les défenseurs de MM. Cahuzac et Wildenstein. Le Conseil a refusé en ce domaine de considérer que les doubles poursuites étaient contraires à la Constitution. En somme, comme il a été dit, « le Conseil considère que la fraude fiscale est plus grave socialement que la fraude boursière » mais il écarte de fait la jurisprudence européenne qui, elle, appliquait *ne bis* à la matière fiscale. Depuis, la juridiction strasbourgeoise semble s'être engagée dans une voie permettant le cumul des sanctions fiscales et pénales.

Décision n° 2016-545 QPC du 24 juin 2016 : l'application des majorations d'impôt prévues par l'article 1729 et les sanctions pénales établies par l'article 1741 « permettent d'assurer ensemble la protection des intérêts financiers de l'État ainsi que l'égalité devant l'impôt, en poursuivant des finalités communes, à la fois dissuasive et répressive. Le recouvrement de l'impôt et l'objectif de lutte contre la fraude fiscale justifient l'engagement de procédures complémentaires dans les cas de fraude les plus graves. »

CEDH, 4 mars 2014, req. n° 18640/10, Grande Stevens c/Italie. La Cour a exprimé avec force le refus de toute exception au principe *de non bis in idem* en déclarant irrecevable la réserve italienne en matière de cumul des sanctions.

CEDH, gr. ch. 15 nov. 2016, n° 24130/11 et 29758/11, A. et B. c/Norvège – Roets D., « La question du cumul des sanctions administratives et des sanctions pénales : tango jurisprudentiel à Strasbourg », RSC 2017, p. 134 – Robert M., « La Cour de Strasbourg autorise à nouveau le cumul des sanctions fiscales et pénales », AJ pénal 2017, p. 45.

198 — Illustration en matière pénitentiaire. Il était quasi-inévitable au regard de l'actualité du principe *non bis in idem* que celui-ci ne s'invite pas en d'autres domaines que ceux des marchés financiers ou de la fiscalité. Ainsi, un détenu condamné à 5 mois d'emprisonnement supplémentaires pour insultes à l'égard des surveillants de l'administration pénitentiaire contestait cette décision en prétextant qu'il avait déjà, pour les mêmes faits, était condamné, en interne, par la commission de discipline de l'établissement. Repoussant son argumentation, la Chambre criminelle valide la décision de condamnation des juges du fond.

Cass. crim., 10 janv. 2017 – Falxa J., « Cumul des sanctions disciplinaires pénitentiaires et pénales pour les mêmes faits », AJ pénal 2017, p. 145.

199 — Dépassement du Conseil par des principes directeurs. Depuis quelque temps, le Conseil constitutionnel semble marquer le pas. Dépassé par les principes directeurs du droit pénal, le Conseil serait, aux dires d'un auteur, transcendé tant par l'internationalisation que par la judiciarisation de ces mêmes principes.

Danti-Juan M., « Les principes directeurs du droit pénal et le Conseil constitutionnel », *Travaux de l'Institut de sciences criminelles de Poitiers*, tome 21, « Droit constitutionnel et droit pénal », 2000, Cujas.

200 — Explication du dépassement du Conseil constitutionnel. Le bloc de constitutionnalité est fortement concurrencé par des textes internationaux. Ces textes, à l'image de la Déclaration de 1789, véhiculent moult garanties pour les libertés. Le plus souvent d'ailleurs, les garanties de 1789 ont été simplement répétées et reproduites si bien que chacun a pu relever l'existence de « doublons » ou de droits « jumeaux ».

201 — Absence initiale de concurrence. Pendant longtemps, l'activité du Conseil n'a pas été contrariée. Les raisons sont connues. Faute d'organiser un véritable contrôle et une sanction à l'égard des États contrevenants, certains textes sont en somme (mais ce n'est pas rien) de portée bien plus morale et philosophique que strictement juridique. C'est le cas, sans nul doute, de la Déclaration universelle de 1958.

202 — Mise en place progressive de la concurrence. Pour d'autres textes, comme la Convention européenne, la ratification s'est longuement fait attendre. Signée en 1950, la Convention n'a été ratifiée par la France qu'en 1974. À partir de là, « le processus de dépassement du Conseil fut engagé ». Chargée de contrôler le respect des dispositions de la Convention, la Cour européenne compte parmi ses missions celle de préciser les principes directeurs du droit pénal. La concurrence avec le Conseil constitutionnel est évidemment devenue encore plus forte à partir de 1981, date à laquelle furent autorisés les recours individuels.

203 — Refus du Conseil d'assurer un contrôle de conventionnalité. Si le Conseil est aujourd'hui « transcendé » par l'internationalisation des principes étudiés, c'est aussi parce qu'il s'est refusé à tout contrôle de la « conventionnalité » des lois internes. Formulée à l'occasion d'un recours contre la loi sur l'interruption volontaire de grossesse de 1975, cette prise de position a été confirmée à plusieurs reprises.

204 — Appréciation. On peut sans doute contester cette prise de position. En refusant un tel contrôle, le Conseil s'est privé d'une fonction de régulation et d'harmonisation appréciable. Un tel contrôle aurait peut-être évité également « qu'il soit débordé par la judiciarisation du contrôle de conformité aux principes directeurs ».

205 — Conséquences. Aujourd'hui, le contrôle de la « conventionnalité » des lois internes, et donc des principes directeurs du droit pénal incorporés dans la Convention, est laissé à l'appréciation des juridictions du fond sous couvert de la Chambre criminelle. En définitive, les « doublons » évoqués plus haut ont pu engendrer une véritable dualité de sources du droit pénal.

3 ▮ Le contrôle de constitutionnalité a posteriori

206 — QPC. « QPC » est l'abréviation de « question prioritaire de constitutionnalité ». Entrée en vigueur le 1er mars 2010, la loi offre la possibilité pour le Conseil constitutionnel d'opérer un contrôle de constitutionnalité *a posteriori*.

> L. const., 23 juill. 2008, n° 2008-724, de modernisation des institutions de la Ve République : JORF, 24 juill. 2008 – L. org., 10 déc. 2009, n° 2009-1523 : JO, 11 déc. 2009.
>
> Mbongo P., « Droit au juge et prééminence du droit : bréviaire processualiste de l'exception d'inconstitutionnalité », D. 2008, chron. 30 – de Lamy B., « Les incidences, possibles et soutenables, de l'avènement de la question préjudicielle de constitutionnalité », RSC 2009, p. 154.

207 — Fin d'une sorte incongruité. Seize années, jour pour jour, après l'entrée en vigueur du nouveau Code pénal, la question prioritaire de constitutionnalité jette un voile réservé sur une sorte d'incongruité de notre ordonnancement juridique. Le contrôle du Conseil constitutionnel était dépendant de sa saisine. À défaut de celle-ci, le texte de loi entrait en vigueur en étant, circonstance aggravante, présumé conforme à la Constitution.

208 — Réforme demandée avec insistance. Le contrôle classique de constitutionnalité de la loi devait se doubler d'un contrôle *a posteriori* – tel était le vœu déclaré d'un grand nombre d'auteurs. Il était singulier, *a fortiori* en droit pénal, d'enseigner que le texte pouvait servir de support à une condamnation alors que ses dispositions pouvaient paraître constitutionnellement contestables.

209 — Formulation du principe de la QPC. Suivant les recommandations du « Comité de réflexion et de proposition sur la modernisation et le rééquilibrage des institutions de la Ve République », la loi constitutionnelle du 23 juillet 2008 a complété notre Constitution d'un nouvel article : « Lorsque, à l'occasion d'une instance en cours devant une juridiction, il est soutenu qu'une disposition législative porte atteinte aux droits et libertés que la Constitution garantit, le Conseil constitutionnel peut être saisi de cette question sur renvoi du Conseil d'État ou de la Cour de cassation qui se prononce dans un délai déterminé » (Const., art. 61-1).

210 — Mise en œuvre de la QPC. La réforme ne permet pas au justiciable de saisir directement le Conseil constitutionnel. Mais, il faut en prendre la juste mesure, c'est bien le Conseil qui a reçu seul la compétence pour effectuer le contrôle, et non les juridictions judiciaires ou administratives. Celles-ci vont donc jouer le rôle de filtre afin que le Conseil ne soit pas inutilement encombré.

211 — QPC et Conseil constitutionnel. La réforme est porteuse de modifications intéressantes. Le point de départ de la saisine du Conseil ne sera plus uniquement un texte en préparation, mais une loi déjà en vigueur. La prise en charge du contrôle devrait s'en trouver modifiée : « la saisine ne sera plus seulement politique puisque la question sera soulevée par un plaideur ou le juge lui-même. »

212 — Conséquences. À l'évidence, des considérations de faits vont accompagner les saisines. On plaide déjà pour que la réforme amène le Conseil à s'inspirer davantage des positions des juges judiciaires selon la doctrine du « droit vivant » afin de livrer une motivation plus circonstanciée.

213 — Possibilité pour le Conseil de soulever d'office un moyen d'inconstitutionnalité. Le Conseil a le pouvoir de dépasser le cadre de la question posée pour élargir son contrôle de constitutionnalité. Saisi, sous couvert du principe de la légalité, sur le fondement de l'imprécision d'un texte, il a, s'appuyant sur le fondement du principe de l'égalité devant la loi, déclaré le délit de perception frauduleuse de prestations sociales non conforme à la constitution.

Cons. const., 28 juin 2013, n° 2013-328 QPC – Belloir P., « Inconstitutionnalité du délit de perception frauduleuse de prestations sociales », AJ pénal 2013, p. 471.

214 — Vers une « juridictionnalisation » du Conseil constitutionnel. Tel est le souhait de certains auteurs, et ce, malgré le refus des réformateurs de 2008 de rebaptiser le Conseil en « Cour constitutionnelle ». Pour autant, l'« émancipation » du Conseil peut révéler bien des incertitudes et partager les avis.

215 — Illustration jurisprudentielle. Statuant en QPC, le 3 décembre 2010, le Conseil constitutionnel a pu décider qu'une disposition législative pouvait écarter l'application immédiate aux affaires en cours d'une incrimination plus douce sans entrer en contradiction avec des principes (rétroactivité *in mitius*) jusque-là qualifiés de constitutionnels.

216 — Inconstitutionnalité de l'incrimination de harcèlement sexuel. Le délit de harcèlement sexuel était défini par l'article 222-33 du Code pénal, à la suite de modifications législatives successives comme « le fait de harceler autrui dans le but d'obtenir des faveurs de nature sexuelle [...] puni d'un an d'emprisonnement et de 15 000 euros d'amende ». Sous couvert du principe de légalité des délits et des peines qui impose au législateur de définir les crimes et délits en termes suffisamment clairs et précis, le Conseil a déclaré le texte contraire à la Constitution. L'abrogation de l'article 222-33 du Code est devenue applicable à toutes les affaires non jugées définitivement à cette date. Depuis, le législateur a bien évidemment revu sa copie.

Cons. const., 4 mai 2012, n° 2012-240 QPC : JO, 5 mai 2012.

T. confl. Versailles, 27 janv. 2014 : « Harcèlement sexuel : premières applications de la loi du 6 août 2012 », AJ pénal 2014, p. 236, Saas.

217 — QPC et juridictions pénales. Il serait naïf de cantonner les juridictions à un simple rôle de filtre. La remarque est générale, mais vaut ici principalement pour la Chambre criminelle. Celle-ci, pas davantage qu'hier, ne peut se prononcer sur l'inconstitutionnalité d'une disposition législative. Toutefois, elle va devoir porter une appréciation sur la disposition contestée par le justiciable.

218 — Comment entendre le renvoi ? Est-ce à dire qu'en renvoyant la contestation devant le Conseil constitutionnel, la Chambre criminelle estime bien fondée la requête du justiciable ? Il est bien entendu excessif de l'affirmer.

219 — Comment entendre le refus de renvoyer ? Les choses se brouillent un peu. Si l'on admet que la Chambre criminelle refuse de saisir le gardien de la Constitution, estime-t-elle pour autant que la disposition contestée n'est pas contraire aux « droits et libertés garantis par la Constitution » tels qu'ils ressortent immédiatement du « bloc de constitutionnalité » et de la jurisprudence du Conseil constitutionnel ?

220 — Illustration jurisprudentielle, les quatre arrêts de l'Assemblée plénière du 20 mai 2011. L'Assemblée plénière s'est prononcée sur quatre questions prioritaires de constitutionnalité concernant le régime de la prescription de l'action publique. Les requérants contestaient la constitutionnalité des règles qui repoussent notamment le point de départ de la prescription (notamment lorsque l'infraction est occulte ou dissimulée) au jour où les faits ont pu être constatés, permettant ainsi l'exercice de l'action publique. Pour les requérants, la Cour de cassation ne pouvait statuer en toute impartialité sur la constitutionnalité de sa propre interprétation des règles de prescription et de connexité. L'Assemblée a refusé de saisir le Conseil constitutionnel.

« Il n'est pas possible de mettre en cause la Cour de cassation dans son ensemble, alors même qu'il n'existe aucune autre juridiction du même ordre et de même nature qui pourrait se prononcer. Poussé jusqu'à l'absurde, un tel raisonnement mettrait d'ailleurs la Cour dans l'impossibilité d'accomplir sa mission, dès lors que les justiciables invoquent le plus souvent devant elle sa propre jurisprudence, qui n'est pas figée. », *Communiqué de la Première présidence relatif aux arrêts du 20 mai 2011.*

221 — QPC et justiciables. Comme on l'avait pressenti, la question prioritaire de constitutionnalité a été posée par leurs défenseurs. En droit pénal, de nouveaux champs d'action ont ainsi pu surgir. Si la procédure pénale semble un terrain privilégié des manœuvres annoncées, le droit pénal n'est pas laissé pour compte.

222 — Observations. Après avoir observé le développement des questions de conventionnalité, il faut maintenant être attentif aux questions de constitutionnalité, même si certains s'interrogent sur l'intérêt et l'opportunité de soulever cette question de constitutionnalité par rapport à la question de conventionnalité.

223 — Constitutionnalité n'est pas synonyme de conventionnalité. Tel est le message de la Cour européenne des droits de l'homme qui, en condamnant la France, a pu préciser qu'une décision de constitutionnalité n'établissait pas pour autant, automatiquement, la conformité d'une disposition législative avec la Convention européenne.

CEDH, 28 oct. 1999, Zielinski, Pradal et Gonzales c/ France.

224 — Conventionnalité du non-renvoi d'une QPC. Il a été invoqué que le non-renvoi par la Cour de cassation d'une QPC au Conseil constitutionnel portait atteinte au droit à un procès équitable et à un recours effectif garantis par l'article 6§ 1 de la Convention européenne des droits de l'Homme. L'analyse de l'arrêt rendu par la Cour strasbourgeoise souligne, non sans quelque ambiguïté, que la décision motivée de la Cour de cassation ou du Conseil d'État refusant de renvoyer une QPC au Conseil constitutionnel n'est pas contraire à la Convention européenne.

CEDH, 17 septembre 2015, Renard et a. c/France.

B Le contrôle de la qualité de la loi et du règlement par le juge pénal

225 — Plan. Le juge pénal contrôle la qualité du règlement ainsi que la qualité de la loi.

1 Le contrôle du règlement par le juge pénal

226 — Séparation des pouvoirs. À l'évidence, le principe de la séparation des pouvoirs interdit toute incursion du juge judiciaire dans le domaine réservé de l'exécutif.

227 — Incompétence certaine du juge civil. Confronté à une exception d'illégalité fondée sur un acte réglementaire, le juge civil doit impérativement surseoir à statuer. Concrètement, cela signifie qu'il se dessaisit de la question en invitant le plaideur à se tourner vers la juridiction administrative, seule compétente pour apprécier la légalité du règlement contesté.

228 — Compétence encadrée du juge pénal. La règle évoquée pour le juge civil s'efface pour laisser place à une compétence du juge pénal. Celle-ci est le fruit d'une évolution qui a fait couler beaucoup d'encre.

a Les incertitudes jurisprudentielles d'hier

229 — Incursions du juge pénal sur les terres du pouvoir exécutif. De longue date, les juridictions répressives se sont octroyé le pouvoir d'apprécier la légalité des règlements émanant de l'exécutif lorsque l'exception d'illégalité était soulevée devant elles à l'occasion de poursuites pénales. Cette incursion fut d'autant plus remarquable qu'elle s'est faite en dehors de tout texte exprès.

230 — Divergences d'appréciations. À la vérité, si le principe même du pouvoir octroyé a été assez bien accepté, les conditions de sa mise en œuvre ont engendré de multiples divergences d'appréciation entre le Tribunal des conflits et la Chambre criminelle de la Cour de cassation.

231 — Première avancée de la Chambre criminelle. Sous l'influence incontestable du procureur général Merlin, la Chambre accepta l'idée que les juges répressifs ont non seulement le droit, mais aussi le devoir, de contrôler la légalité des règlements qu'on leur demande de mettre en exécution : « il y aurait excès de pouvoir s'ils annulaient ces arrêtés ; mais une chose est de les annuler, autre chose est de ne pas en faire application. »

232 — Justification. Le raisonnement est implacable et donne tout son sens au principe de la légalité des délits et des peines. Si ce dernier n'avait pu s'imposer à l'égard des règlements, il aurait perdu singulièrement de son intérêt. Juge de l'action, le juge pénal devait être aussi, en vertu de la maxime, le juge de l'exception.

233 — Compétence concédée au juge pénal pour les actes de portée générale et impersonnelle. Selon la solution retenue par le Tribunal des conflits, le juge pénal conservait le pouvoir d'apprécier la légalité des actes de portée générale et impersonnelle fondant la poursuite ou invoqués comme moyen de défense. Juge de l'action, le juge pénal restait juge de l'exception.

234 — Compétence refusée au juge pénal pour les actes individuels. Dans sa célèbre décision *Avranche et Desmarets*, le Tribunal des conflits limita les prérogatives particulières des juridictions répressives. Tout pouvoir d'appréciation lui était refusé à l'égard des actes administratifs individuels.

T. confl., 5 juill. 1951, Avranche et Desmarets : D. 1952, p. 271, note Blaevoet ; JCP 1951, II, 6623, note Homont.

235 — Fondements de la décision *Avranche et Desmarets* du Tribunal des conflits. La solution s'appuyait sur la conséquence pratique d'une éventuelle déclaration d'illégalité. Concernant les actes de portée générale et impersonnelle, la déclaration a pour seul effet d'écarter l'acte contesté des débats. À l'inverse, à l'égard des actes individuels, la déclaration revient à priver définitivement l'acte de toute efficacité. Le Tribunal estima que cette conséquence, trop proche de celle d'une annulation, était incompatible avec le principe de la séparation des autorités administratives et judiciaires.

236 — Fondements repoussés par la Chambre criminelle. Prenant acte des nombreuses critiques doctrinales, la Chambre criminelle confirma la possibilité pour le juge pénal d'apprécier la légalité des actes tant réglementaires qu'individuels.

237 — Limite fixée à l'égard des actes individuels. À l'égard des actes individuels, la Chambre criminelle circonscrit le contrôle de légalité aux actes clairs dont l'interprétation n'était pas nécessaire.

Cass. crim., 21 déc. 1961 : JCP 1962, II, 12680, note Lamarque ; D. 1962, p. 102, rapp. Costa.

238 — Limite fixée pour l'ensemble des actes. Pour les actes individuels comme pour les autres, la Chambre criminelle limita encore le degré du contrôle aux seuls actes « *assortis d'une sanction pénale* ». Le juge pénal se voyait ainsi interdit d'apprécier la légalité d'un acte non pénalement sanctionné bien que de sa légalité dépende la solution d'un procès.

Cass. crim., 1er juin 1967 : JCP 1968, II, 15505, note Lamarque.

b Les réponses données par le nouveau Code pénal

239 — Levée des incertitudes. Face aux divergences jurisprudentielles, il devenait important qu'un texte fixe en ce domaine et avec précision l'étendue du pouvoir du juge pénal. C'est chose faite. C'est assurément l'un des mérites du nouveau Code pénal que d'avoir fixé ici les règles à suivre.

240 — Formulation du principe. L'article 111-5 énonce aujourd'hui : « Les juridictions pénales sont compétentes pour interpréter les actes administratifs, réglementaires ou individuels et pour en apprécier la légalité lorsque, de cet examen, dépend la solution du procès pénal qui leur est soumis. »

241 — Observation. Le texte, par ses termes généraux, associe les aspects les plus libéraux dégagés tant par la jurisprudence du Tribunal des conflits que par celle de la Chambre criminelle.

242 — Actes réglementaires et actes individuels. Pour ces derniers, contrairement aux vœux de la Chambre, nul besoin qu'ils soient clairs, le juge pénal dispose du pouvoir de les interpréter.

243 — Compétence du juge pénal. Que l'acte fonde la poursuite ou qu'il soit invoqué comme moyen de défense ne change rien aux pouvoirs du juge. Il suffit que de l'appréciation portée par le juge pénal dépende la solution du procès.

244 — Limite de la réforme. Le contrôle de la légalité devient impossible lorsqu'il n'y a pas d'incidence à en attendre sur la solution du procès pénal. De même, le pouvoir du juge s'arrête si les incidences ne concernent qu'un aspect non pénal du procès.

245 — Illustration jurisprudentielle. Ainsi, fort logiquement, il est reproché en vain aux juges du fond de ne pas avoir apprécié la légalité de décisions administratives lorsque leur illégalité n'est pas de nature à enlever aux faits constatés leur caractère délictueux.

Cass. crim., 11 déc. 2001 : Bull. crim., n° 266 ; Dr. pén. 2002, comm. n° 45, note Robert.

2 Le contrôle de la loi par le juge pénal

246 — Plan. Rappelons les fondements de ce contrôle avant d'en aborder la pratique.

a Le fondement du contrôle

247 — Incompétence du juge pénal à opérer un contrôle de constitutionnalité. À l'évidence, le juge pénal ne saurait être autorisé à se faire juge de la constitutionnalité de la loi. La solution est dictée tant par le principe de la séparation des pouvoirs que par les dispositions de la Constitution elle-même. La Cour de cassation rappelle cette solution depuis le début du XIXe siècle.

Cass. crim., 11 mai 1833 : S. 1833, I, 357 : « les textes ayant valeur législative s'imposent aux juridictions de l'ordre judiciaire qui ne sont pas juges de leur constitutionnalité ».

248 — Conséquences directes de l'incompétence du juge pénal à opérer un contrôle de constitutionnalité. Le juge pénal ne peut arguer de la violation du principe constitutionnel de la légalité des délits et des peines pour refuser d'appliquer un texte législatif.

249 — Incidences de la réforme de la question prioritaire de constitutionnalité. « Lorsque, à l'occasion d'une instance en cours devant une juridiction, il est soutenu qu'une disposition législative porte atteinte aux droits et libertés que la Constitution garantit, le Conseil constitutionnel peut être saisi de cette question sur renvoi du Conseil d'État ou de la Cour de cassation qui se prononce dans un délai déterminé » (Const., art. 61-1).

250 — Rappel de la mise en œuvre de la QPC. La réforme ne permet pas au justiciable de saisir directement le Conseil constitutionnel. Mais, il faut en prendre la juste mesure, c'est bien le Conseil qui a reçu seul la compétence pour effectuer le contrôle et non les juridictions judiciaires ou administratives. Celles-ci vont donc jouer le rôle de filtre afin que le Conseil ne soit pas inutilement encombré.

251 — Compétence du juge pénal à opérer un contrôle de conventionnalité. Inscrit dans plusieurs conventions internationales, dont la Convention européenne, le principe de la légalité possède dans notre ordre juridique une force obligatoire comme règle de droit interne, mais aussi comme règle de droit international.

252 — Fondement de la compétence du juge pénal à opérer un contrôle de conventionnalité. L'article 55 de la Constitution donne aux conventions régulièrement ratifiées une autorité supérieure à celle des lois internes. Cette valeur supralégislative du principe de la légalité, qui sous-entend clarté de la règle d'incrimination et proportionnalité de la sanction édictée, autorise donc le juge pénal, sous contrôle de la Chambre criminelle, à écarter toute loi interne qui ne respecterait pas l'une de ces exigences.

253 — Précisions sur la compétence du juge pénal à opérer un contrôle de conventionnalité. Au regard de l'ordonnancement des sources du droit, il n'est pas douteux qu'il s'agisse plus d'une obligation que d'une simple faculté. Pourtant, à l'analyse, la jurisprudence de la Chambre criminelle laisse l'observateur quelque peu perplexe.

b ▮ La réalité du contrôle

254 — Difficultés à faire prévaloir la norme supranationale sur la norme interne. Il faut bien le constater, la Chambre criminelle est réticente à s'engager dans une voie qui permet aux juges répressifs de contrôler la qualité de l'activité législative des parlementaires.

255 — Illustration d'une double censure. On notera donc, avec un intérêt particulier, deux arrêts rendus en janvier et février 2001. La

Chambre criminelle s'est en effet fondée sur la Convention européenne pour écarter l'application d'incriminations jugées selon elle trop larges.

Cass. crim., 16 janv. 2001 : Bull. crim., nº 10 ; Dr. pén. 2001, comm. nº 91 ; rapp. Cass., 2001, p. 576 – Cass. crim., 20 févr. 2001 : D. 2001, p. 908 ; Dr. pén. 2001, comm. nº 86.

256 — Précisions. L'un des deux arrêts a été rendu seulement quelques semaines après que la France fut condamnée, en ce domaine, par la Cour européenne. L'arrêt de la Chambre criminelle reprend d'ailleurs quasiment mot pour mot l'argumentation de la Cour strasbourgeoise.

257 — Relativité de la censure. Il n'est pas certain que la Cour souveraine se soit véritablement engagée dans un contrôle de la rédaction formelle de la loi pénale. La censure du texte législatif n'a été tenue qu'en matière de presse. On peut se demander si le principe de la légalité n'a pas servi d'alibi à celui de la liberté de l'information.

CEDH, 3 oct. 2000, Du Roy et Malaurie c/ France : D. 2001, p. 1064, obs. Renucci ; RSC 2001, p. 1176, obs. Francillon ; D. 2001, p. 515, Pradel.

258 — Risques d'un contrôle trop poussé. Si la Cour s'émancipait et étendait son contrôle, de nouvelles interrogations apparaîtraient. En effet, imaginons que l'article 7 de la Convention devienne, à l'image de l'article 8 de la Déclaration de 1789 pour le Conseil constitutionnel, le fer de lance du contrôle : le risque d'appréciations divergentes entre les deux instances de contrôle n'est pas totalement exclu.

259 — Interrogation doctrinale. Comme on l'a noté, « que se passerait-il si la Cour de cassation jugeait non conforme à la Convention européenne parce que trop imprécise une incrimination précédemment considérée par le Conseil constitutionnel comme suffisamment précise pour répondre aux exigences de la déclaration de droits de l'homme » ?

Mayer D., « Vers un contrôle du législateur par le juge pénal », D. 2001, p. 1643.

260 — Appréciations. Pour l'auteur de l'interrogation, le seul fait de poser cette question laisse présager que la Chambre criminelle utilisera avec une grande prudence les pouvoirs qui lui sont ici accordés. Car, en définitive, l'artifice de l'article 55, aussi légitime soit-il, ne fait que détourner l'interdiction faite aux juges judiciaires de contrôler la constitutionnalité des lois.

261 — Aparté. Si la Chambre criminelle fait preuve de prudence, il ne faut pas tomber dans l'excès inverse et prétendre qu'elle couvre de son autorité, ou de sa passivité, les manquements des lois internes au regard du droit supranational. Globalement, notre législation répond aux exigences supralégislatives.

Cass. crim., 3 juin 2015 : « Encourt la cassation, sur le fondement de l'article 8 de la Convention européenne des droits de l'Homme, l'arrêt qui rejette une requête en relèvement de l'interdiction définitive du territoire français par des motifs qui méconnaissent le principe de proportionnalité destiné à assurer un juste équilibre entre, d'une part, le droit au respect de la vie privée et familiale, d'autre part, les impératifs de la défense de l'ordre public, de la prévention des infractions pénales et de la protection de la santé publique ». Une fois n'est pas coutume, la référence au principe de proportionnalité est ici expressément notée. AJ pénal 2015, p. 487, Chetard.

262 — Justification. Les condamnations de la France, donc de la législation française, prononcées par la Cour de Strasbourg sont assez rares. Notre système procédural est d'ailleurs plus sur la sellette que notre droit de fond. Ce sont en effet le plus souvent des dérapages de fonctionnement des services de police et de justice qui sont à l'origine de la condamnation.

SECTION 2 La signification du principe de la légalité à l'égard du juge pénal

263 — Jurisprudence, source du droit. Les tenants et aboutissants sont connus. Que l'on considère la jurisprudence comme une authentique source du droit, ou comme une simple autorité fournissant « des éléments d'appréciation pour interpréter les règles de droit, ou pour construire, dans le silence ou l'insuffisance de ces règles, la solution d'une difficulté » ne change pas grand-chose au débat.

264 — Reconnaissance d'un réel pouvoir entre les mains du juge. Authentique source ou simple autorité, la jurisprudence – l'article 4 du Code civil en fait figure de proue –, révèle entre les mains du juge un réel pouvoir d'appréciation sinon de création de la règle de droit.

265 — Doutes affichés en droit pénal. À l'évidence, le principe de la légalité repousse tout raisonnement similaire en droit pénal.

266 — Plan de section. Pour se garder de l'arbitraire du juge, le législateur se doit d'édicter des textes clairs et précis. Corollaire indispensable, l'appréciation du magistrat doit être gouvernée par le principe de l'interprétation stricte de la loi pénale.

I La prohibition de tout pouvoir créateur du juge

267 — Plan. La prohibition de tout pouvoir créateur s'exerce à l'égard des incriminations et à l'égard des sanctions.

A La prohibition de tout pouvoir créateur à l'égard des incriminations

268 — Impossibilité de poursuivre un comportement non interdit par la loi. Que ce comportement ait été proscrit par le passé ou qu'il le devienne dans un avenir proche ne modifie en rien l'impossibilité.

269 — Possibilité de ne pas poursuivre. Le principe de la légalité n'impose nullement au juge, tant s'en faut, de poursuivre, avec l'acharnement de l'exhaustivité, tous les forfaits accomplis et révélés. Envisagé un temps à l'époque révolutionnaire, le caractère automatique des poursuites a très vite été abandonné au profit du principe de l'opportunité des poursuites.

> « Le procureur de la République reçoit les plaintes et les dénonciations et apprécie la suite à leur donner conformément aux dispositions de l'article 40-1 » (CPP, art. 40).

270 — Possibilité de retenir une qualification moins grave. La poursuite pénale peut très bien s'articuler sur une qualification moins grave que celle initialement prévue par le législateur. Pour porter atteinte aux règles de compétences juridictionnelles, la correctionnalisation judiciaire (qui tend à retenir une qualification correctionnelle aux lieu et place d'une qualification criminelle) trouble quelque peu le principe de la légalité.

271 — Impossibilité de retenir une qualification plus grave. Si la correctionnalisation a toujours été admise, sous prétexte d'interprétation *in favorem*, le raisonnement inverse ne tient plus et le passage judiciaire du délit au crime trahit avec force le principe de la légalité.

272 — Consécration législative de la correctionnalisation judiciaire. Depuis la loi du 9 mars 2004 (dite *Perben 2*), la personne mise en examen et la partie civile peuvent interjeter l'appel des ordonnances de renvoi devant le tribunal correctionnel. Et ceux quand elles estiment que les faits renvoyés constituent un crime qui aurait dû faire l'objet d'une ordonnance de mise en accusation devant la cour d'assises.

273 — Conséquences pratiques. L'exception faite au principe de l'interdiction de faire appel des ordonnances de renvoi devant le tribunal correctionnel révèle une contrepartie assez singulière. À défaut d'appel, il n'est plus possible pour la juridiction correctionnelle de revenir sur cette correctionnalisation (C. pén., art. 128-3 et CPP, 469, al. 4). Ainsi, la requalification s'impose au tribunal qui n'est plus en mesure d'apprécier sa compétence.

Detraz S., « Correctionnalisation judiciaire légalisée », JCP 2010, 758 – Darsonville A., « La législation de la correctionnalisation judiciaire », Dr. pén. 2007, étude n° 4.

B La prohibition de tout pouvoir créateur à l'égard des sanctions

274 — Interdiction faite au juge de prononcer une peine non prévue. Les exigences du principe de la légalité sont certaines. Le juge ne saurait avoir la possibilité de prononcer une peine autre que celle prévue par la loi ou encore de l'aggraver.

Cass. crim., 14 janv. 1998 : Bull. crim., n° 19. Sur le dépassement du maximum de la peine applicable en matière de harcèlement sexuel.

275 — Possibilité pour le juge de faire preuve d'indulgence. Le principe de la légalité n'interdit nullement au magistrat, sous couvert d'individualisation de la sanction, de montrer, dans les limites de la loi, quelque élan de générosité à l'égard de la personne poursuivie.

276 — Moyens offerts au juge. L'attribution du sursis, l'énoncé de cause légale de diminution de peine, la dispense de peine, la considération « officieuse » de circonstances atténuantes témoignent, parmi d'autres, des moyens laissés à la disposition des magistrats.

277 — Contrôle de la Chambre criminelle. La liberté de moyens offerte au juge ne rime pas avec liberté d'initiative. Le cas échéant, la Cour de cassation rappelle aux juridictions du fond les limites de leur pouvoir.

278 — Jurisprudences observées. Le plus souvent, la censure porte sur le prononcé, en marge de toute indication législative, de peines complémentaires. Il va de soi que dans le silence du texte, le juge ne peut assortir la peine principale d'une peine complémentaire. Que celle-ci soit prévue pour une autre infraction ne change évidemment rien à la règle. L'égarement des juges du fond est encore plus inquiétant quand la peine illégalement prononcée, à titre principal, est une amende ou une peine d'emprisonnement.

279 — Erreurs constatées. Comme on l'a rappelé, il n'est pas exceptionnel que des condamnations méconnaissent le principe de la légalité.

Ainsi, selon un responsable du Bureau des affaires juridiques du Casier judiciaire national, on constate « bon an mal an, plusieurs milliers de peines en délicatesse avec la loi sont prononcées ».

Lorho G., « Mauvais choix et classicisme », *in L'individualisation de la peine, de Saleilles à aujourd'hui*, sous la dir. de R. Ottenhof, 2001, Érès, p. 255.

II L'obligation d'interpréter strictement la loi

280 — Corollaire indispensable du principe de la légalité. Si l'interprétation stricte de la loi pénale suscite aujourd'hui encore bien des débats, l'obligation n'en révèle pas moins une certaine ancienneté. Beccaria, en son temps et à sa façon, l'avait noté : « les juges des crimes ne peuvent avoir le droit d'interpréter largement la loi pénale, par la seule raison qu'ils ne sont pas législateurs. »

281 — Silence du Code de 1810. Sûrs de leur fait et de l'excellence de leur texte, les rédacteurs du Code de 1810 n'ont pas cru bon d'inscrire dans le Code le principe de l'interprétation stricte. « En matière criminelle, où il n'y a qu'un texte formel et préexistant qui puisse fonder l'action du juge, il faut des lois précises et point de jurisprudence » avait noté, en son temps, Portalis.

282 — Formulation du nouveau Code pénal. L'article 111-4, de façon laconique, et néanmoins énergique, énonce : « La loi pénale est d'interprétation stricte. »

283 — Commentaires. En vérité, la formule législative n'innove pas et reprend à son compte une règle dégagée de longue date tant par la doctrine que par la jurisprudence. Pourtant la teneur rassurante du propos, hier jurisprudentiel et aujourd'hui législatif, entraîne quelques incertitudes sur le sens exact qu'il convient de donner à cette formule.

284 — Interprétations doctrinales du principe de l'interprétation stricte. La doctrine rivalise d'intérêt pour faire le partage entre ce qui est permis au juge et ce qui lui est interdit. Les auteurs passent alors en revue les différentes formes d'interprétation de la loi pénale.

285 — Trois formes d'interprétation. L'interprétation connaît trois formes majeures : l'interprétation littérale, l'interprétation analogique et l'interprétation téléologique.

286 — Interprétation littérale. Dite aussi restrictive, l'interprétation littérale privilégie un strict attachement à la lettre de la loi. *Mutatis mutandis*, on retrouve le discours cher à l'école civiliste de l'exégèse qui au lendemain du Code de 1804 préconisait, contrairement aux propos plus enlevés de Portalis, de ne toucher au texte « *que d'une main tremblante* ».

287 — Interprétation analogique. En vérité, il s'agit moins d'un procédé d'interprétation que d'une invitation faite au juge à rechercher, par une extension, un remède aux lacunes voire aux oublis du législateur.

288 — Interprétation téléologique. Se démarquant de l'interprétation littérale, le procédé invite le juge à chercher la véritable volonté du législateur. Certes, si la loi est claire, il faut la suivre, mais, comme on le dit ailleurs en droit privé, lorsqu'elle est ambiguë, il faut en pénétrer l'esprit.

289 — Effets de l'interprétation téléologique. L'interprète trouve dans les travaux préparatoires de la loi, dans les considérations sociales et économiques de l'époque, autant de guides. Mais les frontières de l'interprétation téléologique vont plus loin. L'interprète peut être affranchi de la barrière formelle du texte. On conduit alors le juge à imaginer quelle serait la pensée probable du législateur s'il était confronté aux éléments nouveaux qui posent difficulté.

> Cass. crim., 13 mai 1996 : Dr. pén. 1997, comm. n° 10. Faute de définition législative, la Cour de cassation n'hésite pas à donner une définition des « lunettes » afin de censurer un arrêt d'appel qui avait relaxé, faute d'incrimination, un vendeur de « porte-loupes ».

290 — Survie du texte. L'interprétation téléologique permet la survie, la quasi-immortalité du texte. Non seulement celui-ci va vivre, mais sera, au surplus, constamment aménagé aux réalités de son époque. On peut y lire une belle définition du droit permettant à celui-ci d'être constamment adapté aux comportements du temps présent.

291 — Observations. On ne saurait oublier le principe de la légalité. De serviteur du texte, le juge se transforme ici en coauteur ou corédacteur. Toute la question est certes de savoir s'arrêter à temps, mais on peut être surpris des bonnes grâces que la doctrine manifeste à l'égard du principe de l'interprétation téléologique.

292 — Difficultés d'analyse. La plupart des auteurs reconnaissent volontiers, références judiciaires à l'appui, les bienfaits d'une interprétation téléologique. Face aux commentaires proposés, il n'est pas toujours facile de faire le partage entre l'analogie refusée et la téléologie acceptée. Les décisions citées reflètent le plus souvent des raisonnements par analogie que la Chambre criminelle censure ou au contraire couvre de son autorité.

293 — Partage difficile entre l'analogie refusée et la téléologie acceptée. Le contraste est alors saisissant : « la méthode qualifiée de téléologique apparaît comme un voile jeté sur les cas où la Cour de cassation n'a pas voulu faire respecter la règle, que par ailleurs elle défend, depuis le début du XIXe siècle comme une conséquence inéluctable du principe de légalité : Attendu que la loi pénale est d'interprétation stricte [...] ».

Barberger C., *Droit pénal*, 1997, La Découverte, p. 44.

294 — Illustration jurisprudentielle. Lorsqu'elle juge que « tout acte de fellation constitue un viol dès lors qu'il est imposé par la violence, contrainte ou surprise, à celui qui le subit ou à celui qui le pratique », alors que le Code pénal (art. 222-23) vise seulement « *les actes de pénétration sexuelle* » commis sur la personne d'autrui, la Chambre criminelle s'aventure incontestablement sur le terrain du raisonnement par analogie.

Cass. crim., 16 déc. 1997 : Bull. crim., n° 429 ; Dr. pén. 1998, chron. n° 7. Pour un retour à une plus juste lecture des articles 222-22 et 222-23 du Code pénal : Cass. crim., 25 juin 1998 : Dr. pén. 1999, comm. n° 5 et Cass. crim., 21 oct. 1998 : D. 1998, IR, p. 241.

III La nécessité pour le juge de qualifier les faits

295 — Définition. Qualifier, c'est rechercher le texte qui est applicable aux faits poursuivis, c'est trouver le vêtement juridique du fait infractionnel. En somme, il s'agit du premier devoir du magistrat qui doit apprécier le caractère répréhensible du comportement qui lui est soumis.

296 — Difficultés de la mission. Pour être quotidienne, la tâche du juge n'en est pas moins entourée de nombreuses difficultés. Celles-ci se rencontrent pour toute qualification, mais deviennent réellement complexes dans l'hypothèse de conflit de qualifications.

A Les difficultés rencontrées pour toute qualification

297 — Caractéristiques des difficultés. Elles sont liées à la variabilité de la qualification et aux contraintes qui pèsent sur chaque autorité judiciaire.

1 La variabilité de la qualification

298 — Plan. Le principe de la qualification, c'est-à-dire la liberté accordée à chaque autorité judiciaire de qualifier les faits en toute indépendance, connaît des exceptions.

a Le principe, la liberté accordée à chaque autorité judiciaire de qualifier les faits en toute indépendance

299 — Obligation pesant sur chaque juge d'apprécier sa compétence. Tel est le fondement de la liberté accordée à chaque autorité judiciaire mais, dans le même mouvement, toute sa limite.

300 — Conséquences pratiques. La qualification pourra faire l'objet de variations au cours d'une même poursuite. Toutes les juridictions pénales, qu'elles soient d'instruction ou de jugement, sont en effet saisies « *in rem* », c'est-à-dire du fait commis, du fait matériel.

301 — Variation de la qualification sans conséquence sur la nature de l'infraction. Un fait peut être analysé comme un vol par le parquet qui lance les poursuites, puis comme une escroquerie par le juge d'instruction qui a été saisi et jugé par le tribunal correctionnel comme un abus de confiance. Au cours de cette « affaire », trois qualifications juridiques distinctes ont encadré les faits poursuivis.

Cass. crim., 9 mars 1983 : D. 1984, p. 209, note Devèze. Pour une distinction entre le vol et l'escroquerie dans une affaire où le client d'un magasin avait substitué les étiquettes d'un produit.

302 — Variation de la qualification ayant des conséquences sur la nature de l'infraction. Tel est le cas lorsque des poursuites, engagées sur le fondement d'un homicide involontaire, se transforment, à la lumière de l'enquête, en poursuites pour meurtre voire pour assassinat. De la compétence délictuelle et des trois à cinq années d'emprisonnement encourues, il ne reste rien devant la nouvelle qualification criminelle, la compétence de la cour d'assises et la menace d'une condamnation à perpétuité (pour assassinat) ou à trente ans de réclusion (pour meurtre).

b Les exceptions signalées

303 — Exception relative aux infractions de presse. Selon l'article 50 de la loi de 1881 sur la liberté de la presse, l'acte qui déclenche les poursuites doit articuler et qualifier les faits incriminés. On entend par là que le changement de qualification en cours de poursuite sera impossible.

304 — Tempérament relatif aux infractions de presse. À la vérité, l'exception signalée n'est pas totale. La jurisprudence s'interdit seulement de permuter deux qualifications prévues par le texte initial et de substituer à une qualification de droit commun une qualification retenue par la loi de 1881. En revanche, la substitution en cours de poursuite d'une qualification de droit commun demeure possible.

305 — Exception relative à la répression des fraudes. Selon les exigences de la loi du 1er août 1905, toute poursuite exercée en vertu de ce texte « devra être continuée et terminée en vertu des mêmes textes ». Le principe a été repris, depuis une loi du 26 juillet 1993, à l'article L. 216-4, alinéa 1, du Code de la consommation. Il s'ensuit que toute substitution d'une qualification de droit commun à une qualification de la loi de 1905 est impossible.

306 — Justification de l'exception relative à la répression des fraudes. Elle puise sa source dans le respect des droits de la personne poursuivie. Le législateur a, en effet, souhaité que les pouvoirs assez exorbitants reconnus aux agents de poursuite en matière de fraude et de falsifications ne puissent être à l'origine, par le biais d'une requalification, des poursuites de droit commun.

2 Les contraintes pesant sur chaque autorité judiciaire

307 — Impossibilité de « modifier la prévention ». L'expression, qui n'est pas très heureuse, signifie que l'autorité judiciaire, dans son pouvoir de qualification et de requalification, ne peut en aucun cas englober par une qualification nouvelle des faits dont elle n'est pas saisie.

308 — Détermination de la qualification « au temps de l'action ». Il s'ensuit que tout changement ultérieur de la situation est inopérant et ne peut être pris en compte. Que ce changement soit ou non favorable à la personne poursuivie ne change rien ! On dit que l'infraction est comme « *cristallisée* » dès lors que ses éléments constitutifs sont rassemblés.

> Cass. crim., 15 juin 1965 : JCP 1965, II, 14355 – Cass. crim., 20 nov. 1982 : Bull. crim., n° 270 ; RSC 1983, p. 671, obs. Levasseur. Le délit de non-représentation d'enfant ne peut pas être effacé par le transfert postérieur de « la garde » de l'enfant au délinquant.

309 — Justification de la qualification « au temps de l'action ». Si parfois la sévérité du raisonnement paraît excessive, elle traduit le souci de sanctionner une volonté délictueuse qui, au moment des faits, était incontestable. Personne ne peut sérieusement imaginer qu'un voleur par effraction puisse échapper à toute sanction sous le seul prétexte que depuis son arrestation il est devenu le propriétaire de la maison visitée.

B Les difficultés liées à l'existence d'un conflit de qualifications

310 — Problématique. L'expression « *conflit de qualifications* » peut traduire plusieurs situations différentes.

311 — Fait unique endossant plusieurs qualifications en raison du nombre des victimes. C'est le cas, par exemple, en présence de plusieurs victimes. Que certaines d'entre elles aient subi une incapacité de travail de plus de trois mois, l'infraction est un délit (C. pén., art. 222-19). Que d'autres, dans le même événement, aient (seulement) subi une incapacité de travail de moins de huit jours et l'infraction devient une contravention (C. pén., art. R. 625-1).

312 — Fait unique endossant plusieurs qualifications en présence d'une seule victime. On peut imaginer qu'un viol commis sur la voie publique puisse revêtir la qualification de viol (C. pén., art. 222-23) et celle d'exhibition sexuelle (la nouvelle version de l'outrage public à la pudeur : C. pén., art. 222-32).

313 — Pluralité de faits matériels entraînant un conflit de qualifications. Il faut que ces faits soient liés les uns aux autres. Ainsi, le vol peut être précédé d'une violation de domicile.

314 — Interrogation commune aux différentes situations. Convient-il d'actionner, de mettre en jeu, toutes les qualifications possibles ou au contraire de ne retenir que celle qui paraît la mieux adaptée à la situation en cause ?

315 — Absence de réponse législative. Le premier réflexe est de se tourner vers le législateur. Or, ici comme dans bien d'autres domaines, le législateur est d'un piètre secours. Les difficultés évoquées, loin d'être des hypothèses d'école, sont pourtant au contraire monnaie courante. La question de l'inflation pénale renforce l'étonnement à l'égard du silence législatif.

316 — Faux-semblant législatif. Seul l'article 132-2 du Code semble faire un instant bonne figure. Mais l'illusion est vite dissipée : les dispositions qu'il contient, ne visant que le « *concours d'infractions* » (infractions détachées les unes des autres), n'ont pas d'autre effet que de réglementer le régime des peines.

317 — Divisions doctrinales. Rarement la division est aussi forte. Lorsque les auteurs s'interrogent sur la nécessité de retenir toutes les qualifications possibles ou au contraire sur l'opportunité de n'en retenir qu'une seule, les réponses les plus divergentes sont proposées. Le seul point commun (s'il y en a un) paraît se trouver dans la référence à l'élément constitutif essentiel de l'infraction. Mais les auteurs ne sont pas d'accord sur le choix de ces éléments constitutifs. Comment pourraient-ils dès lors s'entendre sur un critère essentiel ?

318 — Solutions jurisprudentielles. L'élément moral guide le plus souvent le raisonnement des magistrats. Un auteur a pu observer, en travaillant sur de nombreuses décisions de justice, un critère permettant de répondre à la question posée. En activant l'élément moral (c'est-à-dire l'état d'esprit de la personne poursuivie), les magistrats recherchent, lorsque plusieurs qualifications sont possibles (acte unique ou plusieurs actes unis), si l'auteur de l'infraction a entendu porter atteinte à une seule ou à plusieurs valeurs sociales.

319 — Conséquences. Si plusieurs valeurs sociales sont volontairement atteintes, plusieurs qualifications seront retenues. Si au contraire, une seule valeur sociale est violée, une seule qualification sera retenue (alors même que d'autres auraient été possibles).

320 — Terminologie proposée. Reprenant une terminologie qui a le mérite de simplifier la matière, la doctrine oppose au cumul de qualifications le concours de qualifications. Alors que le concours sous-entend, comme le disait déjà Ortolan, une sorte de lutte, de rivalité, un choix à faire entre les différentes qualifications, la notion de cumul appelle, quant à elle, une multiplication des qualifications retenues ou à retenir.

1 Le cumul de qualifications

321 — Définition du cumul de qualifications. Le cumul peut être défini comme l'addition de plusieurs qualifications. Deux qualifications suffisent. Il en va ainsi lorsqu'il y a pluralité de valeurs sociales troublées, en d'autres termes, pluralité d'éléments moraux. Il en résulte une double déclaration de culpabilité.

322 — Arrêt *Ben Haddadi*. Pour avoir jeté une grenade à l'intérieur du café de la poste à Alger, Ben Haddadi et son complice sont poursuivis et condamnés à mort par un tribunal permanent des forces armées, pour tentative de destruction d'un édifice habité et tentative d'homicide sur les personnes se trouvant dans le café.

323 — Motivation de l'arrêt *Ben Haddadi*. En réponse au pourvoi, la Chambre criminelle énonce clairement « qu'il ne s'agit pas, en tel cas, d'un crime unique, dont la poursuite sous deux qualifications différentes serait contraire au vœu de la loi, mais de deux crimes simultanés, commis par le même moyen (le jet de grenade), mais caractérisés par des intentions coupables essentiellement différentes ». La référence à la pluralité d'éléments moraux ne pouvait pas être plus explicite.

Cass. crim., 3 mars 1960 : Bull. crim., n° 138 ; RSC 1961, p. 105, obs. Legal. V. également Pradel J. et Varinard A., *Les grands arrêts du droit criminel*, 8e éd., 2012, Dalloz, t. 1, n° 19.

324 — Illustration jurisprudentielle. À la suite de l'arrêt *Ben Haddadi*, de nombreuses décisions vont s'attacher à relever, afin de retenir une double culpabilité, l'existence de fautes pénales distinctes, punissables séparément.

Cass. crim., 6 févr. 2007 : RPDP 2007, p. 661, obs. Lepage ; AJ pénal 2007, p. 179, obs. Royer. Décision retenant le cumul de qualification des infractions de discrimination syndicale et de harcèlement moral.

325 — Impossibilité apparente du cumul de qualifications pour des infractions non intentionnelles. Il paraît en effet assez saugrenu de prétendre relever une double culpabilité, fondée sur une double volonté délictueuse, pour une infraction non intentionnelle ou d'imprudence.

326 — Réponse des magistrats à l'impossibilité du cumul des infractions non intentionnelles. En ce domaine, les magistrats n'hésitent pas à abandonner la référence à l'élément moral pour noter que, par son agression, l'auteur a porté atteinte aux différents intérêts que protégeaient les deux lois violées. La référence à l'objet de la loi, des lois, vient ainsi compléter, pour autoriser et justifier une déclaration de double culpabilité, la référence à l'élément moral.

327 — Conséquences. Cette dualité (dualité d'éléments moraux ou dualité d'objets des lois violées) permet d'écarter la règle « *non bis in idem* » qui interdit par ailleurs une double poursuite fondée sur un même fait.

328 — Critiques doctrinales. On pressent bien que la mise en œuvre du critère est délicate et conduit nécessairement à des incertitudes et à de multiples interprétations. Dès lors, il n'est pas étonnant d'observer, ici et là, de vives critiques doctrinales reprochant aux magistrats d'avoir opté pour le cumul ou au contraire pour le concours de qualifications.

Cass. crim., 21 févr. 2006 : RSC 2006, p. 604, obs. Mayaud. Pour l'impossibilité du cumul de violences et de rébellion.

2 Le concours de qualifications

329 — Hypothèse générale du concours de qualifications. Que les agissements de la personne poursuivie aient violé plusieurs valeurs sociales ne change rien à la règle ! Toute la subtilité est là. On considère que, subjectivement, l'individu n'a entendu violer qu'une seule de ces valeurs sociales.

330 — Conséquences du concours de qualifications. Une seule déclaration de culpabilité sera retenue. Les différentes infractions commises (en un même mouvement) sont dites en concours. Et la doctrine parle d'« infraction-fin » et d'« infraction-moyen », avec cette idée que l'infraction-fin englobe la ou les infractions-moyen.

331 — Hypothèses spécifiques du concours de qualifications. Parfois, le choix du concours est dicté par des considérations moins subjectives. Il en va ainsi dans deux hypothèses différentes. La première concerne « les qualifications alternatives », la seconde « les qualifications incompatibles ».

a Les qualifications alternatives

332 — Exclusion réciproque des textes. Les choses sont presque simples. Les textes en présence paraissent s'exclure réciproquement. L'exemple le plus cité est celui d'une personne qui provoque la mort d'une autre. Plusieurs incriminations peuvent être retenues : le meurtre, l'homicide involontaire ou encore les violences ayant entraîné la mort sans intention de la donner (C. pén., art. 221-1, 221-6 et 222-7).

333 — Justification du concours. Dans l'exemple retenu, il faut faire un choix. L'homicide ne peut pas être à la fois volontaire et involontaire.

334 — Éventualité d'une autre poursuite fondée sur une autre qualification. Toute la question est de savoir si une décision, par exemple de relaxe ou d'acquittement (mais aussi de condamnation), fondée sur une qualification, laisse la possibilité de déclencher une autre poursuite fondée, cette fois, sur une autre qualification.

335 — Empêchement d'une autre poursuite fondée sur une autre qualification en vertu du principe « *non bis in idem* ». Pour certains, l'application du célèbre principe s'oppose avec force à toute nouvelle poursuite. Celui-ci permet aux parties, qui ont fait l'objet d'une décision de justice irrévocable, de se défendre en soulevant l'exception de la chose jugée, si les faits qui ont donné lieu à cette décision sont remis en cause ultérieurement. La règle est importante puisqu'elle est présentée comme d'ordre public.

336 — Solution originelle du Code d'instruction criminelle. Au début du XIXe siècle, le principe de la règle « *non bis in idem* » pouvait être invoqué seulement si la seconde poursuite était engagée sur le « même fait ». Pour des faits différents, la nouvelle poursuite devenait possible.

337 — Interprétation jurisprudentielle du principe. Au cours du XIXe siècle, la Cour de cassation admit qu'un individu acquitté dans un premier temps pour meurtre puisse être à nouveau poursuivi pour les mêmes faits qualifiés, cette fois, d'homicide involontaire.

Cass. ch. réunies, 25 nov. 1841 : S. 1842, I, p. 93 - Cass. crim., 10 févr. 1870, Bull. crim., n° 34 (pour un viol rejugé pour outrage public à la pudeur).

338 — Critiques doctrinales. Inutile de dire combien cette jurisprudence a été critiquée par la doctrine qui a parlé ici de « correctionnalisation *a posteriori* », de « repêchage après acquittement ».

339 — Interdiction de nouvelles poursuites pour les mêmes faits. La précision est portée par une loi du 25 novembre 1941. Le législateur interdisait cette fois non plus les poursuites pour le même fait, mais les poursuites pour les mêmes faits. À l'évidence, le pluriel était important et il paraissait difficile, sinon impossible, à la Cour de cassation de conserver sa jurisprudence « répressive ».

340 — Prétexte de la découverte de nouveaux faits. Faisant fi du texte de 1941, prétextant une situation particulière (la découverte de nouveaux faits), la Cour suprême rejeta, en 1954, avec l'arrêt *Thibaud*, le pourvoi d'un individu condamné aux assises pour homicide volontaire après avoir été dans un premier temps condamné par un tribunal correctionnel pour homicide involontaire.

341 — Justification du prétexte retenu par la jurisprudence. Pour la Cour, « le crime d'homicide qui se commet par la détermination de la volonté et le délit d'imprudence qui l'exclut sont deux infractions distinctes en leurs éléments de droit ». Elle peut donc en déduire « que toute identité d'incrimination disparaît devant cette distinction essentielle ». La découverte de faits nouveaux permettait assurément le raisonnement.

Cass. crim., 25 mars 1954 : S. 1955, I, p. 39 ; D. 1955, p. 318.

342 — Interdiction de nouvelles poursuites sans découverte de faits nouveaux. En cette situation, les dispositions de la loi de 1941 allaient l'emporter. Assez vite, en 1956, dans l'arrêt *Chevalot*, la Cour énonça l'impossibilité de nouvelles poursuites pour homicide involontaire après un acquittement pour coups mortels.

Cass. crim., 20 mars 1956 : S. 1957, II, p. 2 ; D. 1957, p. 33.

343 — Confirmation par le Code de procédure pénale. Fort logiquement, le Code de procédure pénale (qui remplaçait le Code d'instruction criminelle) énonçait sans retenue, en son article 368, qu'« aucune personne acquittée légalement ne peut plus être reprise ou accusée à raison des mêmes faits, même sous une qualification différente ».

344 — Interrogations doctrinales au lendemain du Code de procédure pénale. Les commentateurs relevèrent aussitôt que l'article 368 était intégré dans un titre relatif à la cour d'assises. La doctrine s'interrogea. Depuis l'arrêt de 1956 (*Chevalot*), l'arrêt de 1954 (*Thibaud*) devait-il conserver quelque force et quelque intérêt ?

345 — Fondements des interrogations doctrinales. Il y avait en effet entre ces deux affaires une différence importante. L'arrêt de 1956 concernait de nouvelles poursuites après un acquittement (rendu par une cour d'assises), alors que l'arrêt *Thibaud* de 1954 concernait des poursuites en assises après une décision rendue par un tribunal correctionnel.

346 — Étendue des dispositions de l'article 368 du Code de procédure. Telle était la question principale : les dispositions de l'article devaient-elles s'appliquer à toutes les juridictions ou ne concernaient-elles que la cour d'assises ?

347 — Possibilité d'une poursuite criminelle après une poursuite délictuelle. Telle est l'interprétation faite par la Chambre criminelle fondée sur la différence d'élément intentionnel : « un individu condamné pour homicide involontaire peut être poursuivi à nouveau pour homicide volontaire, dès lors qu'il résulte des circonstances de faits révélées postérieurement à la décision des juges correctionnels, que la mort de la victime a été la conséquence d'un acte intentionnel de son auteur ».

Cass. crim., 19 mai 1983 : JCP 1985, II, 20385, note Jeandidier.

b ▌ Les qualifications dites incompatibles

348 — Définition. Cette expression désigne les hypothèses pour lesquelles une seconde infraction est la conséquence logique, pratiquement automatique, d'une première infraction.

349 — Illustration. Il en est ainsi du voleur qui conserve la possession de la chose volée. Deux infractions sont réalisées, deux qualifications sont en concours : celle de vol (C. pén., art. 311-1) et celle de recel (C. pén., art. 321-1). Il en va de même de l'auteur d'une agression qui part sans secourir sa victime. Si le délit de violence est constitué par l'agression, l'absence de secours caractérise, à n'en pas douter, le délit de défaut d'assistance à personne en péril (C. pén., art. 223-6 al. 2).

350 — Solution apparente. Face à ces situations, le concours l'emporterait naturellement sur le cumul de qualifications. Il semble paradoxal de reprocher au voleur d'avoir conservé le produit de son vol ou de reprocher un défaut d'assistance à l'auteur des violences. Il est admis aujourd'hui, non sans quelques résistances, que la qualification de détention de produits stupéfiants ne puisse être retenue si les produits concernés sont exclusivement (l'adverbe est important) destinés à une consommation personnelle.

Cass. crim., 14 mars 2017 : « En statuant ainsi, sans caractériser des faits de détention indépendants de la consommation personnelle du prévenu, la cour d'appel n'a pas justifié sa décision » - Goetz D., « Usage ou détention de stupéfiants ; précisions sur le choix de la qualification », D. actualité, 30 mars 2017.

351 — Critiques doctrinales dénonçant le concours de qualifications. Certains auteurs font valoir que l'analyse intrinsèque des textes n'impose nullement un tel choix. Il est vrai que l'article 321-1 du Code sur le recel n'exige en rien que la soustraction frauduleuse de la chose d'autrui ait été réalisée par une personne autre que le receleur. En reprenant le deuxième exemple, on constate également que l'article 223-6, alinéa 2, du Code ne fait aucune distinction quant à l'origine du péril.

352 — Propositions doctrinales. Certains proposent - c'est le cas de Merle et Vitu –, puisque les textes existent, de reprocher à l'auteur des violences d'avoir aggravé son cas en négligeant de faire soigner sa victime, ou au voleur d'avoir prolongé son action délictueuse en dissimulant l'objet de son vol.

353 — Cumul du délit de violences volontaires et du délit d'omission de porter secours. À plusieurs reprises, la Chambre criminelle a permis le cumul (et non le concours).

Cass. crim., 24 juin 1980 : Bull. crim., n° 202, RSC 1981, p. 618 - Cass. crim., 24 janv. 1996 : Dr. pén. 1996, comm. n° 152 - Cass. crim., 4 mars 1998 : Dr. pén. 1998, comm. n° 97.

354 — Justification de la solution jurisprudentielle. Ces décisions ont eu le mérite de rappeler que l'« *incompatibilité* » n'est pas aussi absolue que d'aucuns voudraient bien le laisser entendre. L'incompatibilité de qualifications n'est admissible que si la personne poursuivie a entendu violer une seule valeur sociale. Dès lors que l'élément moral est différent, le comportement de l'auteur de l'infraction paraît doublement répréhensible.

355 — Cumul de complicité de vol et de recel. Les magistrats ont admis la double qualification (on parle donc bien, là encore, de cumul et non de concours) de vol et de recel à l'égard du complice du vol. Poursuivant cette même logique, la Chambre criminelle a validé le cumul des qualifications de complicité d'escroquerie et de recel.

Cass. crim., 10 oct. 1996 : Dr. pén. 1997, comm. n° 48 - Cass. crim., 5 janv. 2017 : les délits de complicité d'escroquerie et de recel ne procèdent pas « d'une manière indissociable d'une action unique caractérisée par une seule intention coupable », AJ pénal 2017, p. 183, Darsonville.

356 — Justification. La doctrine l'énonce, complicité de vol et recel préfigurent deux intentions délictueuses différentes. À l'analyse, on se demande si ce n'est pas plutôt la matérialité de la complicité qui est différente de celle du recel. Car, pour l'auteur principal du vol, le raisonnement s'efface devant l'incompatibilité, le fait matériel de la soustraction se confondant avec celui de la détention de l'objet volé.

Cass. crim., 15 déc. 1959 : Bull. crim., n° 350. Pour le rejet du cumul des délits de recel et de blanchiment : Cass. crim., 26 nov. 2016 : « Attendu que des faits qui procèdent de manière indissociable d'une action unique caractérisée par une seule intention coupable ne peuvent donner lieu, contre le même prévenu, à deux déclarations de culpabilité de nature pénale, fussent-elles concomitantes ». Ainsi, dans cette affaire, « le versement effectué sur le compte du prévenu ne constituait, au moins en partie, qu'une opération préalable nécessaire à l'achat du bien réalisé par ses soins et pour lequel il a été déclaré coupable de blanchiment ». AJ pénal 2017, p. 35, Gallois ; Dr. pén. 2017, comm. n° 4, Conte.

3 La détermination de la qualification

357 — Problématique. La doctrine et la jurisprudence laissent apparaître que ces deux principes sont étroitement liés à la détermination de la qualification : celui de la plus haute expression pénale et celui de la spécialité.

358 — Principe de la « plus haute expression pénale ». Selon ce principe, « toute infraction faisant l'objet d'une poursuite doit être envisagée sous la plus haute expression pénale dont elle est susceptible ». En présence d'un concours entre un crime et un délit, les conséquences sont évidemment importantes puisque la qualification criminelle sera préférée. En pratique, le principe reçoit des limites importantes en raison de la correctionnalisation judiciaire.

359 — Principe de la spécialité. En droit privé, il désigne la primeur de la règle spéciale sur la règle générale : le spécial déroge au général. Si ce principe n'est précisé par aucun texte, il puise aisément sa force dans la volonté du législateur. Ainsi, par exemple, l'infraction « générale » de violation de domicile commise par un particulier (C. pén., art. 226-4) disparaît devant celle « spécifique » commise par un dépositaire de l'autorité publique (C. pén., art. 432-8).

TITRE 2

Le champ d'application de la loi pénale

360 — Application de la loi pénale dans le temps. Par nature, la loi pénale ne semble pouvoir régir que le futur. Deux grands principes gouvernent l'application de la loi dans le temps. Celui de la non-rétroactivité de la loi nouvelle plus sévère et celui de la rétroactivité de la loi pénale plus douce. En vérité, la solution ne se pose pas toujours en termes aussi simples.

361 — Application de la loi pénale sur le territoire français et en dehors. Par nature, la loi pénale française semble avoir vocation à s'appliquer uniquement aux infractions commises sur le territoire français. Pourtant, de nombreuses situations révèlent combien il est tout aussi naturel que notre législation puisse s'appliquer à des faits infractionnels commis, ou partiellement commis, en dehors du territoire national.

362 — Plan de section. En droit pénal, comme en d'autres matières, l'étude de l'application de la loi passe d'abord et avant tout par un rappel des conditions de son existence. Point de départ et dernier jour guident donc ici les développements.

CHAPITRE 3

L'existence de la loi pénale

SECTION 1 Le point de départ, l'entrée en vigueur de la loi pénale

363 — Abandon des règles datant de 1804. Rompant avec des solutions dégagées de longue date, l'ordonnance du 20 février 2004 a modifié les principes gouvernant l'entrée en vigueur des textes. La modification n'est évidemment pas réservée aux seuls textes de droit pénal.

Ord. nº 2004-164, 20 févr. 2004 relative aux modalités et effets de la publication des lois et de certains actes administratifs.

364 — Compétence du Code civil. Il fixe aujourd'hui encore les règles. « Les lois, et lorsqu'ils sont publiés au journal officiel de la République française, les actes administratifs entrent en vigueur à la date qu'ils fixent ou, à défaut, le lendemain de leur publication » (C. civ., art. 1, al. 1).

I L'entrée en vigueur au lendemain de la publication

365 — Portée de la règle. Les dispositions qui suivent ont vocation à s'appliquer uniquement lorsque le texte nouveau n'a pas fixé lui-même une date d'entrée en vigueur. Les lois et actes administratifs publiés entrent en vigueur dès le lendemain de leur publication. Celle-ci doit être assurée dans des conditions de nature à garantir l'authenticité des textes.

366 — Abandon de la célèbre distinction entre Paris et la province. La distinction est désormais caduque et tombe dans l'histoire : « La promulgation faite par le Roi (le président de la République) sera réputée connue dans le département de la résidence royale (dans le département où siège le Gouvernement), un jour après celui de la promulgation ; et dans chacun des autres départements, après l'expiration du même délai, augmenté d'autant de jours qu'il y aura de fois 10 myriamètres (environ 20 lieues anciennes), entre la ville où la promulgation en aura été faite, et le chef-lieu de chaque département » (C. civ., ancien art. 1, al. 3).

367 — Mise à disposition du public du JO. Progrès technologiques obligent, la version papier se double d'une version électronique et l'article 3 de l'ordonnance prévoit expressément la mise à disposition du public de manière permanente et gratuite.

368 — Effets directs. Les effets sont des plus connus. Dès le lendemain de la publication, chacun est présumé avoir eu connaissance du texte. Circonstance aggravante, la présomption est jugée irréfragable. Sans doute parce qu'elle fait bien sourire dans les amphithéâtres, chacun retient la formule, « nul n'est censé ignorer la loi ».

II L'entrée en vigueur au jour même de la publication

369 — Principe gouverné par l'urgence. À l'évidence, devant une telle annonce, le sourire juste évoqué se crispe un peu. En cas d'urgence, poursuit l'article 1er du Code civil, « entrent en vigueur dès leur publication les lois dont le décret de promulgation le prescrit et les actes administratifs pour lesquels le Gouvernement l'ordonne par une disposition spéciale ».

370 — Caractère contestable de l'urgence. Contestable, sans doute en toute matière, cette « précipitation » soulève encore plus de réserves en droit pénal. Sans forcer le propos, on soulignera que la possibilité est encadrée par l'urgence et la volonté expresse du président de la République (pour la loi) ou celle du Premier ministre (pour les autres textes).

371 — Effets relatifs de la mesure d'urgence. En vérité, la mesure est surtout encadrée par le temps puisqu'il s'agit de « gagner » sur le temps qui passe, une et une seule journée.

III L'entrée en vigueur reportée

372 — Entrée reportée considérée comme principe majeur. On l'a noté, l'article 1er du Code civil est sans ambiguïté, ce n'est qu'à défaut d'une date d'entrée en vigueur que la règle du lendemain prend forme. Le principe, si principe il y a, invite donc à considérer que le législateur est libre de différer l'entrée en vigueur d'un nouveau texte.

373 — Relativité de la nouveauté du principe. La solution n'est pas nouvelle et révèle bien des exemples. Par exemple, la loi du 9 mars 2004, dite *Perben 2*, ne contenait pas moins de six dates d'entrée en vigueur différentes selon les dispositions concernées. Le Code pénal vit son entrée en vigueur reportée à plusieurs reprises.

374 — Justification d'une entrée en vigueur rapportée. Si nul n'est censé ignorer la loi dès le lendemain de sa publication, il est de bonne justice, lorsque les changements apportés par les nouveaux textes modifient profondément le droit positif, que les professionnels du droit puissent parfois s'imprégner des nouveautés avant d'être en charge de les appliquer ou de les faire appliquer.

375 — Réserves exprimées par le Conseil constitutionnel. Il y a quelques années, le Conseil a pu semer un doute sur la possibilité ainsi offerte au législateur de repousser l'entrée en vigueur des textes pénaux en déclarant « qu'il est du pouvoir du législateur [...], sous réserve de l'application des mesures répressives plus douces, de fixer les règles d'entrée en vigueur des dispositions qu'il édicte ».

376 — Appréciations de réserves exprimées par le Conseil constitutionnel. La formule a été énoncée à l'occasion d'un texte non pénal et circonscrite aux mesures pénales nouvelles plus douces. Aussi, la meilleure doctrine, faute de position plus précise du Conseil, invite à reconnaître une totale liberté au législateur.

377 — Entrée en vigueur pouvant être retardée. Il arrive en effet que la loi nouvelle renvoie à un décret qui n'est pas encore publié (ni même rédigé) le soin de fixer certaines modalités de son application. L'entrée en vigueur de la loi nouvelle n'est pas expressément conditionnée par la publication du texte réglementaire, mais simplement retardée. « L'entrée en vigueur de celles de leurs dispositions dont l'exécution nécessite des mesures d'application est reportée à la date d'entrée en vigueur de ces mesures » (C. civ., art. 1, *in fine).*

378 — Limites du retard. Comme on l'a signalé, le report s'impose uniquement dans la mesure où les modalités d'application apparaissent objectivement nécessaires à l'entrée en vigueur du texte.

379 — Précisions jurisprudentielles. Guidée par le principe de la légalité, la solution retenue hier par la Chambre criminelle paraît conduire encore le raisonnement. Selon cette solution, une disposition législative, dès lors qu'elle est suffisamment claire et précise, doit être immédiatement appliquée même en l'absence des textes réglementaires auxquels elle renvoie.

Cass. crim., 18 sept. 1990 : Bull. crim., n° 315 – Cass. crim., 9 juill. 2003 : Bull. crim., n° 138.

SECTION 2 Le dernier jour, la fin de l'application de la loi pénale

380 — Permanence de la loi. Le principe est connu. On dit, mais la formule est excessive, que la loi pénale, à l'image des autres lois, est permanente. En vérité, le temps qui passe va apporter son lot de situations remettant en cause cette permanence.

I L'abrogation

381 — Définition de l'abrogation. Elle peut se définir comme la suppression, par une nouvelle disposition, d'une règle qui cesse ainsi d'être applicable pour l'avenir. Encore faut-il avoir à l'esprit la théorie générale du droit et garder en mémoire que le texte peut être abrogé uniquement par l'autorité ayant qualité pour le faire. On retrouve la formule bien connue « ce qu'a fait une loi, une autre peut le défaire ».

382 — Double facette de l'abrogation. Il faut garder à l'esprit que l'abrogation reflète deux visages. Elle peut être expresse ou tacite.

383 — Abrogation expresse. Les données sont assez simples. L'abrogation du texte ancien est expressément annoncée par le texte nouveau, si bien que chacun est fixé sur le sort des dispositions anciennes.

384 — Effets de l'abrogation expresse. En vérité, la simplicité n'est qu'apparente. Si la solution est certaine pour l'avenir, il y a fort à parier que le texte ancien survivra quelque temps pour gérer les situations nées avant l'entrée en vigueur du nouveau texte.

385 — Abrogation tacite. L'abrogation est ici implicite, elle se déduit des dispositions d'un nouveau texte qui se révèlent incompatibles avec les dispositions. Malgré l'absence de déclaration expresse, la volonté de changement du législateur ne fait aucun doute et fonde la solution.

> Cass. crim., 21 mai 1992 : Bull. crim., n° 213 ; JCP 1993, II, 21985, note Pannier. « Cessent d'être applicables les dispositions des lois et règlements, même non expressément abrogés, dans la mesure où elles sont inconciliables avec celles d'une loi nouvelle. » Combinant la logique du raisonnement et le respect des principes généraux évoqués, la Chambre criminelle ne pouvait pas mieux le décliner.

386 — Incapacité d'un texte général à abroger implicitement un texte spécial de même nature. C'est une formule de portée générale, bien connue sous sa forme latine « *generalia specialibus non derogant* ». Si le législateur entend abroger, par une loi nouvelle, une disposition ancienne spéciale, il est tenu de le faire expressément. Tacitement, la chose n'est pas possible : « ce qui tient au général ne déroge pas à ce qui est spécial. »

387 — Limites de l'adage « *generalia specialibus non derogant* ». La portée de l'adage cesse de faire effet et perd toute sa force lorsque le texte général est supérieur au texte spécial. C'est là un simple rappel de bon sens. Il est évident que les dispositions générales d'une loi nouvelle abrogent, y compris implicitement, les dispositions spéciales portées par un règlement. L'abrogation puise alors toute sa force, non pas dans la généralité du texte nouveau, mais dans sa supériorité.

II Le terme prévu

388 — Durée de vie du texte fixée par le législateur. Les exemples ne sont guère abondants. Aussi est-il commode de rappeler les dispositions de la loi du 17 janvier 1975. La loi sur l'interruption volontaire de grossesse était, en première intention, une loi à l'essai. L'article 2 de la loi suspendait en effet, pour une période de cinq années, aux conditions fixées par la loi, la répression de l'interruption volontaire de grossesse.

389 — Conséquences de la durée de vie fixée. Arrivée à échéance, la loi cesse d'être applicable. Si telle n'est pas sa volonté, le législateur doit intervenir – ce qu'il fit par une loi du 31 décembre 1979, dans l'exemple retenu – pour rendre « permanente » la dépénalisation de l'interruption volontaire de grossesse.

III La désuétude

390 — Définition de la désuétude. Le terme évoque l'abandon, le non-usage.

391 — Conséquence de la désuétude. Une loi cesse-t-elle d'être applicable du seul fait qu'elle n'est pas ou plus appliquée ? Telle est la question qui se pose. À dire vrai, l'interrogation n'est pas nouvelle.

392 — Réponse donnée au début du XIXe siècle. Il paraît opportun de relire ici Portalis. Dans le discours préliminaire du Code civil, Portalis s'exprime ainsi : « Les lois conservent leur effet tant qu'elles ne sont point abrogées par d'autres lois ou qu'elles ne sont pas tombées en désuétude. Si nous n'avons pas formellement autorisé le mode d'abrogation par désuétude, c'est parce que nous avons pensé que cela aurait été dangereux à faire... »

393 — Justification de la réponse donnée. Sans prétendre ici à une quelconque analyse exhaustive, on dira simplement que les dangers évoqués hier paraissent aujourd'hui encore incontournables. Parmi les arguments les plus convaincants, on retiendra l'impossibilité d'établir avec précision, à tout moment, dans l'arsenal législatif, la liste des textes qui seraient abrogés par désuétude.

394 — Solution retenue par la Chambre criminelle. Admettre la désuétude comme source d'abrogation conduit inévitablement sur les sentiers de l'incertitude. Le sentier est périlleux en droit civil, il est interdit en droit pénal. La Chambre criminelle n'a eu de cesse de le rappeler depuis le Code de 1810.

CHAPITRE 4

L'application de la loi pénale dans le temps

395 — Principe pour lois pénales de fond. Les lois pénales de fond définissent les faits constitutifs des infractions et les peines qui s'y réfèrent. Le principe veut que ces faits et ces peines soient accaparés par la loi applicable au jour de l'infraction.

396 — Aménagements nécessaires. Le décalage temporel entre la commission de l'infraction et la poursuite de celle-ci appelle des aménagements lorsqu'une loi nouvelle vient s'intercaler entre les deux. Aussi, le principe supporte des tempéraments en présence de dispositions nouvelles plus douces.

397 — Principe pour lois pénales de forme. Pour les lois de procédure, dites de forme, le principe, posé par le Code, conduit à leur application immédiate. Le cas échéant, elles ont donc une vocation « naturelle » à s'appliquer à des faits commis avant leur entrée en vigueur. Peu importe alors que la loi nouvelle soit plus douce ou plus sévère.

SECTION 1 Les lois pénales de fond

398 — Plan de section. Deux principes d'égale valeur guident le développement : celui de la non-rétroactivité de la loi pénale et celui de la rétroactivité de la loi pénale. À l'évidence, ces deux principes, d'apparence contradictoire, commandent des situations différentes. Chacun d'entre eux supporte au demeurant de sérieux tempéraments.

I Le principe de la non-rétroactivité de la loi pénale

399 — Formulation du principe de la non-rétroactivité. « Sont seuls punissables les faits constitutifs d'une infraction à la date à laquelle ils ont été commis. » Avec certitude, l'article 112-1 interdit donc la rétroactivité de toute incrimination nouvelle. La loi nouvelle doit se contenter de saisir les faits commis après son entrée en vigueur. Pour les faits commis au préalable, il y a donc survie de la loi ancienne.

400 — Effet du principe sur la peine encourue. « Peuvent seules être prononcées les peines légalement applicables à la même date. » Avec la même certitude, l'article 112-1 interdit aux juridictions du fond de prononcer une peine non prévue au moment de la commission de l'infraction.

401 — Fondement du principe de la non-rétroactivité. Il est des plus simples à cerner. Corollaire indispensable du principe de la légalité, le principe de la non-rétroactivité est une mesure de justice sociale, une garantie pour la liberté des individus.

402 — Affirmation du principe dès la Révolution. Depuis deux siècles, la formule ne cesse d'être affirmée. L'article 8 de la Déclaration des droits de l'homme et du citoyen et l'article 4 du Code pénal de 1810 ont forgé les premières pierres de cet édifice, ô combien important !

403 — Réaffirmation du principe aux lendemains de la Seconde Guerre mondiale. La Déclaration universelle des droits de l'homme (art. 11), la Convention européenne de sauvegarde des droits de l'homme et des libertés fondamentales (art. 7) et un peu plus tard le Pacte international relatif aux droits civils et politiques (art. 15) ont repris tour à tour l'exigence du principe.

404 — Reprise du principe par le Code pénal. Le Code n'a fait que parachever en droit interne cette « tradition séculaire ». Il ne pouvait d'ailleurs pas en être autrement puisque le principe de la non-rétroactivité a une valeur constitutionnelle.

405 — Valeur constitutionnelle du principe. Elle se vérifie par référence tant au préambule de 1958 que son appartenance au principe de la légalité. Par référence à la notion de bloc de constitutionnalité, on sait, depuis la célèbre décision du Conseil constitutionnel de juillet 1971, que le préambule et les textes qu'il vise ont une valeur constitutionnelle.

Cons. const., 16 juill. 1971 : JCP 1971, II, 16823 – Cons. const., 9 janv. 1980 : D. 1980, p. 249, note Auby. Pour un exemple concernant la non-rétroactivité.

406 — Protection du principe par la Chambre criminelle. Face à la valeur du principe, il est toujours aussi surprenant, voire inquiétant, de relever les décisions de censure de la Cour de cassation.

Cass. crim., 19 juin 2007 : RPDP 2007, p. 875, obs. Bonfils ; AJ pénal 2007, p. 433, obs. Saas. Il est reproché à une cour d'appel d'avoir retenu la responsabilité pénale d'une personne morale sur le fondement d'une infraction ne faisant pas partie, au moment des faits, de celles pouvant être imputées à une telle personne.

407 — Explication de la solution retenue. Pour prendre la mesure de l'arrêt du 19 juin 2007, il faut savoir que sous l'empire du Code pénal de 1994, la personne morale ne pouvait être poursuivie que pour les seules infractions le prévoyant expressément. La loi du 9 mars 2004 (dite *Perben 2*) a étendu, de manière générale, le champ d'application de cette responsabilité ; le texte, nécessairement plus sévère, ne pouvait trouver une application rétroactive.

408 — Revendication d'une rétroactivité « répressive ». Face au principe constitutionnel de la non-rétroactivité de la loi pénale, on peut être surpris par ces revendications doctrinales. Il est vrai que « l'impossible poursuite de tous les crimes contre l'humanité commis avant l'entrée en vigueur du nouveau Code pénal » laisse parfois l'observateur perplexe sur la référence aux valeurs fondamentales de l'humanité.

Lelieur-Fischer J., « L'impossible poursuite de tous les crimes contre l'humanité commis avant l'entrée en vigueur du nouveau Code pénal ? », RSC 2004, p. 31.

II Le principe de la rétroactivité de la loi pénale plus douce

409 — Source originelle du principe. Elle se trouve dans un modeste décret d'application du Code pénal de 1810. Pour autant, le principe de la rétroactivité de la loi plus douce, dit « rétroactivité *in mitius* », a toujours été considéré par les juridictions comme de valeur permanente.

410 — Conséquences du principe pour les juridictions. La loi nouvelle plus douce s'applique à tous les faits qui lui sont antérieurs et toutes les situations pendantes devant les juridictions. La règle vaut en première et en seconde instance comme pour les affaires portées devant la Cour de cassation. Bien que cette dernière ne puisse être considérée comme un troisième degré de juridiction, la règle se justifie tant bien que mal par l'effet suspensif du pourvoi.

Cass. crim., 6 janv. 2004 : Bull. crim., n° 3 ; RSC 2004, p. 633, obs. Fortis ; Dr. pén. 2004, comm. n° 46, Véron ; AJ pénal 2004, p. 111, obs. Leblois-Happe. Pour une illustration d'un moyen relevé d'office en matière d'interdiction du territoire.

411 — Exception au principe de l'autorité de la chose jugée. Si l'autorité de la chose jugée interdit toute remise en cause de la décision rendue antérieurement, le second alinéa de l'article 112-4 du Code énonce que « la peine cesse de recevoir exécution quand elle a été prononcée pour un fait qui, en vertu d'une loi postérieure au jugement, n'a plus le caractère d'une infraction pénale ».

412 — Précisions sur l'exception du principe de l'autorité de la chose jugée. La dépénalisation opérée par une loi nouvelle va priver l'exécution d'une décision rendue par une loi plus ancienne. Encore faut-il qu'il s'agisse d'une véritable dépénalisation et non pas d'un simple changement de vocabulaire ou d'une simple correctionnalisation. Si d'une manière ou d'une autre les faits reprochés conservent une quelconque étiquette pénale, l'exécution de la peine ne sera pas arrêtée.

413 — Valeur constitutionnelle du principe de la rétroactivité de la loi pénale plus douce. La loi ne doit établir que des peines strictement et évidemment nécessaires. Sous couvert de la belle formule de l'article 8 de la Déclaration des droits de l'homme et du citoyen, le Conseil constitutionnel a hissé le principe au rang constitutionnel.

Cons. const., 19-20 janv. 1981, n° 80-127 DC, loi renforçant la sécurité et protégeant la liberté des personnes : « le fait de ne pas appliquer aux infractions commises sous l'empire de la loi ancienne la loi nouvelle plus douce revient à permettre au juge de prononcer les peines prévues par la loi ancienne et qui, selon l'appréciation même du législateur, ne sont plus nécessaires » : JCP 1981, II, 19701, note Franck ; D. 1982, p. 441, note Dekeuwer.

414 — Justifications du principe de la rétroactivité des lois plus douces. On peut en convenir, même si des voix contraires se font entendre, l'application immédiate d'une loi pénale plus douce semble une donnée qui peut emporter l'adhésion du plus grand nombre. Puisque la société revoit à la baisse la sévérité des règles qui nous gouvernent, il paraît assez juste que l'indulgence profite aussi à ceux qui ont commis leur acte sous l'empire de la loi ancienne.

415 — Contestations doctrinales du principe de la rétroactivité de la loi plus douce. Certains critiquent le principe en affirmant, à juste titre, que la survie de la loi ancienne puisse être tout aussi nécessaire pour « des raisons d'efficacité répressive ».

Dekeuwer A., « La rétroactivité *"in mitius"* en droit pénal. Un principe encore et toujours contesté », JCP 1997, I, 4065.

416 — Limite jurisprudentielle du principe de la rétroactivité *in mitius*. La Chambre criminelle conditionne l'application du principe à « l'absence de dispositions contraires expresses ». Non sans une certaine ambiguïté, les magistrats révèlent qu'en présence de telles dispositions législatives, la survie de la loi ancienne, plus sévère, s'impose.

417 — Justification de la limitation jurisprudentielle. Dans l'impossibilité de contrôler la constitutionnalité de la loi, le juge pénal se trouve contraint d'appliquer les dispositions législatives contraires au principe de la rétroactivité *in mitius*.

Cass. crim., 28 nov. 1996 : Bull. crim., n° 436 – Cass. crim., 6 févr. 1997 : Bull. crim., n° 51 – Cass. crim., 20 mars 1997 : Bull. crim., n° 116. Pour une illustration en matière de suppression de taxation et de contrôles douaniers, cette série d'arrêts rendue à propos de la loi du 17 juillet 1992 qui excluait expressément la rétroactivité aux infractions commises avant son entrée en vigueur.

418 — Limites législatives du principe de la rétroactivité *in mitius*. Il est toujours loisible au législateur d'écarter la rétroactivité d'une loi nouvelle plus douce qu'il promulgue s'il estime que la loi ancienne a été, de son temps, un texte évidemment et strictement nécessaire. C'est sur ce fondement que la Chambre criminelle a repoussé un pourvoi qui soutenait le contraire.

Cass. crim., 6 oct. 2004 : Dr. pén. 2005, comm. n° 9, comm. Robert. Pour les magistrats de la Cour souveraine, la survie de la disposition plus sévère n'est pas contraire à l'article 15-1 du Pacte, dès lors que ce texte « ne concerne que les sanctions et non les incriminations ».

419 — Doutes relevés sur la possibilité d'écarter l'application du principe de la rétroactivité *in mitius*. Comme l'avait souligné un auteur, avant même l'entrée en vigueur du nouveau Code pénal, les juges du fond et la Cour de cassation méconnaissent ouvertement le droit international lorsqu'ils écartent l'application du principe de la rétroactivité de la loi plus douce. En effet, la rétroactivité *in mitius* est hautement affirmée par le Pacte international relatif aux droits civils et politiques (art. 15, § 1).

Huet A., « Une méconnaissance du droit international : à propos de la rétroactivité *in mitius* », JCP 1987, I, 3293.

420 — Appréciation sur les doutes exprimés. Il n'est pas question pour la Chambre criminelle d'écarter le principe porté par le Pacte (la chose est juridiquement impossible), mais simplement d'en limiter l'application.

421 — Protection du principe de la rétroactivité *in mitius* par la Cour européenne. Si le principe n'est pas inscrit dans la Convention européenne, la Cour de Strasbourg a pu juger que l'application rétroactive d'une loi plus douce ne portait pas atteinte à l'exigence de non-rétroactivité des peines (CESDH, art. 7, § 1). C'est donc de manière indirecte que la Cour reconnaît (en ne l'interdisant pas) l'existence du principe de la rétroactivité *in mitius*.

CEDH, 25 sept. 1995, Série A, n° 325-B, § 26 et 27, G. c/ France.

422 — Trouble apporté par le Conseil constitutionnel. Statuant en QPC, le Conseil a, le 3 décembre 2010, estimé qu'une disposition législative pouvait écarter l'application immédiate aux affaires en cours d'une incrimination plus douce sans entrer en contradiction avec nos principes constitutionnels. Les premiers commentateurs notaient que le principe connaît dorénavant une exception lorsque « la poursuite de la répression était inséparable du régime instauré antérieurement ».

Cons. const., 3 déc. 2010 : D. actualité 13 déc. 2010, « Revente à perte : portée constitutionnelle de la rétroactivité *in mitius* », obs. Chevrier ; RSC 2011, chron. n° 180, obs. de Lamy ; Dr. pén. 2011, n° 38, obs. Robert.

423 — Détermination du caractère plus doux des mesures nouvelles prises par le législateur. La chose n'est pas aisée et ce n'est pas la moindre des difficultés qui trouble l'application du principe de la loi pénale plus douce.

424 — Division tripartite des infractions comme critère d'évaluation. Les crimes doivent être regardés comme plus graves que les délits et ces derniers plus graves, donc plus sévères, que les contraventions. Sous l'empire du Code de 1810, il fut toutefois jugé qu'une peine d'emprisonnement de police était plus sévère qu'une amende correctionnelle.

425 — Caractère contestable du principe comme critère d'évaluation. Il est parfois artificiel de considérer plus doux un texte qui correctionnalise un crime pour offrir le contentieux à la compétence du tribunal correctionnel. Si la manœuvre législative vise une meilleure répression, on peut chercher vainement la générosité du texte nouveau.

426 — Nature plus douce des lois de dépénalisation ou d'abrogation. La rétroactivité peut même paralyser l'exécution d'une sanction déjà prononcée, comme le souligne le second alinéa de l'article 112-4 du Code : « la peine cesse de recevoir exécution quand elle a été prononcée pour un fait qui, en vertu d'une loi postérieure au jugement, n'a plus le caractère d'une infraction pénale. »

427 — Cumul des dispositions plus douces et plus sévères. Tel est souvent le cas dans une même loi. Toute la difficulté est alors de savoir si les dispositions peuvent être divisées. Dans l'affirmative, seules celles jugées plus douces pourront avoir un effet rétroactif. Dans le cas contraire, dans l'impossibilité de toute division, le juge doit rechercher la disposition principale.

428 — Conséquences du cumul de dispositions plus douces et plus sévères. Jugée plus douce, la disposition principale entraîne avec elle la rétroactivité de la loi nouvelle. Jugée plus sévère, elle autorise l'application de la loi entière aux seuls forfaits commis après son entrée en vigueur. Le raisonnement n'est pas simple et ouvre la porte à de nombreuses interprétations.

429 — Observation. La doctrine a souvent reproché à la Cour de cassation de se livrer à un « *charcutage* ». Il n'est pas surprenant, devant la complexité de la mission, de constater que le juge se laisse parfois séduire par une appréciation globale de la loi nouvelle.

SECTION 2 Les lois pénales de forme

430 — Variété des principes disponibles. À l'image du droit pénal de fond, trois principes peuvent être appelés pour régler les questions de conflit dans le temps des lois pénales de forme : le principe de la rétroactivité de la loi nouvelle, celui de la survie de la loi ancienne, enfin celui de l'effet immédiat de la loi nouvelle.

431 — Principe de la rétroactivité de la loi nouvelle. Par l'effet de la rétroactivité, la loi nouvelle abolit les effets procéduraux déjà produits par la loi ancienne.

432 — Effets du principe de la rétroactivité de la loi nouvelle. Seules les procédures définitivement closes échappent à son autorité. Les autres, en suspens, sont aussitôt envahies par la loi nouvelle. La conséquence en est redoutable. Il faut recommencer la procédure. Un tel schéma est à l'évidence d'une piètre efficacité et ne peut manifestement être acceptable et accepté.

433 — Principe de la survie de la loi ancienne. Radicalement opposé au précédent, il permet à la loi ancienne de poursuivre sereinement ce qu'elle a commencé à réglementer, et ce, jusqu'à la clôture définitive de la procédure.

434 — Effets du principe de la survie de la loi ancienne. Le principe de la légalité, qui a force tout autant en procédure qu'en droit pénal de fond, est ici pleinement respecté.

435 — Principe de l'effet immédiat de la loi nouvelle. Les deux lois en conflit vont chacune avoir une période respective d'application. La plus ancienne aura conduit la procédure jusqu'à l'entrée en vigueur de la nouvelle qui s'appliquera aussitôt sans remettre en cause les actes déjà accomplis.

436 — Consécration par le nouveau Code du principe de l'application immédiate. Fort du silence du Code de 1810, la jurisprudence avait retenu le principe de l'effet immédiat de la loi nouvelle. Le nouveau Code consacre la formule.

437 — Plan de section. Si la consécration est réelle, des concessions sont faites en faveur de la survie de la loi ancienne lorsque la loi nouvelle apparaît chargée de plus de sévérité. Pour bien mesurer les variations réalisées aujourd'hui par le Code, il faut distinguer les différentes sortes de lois qui gouvernent la procédure pénale.

I Les lois de compétence et d'organisation

438 — Consécration du principe de l'application immédiate. Aujourd'hui, comme hier, la règle prime. Elle est posée aujourd'hui par l'article 112-2-2° qui déclare applicables immédiatement à la répression des infractions commises avant leur entrée en vigueur, les lois fixant les modalités des poursuites et les formes de la procédure. Il en va ainsi, selon la formule législative portée par ce même article « tant qu'un jugement au fond n'a pas été rendu en première instance ». Dépassant le cadre législatif, et non sans porter atteinte au principe de la légalité, la jurisprudence poursuit l'exception pour les « lois fixant les modalités des poursuites et les formes de la procédure ». Il en va notamment ainsi en matière de motivation fondée sur l'article 132-19 du Code pénal.

439 — Fondement du principe de l'application immédiate. Les lois de procédure ont assurément pour finalité première de permettre une meilleure administration de la justice. Elles sont mises en œuvre, note la doctrine, tant pour la société elle-même que pour la personne poursuivie.

440 — Réserves doctrinales sur le bien-fondé du principe de l'application immédiate. Les réserves sont liées au principe de la légalité.

Force est de le constater ici, le célèbre principe s'essouffle curieusement et perd de sa superbe dès qu'il franchit les grilles de la procédure.

441 — Incertitudes sur le caractère meilleur de la loi nouvelle sur une loi ancienne. Comment oublier les propos très critiques de cet auteur qui réfutait hier ce jugement tout fait qui veut qu'une loi nouvelle soit meilleure qu'une loi ancienne : « Peut-on dire qu'une loi qui réduit le nombre des juges offre de plus solides garanties d'une bonne justice, alors qu'elle est généralement motivée par de sordides motifs budgétaires ? »

II Les lois de procédure *stricto sensu*

442 — Consécration du principe de l'application immédiate. *Mutatis mutandis,* on peut reprendre l'idée, pourtant contestable, que les lois de procédure ont pour finalité première de permettre une meilleure administration de la justice.

443 — Illustration jurisprudentielle. Un individu avait été condamné par une procédure de comparution immédiate, pour des infractions aux stupéfiants. La cour d'appel de Rennes infirme le raisonnement aux motifs que la procédure de comparution immédiate n'était possible qu'à l'encontre de faits encourant une peine inférieure ou égale à sept années d'emprisonnement. Ce qui n'était pas le cas en l'espèce, puisque la peine encourue pour les faits reprochés dépassait ce plafond.

444 — Appréciation de la solution retenue. En éprouvant quelques difficultés à respecter le principe de l'application immédiate, la solution de la cour d'appel de Rennes révèle un parfum de générosité « *in favorem* », mais n'en est pas moins contraire à la règle étudiée.

> Cass. crim., 7 janv. 2004 : Dr. pén. 2004, comm. n° 47, Véron ; AJ pénal 2004, p. 121, obs. Pitoun. L'arrêt est censuré. En statuant, le 29 juillet 2003, la cour d'appel n'avait pas à remettre en cause la procédure de comparution immédiate.

445 — Limitation du principe pour les lois relatives aux voies de recours. Ces dernières sont applicables aux seuls recours formés contre des décisions prononcées après leur entrée en vigueur. Sous l'empire du Code de 1810, la jurisprudence avait réservé le cas particulier des voies de recours, le nouveau Code a confirmé cette particularité.

446 — Voies de recours concernées. Sont visées les lois relatives à la nature et aux cas d'ouverture des voies de recours, les délais dans lesquels elles doivent être exercées et la qualité des personnes admises à les mettre en œuvre.

447 — Voies de recours écartées. L'article 112-3 l'énonce clairement : « les recours sont soumis aux règles de forme en vigueur au jour où ils sont exercés. » Ainsi, pour les lois relatives à la forme du recours, le principe de l'application immédiate guide l'analyse.

III Les lois relatives à l'exécution des peines

448 — Admission du principe de l'application immédiate de la loi nouvelle. D'une manière assez traditionnelle et sous réserve de dispositions contraires du législateur, la jurisprudence admettait le principe. Que les dispositions nouvelles soient plus généreuses ou plus sévères ne changeait rien à ce bel élan.

449 — Illustration jurisprudentielle. Il fut jugé notamment que les dispositions de la loi de 1983, prévoyant l'interdiction du territoire français aux personnes étrangères condamnées pour trafic de stupéfiants, concernaient, par un artifice juridique assez répressif, les personnes déjà condamnées avant l'entrée en vigueur de la loi.

450 — Limites fixées par le Conseil constitutionnel. Les données du raisonnement ont singulièrement évolué à partir d'une importante décision du Conseil constitutionnel. Interrogé sur la modification de la période de sûreté réalisée par la loi du 9 septembre 1986, le Conseil a malmené la jurisprudence classique en affirmant que lorsque les modalités de l'exécution étaient prononcées par la juridiction de jugement, ces modalités ne concernaient pas l'exécution, mais la déclaration de culpabilité.

451 — Effets de la décision du Conseil constitutionnel. L'affirmation du Conseil était loin d'être une pure clause de style puisqu'elle limitait l'application d'une disposition plus sévère aux seuls faits commis après l'entrée en vigueur de la loi nouvelle.

Cons. const., 3 sept. 1986 : JO, 5 sept. 1986.

452 — Formulation du nouveau Code pénal. Le Code a poursuivi et dépassé le raisonnement puisque l'article 112-2-3° interdit aujourd'hui l'application immédiate des dispositions plus sévères tant pour les lois relatives au régime de l'application que pour celles relatives au régime de l'exécution des peines.

453 — Conséquences de la formulation législative. Concrètement, la formule étend en ce domaine les solutions dégagées pour les lois d'incrimination et de pénalité. Si la forme copie le fond, le décalque n'est pas parfait puisque le législateur peut toujours décider expressément de l'application immédiate de son texte.

IV Les lois relatives à la prescription

454 — Divisions observées. Doctrine et jurisprudence ont souvent été divisées. Avant l'entrée en vigueur du nouveau Code, les lois relatives à la prescription étaient soumises à un raisonnement différent selon qu'il s'agissait de lois concernant la prescription des peines ou la prescription de l'action publique.

455 — Référence partielle au principe de l'application immédiate pour les lois concernant la prescription des peines. Relevant indiscutablement du droit de fond, elles recevaient une application immédiate tant qu'elles ne contenaient pas de dispositions plus sévères que les textes alors en vigueur.

456 — Référence au principe de l'application immédiate pour les lois relatives à la prescription de l'action publique. Naturellement analysées comme des lois de procédure, elles étaient donc d'application immédiate.

457 — Alignement du Code pénal du régime de la prescription de l'action publique sur celui des peines. La nouvelle rédaction avait mis fin à cette divergence existante. Là encore, le fond avait séduit la forme. À la vérité, cette nouvelle partition réactualisait l'unité rompue dans les années 1930 par la Chambre criminelle.

Cass. crim., 16 mai 1931 : Gaz. Pal. 1931, II, p. 178, rapp. Legris.

458 — Partition toujours unitaire, mais données renversées. La loi du 9 mars 2004 « *portant adaptation de la justice aux évolutions de la criminalité* » a modifié le 4e alinéa de l'article 112-2 du Code pénal.

459 — Conséquences de ce renversement. De cette modification, il résulte aujourd'hui que les lois relatives à la prescription de l'action publique ou de la peine sont, à condition que la prescription ne soit pas acquise, applicables immédiatement à la répression des infractions commises avant leur entrée en vigueur.

460 — Illustration. Selon ce nouveau schéma, les dispositions de la loi du 9 mars 2004 sur l'allongement de dix à vingt ans de la prescription des crimes sexuels commis contre des mineurs sont applicables pour les prescriptions en cours. Comme hier, le point de départ du délai de prescription est retardé à la majorité des victimes.

Circ. Crim., 14 mai 2004, n° 04-16-E8 présentant les dispositions de procédure pénale immédiatement applicables de la loi du 9 mars 2004. Pour des exemples portés par la loi du 9 mars 2004 : RSC 2004, p. 379, Seuvic.

461 — Commentaires. Le principe de la non-application immédiate qui ne répondait à aucune exigence constitutionnelle était régulièrement dénoncé tant par les professionnels que par la doctrine. Il est vrai, comme le notaient Merle et Vitu, que « ce qui fait l'intérêt d'une prescription, c'est son dernier jour : tant que ce jour n'est pas atteint, le délinquant n'a aucun droit acquis à l'impunité : il n'est pas à l'abri d'une poursuite puisque des actes interruptifs peuvent intervenir ». La tragique affaire, dite aujourd'hui « des disparues de l'Yonne », a montré combien les mots pouvaient avoir ici un sens.

CHAPITRE 5

L'application de la loi pénale dans l'espace

462 — Compétence certaine de la loi pénale française. La loi pénale française a-t-elle vocation à s'appliquer à toutes les infractions réalisées sur le territoire national, ces faits fussent-ils commis par des étrangers ? Il est commode à chacun de formuler une réponse affirmative.

463 — Compétence incertaine de la loi pénale française. Le doute s'installe et les réponses deviennent moins certaines lorsque l'on s'interroge sur les pouvoirs de notre loi à l'égard d'infractions commises, par un Français ou un étranger, hors de nos frontières. Même incertitude, si l'on s'interroge sur les effets à l'étranger d'une décision rendue en France ou, au contraire, sur les effets en France d'une décision émanant d'une juridiction étrangère.

SECTION 1 Les principes envisageables

464 — Plan de la section. Trois principes dominent les débats. Le premier est présenté comme le principe général, les deux autres s'efforcent d'en limiter les imperfections.

I Le principe de territorialité de la loi pénale

465 — Contenu du principe de territorialité. Se référer à ce principe, c'est admettre, sans retenue, que la loi pénale s'applique à tous les délinquants, quelle que soit leur nationalité ou celle de leur victime, qui ont commis une infraction sur le territoire de l'État dans lequel la loi est effectivement en vigueur.

466 — Justification sociale du principe de territorialité. La doctrine soulève les avantages d'un tel schéma. La poursuite et le jugement répondront de la nécessité que la justice soit rendue et le trouble social réparé. Cette nécessité vaut évidemment tant pour les victimes, la communauté que pour l'État lui-même.

467 — Justification juridique du principe de territorialité. L'individu poursuivi est censé connaître la loi. Plus sérieusement, on retiendra surtout que le juge, chargé de la procédure, maîtrise parfaitement les arcanes de cette procédure alors qu'il peut tout ignorer de la loi de l'étranger qui est poursuivi.

468 — Limite du principe de territorialité. Le principe interdit que la loi d'un territoire puisse avoir quelque effet en dehors de ce territoire.

469 — Inconvénients du principe de territorialité. On peut éprouver les plus grandes difficultés à cerner avec précision le lieu exact de l'infraction. On peut éprouver aussi un profond sentiment d'injustice à se désintéresser d'un individu qui, après avoir commis à l'étranger une infraction, vient se réfugier sur le territoire national.

470 — Extradition analysée comme moyen de corriger certains inconvénients du principe de territorialité. En vérité, elle peut être une solution ponctuelle à l'égard des étrangers. Mais elle est souvent sans effet sur le national puisque de nombreux pays n'extradent pas leurs nationaux. Tel est le cas de la France même si aucun principe supérieur ne semble l'interdire.

II Le principe de la personnalité de la loi pénale

471 — Contenu du principe de la personnalité de la loi. Par ce principe, la loi pénale ne s'applique qu'à l'égard de ses nationaux, qu'ils soient auteurs d'une infraction (on parle alors de personnalité active) ou qu'ils en soient les victimes (on parle alors de personnalité passive).

472 — Justification historique. Puisant sa source dans l'histoire, la formule rappelle combien il pouvait être inconcevable que le national, fut-il délinquant, puisse être abandonné à la justice de l'étranger, du musulman voire du barbare.

III Le principe de la compétence universelle de la loi pénale

473 — Contenu du principe de la compétence universelle. L'universalité du droit de punir prime sur tout débat. La justice du lieu d'arrestation est compétente pour juger le délinquant, quelle que soit sa nationalité ou celle des victimes et quel que soit le lieu de l'infraction.

474 — Ancienneté du principe de la compétence universelle. Si le principe est connu de longue date, grosso modo depuis l'époque de Justinien, il trouve aujourd'hui, confronté à l'internationalisation de la criminalité, une véritable raison d'être.

475 — Conditions de la mise en œuvre du principe de la compétence universelle. Pour atteindre sa pleine maturité, le principe doit se nourrir d'une certaine communauté juridique entre les États. Nul besoin d'atteindre une communion pénale internationale absolue – la chose serait d'ailleurs impossible –, il suffit (c'est déjà beaucoup) que soient identifiées des infractions « qui blessent les états forts » de la conscience du plus grand nombre des États.

SECTION 2 Les principes applicables

476 — Plan de section. À l'image du Code pénal, il est utile de distinguer les infractions commises sur le territoire de la République de celles commises hors de ce territoire.

I Les infractions commises en France : l'application du principe de la territorialité

477 — Référence au principe de territorialité puisant sa source dans le Code civil. En vérité, le principe se déduisait des dispositions de l'article 3 du Code civil, « les lois de police et de sûreté obligent tous ceux qui habitent le territoire ».

478 — Référence au principe de territorialité clairement affirmée par le Code pénal. « La loi pénale française est applicable aux infractions commises sur le territoire de la République » (C. pén., art. 113-2) Et l'alinéa second n'hésite pas à étendre le raisonnement en indiquant :

« l'infraction est réputée commise sur le territoire de la République dès lors qu'un de ses faits constitutifs a eu lieu sur ce territoire ».

A Les infractions commises sur le territoire

479 — Définition du territoire. Depuis la loi constitutionnelle du 28 mars 2003, on distingue au sein du territoire de la République : la métropole, les départements et régions d'outre-mer (Martinique, Guadeloupe, Guyane, Réunion Mayotte), les collectivités d'outre-mer (Polynésie française, îles Wallis-et-Futuna, Saint-Pierre-et-Miquelon) et une collectivité aux statuts particuliers (la Nouvelle-Calédonie).

480 — Espaces maritime et aérien liés inclus dans le territoire de la République. Telle est la précision faite par le législateur en ouverture du chapitre sur l'application de la loi pénale dans l'espace et pour l'application de celui-ci (C. pén., art. 113-1).

481 — Définitions des espaces maritimes et aériens. La mer, moyen de communication entre les États, n'est pas susceptible d'appropriation. Toutefois, les conventions internationales, par exception à ce principe, admettent qu'une bande côtière d'une largeur de 12 milles marins, appelée « mer territoriale », échappe au régime juridique de la haute mer pour être rattachée à celui de l'État côtier.

482 — Effets en droit pénal. Sur cette zone, l'État dispose d'une compétence législative générale et exerce pleinement sa souveraineté. Au-delà de la mer territoriale, la loi pénale française n'est applicable aux infractions que si les conventions internationales et la loi le prévoient (C. pén., art. 113-12). *Mutatis mutandis*, l'espace aérien situé au-dessus de la mer territoriale est considéré comme un espace du territoire national.

B Les infractions réputées commises sur le territoire

483 — Infraction réputée commise sur le territoire en raison d'un fait constitutif commis sur le territoire. Il arrive que l'infraction soit « éclatée » dans l'espace. Il est aisé d'imaginer qu'une partie de l'infraction ait été commise en France et une autre à l'étranger.

484 — Conséquences de la présomption. Face à cette situation, dans un mouvement légitime teinté d'impérialisme, le législateur étend le principe de territorialité et ouvre la compétence du Code pénal.

Cass. crim., 26 sept. 2007 : RPDP 2007, p. 878, obs. Bonfils. Il est ainsi approuvé que des faits de recel commis à l'étranger relèvent de la compétence des juridictions françaises dès lors que les vols à l'origine du délit ont été commis en France.

485 — Illustration jurisprudentielle. Faute de pouvoir retenir la responsabilité d'un « touriste sexuel » pour des faits commis avant l'entrée en vigueur de la loi du 17 juin 1998, la Chambre criminelle retient que la diffusion en France de cassettes vidéo tournées en Thaïlande révèle un des faits constitutifs de l'infraction reprochée.

Cass. crim., 4 févr. 2004 : Bull. crim., n° 32 ; AJ pénal 2004, p. 157, obs. Pitoun ; Dr. pén. 2004, comm. n° 80, Véron.

486 — Infraction réputée commise sur le territoire pour l'acte de complicité commis en France d'un crime ou d'un délit commis à l'étranger. Poursuivant la même démarche répressive, les dispositions de l'article 113-5 étendent là encore la compétence et l'application de la loi pénale française.

487 — Compétence pénale soumise à une double condition. La première, dite de réciprocité d'incrimination, impose que le crime ou le délit soit puni tant par la loi française que par la loi étrangère. La seconde exige que le crime ou le délit ait été préalablement constaté par une décision définitive de la juridiction étrangère.

488 — Compétence de la loi française pour l'acte de complicité commis à l'étranger d'une infraction commise en France. L'article 113-5 ne prévoit pas cette possibilité et envisage seulement l'hypothèse inverse. Dans le silence du code, sous couvert des principes généraux de la responsabilité pénale, la Chambre criminelle, non sans mettre en veille le principe de la légalité des délits et des peines, valide en pareille situation la compétence française.

Cass. crim., 29 nov. 2016. Poursuivi pour complicité de trafic de stupéfiants, un citoyen néerlandais ne peut contester utilement la compétence française en invoquant que les faits reprochés ont été commis à l'étranger. Conte P., « Complicité à l'étranger par un étranger d'un acte principal commis en France », Dr. pén. 2017, comm. n° 32.

489 — Appréciation de la compétence de la loi française pour l'acte de complicité commis à l'étranger. La compétence à l'égard du complice opérant à l'étranger n'entraînerait pas de difficulté si l'acte reproché à ce complice tombait sous le coup de la loi étrangère. Or, travaillant dans le silence du Code pénal, la Chambre criminelle se débarrasse de l'exigence de réciprocité. Ainsi, le complice œuvrant à l'étranger peut très bien n'avoir commis, à l'étranger, aucune infraction.

> Cass. crim., 30 oct. 2013. Poursuite contre un commerçant espagnol ayant vendu du tabac dans son pays en toute légalité. Dreyer E., « Droit d'ingérence ? L'acte de complicité d'une infraction principale commise en France relève de la loi française », Gaz. Pal. févr. 2014, n° 40-42, p. 28.

490 — Infraction réalisée au moyen d'un réseau de communication électronique réputée commise sur le territoire de la République. Issu de la loi du 3 juin 2016 renforçant la lutte contre le crime organisé, l'article 113-2-1 du Code pénal étend à son tour le principe de territorialité de la loi pénale. Est ainsi réputé commis sur le territoire de la République, peu importe la nationalité de la victime, tout crime ou délit réalisé au moyen d'un réseau de communication électronique, lorsqu'il est tenté ou commis au préjudice d'une personne physique résidant sur le territoire de la République ou d'une personne morale dont le siège se situe sur le territoire de la République.

> Parizot R., « Loi du 3 juin 2016 : aspects obscurs de droit pénal général », RSC 2016, p. 376.

491 — Étendue de la présomption de territorialité. L'ensemble des crimes et délits étant visé par le texte, les dispositions de l'article 113-2-1 du Code pénal dépassent largement le seul cadre du terrorisme ou de la criminalité organisée. Elles délaissent également certaines règles procédurales. Ainsi, pour les délits, on parle ici d'infraction en ligne, la poursuite pourra être lancée sans plainte préalable de la victime ou d'une dénonciation officielle par l'autorité du pays où l'infraction a été commise.

492 — Aparté. À propos des infractions commises en ligne, lorsque le site exploité est orienté vers le public français, la Chambre criminelle a déjà eu l'occasion de valider la compétence de la loi française en application du principe de territorialité.

> Cass. crim., 14 décembre 2010. A une cour d'appel qui avait écarté la responsabilité pénale aux motifs que l'infraction n'avait pas été commise en France, la Chambre criminelle répond « qu'en se déterminant par ces seuls motifs, dont il ne résulte pas que le site exploité par la société Universal Entertainment GMBH était orienté vers le public français, alors que la perpétration de la contrefaçon sur le territoire de la République est un élément constitutif de l'infraction, la cour d'appel n'a pas justifié sa décision ».

493 — Infraction réputée commise sur le territoire. Il en va ainsi pour les infractions commises à bord ou à l'encontre des navires battant pavillon français ou d'aéronefs immatriculés en France. La formule passerait presque inaperçue si le législateur ne poursuivait pas l'extension en déclarant la loi pénale applicable aux infractions commises en quelque lieu que se soit trouvé le navire ou l'aéronef au moment de l'infraction.

Sur la poursuite et la condamnation de membres de Greenpeace pour des faits commis à l'encontre de thoniers battant pavillon français : « ... la senne... constitue l'accessoire et le prolongement du navire auquel elle est rattachée, et est soumise au même statut juridique que celui-ci » – Cass. crim., 16 nov. 2016 : AJ pénal 2017, p. 87, Aubert.

494 — Portée de la présomption législative. Curieusement, le principe de territorialité, ici plus virtuel que réel, est en somme itinérant. La portée des articles 113-3 et 113-4 du Code pénal ne pose aucune difficulté si au moment de l'infraction le navire ou l'aéronef peut être localisé dans un espace sous pleine souveraineté nationale. À l'inverse, l'application de la loi pénale française risque fort de rencontrer quelques embarras.

495 — Seuls les navires sont concernés. Navire et non « bateau de navigation fluviale », comme a pu le préciser la Chambre criminelle en écartant l'application de l'extension à un bateau effectuant une croisière sur le Rhin.

Cass. crim., 18 sept. 2007 : RPDP 2007, p. 876, obs. Bonfils ; RSC 2008, p. 69, note Fortis.

II Les infractions commises hors du territoire de la République

496 — Abandon du principe de territorialité. C'est là un rappel et une solution de bon sens puisque l'infraction a été commise à l'étranger.

497 — Situations ouvrant la compétence du droit pénal français. Des articles 113-6 et suivants résultent plusieurs séries d'hypothèses pour lesquelles notre droit pénal trouve vocation à s'appliquer. Il en va ainsi lorsque l'infraction a été commise par ou à l'encontre d'un Français, ou lorsqu'elle porte atteinte à des intérêts supérieurs français ou encore parfois lorsque l'infraction a été commise par un étranger.

498 — Infraction commise par ou à l'encontre d'un Français. Pour ces deux premières hypothèses (infraction commise par ou à l'encontre d'un Français), la compétence (dite personnelle) paraît plutôt subsidiaire en ce sens qu'elle ne peut exister qu'en l'absence de répression à l'étranger.

499 — Infraction portant atteinte à des intérêts supérieurs français. Dans cette hypothèse, la compétence (dite réelle) s'ouvre assez largement.

500 — Infraction portant atteinte à la communauté internationale. La compétence (dite universelle) qui fonde l'application de la loi pénale est largement soumise aux dispositions des conventions internationales.

501 — Infraction commise par un étranger. La loi Perben II, du 9 mars 2004, a ajouté des dispositions concernant les infractions commises par un étranger, à l'étranger, qui relèvent pour autant de la compétence du droit pénal français.

502 — Concours de compétences. Dans ces différentes situations, la compétence de la loi étrangère n'est pas niée, mais se pose la question d'un conflit, voire d'un concours de compétences entre deux ou plusieurs législations.

A L'infraction commise par un Français

503 — Tous les crimes et délits sont concernés. Les contraventions qui ne sont pas expressément visées échappent donc à la compétence pénale.

504 — Condition de réciprocité pour les délits. Pour les délits, l'article 113-6, alinéa 2, du Code pénal impose toutefois (excepté lorsque la victime est française) que les faits reprochés soient également répréhensibles par la législation du pays dans lequel ils ont été commis. *In fine*, l'article 113-6 précise que le schéma législatif vaut alors même que la personne poursuivie aurait acquis la nationalité française postérieurement au fait qui lui est imputé.

505 — Condition de réciprocité écartée. Aujourd'hui, cette exigence de réciprocité d'incrimination est parfois abandonnée par le législateur. L'acte commis devient alors punissable en France (à condition de pouvoir être qualifié de crime ou de délit) alors qu'il échapperait à toute répression dans le pays.

506 — Illustration législative. Modifiant des lois de février 1994 et de juin 1998, la loi du 4 mars 2002 a inséré dans le Code pénal un article 225-12-3 dont il résulte qu'en cas de recours à la prostitution d'un mineur, commis à l'étranger par un Français ou une personne ayant sa résidence habituelle en France, la loi pénale française est applicable par dérogation aux dispositions du second alinéa de l'article 113-6.

507 — Illustration législative. La condition de réciprocité d'incrimination est également écartée lorsque les faits reprochés sont constitutifs du délit de participation à une activité mercenaire ou encore lorsque le délit reproché vise le clonage humain. Telles sont en effet respectivement les dispositions des articles 436-3 et 511-1-1 du Code pénal issues des lois du 14 avril 2003 et du 6 août 2004.

508 — Exigence d'une plainte préalable à la poursuite des délits. La poursuite des délits ne peut être exercée qu'à la requête du ministère public et après avoir été précédée d'une plainte de la victime ou d'une dénonciation officielle par l'autorité du pays où le fait a été commis (C. pén., art. 113-8).

> Cass. crim., 24 nov. 1998 : Dr. pén. 1999, comm. n° 79. Du moment que la plainte a été transmise aux autorités judiciaires françaises, il importe peu qu'elle ait été déposée d'abord à l'étranger.

509 — Dispense d'une plainte préalable. En cas de recours à la prostitution d'un mineur, commis à l'étranger par un Français ou une personne ayant sa résidence habituelle en France, le Code pénal écarte l'exigence de la plainte préalable de la victime et celle de la dénonciation officielle du pays concerné.

510 — Impossibilité d'être jugé deux fois pour les mêmes faits. L'article 113-9 du Code pénal énonce qu'aucune poursuite ne peut être exercée à l'encontre d'une personne justifiant qu'elle a été jugée définitivement à l'étranger pour les mêmes faits et, en cas de condamnation, que la peine a été subie ou prescrite.

511 — Illustration jurisprudentielle. Un Français condamné pour un viol aux États-Unis peut être jugé en France dès lors que la peine prononcée contre lui à l'étranger n'était pas prescrite au moment de la dénonciation des faits aux autorités françaises. Tel est le message, sous forme de censure, de la Chambre criminelle qui reproche en l'espèce, à juste titre, aux juridictions d'instruction d'avoir confondu prescription de l'action publique et prescription de la peine.

> Cass. crim., 16 oct. 2001 : Dr. pén. 2002, comm. n° 3, note Véron ; JCP 2001, IV, 2998.

B L'infraction commise à l'encontre d'un Français

512 — Fondement discuté de la compétence personnelle passive. Alors que le fondement de la compétence personnelle passive (la victime est française) est souvent dénoncé par la doctrine, le champ d'action de ce type de compétence a été étendu par le nouveau Code pénal.

513 — Argument en défaveur de la compétence personnelle passive. En résumé, ni l'entraide répressive internationale ni la protection de l'ordre public français n'imposent l'application de notre droit pénal à l'occasion d'infractions commises à l'étranger sur un ressortissant français.

514 — Argument en faveur de la compétence personnelle passive. L'État français ne peut se désintéresser totalement du sort de ses nationaux. On comprendrait difficilement que notre législation s'efforce de protéger la santé, la sécurité et la moralité de jeunes asiatiques ou roumains victimes dans leur pays de la prostitution et refuse de se préoccuper sérieusement du sort de nationaux victimes d'infractions.

515 — Solution consacrée par le Code pénal. À lire les arguments échangés, il n'est pas si paradoxal que le nouveau Code pénal ait élargi le domaine de la compétence personnelle passive, non seulement aux crimes, mais à tous les délits punis d'emprisonnement (presque tous le sont en pratique).

Pour autant, la Chambre criminelle a pu rappeler que « seule la qualité de victime directe de nationalité française au moment de la commission d'une infraction commise à l'étranger attribue compétence aux lois et juridictions françaises » repoussant ainsi l'action d'une femme de nationalité française ayant subi des préjudices du fait des actes de torture commis, à l'étranger, sur son mari de nationalité étrangère – Cass. crim., 8 nov. 2016 : « Application de la loi pénale dans l'espace – Compétence passive », Dr. pén. 2017, comm. n° 16, Conte.

516 — Pas de condition de réciprocité. Une telle condition n'est pas exigée par le Code pénal en présence d'une victime française.

517 — Exigence d'une plainte préalable à la poursuite des délits. Que la victime ait ou non la nationalité française, la poursuite des délits ne peut être exercée qu'à la requête du ministère public et lorsqu'elle aura été précédée d'une plainte de la victime ou d'une dénonciation officielle par l'autorité du pays où le fait a été commis (C. pén., art. 113-8).

518 — Impossibilité d'une double poursuite. On ne peut être jugé deux fois pour les mêmes faits. Aucune poursuite ne pourra être exercée à l'encontre d'une personne justifiant qu'elle a déjà été jugée pour les mêmes faits ou en cas de condamnation que la peine a été subie ou prescrite. En transposant ces conditions, l'article 113-9 du Code pénal s'appuie sur les exigences du principe *non bis in idem*.

519 — Il y a jugé et jugé. Contrairement au droit antérieur, le Code n'évoque plus la grâce et reste à son tour silencieux sur la question de l'amnistie. Le cas échéant, aucune de ces deux mesures ne saurait constituer un obstacle aux poursuites engagées en France pour une infraction commise à l'étranger. Tel est le cas également d'une décision de classement sans suite.

Cass. crim., 6 déc. 2005 : RSC 2006, obs. Vermelle, p. 307 ; D. 2006, p. 622, obs. Pradel. Pour la Chambre criminelle, une décision de classement sans suite n'a pas la valeur d'un jugement définitif et ne peut donc faire obstacle à des poursuites exercées en France.

C ▌L'infraction commise par un étranger

520 — Précisions. Le champ de compétence ouvert ici vise bien une infraction commise à l'étranger, par un étranger et qui, en apparence, ne présente pas un quelconque intérêt pour la France.

521 — Compréhension de la compétence française. Pour prendre la mesure du propos, il est nécessaire d'avoir en mémoire que le Code de procédure pénale réglemente les conditions de l'extradition. L'article 696-4 de ce Code égrène en effet plusieurs situations pour lesquelles la France ne répondra pas aux demandes d'extradition d'un État étranger requérant.

522 — Justification de la compétence française. Dans un souci d'entraide internationale comme pour combler les lacunes découlant des conséquences d'un refus d'extradition, la loi du 9 mars 2004 a inséré dans le Code pénal un article 113-8-1. Cet article, complété par la loi du 5 août 2013 qui ajoute le refus d'une remise en vertu d'un mandat d'arrêt européen, reprend en partie les situations de l'article 696-4 évoqué.
« Sans préjudice de l'application des articles 113-6 à 113-8, la loi pénale française est également applicable à tout crime ou à tout délit puni d'au moins cinq ans d'emprisonnement commis hors du territoire de la République par un étranger dont l'extradition "ou la remise" a été refusée à l'État requérant par les autorités françaises aux motifs, soit que le fait à raison duquel l'extradition avait été demandée est puni d'une peine ou d'une mesure de sûreté contraire à l'ordre public français, soit que la personne réclamée aurait été jugée dans ledit État par un tribunal n'assurant pas les garanties fondamentales de procédure et de protection des droits de la défense, soit que le fait considéré revêt le caractère d'infraction politique, soit que l'extradition ou la remise serait susceptible d'avoir, pour la personne réclamée, des conséquences d'une gravité exceptionnelle en raison, notamment, de son âge ou de son état de santé. » (C. pén., art. 113-8-1).

523 — Conditions de la poursuite. Le texte de 2004 subordonnait la poursuite des infractions à la requête du ministère public et à une dénonciation officielle, transmise par le ministre de la Justice, de l'autorité du pays où le fait a été commis et qui avait requis l'extradition. Cette seconde condition a été supprimée par la loi de 2013. À l'évidence, cette suppression devrait permettre de rendre plus effectives les poursuites fondées sur l'article 113-8-1 du Code pénal.

Brach-Thiel D., « L'heureux toilettage de l'article 113-8-1 du Code pénal », AJ pénal 2013, p. 517.

D L'infraction portant atteinte à des intérêts supérieurs français

524 — Domaines d'application. La loi pénale s'applique aux crimes et délits qualifiés d'atteintes aux intérêts fondamentaux de la nation, à la falsification et à la contrefaçon du sceau de l'État, de pièces de monnaie, de billets de banque ou d'effets publics et à tout crime ou délit contre les agents ou les locaux diplomatiques ou consulaires français commis hors du territoire de la République (C. pén., art. 113-10).

525 — Définition des intérêts fondamentaux de la nation. Ils s'entendent de l'indépendance de la nation, de l'intégrité de son territoire, de sa sécurité, de la forme républicaine de ses institutions, des moyens de sa défense et de sa diplomatie, de la sauvegarde de sa population en France et à l'étranger, de l'équilibre de son milieu naturel et de son environnement et des éléments essentiels de son potentiel scientifique et économique et de son patrimoine culturel (C. pén., art. 410-1).

526 — Aucune condition exigée. En ces domaines, intérêts supérieurs obligent, aucune des conditions jusque-là rencontrées (compétence personnelle active ou passive) n'est exigée pour entraîner la compétence de notre droit pénal.

527 — Justification de la compétence française. On comprend aisément le message législatif. Puisqu'elles troublent l'ordre public français à l'étranger, ces infractions particulières méritent un traitement particulier. On l'a noté, le procédé vise à opérer en pratique une territorialité fictive, ce qui revient à traiter l'infraction comme celle commise sur le territoire de la République.

E L'infraction portant atteinte aux intérêts supérieurs de la communauté internationale

528 — Domaine d'application de la compétence universelle. En présence d'infractions ou de menaces d'une particulière gravité « lésant la communauté internationale », le caractère universel des intérêts à protéger légitime le principe de l'universalité du droit de punir.

529 — Conséquences de la compétence universelle. Les juridictions de l'État sur le territoire duquel se trouve (même de façon passagère) le délinquant sont compétentes pour juger l'infraction sans considération du lieu de commission de l'infraction, de la nationalité des auteurs ou des victimes. La compétence n'est ni personnelle (active ou passive) ni réelle, elle est universelle.

530 — Compétence universelle présentée comme un principe de procédure pénale. Telle est la formulation de la circulaire du 14 mai 1993 : « Un principe procédural ayant essentiellement pour objet de fixer la compétence des juridictions françaises et non une règle de fond tendant à attribuer compétence à la loi française. »

531 — Solidarité des compétences. Le principe de la solidarité des compétences législative et juridictionnelle invite à retenir que la juridiction française applique la loi française.

> Desportes F. et Le Gunehec F., *Droit pénal général*, 16e éd., 2009, Economica, nº 374 et 409 ; Huet A. et Koering-Joulin R., *Droit pénal international*, 2e éd., 2001, PUF, nº 123.

532 — Conséquence directe de cette présentation. Les règles animant les mécanismes de cette compétence n'ont pas été intégrées dans le Code pénal et sont restées dans le Code de procédure (art. 689 et s.).

533 — Conditions de la poursuite. La compétence de nos juridictions est subordonnée à la présence en France de l'individu que l'on veut poursuivre et au fait que celui-ci n'ait pas déjà été jugé à l'étranger pour les mêmes infractions.

> Cass. crim., 10 janv. 2007 : RPDP 2007, p. 371, obs. Pin. Il n'est pas nécessaire que la poursuite s'ouvre à l'encontre d'une personne expressément nommée. C'est l'interprétation (assez large, mais qui s'en plaindra) retenue par la Chambre criminelle à l'encontre d'une poursuite dirigée contre un officier mauritanien poursuivi pour acte de torture et actes de barbarie.

534 — Domaines encadrés de la compétence universelle. La compétence universelle s'ouvre uniquement par une convention internationale et pour les infractions désignées par celle-ci. Sont ainsi successivement visés aux articles 689-2 à 689-10 du Code de procédure pénale :

- ***les actes de torture*** : convention de New York du 10 décembre 1984 ;
- ***les actes de terrorisme*** : convention européenne de Strasbourg du 27 janvier 1977 et conventions de New York des 12 janvier 1998 et 10 janvier 2000 ;
- ***les actes contre les installations nucléaires ou à l'aide de matières nucléaires*** : convention de Vienne et de New York du 3 mars 1980 ;

- ***les actes portant atteinte à la sécurité de la navigation maritime*** : convention de Rome du 10 mars 1988 ;
- ***les actes dirigés contre la sécurité de l'aviation civile et la capture illicite d'aéronefs*** : convention de Montréal du 23 septembre 1971 et convention de La Haye du 16 décembre 1970 ;
- ***les actes illicites de violence dans les aéroports*** : protocole fait à Montréal le 24 février 1988 ;
- ***les actes dirigés contre les intérêts financiers des Communautés européennes*** : protocole à la convention de Dublin, 27 septembre 1996 ;
- ***les actes relevant de la compétence de la cour pénale internationale*** : convention de Rome du 18 juillet 1998 ;
- ***les infractions liées à des disparitions forcées*** : convention de New York du 20 décembre 2006 (loi du 5 août 2013 ; CPP, art. 689-13).

535 — Compétence européenne ? Pour l'application des normes communautaires relatives à l'harmonisation de certaines dispositions de la législation sociale dans le domaine des transports par route, une loi du 8 décembre 2009 a ajouté à cette liste un article 689-12 du Code de procédure pénale énonçant que « peut être poursuivie et jugée dans les conditions prévues à l'article 689-1 toute personne coupable d'infractions à la réglementation du temps de conduite et de repos au sens du chapitre II du même règlement commises dans un État de l'Union européenne ».

PARTIE 2
De l'infraction

TITRE 1
La classification des infractions

536 — Problématique. Toute classification répond à une exigence de méthode. Le plus souvent, les classifications varient selon le rapport ou l'angle sous lequel on envisage la discipline. L'étude de la classification tripartite des infractions semble dominer le raisonnement.

CHAPITRE 1

La classification tripartite des infractions

537 — Plan du chapitre. Ainsi s'ouvre le Code pénal : « Les infractions sont classées, suivant leur gravité, en crimes, délits et contraventions. » À n'en pas douter, il s'agit là d'une classification fondamentale, non pas seulement en raison de son origine législative, mais davantage par la partition cardinale qu'elle expose et qui gouverne l'ensemble de notre droit pénal.

SECTION 1 Le principe de la classification tripartite

538 — Plan de la section. Le principe de la classification tripartite, apparu avec le Code de 1791 et repris par le Code de 1810, connut une nouvelle formulation par le nouveau Code.

I La formulation du principe

539 — Apparition du principe de la classification tripartite avec le Code de 1791. À l'échelle de l'histoire, le principe de la classification tripartite des infractions est assez récent. Alors que l'Ancien Droit distinguait les grands criminels des petits criminels, le Code de 1791, se fondant sur l'énoncé des peines, formula pour la première fois la célèbre classification.

540 — Raisons de l'apparition du principe de la classification tripartite. La répartition en trois catégories des infractions pénales fut la conséquence de la nouvelle organisation territoriale de la France et de l'introduction du jury.

Chassaing J.-F., « Les trois Codes français et l'évolution des principes fondateurs du droit pénal contemporain », RSC 1993, p. 445.

541 — Reprise du principe de la classification tripartite par le Code de 1810. L'article 1er énonçait : « L'infraction que les lois punissent de peines de police est une contravention. L'infraction que les lois punissent de peines correctionnelles est un délit. L'infraction que les lois punissent d'une peine afflictive ou infamante est un crime. »

542 — Critiques rédactionnelles relevées. On a souvent reproché à la rédaction de 1810 un certain illogisme. Certains auteurs estimaient en effet peu conforme à l'orthodoxie du raisonnement de faire dépendre la gravité de l'infraction de la gravité de la peine. On y a vu, dès le début du XIXe siècle, l'expression « de tout un système insultant pour l'intelligence et la conscience de l'homme ».

> « La division des actes punissables en crimes, délits et contraventions, division tirée du fait matériel et arbitraire de la peine, révèle à elle seule, ce nous semble, l'esprit du Code et du législateur. C'est dire au public, ne vous embarrassez pas d'examiner la nature intrinsèque des actions humaines ; regardez le pouvoir : fait-il couper la tête à un homme, concluez-en que cet homme est un grand scélérat. Il y a là un tel mépris de l'espèce humaine, une telle prétention au despotisme en tout, même en morale, qu'on pourrait, sans trop hasarder, juger de l'esprit du Code entier par la lecture de l'article 1er » : Rossi P., *Traité de droit pénal*, t. 1, p. 54.

543 — Excessivité des critiques rédactionnelles. À l'évidence, le législateur prend d'abord la mesure de l'infraction avant de lui attribuer une peine, si bien que les critiques formulées semblent pour le moins assez excessives.

544 — Critique fondée sur la nature des incriminations. Plus justement, on a reproché à la classification son caractère artificiel. Il ressort de ces reproches que les crimes et les délits appartiennent naturellement à une même famille, celle des infractions les plus graves qui supposent chez leurs auteurs, contrairement aux contraventions, une intention délictueuse.

545 — Arguments soulevés en défaveur de la classification tripartite. Parmi les actions punissables, « il n'existe qu'une seule division qui soit vraie, parce qu'elle est puisée dans leur nature. En effet, les unes prennent leur criminalité dans la moralité du fait, dans l'intention de l'agent : on les appelle crimes ou délits. Les autres ne sont que des infractions matérielles à des prohibitions ou à des prescriptions de la loi ; elles existent par le seul fait de la perpétration ou de l'omission, et indépendamment de l'intention de l'agent : ce sont les contraventions ».

> « Voilà la division la plus naturelle des actions punissables ; elle est à l'abri de l'arbitraire et du caprice des législateurs, car les législateurs ne sauraient modifier le caractère des faits » : Chauveau A. et Faustin H., *Théorie du Code pénal*, 4e éd., 1861, no 15.

546 — Arguments fondés sur le Code de 1810. D'aucuns ont vu, par le passé, une preuve du caractère identique qui lie ensemble les crimes et les délits, dans le fait que le Code de 1810 n'avait pu classer les crimes et délits dans deux livres distincts, comme il l'avait fait à l'égard des contraventions.

547 — Tentative de réforme abandonnée. Beaucoup plus récemment, l'avant-projet du Code pénal dans ses versions de 1978 et de 1983 divisait les crimes en cinq puis quatre catégories, les délits en six et les contraventions en cinq. Le nouveau Code pénal conservera uniquement, comme chacun le sait, la division des contraventions en cinq classes.

II La formulation énoncée par le nouveau Code

548 — Maintien de la classification tripartite des infractions. Malgré les critiques formulées au fil du temps, la plupart des auteurs restent encore attachés à la classification tripartite des infractions. C'est donc sans véritable surprise que le nouveau Code a adopté, en la modifiant légèrement, la formule d'hier.

549 — Rédaction retenue par le nouveau Code pénal. À l'instar du Code de 1810, le Code nouveau s'ouvre sur le principe : « Les infractions sont classées, suivant leur gravité, en crimes, délits et contraventions » (C. pén., art. 111-1).

550 — Classification fondée sur la gravité. La classification ne repose plus sur la nature des peines encourues, mais sur la gravité de l'atteinte causée à la société. Comme on l'a noté en doctrine, personne n'en doutait !

551 — Actualité des critiques d'hier. Elles conservent leur force aujourd'hui lorsqu'on sait que, sous la plume du législateur, de nombreux délits se transforment en crimes en raison de circonstances aggravantes. Tel est le cas du vol qui devient un crime lorsqu'il est commis par exemple sous la menace d'une arme.

552 — Perméabilité des crimes et délits. Les deux domaines ne sont d'ailleurs pas imperméables. Au fil des années, le législateur peut, par la voie de la correctionnalisation, transformer un crime en délit ou au contraire par le jeu des peines encourues renforcer singulièrement la répression d'un délit à tel point que sa répression s'apparente davantage à celle d'un crime.

553 — Rayonnement des délits non intentionnels. La division entre crime et délit est aujourd'hui singulièrement remise en cause par le rayonnement des délits non intentionnels. L'imprudence et la négligence sont aujourd'hui sources de responsabilité à tel point qu'elles effacent parfois toute réflexion sur la véritable intention de violer la loi pénale.

554 — Classification bipartite. Le véritable critère aurait pu être celui d'une classification opposant crimes et délits, sous-tendant une intention délictueuse, aux contraventions considérées comme de simples manquements aux règles de police.

555 — Dépénalisation des contraventions. Poursuivant le raisonnement, certains ont même imaginé sortir du droit pénal le domaine des contraventions pour le confier à un autre juge – le juge administratif apparaissant alors comme le destinataire naturel de ce contentieux.

556 — Appréciations sur l'idée de dépénaliser les contraventions. L'une des idées dominantes du discours est, étrangement, fondée sur l'engorgement ou le « désengorgement » des tribunaux répressifs. Il est curieux en effet de penser qu'alléger d'un côté pour surcharger de l'autre soit une réponse satisfaisante aux problèmes d'encombrement de la justice.

557 — Aparté. Toutefois, il est assez paradoxal de voir un juge d'instruction, déjà débordé par ses propres dossiers, délaisser son cabinet pour présider une audience du tribunal de police et d'une manière générale de voir certaines audiences quasi exclusivement consacrées aux infractions liées au Code de la route.

SECTION 2 Les intérêts de la classification tripartite

558 — Plan de section. La classification tripartite intéresse tant le droit pénal que la procédure pénale. Droit de fond et droit de forme sont donc concernés.

I Les intérêts à l'égard des règles de fond

559 — Préalable constitutionnel. Depuis la Constitution de 1958, la détermination des crimes, des délits et des peines qui leur sont applicables relève du pouvoir législatif, alors que la détermination des contraventions appartient au pouvoir réglementaire (Const., art. 34 et 37).

A Sur les incriminations

560 — Tentative punissable. La tentative est toujours punissable pour les crimes, uniquement lorsqu'elle est prévue pour les délits alors qu'elle n'est jamais punissable pour les contraventions.

561 — Complicité punissable. La complicité est toujours punissable pour les crimes et les délits, mais ne l'est qu'exceptionnellement en matière de contravention.

562 — Intentionnalité de l'infraction. Les crimes sont nécessairement des infractions intentionnelles alors que les délits, sous la plume du législateur, peuvent prendre la forme d'infractions d'imprudence ou de négligence. Aucune intention n'est exigée en matière contraventionnelle.

563 — Présomption d'innocence. En matière criminelle et délictuelle, l'accusation doit prouver la faute de la personne poursuivie alors que cette faute est présumée en matière contraventionnelle. Sans être renversé de façon irréfragable, le principe de la présomption d'innocence rencontre, en ce dernier domaine, de réelles limites.

B Sur les peines

564 — Non-cumul des peines. Le principe du non-cumul des peines s'entend pleinement en matière criminelle comme en matière délictuelle.

565 — Cumul des peines. Le principe du non-cumul trouve une exception notable pour les amendes contraventionnelles. Celles-ci se cumulent en effet, selon les termes de l'article 132-7 du Code pénal, non seulement entre elles (clin d'œil à ceux qui entassent dans la boîte à gants de leur voiture des liasses de contraventions), mais aussi avec celles prononcées pour un crime ou un délit en concours.

566 — Abandon des peines d'emprisonnement en matière contraventionnelle. Depuis l'entrée en vigueur du nouveau Code, la peine d'emprisonnement a disparu en matière contraventionnelle.

567 — Emprisonnement pour les crimes et les délits. Le nouveau Code se contente aujourd'hui de fixer une durée de détention maximale. Il utilise les expressions de réclusion ou de détention (en matière politique) criminelle pour les crimes et parle d'emprisonnement pour les délits.

568 — Durée de la prescription de la peine. Le temps est fixé à vingt ans pour les crimes, six ans (sauf exception) pour les délits et trois ans pour les contraventions. Passés ces délais, le législateur estime qu'il n'est plus opportun pour la société de faire subir sa peine à une personne qui, ayant été condamnée, ne l'a pas encore exécutée.

569 — Imprescriptibilité des crimes contre l'humanité. Les crimes contre l'humanité sont déclarés imprescriptibles par nature. L'imprescriptibilité vaut tant pour la peine prononcée que pour l'action publique. Imaginée au moment des débats, l'imprescriptibilité des crimes de guerre n'a pas été retenue par la loi du 27 février 2017.

II Les intérêts à l'égard des règles de forme

570 — Plan. Les intérêts de la classification tripartite à l'égard des règles de forme concernent la compétence juridictionnelle et la prescription de l'action publique.

A La compétence juridictionnelle

571 — Juridictions compétentes. Les contraventions relèvent de la compétence du tribunal de police, les délits du tribunal correctionnel, les crimes de la cour d'assises.

572 — Double degré de juridiction. C'est le principe, chacun a le droit d'être jugé deux fois et la seconde fois par une juridiction de rang supérieur. La procédure d'appel en matière criminelle a été instaurée (seulement) par une loi du 15 juin 2000.

573 — Pas d'appel possible pour les petites affaires pénales. À l'instar du droit civil, les petites affaires pénales, les contraventions des quatre premières classes, sont parfois jugées en premier et dernier ressort. Seul un recours devant la Cour de cassation est alors possible.

574 — Saisine d'un juge d'instruction. Elle est obligatoire en matière criminelle et facultative en matière délictuelle. Elle est devenue monnaie courante pour les infractions liées à la vie politique et à la vie des affaires. La saisine du juge d'instruction, exceptionnelle en matière de contravention, est laissée à la seule initiative du procureur de la République.

575 — Procédures alternatives réservées aux délits. Comme elles font l'économie de toute instruction, les procédures de comparution immédiate, de citation directe et de comparution sur reconnaissance préalable de culpabilité ou encore de médiation pénale sont donc logiquement écartées en matière criminelle.

B La prescription de l'action publique

576 — Définition de l'action publique. Action exercée par les magistrats du parquet (comme le procureur de la République) au nom de la société aux fins de poursuivre une personne soupçonnée d'avoir commis une infraction pénale.

577 — Définition de la prescription de l'action publique. C'est l'extinction du droit de poursuivre une infraction après l'écoulement d'un certain délai. La prescription de l'action publique revêt un caractère d'ordre public et peut ainsi être soulevée à tout moment de la procédure y compris, avec certaines réserves, devant la Cour de cassation. Elle peut être également soulevée d'office par le juge sous réserve que celui-ci permette aux parties d'en débattre.

Cass. crim., 8 janvier 2013 : Bull. crim., n° 9 – Cass. crim., 23 juin 2015 : RSC 2015, p. 675, Giudicelli.

578 — Durée de la prescription. La mise en mouvement de l'action publique est conditionnée par le temps qui passe. Sous peine de prescription, l'action doit être intentée dans les vingt ans pour les crimes, six ans pour les délits et dans l'année pour les contraventions (CPP, art. 7, 8 et 9).

Loi n° 2017-242, 27 février 2017, portant réforme de la prescription en matière pénale. Verges E., « La prescription de l'action publique rénovée », RSC 2017, p. 91.

579 — Délais repoussés en matière de terrorisme et de trafic de stupéfiants. Dans un juste souci de répression, le législateur a porté à trente ans pour les crimes et à vingt ans pour les délits les délais de prescription en ces deux matières.

580 — Délais repoussés en matière d'infractions sexuelles sur mineur. Le délai de prescription des crimes et délits commis contre des mineurs est respectivement de vingt et de dix ans et ne commence à courir qu'à partir de la majorité de ces derniers (CPP, art. 7 et 8). Un rapport remis au ministre des Familles, le 10 avril 2017, propose d'étendre ce délai jusqu'à trente ans en maintenant le point de départ à la majorité. La victime pourrait ainsi agir jusqu'à 48 ans.

581 — Délicate question du point de départ du délai. Cette question procédurale alimente bien des controverses. Prenant quelques distances avec le principe de la légalité, la jurisprudence joue en ce domaine une partition qui laisse parfois l'observateur assez perplexe. En effet, la prescription qui court à compter du jour de la commission de l'infraction est, lorsque celle-ci est occulte ou dissimulée, reportée au jour où les faits ont pu être constatés dans les conditions permettant l'exercice de l'action publique. De même, l'interruption de la prescription intervenue dans la poursuite d'une infraction joue à l'égard de toutes les infractions connexes. À contre-courant de ces extensions, la Chambre criminelle a, le 16 octobre 2013, censuré un arrêt qui, pour reporter le point de départ de la prescription de l'action publique concernant des homicides volontaires commis sur des enfants nouveau-nés, avait énoncé que le secret entourant les naissances et les décès concomitants s'était poursuivi jusqu'à la découverte des corps des victimes, et constitué ainsi un obstacle insurmontable à l'exercice de l'action publique. Saisie à son tour, l'Assemblée plénière, se fondant sur le terrain de la suspension du délai, a renversé la donne en acceptant que l'affaire soit jugée.

Cass. crim., 16 oct. 2013. Pradel J., « Une surprenante décision sur la prescription de l'action publique en cas de dissimulation des faits », AJ pénal 2014, p. 30.

Cass. ass. plén., 7 nov. 2014. Mayaud Y., « Affaire Lempereur : enfin la bonne solution ! », RSC 2014, p. 777 – Darsonville A., « Prescription de l'action publique : l'urgence de repenser un système en crise », AJ pénal 2015, p. 36 – Guidicelli A., « Prescription de l'action publique : suspendre un délai qui n'a pas commencé à courir c'est... », RSC 2015, p. 121.

582 — Apport de la loi du 27 février 2017. Tentant de mettre un peu d'ordre en la matière, la loi du 27 février 2017 a repris en les distinguant les infractions occultes et les infractions dissimulées pour les soumettre au même régime. Ainsi, « le délai de prescription de l'action publique de l'infraction occulte ou dissimulée court à compter du jour où l'infraction est apparue et a pu être constatée dans des conditions permettant la mise en mouvement ou l'exercice de l'action publique, sans toutefois que le délai de prescription puisse excéder douze années révolues pour les délits et trente années révolues pour les crimes à compter du jour où l'infraction a été commise. » (C. pén., art. 9-1).

Verges E., « La prescription de l'action publique rénovée », RSC 2017, p. 91.

583 — Imprescriptibilité des crimes contre l'humanité. Les crimes contre l'humanité sont déclarés imprescriptibles par nature. L'imprescriptibilité vaut tant pour l'action publique que pour la peine prononcée.

584 — Prescriptibilité des crimes de guerre. Le délai est de trente années (CPP, art. 7, al. 1). Imaginée au moment des débats, l'imprescriptibilité des crimes de guerre n'a pas été retenue par la loi du 27 février 2017. Parmi les arguments évoqués, on trouve (singulièrement) le fait qu'en cas de poursuites, les militaires français auraient été placés dans une position inégale par rapport à leurs ennemis.

585 — Justification de la prescription. D'aucuns reconnaissent en doctrine que passé un certain délai, l'idée d'une poursuite trop tardive entraînerait plus d'effets négatifs que positifs pour la société.

586 — Bien-fondé de la justification. Il est assez singulier de noter parmi les arguments avancés ici et là, le risque de mettre ouvertement en lumière les carences de la justice en alimentant inutilement les inquiétudes du public, ou encore celui de rencontrer d'inextricables difficultés de preuves. C'est là, nous semble-t-il, faire l'impasse un peu sèchement sur le sentiment des victimes ou de leur famille sans compter les évolutions scientifiques qui rendent aujourd'hui lisibles et exploitables des preuves restées silencieuses hier.

587 — Aparté. Les poursuites et condamnations fondées sur la notion de crimes contre l'humanité, Klaus Barbie à Lyon, Maurice Papon à Bordeaux, ont montré combien la justice et les justiciables étaient en mesure de jouer pleinement leur rôle, y compris de nombreuses années après la commission des faits.

588 — Prescription, extradition et qualification des faits. L'article 696-4, 5° du Code de procédure pénale et en écho l'article 10 de la Convention européenne d'extradition interdisent l'extradition lorsque est acquise la prescription de l'action publique de l'État requis ou de l'État requérant. La Chambre criminelle veille à ce que la chambre d'instruction vérifie, au besoin d'office, l'absence de prescription. Pour autant, la simplicité de la formule ne doit pas voiler la question liée à la qualification des faits poursuivis. La traduction entre l'infraction reprochée à l'étranger et la qualification retenue en France peut être source de variations qui peuvent, par exemple en retenant une qualification criminelle ou délictuelle, écarter ou retenir la prescription.

Cass. crim., 23 sept. 2015 : AJ pénal 2015, p. 41, obs. Brach-Thiel.

TITRE 2

Les éléments de l'infraction

589 — Absence de définition législative de l'infraction. Le législateur s'est bien gardé de définir l'infraction. Par un raccourci saisissant, on peut écrire que l'infraction est « tout fait prévu et puni par la loi pénale ».

590 — Double critère de l'infraction. L'infraction est à la fois un fait humain et social. Il ne faut pas perdre de vue cette dualité sous peine d'avoir une vision un peu trop désincarnée de l'infraction. À l'évidence, l'homicide volontaire se différencie du vol à l'étalage.

591 — Caractéristiques de l'infraction. Les crimes, les délits et les contraventions possèdent tous une structure commune. Si le législateur doit définir ce qui est matériellement interdit, il doit préciser également comment l'intention, voire l'imprudence ou la négligence, peut être source de responsabilité pénale.

592 — Mise en garde. L'analyse de la structure de l'infraction suscite de véritables difficultés quant à sa présentation théorique. En ce domaine, chaque auteur (ou presque) y va de sa propre analyse. Pour mesurer le choix retenu ici, il est utile de préciser au préalable la nature des difficultés évoquées.

593 — Conditions d'existence de l'infraction. L'infraction n'existe qu'à certaines conditions générales. Considérée pour elle-même, indépendamment de toute référence à son auteur ou à la peine encourue, l'infraction s'apparente à une sorte de puzzle assez complexe. Travailler sur la structure de l'infraction permet de mettre en valeur les différentes composantes de celle-ci.

594 — Conditions liées au principe de la légalité. L'idée de dissocier l'infraction répond, pour partie au moins, aux exigences du principe de l'interprétation restrictive de la loi pénale. Par ce découpage, le législateur est tenu de prendre la juste mesure des limites de l'interdiction qu'il entend poser.

595 — Conséquences sur le juge pénal. Par ce découpage de l'infraction, le juge est invité à examiner avec minutie chacun des éléments de l'acte poursuivi. On peut espérer alors qu'il ne soit pas tenté d'apprécier l'action du délinquant dans un mouvement guidé davantage par des sentiments personnels, des options morales ou politiques.

596 — Présentation classique de l'infraction. D'ordinaire, l'étudiant notait sans trop d'inquiétudes que le découpage s'articulait autour d'un triptyque assez classique désignant trois éléments baptisés « légal », « moral » et « matériel ».

597 — Remise en cause de la présentation classique de l'infraction. La belle harmonie apparente d'hier est aujourd'hui battue en brèche.

Il ne s'agit pas d'une véritable révolution, mais les bouleversements sont assez importants pour susciter quelques doutes dans les amphithéâtres.

598 — Plan de section. Pour la clarté de l'analyse, il est apparu utile de brosser un rapide tableau des différentes présentations possibles de l'infraction proposées aujourd'hui par la doctrine. Pour apprécier ces dernières, deux touches d'histoire s'imposent.

CHAPITRE 2

Bref regard sur la structure de l'infraction

SECTION 1 Aperçu sur l'histoire des éléments de l'infraction

599 — Ancien Régime. La doctrine ne faisait point de référence à un quelconque découpage de l'infraction en différents éléments. À la veille de la Révolution, certains notaient la nécessité de ne pas punir l'intention mauvaise quand elle n'avait pas été suivie d'effets : « Il faut bien distinguer dans le crime, le fait et l'intention ; le fait sans l'intention ne peut soumettre à la justice [...] c'est par la réunion du fait extérieur avec l'intention que se forme le crime. »

Muyart de Vouglans, *Les lois criminelles de France dans leur ordre naturel*, 1780.

600 — Arrivée sur la scène doctrinale du couple élément matériel-élément moral. « Tout délit se compose de deux éléments : d'un fait qui en constitue la matérialité et de l'intention qui en détermine la moralité. » Telle est la formule du président Barris (Chambre criminelle) en ce début de XIXe siècle. Toutefois, à cette époque, la référence à ces deux éléments ne sert qu'à mettre l'accent sur l'importance de l'intention, aucun développement n'étant consacré à la matérialité.

Robert J.-H., « L'histoire des éléments de l'infraction », RSC 1977, p. 269.

601 — Référence première au fait justificatif. En 1877, Edmond Villey reprend à son compte la dichotomie et laisse sous-entendre, en parlant de fait justificatif (il n'y a pas d'infraction si l'agent a usé du droit d'agir que lui procure la loi), que la loi pénale est partie intégrante de l'infraction. En d'autres termes, que la loi pénale est, elle-même, un élément de l'infraction.

602 — Naissance du triptyque : élément matériel, élément moral, élément légal. Il restait à expliciter ce qui était implicite. Ce fut l'œuvre d'Armand Lainé qui, en 1879, considéra l'élément légal comme un élément à part de l'infraction.

603 — Naissance non simultanée des éléments du triptyque. « Les éléments matériel et moral sont jumeaux et l'élément légal est de loin leur cadet », il est possible alors que leur différence d'âge (près de cinquante années) explique, pour partie au moins, les divisions doctrinales d'aujourd'hui.

SECTION 2 Les principales présentations possibles de l'infraction

604 — Plan. L'infraction peut être présentée en quatre, trois, ou deux éléments.

I Présentation de l'infraction en quatre éléments

605 — Avantage et inconvénient d'une présentation de l'infraction en quatre éléments. L'avantage est lié au nombre. À inclure « tout ce qu'on trouve », on est presque certain de ne pas oublier un élément important. Aussitôt apparaît l'inconvénient. La démarche est trop généreuse. De surcroît, elle ne dispense en rien d'une entente sur la teneur de ces quatre éléments.

606 — Précisions. La référence à l'élément légal signifie qu'il ne peut y avoir d'infraction sans loi. La référence à l'élément matériel rappelle l'exigence d'un acte (on ne fait pas de procès d'intention). La référence à l'élément moral précise que l'auteur doit pouvoir répondre de son acte. La référence à l'élément injuste laisse entendre qu'en certaines situations l'acte délictueux puisse être justifié (l'exemple de la légitime défense s'inscrit dans ce schéma).

A Un exemple oublié

607 — Acte matériel, élément moral, présence d'un auteur et d'une victime. Tels sont les quatre éléments constitutifs de l'infraction selon les partisans de cette pensée parmi lesquels on compte un auteur belge, A. Prins (fin XIXe-début XXe siècle).

608 — Avantage de cette présentation. Si aujourd'hui on ne raisonne plus ainsi, la présentation avait l'avantage de décrire l'infraction de façon beaucoup plus dynamique (une victime... un auteur).

609 — Inconvénient majeur de cette présentation. Le reproche principal fait à cette analyse est d'inclure des éléments extérieurs à l'infraction, en l'absence desquels l'infraction peut tout de même parfaitement exister. La présence d'une victime n'est absolument pas nécessaire pour qu'une infraction soit retenue et il importe peu que l'auteur soit ou non identifié.

B Un exemple ressuscité

610 — Élément légal, élément matériel, élément moral et élément injuste. Abandonnant l'expression d'« élément injuste », certains préfèrent parler d'« antijuridicité ». Dans un cas comme dans l'autre, l'explication est, aujourd'hui encore, délicate à fournir. On retiendra que, dans certaines situations, l'infraction ne mérite pas d'être poursuivie soit que l'acte n'apparaisse pas antisocial, soit qu'il paraisse favorable à la société. On dit alors que l'infraction bénéficie d'un fait justificatif ; et certains notent que l'élément injuste est une sorte d'élément négatif qui réside dans l'absence de fait justificatif.

II Présentation de l'infraction en trois éléments

611 — Observation. De deux choses l'une, ou bien c'est l'élément injuste qui disparaît, ou bien c'est l'élément légal.

A La disparition de l'élément injuste

612 — Élément injuste fondu dans l'élément moral de l'infraction. C'est l'opinion de certains. L'étude des faits justificatifs (qui se cachent derrière l'élément injuste) se fond dans celle, plus générale, de l'élément moral. Lorsqu'il est établi, le fait justificatif (la légitime défense, par exemple) supprime l'élément moral de l'infraction.

613 — Justifications. Il ressort de cette analyse que toutes les causes de non-responsabilité sont étudiées sous couvert de l'élément moral. Les partisans de cette présentation invoquent à l'appui de celle-ci, la nouvelle rédaction des articles du Code pénal. Il n'est pas contestable que les articles 122-1, 122-2, 122-4, 122-5 et 122-7 qui organisent l'ensemble des « causes d'irresponsabilité ou d'atténuation de la responsabilité » s'inspirent d'une même rédaction.

614 — Élément injuste fondu dans l'élément légal de l'infraction. Pour d'autres, en revanche, l'étude des faits justificatifs se confond avec celle de l'élément légal. Ces auteurs font ainsi une différence entre des causes objectives d'irresponsabilité (les faits justificatifs) qui neutralisent l'élément légal et des causes subjectives d'irresponsabilité (les causes de non-imputabilité) qui agissent sur l'élément moral.

B La disparition de l'élément légal

615 — Impossibilité pour l'élément légal de faire partie de l'infraction. Raisonner autrement serait inadmissible, car ce serait prétendre, comme le disait le professeur Decocq, qu'une norme (la loi pénale) puisse s'intégrer à un fait (l'infraction), et la chose est, par nature, impossible, *a fortiori* si le fait en question est illicite (ici, une infraction).

III Présentation de l'infraction en deux éléments

616 — Observation. On révèle, là encore, deux tendances. L'une classique (presque logique au regard de ce qui a été dit), l'autre plus surprenante.

A La version classique

617 — Couple élément moral-élément matériel. Tels seraient les deux seuls éléments constitutifs de toute infraction pénale : l'élément matériel (le fait considéré en soi) et l'élément moral (la culpabilité de l'agent). Au premier regard, cette version paraît bien fondée.

618 — Difficulté liée à la présentation classique. La difficulté d'analyse apparaît lorsqu'il s'agit de définir les causes de justification (les faits justificatifs). On se rend bien compte qu'en présence d'un fait justificatif, et malgré la présence inchangée de l'élément matériel, l'infraction disparaît, en raison d'un élément spécifiquement légal.

619 — Aménagement de la version classique. De longue date, certains ont imaginé un artifice. La notion d'élément légal est abandonnée au profit de celle de « préalable légal ». Toute la subtilité est là. La loi existait avant l'infraction, elle lui est concomitante et au surplus elle lui survivra. Une place est trouvée à l'élément injuste (plutôt avec l'élément légal devenu préalable légal). La recommandation du professeur Decocq est satisfaite : « la norme ne s'intègre pas au fait ». L'élément matériel comme l'élément moral (les plus anciens) demeurent au centre du débat et au cœur de l'infraction.

B Une version nouvelle

620 — Disparition de l'élément moral. Tout en conservant le préalable légal et l'élément matériel (les notions de comportement et de résultat déterminent cet élément matériel), certains repoussent l'étude de l'élément moral. J. Pradel note ainsi, non sans raison : « Au vrai dans la théorie de l'infraction, la grande distinction est celle de l'acte et de la personne (du délinquant). Les divers aspects de l'acte sont autant de composantes de l'infraction, mais les aspects psychologiques, intéressant l'agent, doivent être rattachés non au prétendu « élément moral » de l'infraction, mais au délinquant, à sa responsabilité. »

621 — Justification de la disparition de l'élément moral. « Si l'on parle d'élément moral de l'infraction [...] c'est par simple commodité pédagogique », ajoute J. Pradel. Le raisonnement ne supporte guère de critique. On l'a dit, le Code ne s'embarrasse pas de distinction théorique à propos des différentes causes d'irresponsabilité ou d'atténuation de la responsabilité, l'ensemble étant ramassé dans un titre consacré à « la responsabilité pénale ».

622 — Aparté. À l'image du Code pénal, certains auteurs ne consacrent aucune partie spécifique à l'infraction.

L'élément matériel de l'infraction

623 — Définition. L'élément matériel de l'infraction traduit tout ce qui se rattache à la réalisation de l'infraction, à l'exception de l'élément moral : « il n'existe pas d'infraction sans activité matérielle. »

624 — Difficultés d'appréciation. Facette la plus visible de l'infraction, la matérialité n'en soulève pas moins des interrogations : certaines situations échappent à la répression tandis que d'autres appellent la réaction, parfois la plus répressive, des magistrats.

625 — Deux mots-clés gouvernent l'analyse. L'acte et le résultat.

SECTION 1 L'acte

626 — Plan de la section. Le concept est commandé tant par son exigence que par ses modes de réalisation.

I L'exigence de l'acte

627 — Deux points méritent d'être développés. Le premier concerne le fondement même de cette exigence. Le second relève les variations entre les actes positifs et les abstentions.

A Le fondement

628 — Droit pénal gouvernant les comportements. L'infraction, définie comme une action, suppose l'accomplissement d'un acte, une réalisation, un événement manifesté par une attitude extérieure.

629 — Impossibilité de poursuivre les simples pensées. Les simples pensées échappent à toute répression. L'exigence d'un acte matériel exclut les simples pensées et les seules opinions, loin de la vision futuriste du film *Minority Report* où des êtres humains mutants peuvent prédire les crimes à venir grâce à leur don de prescience (film de science-fiction américain réalisé par Steven Spielberg en 2002 adapté de la nouvelle éponyme de Philip K. Dick).

630 — Exigence démocratique. « Un droit pénal démocratique est un droit pénal de l'acte. » Indépendamment de toutes questions de preuve, prétendre que le droit pénal puisse appréhender les simples pensées reviendrait à abolir du même coup toute liberté individuelle. Le droit pénal doit gouverner les conduites et non les consciences.

631 — Formulation législative. « Nul n'est responsable pénalement que de son propre fait » (C. pén., art. 121-1). La référence à la matérialité est ici nettement affichée. D'ailleurs, la majeure partie des incriminations commence par l'expression « *le fait de...* » pour définir plus loin, peu ou prou, le comportement incriminé.

632 — Limites signalées. La précision du législateur est parfois trompeuse et la référence à l'élément matériel parfois réduite à sa plus simple expression, comme le note la doctrine. Lorsqu'il en est ainsi, on peut alors douter de la véritable nature que l'acte incriminé doit revêtir.

633 — Prévenir, c'est parfois punir ! Face à la nécessité d'un acte matérialisé, on fait valoir que le législateur doit également intervenir pour prévenir les comportements dangereux. Dès lors, les nécessités de la prévention (qui s'adresse au futur) contrarient la limitation du droit pénal à la seule conduite (qui se rattache au passé).

634 — Notion d'« infractions-obstacles ». En marge du principe de l'exigence d'un acte, le législateur incrimine parfois, de manière autonome, un comportement dangereux susceptible de déboucher sur une infraction. Si, à l'évidence, cette avancée de la répression sert l'intérêt et le bien social, elle voile quelque peu l'exigence d'un acte matériel.

635 — Exemples « d'infractions-obstacles ». Les hypothèses sont nombreuses et le plus souvent bien comprises. La prohibition du port d'arme, la conduite sous l'empire d'un état alcoolique répondent par exemple assurément de cette logique.

636 — Menace punissable. La seule menace de commettre un crime ou un délit peut être punissable. On peut parfois hésiter devant l'ardeur législative, la seule et unique menace de commettre un crime ou un délit à l'encontre des personnes est par exemple punissable (C. pén., art. 222-17). Mieux vaut, dès lors, « tourner sept fois sa langue dans sa bouche ».

637 — Référence contestable à « l'état dangereux ». L'immixtion de la notion criminologique de « l'état dangereux » a toujours suscité les résistances de ceux qui œuvrent pour le respect des libertés individuelles. On a dit, même si le propos peut paraître excessif, que des lois fondées sur les caractéristiques de l'auteur (malade mental, vagabond, récidiviste) abritaient toutes quelques tentations totalitaires.

Bodon-Bruzel M. et Kottler C., « État dangereux, essai de définition », *in Dictionnaire des sciences criminelles*, 2004, Dalloz, p. 378.

B L'acte positif et l'acte négatif

638 — Infraction de commission. Elle consiste à commettre positivement un acte prohibé par la loi pénale. Il en va ainsi dans la majeure partie des situations. La loi réprime alors un comportement physique comme des coups portés, une parole prononcée ou encore une lettre envoyée.

639 — Infraction d'omission. Le législateur vise l'inaction, la passivité, le fait de laisser les choses en l'état.

640 — Abstention assimilée à la commission. La question s'est posée de savoir si, en certaines hypothèses, l'abstention ne pouvait pas être assimilée à un acte positif. De là, l'expression assez singulière d'« infraction de commission par omission » retenue par la doctrine.

1 La commission par omission

641 — Problématique. La dialectique est inévitable. D'un côté, si l'abstention est incriminée, les chemins de la liberté se rétrécissent. De l'autre, si le droit pénal n'exprime pas les exigences d'une certaine solidarité, la protection des victimes et, par le même élan, celle de la société s'en trouveront moins bien assurées.

642 — Abstention incriminée dans les temps anciens. Pour justifier cette conception « solidariste », on a souvent invoqué une vieille loi égyptienne qui aurait puni de mort celui qui, trouvant en chemin un homme maltraité, aurait négligé de lui porter secours.

643 — Abstention incriminée dans l'Ancien Droit. On cite souvent cette ordonnance de Saint Louis qui obligeait les habitants de Paris à élever une clameur lorsqu'ils étaient témoins de violences ou encore les dispositions du Grand Coutumier de Normandie qui obligeaient les habitants de la province à crier « haro » contre les malfaiteurs ou à accourir à l'annonce de ce cri pour se saisir du coupable et le livrer à la justice.

644 — Justification philosophique de l'incrimination de l'abstention. Saint Ambroise disait en son temps : « Celui qui ne repousse pas, lorsqu'il le peut, l'agression dirigée contre son semblable est aussi coupable que s'il la commettait lui-même. » Le célèbre Loysel énonça bien plus tard : « Qui peut et n'empêche, pèche. »

645 — Silence du Code de 1810. Le Code pénal de 1810, fidèle à l'esprit révolutionnaire de la liberté individuelle, se montra fort timide sur le sujet. Cette vision individualiste ne doit pas être trop vivement combattue, car elle sert aussi les garanties fondamentales de la liberté.

646 — Prudence des magistrats. Dans le silence de la loi, la jurisprudence se montra bien peu réceptive aux doctrines de solidarité. L'affaire de la « séquestrée de Poitiers » témoigne presque honteusement en ce sens. Reconnu complice, par aide et assistance, des actes de séquestration commis par sa mère à l'égard de sa jeune sœur, Marcel Monnier est condamné par le tribunal de Poitiers pour avoir ignoré volontairement les agissements de sa mère. Il est relaxé le mois suivant par la cour d'appel.

> « Les faits de la cause ne peuvent tomber sous le coup d'une disposition pénale ; qu'on ne saurait, en effet, comprendre un délit de violences ou de voies de fait sans violences. » CA Poitiers, 20 nov. 1901 : D. 1902, II, p. 81, note le Poittevin. Gide A., « La séquestrée de Poitiers », *in Ne jugez pas*, nouv. éd., 1977, Paris, Gallimard. Augustin J.-M., *Les grandes affaires criminelles de Poitiers*, 1995, Gestes Éditions, p. 175 ; du même auteur, *L'Histoire véridique de la séquestrée de Poitiers*, 2001, Fayard.

2 Les infractions de pure omission

647 — Définition. Par l'infraction d'omission, le législateur réprime un comportement indépendamment des conséquences qu'il a pu engendrer.

648 — Première tentative d'incrimination : l'omission de porter secours. La première marque de cette incrimination nouvelle s'inscrit dans le projet de réforme du Code pénal de 1934. Le projet dans son ensemble ne fut jamais débattu en séance publique et ne fit même pas l'objet d'un rapport.

649 — Loi du 25 octobre 1941. L'incrimination de l'abstention de porter secours fut reprise par le gouvernement de Vichy dans un acte dit « loi du 25 octobre 1941 ». Cette loi, inspirée par les exigences de l'occupant, incriminait celui qui aurait pu empêcher certaines infractions (celles commises par la Résistance), mais s'était abstenu de le faire.

650 — Ordonnance du 25 juin 1945. Abrogée à la Libération, la loi de 1941 a été très vite remplacée par l'ordonnance du 25 juin. Le ton était

donné, le législateur mettait en place les quatre grandes dispositions d'abstention fautive :
- omission volontaire d'empêcher un crime ou certains délits (art. 223-6) ;
- omission de porter secours à une personne en péril (art. 223-6) ;
- non-dénonciation d'un crime (art. 434-1) ;
- omission de témoigner en faveur d'un innocent (art. 434-11).

Cass. crim., 6 sept. 2006 : Dr. pén. 2006, note Véron, comm. n° 149. L'incrimination n'exige pas que la dénonciation ait pu prévenir ou empêcher le renouvellement des atteintes sexuelles, « il n'appartenait pas aux magistrats de rechercher [...] si l'abstention coupable avait permis ou facilité le renouvellement de ces atteintes ».

Cass. crim., 22 nov. 2005 : Dr. pén. 2006, comm. n° 34, note Véron ; AJ pénal 2006, p. 83, obs. Girault. Encore faut-il que les juges du fond constatent que le prévenu connaissait la preuve de l'innocence du condamné. Cette connaissance est analysée comme l'élément incontournable du délit.

651 — Justifications. L'incrimination de l'omission a soulevé quelques réserves. On lui a reproché de transformer en obligation juridique une obligation morale. On a douté de son utilité, de sa mise en application. L'abondance des décisions rendues en cette matière a révélé combien ces critiques étaient excessives.

652 — Apport du nouveau Code pénal. Le Code pénal a poursuivi timidement la liste par l'abstention de combattre un sinistre (art. 223-7). Une loi du 18 décembre 1998 définit deux nouveaux délits d'omission : celui, pour le directeur d'un établissement privé hors contrat de continuer, malgré une mise en demeure, à dispenser un enseignement non conforme à l'objet de l'instruction obligatoire et celui, d'autre part, pour un parent ou le gardien d'un enfant, d'omettre, en dépit d'une mise en demeure, d'inscrire celui-ci dans un établissement scolaire (art. 227-1).

II Les modes de réalisation de l'acte

653 — Explications. Dans la mesure où l'infraction est d'abord un événement, elle entretient nécessairement des rapports fort étroits avec le temps. Servent alors de référence, tantôt le nombre d'actes commis, tantôt la durée des agissements.

A Le nombre d'actes

654 — Variations doctrinales. Les auteurs se plaisent à faire quelques variations sur les notions d'infractions simples, d'infractions complexes ou encore d'infractions d'habitude. Loin d'être de pure théorie, les intérêts de ces variations ont une importance pratique considérable.

1 Les infractions simples, complexes et d'habitude

655 — Infraction simple. C'est celle qui se réalise par l'accomplissement d'un seul acte matériel. Un seul coup de feu suffit pour commettre un meurtre. Une seule parole, une seule injure caractérise la matérialité de l'infraction.

656 — Infraction complexe. Elle sous-entend l'accomplissement de plusieurs actes matériels. Ces actes concourent à une fin unique, la réalisation entière de l'infraction. Ainsi l'escroquerie se réalise complètement par l'utilisation de moyens frauduleux et par la remise de la chose convoitée. On le comprend aisément, les actes sont ici de nature différente.

657 — Infraction d'habitude. Elle exige la répétition d'actes identiques. L'exigence conduit alors à ne retenir l'infraction qu'à partir du moment où l'acte est répété. Comme tout bon pluriel qui se respecte, l'habitude commence dès la seconde étape.

> « Exerce illégalement la médecine : 1° Toute personne qui prend part habituellement ou par direction suivie, même en présence d'un médecin, à l'établissement d'un diagnostic ou au traitement de maladies... » (CSP, art. L. 4161-1).

658 — Infraction d'habitude et nouveau Code pénal. Tantôt le Code a transformé une infraction existante en infraction d'habitude. C'est le cas du délit commis par un ministre du culte lorsqu'il célèbre un mariage religieux avant tout mariage civil (art. 433-21). Tantôt la création est réelle. C'est le cas du harcèlement sexuel (art. 222-33) ou encore de la menace réitérée de commettre un crime ou un délit contre les personnes (art. 222-17).

> Cass. crim., 26 févr. 2002 : Bull. crim., n° 43 ; Dr. pén. 2002, comm. n° 67, obs. Véron – CA Toulouse, 27 oct. 2004 : Dr. pén. 2004, comm. n° 23. De jurisprudence constante, il est admis que la réitération puisse se réaliser dans un laps de temps très court. L'article visé ne fixe aucun délai entre la menace initiale et sa répétition.

659 — Infraction d'habitude supprimée. Parfois, le législateur fait machine arrière et supprime la condition de réitération. Tel fut le cas, par exemple, en matière d'appels téléphoniques malveillants et d'agressions sonores réitérées en vue de troubler la tranquillité d'autrui. Depuis la loi du 18 mars 2003, la condition est imposée pour les seuls appels téléphoniques, les agressions sonores n'ont plus à être réitérées pour ouvrir les portes de la répression. Reste à prendre la juste mesure du pluriel utilisé par le législateur. Celui-ci vise en effet « les agressions sonores » !

660 — Illustration : les trois versions législatives successives de l'article 222-16 du Code pénal. 1994 : « Les appels téléphoniques

malveillants ou les agressions sonores, réitérés en vue de troubler la tranquillité d'autrui, sont punis d'un an d'emprisonnement et de 100 000 F d'amende. »
2002 : « Les appels téléphoniques malveillants ou les agressions sonores, réitérés en vue de troubler la tranquillité d'autrui, sont punis d'un an d'emprisonnement et de 15 000 euros d'amende. »
2003 : « Les appels téléphoniques malveillants réitérés ou les agressions sonores en vue de troubler la tranquillité d'autrui, sont punis d'un an d'emprisonnement et de 15 000 euros d'amende. »

661 — Ambiguïté du vocabulaire. L'habitude est parfois source de circonstances aggravantes. Pour autant, les infractions ainsi aggravées ne sont pas des infractions d'habitude. C'est dans le seul but de corriger les règles applicables au concours réel d'infractions que le législateur érige le renouvellement en circonstance aggravante. Par exemple : « Les violences habituelles (c'est le mot-clé) sur un mineur de quinze ans ou sur une personne dont la particulière vulnérabilité [...] » (C. pén., art. 222-14).

2 Les intérêts de la distinction

662 — Plan. Si certains intérêts sont liés à la compétence territoriale, d'autres concernent la prescription de l'action publique.

a Les intérêts liés à la compétence territoriale

663 — Plusieurs juridictions françaises peuvent être compétentes. Lorsqu'elles sont éclatées dans l'espace, l'infraction complexe et l'infraction d'habitude peuvent mettre en concurrence plusieurs juridictions. Est ainsi compétente chacune des juridictions dans le ressort desquelles ont été accomplis les actes matériels de l'infraction.

664 — Plusieurs juridictions françaises et étrangères peuvent être compétentes. La concurrence peut aussi opposer une juridiction nationale à une juridiction étrangère. On le sait, la compétence territoriale se satisfait de la commission d'un acte matériel alors que d'autres actes auraient été commis à l'étranger.

b Les intérêts liés à la prescription de l'action publique

665 — Définition de l'action publique. L'action publique est une action pour l'application de la loi pénale mise en mouvement et exercée au nom de la société par un corps spécial de magistrats (le ministère public) ou par les fonctionnaires auxquels elle est confiée par la loi contre l'auteur supposé de l'infraction. Elle peut également être mise en mouvement par la partie lésée, c'est-à-dire la victime.

666 — Définition de la prescription. La prescription de l'action publique est le principe selon lequel l'écoulement d'un certain délai entraîne l'extinction de l'action publique. Il n'est plus possible alors de poursuivre l'auteur de l'infraction. Le délai est de vingt ans pour les crimes, de six ans pour les délits et d'une année pour les contraventions (CPP, art. 7, 8 et 9).

667 — Point de départ du délai de prescription pour les infractions simples. La prescription de l'action publique commence à courir à partir de la date de l'infraction. Encore faut-il tenir compte de la spécificité des infractions occulte ou dissimulées. En ces domaines, « le délai de prescription de l'action publique... court à compter du jour où l'infraction est apparue et a pu être constatée dans des conditions permettant la mise en mouvement ou l'exercice de l'action publique, sans toutefois que le délai de prescription puisse excéder douze années révolues pour les délits et trente années révolues pour les crimes à compter du jour où l'infraction a été commise. » (C. pén., art. 9-1).

668 — Point de départ du délai de prescription pour les infractions complexes et d'habitude. La prescription de l'action publique commence à courir, sans référence à la date des premiers actes, à compter du dernier acte caractérisant l'infraction. C'est une solution de bon sens, l'infraction n'est caractérisée que si tous ses actes constitutifs sont réunis.

669 — Point de départ du délai de prescription et conséquences répressives. En matière d'infractions complexes, la question peut avoir des conséquences pratiques importantes. Des poursuites, en matière d'escroquerie à la sécurité sociale, ont été possibles longtemps après la découverte du mensonge source de l'escroquerie.

> Cass. crim., 9 mai 1972 : « Quand, dans une escroquerie complexe, des manœuvres frauduleuses multiples et répétées se poursuivent sur une longue période, formant entre elles un tout indivisible et provoquant des remises successives, la prescription ne commence à courir qu'à partir de la dernière remise ou délivrance ou de la dernière tentative de remise ou de délivrance. »

B La durée des agissements

670 — Durée de l'infraction et distinctions doctrinales. Sous ce concept de durée, la doctrine distingue (parfois de façon assez obscure) les infractions instantanées des infractions continues. Derrière la distinction apparaissent, là encore, des intérêts importants.

1 Les infractions instantanées, permanentes et continues

671 — Infraction instantanée. Elle se réalise en « *un trait de temps* ». C'est le cas du meurtre. Peu importe la durée des agissements meurtriers, le meurtre ne se réalise qu'avec la mort de la victime.

672 — Ambiguïté de la notion d'infraction instantanée. La notion est assez trompeuse, car elle est sans effet sur le temps passé à commettre l'infraction. Échelonnée sur plusieurs semaines, voire sur plusieurs mois, l'escroquerie n'en est pas moins une infraction instantanée qui se réalise pleinement par la remise de la chose.

673 — Infraction permanente. Si l'infraction se réalise également en « *un trait de temps* », ses effets se prolongent dans le temps. On peut citer la bigamie, la construction d'un immeuble sans permis de construire.

674 — Infractions continues ou successives. Le législateur incrimine, non plus un acte isolé, mais la persistance d'une situation illégale, une volonté réitérée de l'auteur. Et le recteur Lombois ajoute que l'infraction continue se renouvelle d'instant en instant. On cite le port illégal de décoration ou le recel de la chose volée. On ajoutera l'hébergement contraire à la dignité ou encore les infractions d'omission qui se renouvellent tant que l'obligation d'agir est exigée.

> Cass. crim., 17 janv. 2006 : Bull. crim., n° 21 ; Dr. pén. 2006, comm. n° 41 : « Le délit de propagande ou publicité, directe ou indirecte, en faveur du tabac prévu par l'article L. 3511-3 du Code de la santé publique, constitue, quel qu'en soit le support, une infraction continue qui se poursuit tant que le message litigieux reste accessible au public. »

2 Les intérêts de la distinction des infractions instantanées, permanentes et continues

675 — Plan. Quels sont les intérêts de la distinction sur la compétence territoriale, sur l'action publique, sur la loi applicable et enfin sur la question de la chose jugée ?

a Sur la compétence territoriale

676 — Certitude. En présence d'une infraction instantanée, de doute il n'y a point. La juridiction compétente est celle du lieu de l'infraction.

677 — Incertitudes possibles. Il est évident que la nature « continue » ou « successive » d'une infraction peut multiplier le nombre des juridictions compétentes. L'activité délictueuse s'étant poursuivie en des lieux différents, chacune des juridictions, théâtre d'un élément de l'infraction, est compétente.

b Sur l'action publique

678 — Certitude. Comme la prescription court à compter de la réalisation de l'infraction, il n'y a pas de difficulté apparente pour l'infraction instantanée. Réalisée, elle déclenche le sablier du temps qui passe.

679 — Incertitudes possibles. Pour l'infraction continue, les choses sont un peu plus délicates. On retarde la course du temps. Le point de départ de la prescription est suspendu jusqu'au moment où l'infraction a pris fin. Ainsi, tant que le receleur conserve la chose volée par-devers lui, il bloque le point de départ de la prescription et peut être poursuivi.

> Cass. crim., 17 mai 1983 : Bull. crim., n° 143 – Cass. crim., 28 mars 1996, Bull. crim., n° 142.

> Cass. crim., 18 févr. 2015. Si, au regard de l'article 696-4 du Code de procédure pénale, une extradition ne peut être accordée au cas où les faits visés par la demande d'extradition sont prescrits, lorsqu'est en cause une infraction continue, la prescription ne commence à courir qu'au jour où l'infraction a cessé. Chassang C., « Extradition et prescription de l'action publique », AJ pénal 2015, p. 257.

680 — Infraction consécutive à une publication sur Internet considérée comme une infraction continue. Internet a été initialement analysé comme un mode particulier de communication. L'émetteur qui place le message sur un site peut choisir de l'y maintenir ou de l'en retirer à sa guise. Il renouvelle donc sans cesse sa volonté de diffuser son texte au public.

> CA Paris, 11e ch. corr., 15 déc. 1999 : D. 2000, somm., p. 403, obs. Dupeux – T. corr. Paris, 17e ch., 6 déc. 2000 : LPA, 8 août 2001, n° 157, p. 26, note Heissat.

681 — Conséquences de la solution initialement retenue. En retenant la qualification d'« infraction continue », les juges du fond avaient écarté la loi de 1881 qui prévoit un délai très court de prescription (trois mois). Le raisonnement suivi était nettement plus avantageux pour les victimes puisque le délai de prescription de l'action publique ne commençait à courir qu'une fois l'infraction cessée.

682 — Censure de la Chambre criminelle. Le point de départ est fixé au jour de la première mise à disposition des utilisateurs. Par trois décisions, la Chambre criminelle a pu préciser que lorsque des poursuites pour l'une des infractions prévues par la loi du 29 juillet 1881 sont engagées à raison de la diffusion, sur le réseau Internet, d'un message figurant sur un site, le point de départ du délai de prescription de l'action publique prévu par l'article 65 de la loi précitée doit être fixé à la date du premier acte de publication.

Cass. crim., 30 janv. 2001 : Bull. crim., n° 28 ; D. 2001, p. 1833, note Dreyer – Cass. crim., 16 oct. 2001 : Bull. crim., n° 211 ; D. 2002, somm. 2770, obs. Bigot – Cass. crim., 27 nov. 2001 : Bull. crim., n° 246.

c Sur la loi applicable

683 — Infraction instantanée soumise aux dispositions de la loi en vigueur au moment où elle est commise. Conséquence directe de cette solution, le principe de la non-rétroactivité interdit donc par définition qu'une loi plus sévère, intervenue depuis les faits, puisse s'appliquer.

684 — Infraction continue n'étant pas nécessairement soumise aux dispositions de la loi en vigueur au moment où elle est commise. Par rapport à l'infraction instantanée, la règle est donc inversée. L'infraction continue, se poursuivant dans le temps, est « happée » par la loi nouvelle qui s'applique, le cas échéant, malgré sa plus grande sévérité.

d Sur la question de la chose jugée

685 — « *Non bis in idem* » et infraction instantanée. On ne peut juger deux fois la même personne pour une même infraction. C'est la traduction du fameux principe. Il est présenté comme absolu ou quasi absolu pour les infractions instantanées.

686 — « *Non bis in idem* » et infraction continue. Malgré la force du principe, la règle s'efface pour les infractions continues. Tant que le délit perdure, la personne peut être poursuivie alors même qu'elle a déjà été condamnée une ou plusieurs fois pour les mêmes faits. La situation se rencontre assez souvent à propos du non-paiement des pensions alimentaires.

SECTION 2 Le résultat

687 — Définition. Le résultat, c'est la conséquence dommageable de l'infraction. Le mal du délit, comme disaient les anciens.

688 — Nature variée du résultat. Purement matériel, à la suite d'un vol, d'une escroquerie, ou de la destruction d'un bien, le dommage peut être également corporel, à la suite des coups reçus, ou encore moral et affectif, à la suite de la perte d'un bien, d'injures, de diffamations, d'atteintes à la dignité ou encore de harcèlement.

689 — Plan de section. Si le plus souvent le résultat est exigé, certaines infractions sont caractérisées avec une indifférence totale à l'égard de tout résultat. Dans un cas comme dans l'autre, la question de la tentative anime encore nombre de controverses.

I De l'exigence à l'indifférence de résultat

690 — Vocabulaire. Que le résultat soit exigé, et l'on parle d'infraction matérielle. Que le résultat, au contraire, indiffère, on parle alors d'infraction formelle.

A L'exigence du résultat, l'infraction matérielle

691 — Ambiguïté du vocabulaire. La terminologie est assez trompeuse, car elle sert également à désigner des infractions, comme les contraventions, qui repoussent toutes références à l'élément moral au profit du seul élément matériel.

692 — Définition. L'infraction matérielle (celle que l'on oppose à l'infraction formelle) est celle qui se réalise uniquement par la survenance d'un résultat. À la vérité, la plupart des infractions sont des infractions matérielles. Le bon sens conduit le plus souvent la démarche. Peut-on raisonnablement parler de meurtre si la victime est encore vivante ?

693 — Précisions. À l'évidence, le seul décès de la victime ne saurait imposer autoritairement la qualification de meurtre. Seule une analyse minutieuse des faits pourra le cas échéant faire la part entre l'assassinat (en cas de préméditation), le meurtre ou encore les violences ayant entraîné la mort sans l'intention de la donner, voire un homicide involontaire.

694 — Nécessité d'un lien de causalité entre le comportement et le résultat. Sous la pression législative qui fonde la répression en fonction du résultat, il importe de connaître avec précision la conséquence réelle du dommage causé par l'activité délictueuse de l'auteur.

695 — Difficultés d'interprétation. Que plusieurs auteurs aient concouru en des temps différents au dommage ou que plusieurs faits se succédant dans le temps contribuent au dommage, et les données de l'analyse se compliquent singulièrement !

696 — Première proposition doctrinale, « la causalité adéquate ». Selon cette thèse, seules les causes les plus directes, ayant entraîné de façon certaine le dommage, méritent d'être retenues. Il n'est pas exigé qu'elles soient très proches dans le temps. La thèse est dominée par le critère de causalité, si l'on préfère « le lien de cause à effet ».

Cass. crim., 25 avr. 1967 : « Ainsi n'a pas été reconnu coupable d'un homicide involontaire l'automobiliste ayant renversé un cyclomotoriste qui, légèrement blessé, se relève, poursuit le véhicule en invectivant le conducteur et... meurt d'une crise cardiaque. »

697 — Seconde proposition doctrinale, l'« équivalence des conditions ». Selon cette thèse, tous les événements ayant conduit au dommage doivent alors être analysés comme équivalents. Cela signifie que toute personne ayant concouru à la réalisation du dommage est susceptible de voir sa responsabilité engagée.

Cass. crim., 23 mars 1994 : Bull. crim., n° 112. Pour un exemple dans lequel un individu est poursuivi et condamné alors que les incidences de sa participation au dommage ne sont pas déterminées.

698 — Loi du 10 juillet 2000 et référence à la causalité indirecte. Sans reprendre la redéfinition des délits non intentionnels, on dira seulement que la personne physique qui n'est pas directement à l'origine du dommage échappe à toute responsabilité pénale s'il n'est pas établi qu'elle a, soit violé de façon manifestement délibérée une obligation particulière de prudence ou de sécurité prévue par la loi ou le règlement, soit commis une faute caractérisée et qui exposait autrui à un risque d'une particulière gravité qu'elle ne pouvait ignorer (C. pén., art. 1213, al. 4).

699 — Illustration jurisprudentielle de la causalité indirecte. Un piéton qui traversait sur un passage protégé est renversé par un automobiliste. Hospitalisé pour une fracture du calcanéum, il décède dix jours plus tard des suites d'une infection nosocomiale.

700 — Solution de la cour d'appel. Sur le fondement de cette faute caractérisée, les juges du fond avaient condamné le conducteur qui avait « créé la situation ayant permis la réalisation du dommage commettant ainsi une faute caractérisée en relation de causalité indirecte avec le décès, exposant autrui à un danger qu'il ne pouvait ignorer ».

701 — Critique de la solution retenue. Le raisonnement traduit en quoi le décès de la victime est indirectement lié à l'accident, mais il en oublie le préalable : « l'existence d'une causalité certaine entre l'accident et le décès, qu'il importe de démontrer avant d'établir son caractère direct ou indirect. »

702 — Censure de la Chambre criminelle. Pour les magistrats de la Cour souveraine, les juges du fond, après avoir fait référence à l'infection nosocomiale, auraient dû s'attacher à rechercher si ladite infection n'était pas le seul fait en relation de causalité avec le décès.

> Cass. crim., 5 oct. 2004 : « L'article 221-6 du Code pénal exige pour recevoir application que soit constatée l'existence certaine d'un lien de causalité entre la faute du prévenu et le décès de la victime », AJ pénal 2005, p. 25, obs. Coste.

B L'indifférence du résultat, l'infraction formelle

703 — Ambiguïté du vocabulaire. À dire vrai, le concept d'infraction formelle n'a pas le monopole des infractions qui se désintéressent de tout résultat. Les notions, déjà rencontrées, de délits obstacles ou de mise en danger d'autrui se matérialisent également sans référence au résultat. Mais dans ces hypothèses, le législateur se borne, le plus souvent, à rendre autonome une incrimination afin de prévenir d'autres infractions aux conséquences plus graves.

704 — Définition. L'infraction formelle (celle que l'on oppose à l'infraction matérielle) est consommée indépendamment du résultat qu'elle pourrait éventuellement atteindre. En somme, le législateur incrimine à titre principal une tentative.

705 — Empoisonnement, exemple classique d'infraction formelle. Les termes du Code pénal sont des plus expressifs. C'est bien à titre principal que la tentative est regardée comme l'infraction consommée.
« Le fait d'attenter à la vie d'autrui par l'emploi ou l'administration de substances de nature à entraîner la mort constitue un empoisonnement. »
Il n'est nullement exigé que l'empoisonnement ait causé la mort. L'incrimination repose à part entière sur « le fait d'attenter à la vie d'autrui » (C. pén., art. 221-5).

706 — Mandat criminel, exemple récent d'infraction formelle. Bien loin de la solution de la célèbre affaire *Lacour*, la loi du 9 mars 2004 (*Perben 2*) a instauré une nouvelle infraction formelle. Dix ans d'emprisonnement, tel est le « tarif » pour celui (ou celle) qui sollicite les services d'un assassin. Infraction formelle oblige, que le crime n'ait été ni commis ni tenté ne change rien à la peine encourue.
« Le fait de faire à une personne des offres ou des promesses ou de lui proposer des dons, présents ou avantages quelconques afin qu'elle commette un assassinat ou un empoisonnement est puni, lorsque ce crime n'a été ni commis ni tenté, de dix ans d'emprisonnement et de 150 000 euros d'amende » (C. pén., art. 222-5-1).

707 — Commentaires. L'artifice de l'infraction formelle ne poursuit pas, malgré les apparences, la seule idée d'une meilleure répression. En bien des hypothèses, le législateur pourrait faire l'économie d'une infraction formelle et retenir une infraction matérielle. À charge pour lui de prévoir la tentative et le même résultat serait atteint.

II La tentative punissable

708 — Définition. La tentative est une action coupable, destinée à la réalisation d'une infraction, mais qui n'accomplit pas l'intégralité de ses éléments constitutifs. Elle se situe sur la trajectoire de l'infraction, ce que la doctrine nomme l'« *iter criminis* ». Entre le moment initial de la résolution criminelle et la réalisation complète de celle-ci se succèdent plusieurs étapes.

709 — Insuffisance de l'idée de commettre une infraction pour caractériser l'infraction. Que l'individu sache résister à la tentation et rester sur le droit chemin, et nul article du Code pénal ne viendra l'inquiéter. Qu'il poursuive son entreprise délictueuse et parvienne à ses fins, il s'expose alors à toute la rigueur du droit pénal.

710 — Toutes les tentatives ne sont pas punissables. La tentative de crime est toujours punissable, alors que celle des délits ne l'est que si elle est prévue par un texte. Le silence du législateur commande également que la tentative soit exclue en matière de contravention.

711 — Identité des peines encourues. La peine encourue pour la tentative est la même que pour celle de l'infraction consommée. Selon la formulation du Code pénal, l'auteur d'une tentative est assimilé à l'auteur d'une infraction consommée et comme tel il encourt les mêmes peines (C. pén., art. 121-4).

712 — Problématique. Toute la difficulté réside dans l'appréciation du moment qui va rendre la tentative punissable. Pour qu'il en soit ainsi, l'infraction doit réunir un certain nombre de conditions.

713 — Distinction doctrinale. Les auteurs distinguent l'infraction tentée, l'infraction manquée et l'infraction impossible.

A L'infraction tentée

714 — Formulation législative. « La tentative est constituée dès lors que, manifestée par un commencement d'exécution, elle n'a été suspendue ou n'a manqué son effet qu'en raison de circonstances indépendantes de la volonté de son auteur » (C. pén., art. 121-5). L'étude est naturellement dictée par cette double condition.

1 ▮ Le commencement d'exécution

715 — Silence du législateur. Faute de définition législative du commencement d'exécution, l'expression a fait l'objet de multiples variations tant en doctrine qu'en jurisprudence.

a ▮ Les thèses proposées en doctrine

716 — Analyse objective du commencement d'exécution. Pour les partisans de cette tendance, le commencement d'exécution doit être analysé d'un point de vue matériel, en fonction de faits extérieurs. La tentative ne peut être punissable que si l'individu, arrêté dans son élan, a déjà accompli un des actes entrant dans la définition légale de l'infraction.

717 — Appréciation de la thèse objective. Peu efficace sur le plan de la répression, le raisonnement respecte en revanche fortement la liberté individuelle.

718 — Analyse subjective du commencement d'exécution. Pour les partisans de cette tendance, l'état d'esprit de l'agent gouverne l'analyse. De là, le commencement d'exécution est caractérisé dès que l'agent a manifesté irrévocablement l'intention de commettre l'infraction.

719 — Appréciation de la thèse subjective. Une telle analyse est des plus efficaces sur le plan de la répression. Force est de le constater aussitôt, elle paraît violer, sinon troubler, la lettre du Code qui impose un commencement d'exécution et non une simple volonté, serait-elle irrévocablement délictuelle.

b ▮ Les solutions jurisprudentielles

720 — Ne pas confondre commencement d'exécution et acte préparatoire. Dès le début du XIXe siècle, les juges se sont entendus pour dire ce que n'était pas le commencement d'exécution. Ainsi est né, en marge de la loi, l'acte préparatoire.

721 — Acte préparatoire échappe à toute poursuite pénale. Placé en amont, sur « le chemin criminel », du commencement d'exécution, l'acte préparatoire échappe à toute sanction puisqu'il ne tend pas directement à la commission de l'infraction.

722 — Arrêt *Lacour*. De manière bien indulgente, il fut jugé que le fait de remettre de l'argent à un individu, chargé en échange de tuer une victime désignée, n'avait pas pour « conséquence directe et immédiate » la consommation d'un crime. En l'espèce, le candidat tueur à gages n'ayant pas honoré son « contrat », le payeur (le sieur Lacour) ne pouvait être reconnu responsable d'aucune infraction.

Cass. crim., 25 oct. 1962 : D. 1963, p. 221, note Bouzat – Pradel J. et Varinard A., *Les grands arrêts du droit criminel*, 8e éd., 2012, Dalloz, t. 1, n° 33.

723 — Évolution jurisprudentielle de la définition du commencement d'exécution. Tenu comme synonyme de « commencement de l'infraction », le commencement d'exécution a été entendu ensuite comme « l'entrée dans la phase d'exécution de l'infraction » pour devenir, au fil des décisions, l'acte qui tend directement et immédiatement au délit et qui est accompli avec l'intention de le commettre.

724 — Précision. La définition repose donc, aujourd'hui encore, sur la conjonction de deux éléments : un élément intentionnel (la volonté de commettre l'infraction) et un élément de causalité (un acte destiné à la commission de l'infraction).

Cass. crim., 19 juin 1979 : Bull. crim., n° 219. Constitue un commencement d'exécution de vol le fait de suivre un encaisseur dans sa tournée ou de s'approcher cagoulés et armés près d'un bureau de poste.

Cass. crim., 11 juin 1975 : Bull. crim., n° 150 – Cass. crim., 3 sept. 1996, Dr. pén. 1997, comm. n° 17. Constitue un commencement d'exécution d'évasion le fait de scier les barreaux ou, de connivence à l'évasion, le fait de rechercher un pilote d'hélicoptère acceptant de se poser dans la cour d'une prison.

725 — Interprétation des juges influencée par la hausse de la délinquance. En matière dite d'« escroquerie à l'assurance », la Chambre criminelle considérait que le seul fait de déclarer à une compagnie d'assurances un sinistre fictif ou simulé constituait un acte préparatoire non punissable. Qu'une demande d'indemnisation soit formulée et aussitôt le commencement d'exécution était caractérisé ! Le raisonnement a changé. Les magistrats admettent aujourd'hui que la seule déclaration constitue une tentative punissable. Pour ces derniers, le déclarant a conscience de provoquer l'application du contrat et de déterminer la garantie de l'assureur.

726 — Sévérité affichée par les magistrats. À l'opposé de la « générosité » de l'affaire Lacour, quelques décisions traduisent une réelle sévérité des juges. Il est alors, chacun le comprendra, plus difficile d'admettre que l'interprétation jurisprudentielle mette à mal le principe de la légalité.

727 — Illustration de cette sévérité affichée. Le fait de se faire passer pour médecin et d'attirer à son domicile une jeune femme à la recherche d'emploi sous prétexte de lui faire passer un examen médical d'embauche est regardé comme le commencement d'exécution d'une agression sexuelle. En l'espèce, « retrouvant sa lucidité », devant les incohérences du prétendu médecin, la jeune femme avait pris la fuite.

728 — Commentaire. D'agression sexuelle, il n'y a point eu. De commencement d'agression sexuelle, il n'y a pas eu davantage, aucun acte ou autre attitude ambiguë n'ayant accompagné la demande faite à la jeune femme de se déshabiller. Si bien qu'en définitive, le soi-disant commencement d'exécution ressemblait étrangement à un acte préparatoire. Sur leur « conviction intime », les juges du fond, approuvés par la Cour souveraine, ne l'ont pas entendu de cette façon.

Cass. crim., 14 juin 1995 : Bull. crim., n° 222. « Seul le refus de la jeune femme, circonstance indépendante de sa volonté (celle de l'auteur), l'a empêché au dernier moment, de procéder sur elle à des attouchements impudiques ». Dr. pén. 1995, comm. n° 222 ; RSC 1996, p. 365, Bouloc.

Cass. crim., 11 janvier 2017. En l'espèce, les attouchements avaient bien eu lieu mais la victime, alcoolisée, avait perçu ces gestes comme émanant de son compagnon habituel. L'auteur contestait la qualification d'agression sexuelle en se fondant sur l'absence de surprise. La Chambre criminelle repousse son argument en précisant « qu'en l'absence même de toute autre manœuvre, constitue le délit d'agression sexuelle commise par surprise... le fait de profiter, en connaissance de cause, de l'erreur d'identification commise par une personne pour pratiquer sur elle des gestes à caractère sexuel comportant un contact corporel », D. actualité, 20 février 2017, Galois.

2 L'absence de désistement volontaire

729 — Exigence législative. Pour constituer une tentative punissable, le commencement d'exécution ne doit pas avoir été interrompu par des « *circonstances indépendantes de la volonté de son auteur* » (C. pén., art. 121-5).

730 — Justification de l'exigence législative. La précision législative est des plus simples à comprendre. En accordant l'impunité des actes d'exécution déjà accomplis, le législateur espère encourager le désistement volontaire. Pour que l'impunité soit de mise, plusieurs conditions sont toutefois requises.

a L'indulgence législative ne concerne pas les actes qui, de façon autonome, constituent une infraction

731 — Exemple jurisprudentiel. Animé par quelque espoir d'évasion, un détenu avait commencé à creuser le béton sous la fenêtre de sa cellule. Renonçant à son entreprise en raison du bruit occasionné, il préféra alerter lui-même les gardiens afin que ces derniers puissent venir constater la « connerie ». Si l'individu échappe bien devant la cour d'appel aux poursuites fondées sur la tentative d'évasion, il reste néanmoins poursuivi et condamné pour « dégradations volontaires d'un bien destiné à l'utilité publique ».

CA Douai, 6 mai 2003 : Dr. pén. 2003, comm. n° 122, obs. Véron.

b Le désistement doit être antérieur à la consommation de l'infraction

732 — Intervenant trop tard, le désistement est sans effet. Une fois l'infraction déjà consommée, le désistement est sans effet et la tentative demeure punissable. Seule l'indulgence de l'autorité de poursuite ou la clémence de la juridiction pourra avoir un quelconque effet.

733 — Intervenant trop tard, le désistement peut s'analyser comme un repentir actif. Le schéma est le même, le repentir reste sans effet. L'infraction demeure et la tentative est punissable quels que soient les signes du repenti.

734 — Absence d'effet du repentir en droit pénal. Laisser entendre, comme c'est parfois le cas, que le repentir actif n'est d'aucun effet en droit pénal est une formule exagérée. Les juridictions sont somme toute assez sensibles à cet état de fait et punissent moins sévèrement celui qui témoigne volontairement de son repentir.

735 — Repentir actif, cause d'exemption ou d'atténuation de la peine. Ce traitement particulier pour des cas très précis n'est en réalité pas nouveau même si depuis le nouveau Code pénal, et plus récemment avec la loi du 9 mars 2004, la matière semble en mouvement. Il peut être tentant pour le législateur de faire preuve d'une certaine mansuétude afin de lutter plus efficacement contre certaines infractions souvent difficiles à sanctionner.

736 — Exemple de repentir actif. Depuis la loi du 9 mars 2004, l'article 132-78 du Code pénal expose sous forme de principe le double mouvement voulu par le législateur : le dénonciateur qui a permis d'éviter une infraction bénéficie d'une exemption de peine, alors que celui qui en a limité les conséquences bénéficie (seulement) d'une réduction de peine. Le législateur réinvente ici le classique dicton : « Faute avouée, faute à demi pardonnée. »

Pour une étude détaillée sur les apports de la loi du 9 mars 2004, Mihman A., « Exemption et réduction de peine pour les repentis », Dr. pén. 2005, étude n° 1.

c Le désistement doit être volontaire

737 — L'individu s'abstenant volontairement échappe au droit pénal. C'est là le principe fondamental : le désistement doit être volontaire. À défaut, la tentative reste punissable. Dans bien des situations, les faits de l'espèce parlent d'eux-mêmes. Encore faut-il qu'on ne puisse rien reprocher d'autre à la personne.

CA Douai, 6 mai 2003 : Dr. pén. 2003, comm. n° 122, obs. Véron (déjà citée, l'affaire du détenu qui avait tenté de s'échapper).

738 — L'individu empêché par une cause extérieure est pénalement punissable. Arrêté dans son élan par une cause extérieure comme l'arrivée de la police ou encore la découverte par les surveillants d'une tentative d'évasion, l'auteur ne peut bénéficier de la même impunité.

CA Douai, 11 août 2004 et 21 sept. 2004 : Dr. pén. 2005, comm. n° 3, Véron.

739 — Partage délicat entre désistement volontaire et cause extérieure. À la frontière de ces deux situations se dessine une zone d'incertitude dans laquelle les magistrats peuvent éprouver les plus grands doutes pour qualifier le caractère réel du désistement. Sans que la règle soit absolue, on relève aisément, à la lecture des décisions publiées, une préférence pour la voie répressive.

740 — Sévérité des magistrats relevée. Ont ainsi été regardées comme des causes extérieures, donc sans effet sur le désistement, la fuite d'une jeune fille attirée dans un appartement sous prétexte d'un examen médical et la déficience momentanée d'une personne qui s'apprêtait à commettre un viol. Sans reprendre les faits particuliers de cette affaire (relations sexuelles à plusieurs), les magistrats admettent ici, contrairement au pourvoi qui soutenait le contraire, que la défaillance physique puisse être d'origine extérieure.

Cass. crim., 10 janv. 1996 : Bull. crim., n° 14 ; RSC 1996, p. 656, Mayaud.

B L'infraction manquée

741 — Définition. À la différence de l'infraction tentée, l'infraction manquée révèle une situation pour laquelle la phase d'exécution de l'infraction est terminée. Les actes constitutifs de l'infraction ont bel et bien été accomplis. Pour autant, l'infraction n'est pas consommée puisque l'objectif n'a pas été atteint pour une quelconque raison.

742 — Infraction manquée et infraction matérielle. Le schéma est sensiblement le même que pour l'infraction tentée. L'auteur a agi et a raté.

Commencement d'exécution et absence de désistement volontaire étant présents, la tentative est évidemment punissable.

743 — Infraction manquée et infraction formelle. Le schéma classique se dérobe. Pour les infractions formelles, qui se conçoivent indépendamment de tout résultat, la répression de la tentative semble devoir être écartée. Si l'on reprend l'exemple de l'empoisonnement, on constate que le simple fait d'« attenter à la vie d'autrui » caractérise déjà, en soi, l'empoisonnement.

744 — Précisions autour de l'empoisonnement. L'incertitude vient de l'ancienne terminologie de l'attentat en droit pénal. Dans l'Ancien Droit, l'attentat signifiait la tentative. Alors en imaginant qu'en matière d'empoisonnement celle-ci soit possible, il y aurait, comme l'a fort justement noté un auteur il y a quelques années, « une tentative de tentative ».

745 — Tentative d'empoisonnement punissable. La formule peut faire sourire, mais elle a le mérite de rappeler le particularisme des infractions formelles. En vertu de ce particularisme (l'indifférence au résultat), le fondement de l'article 121-5 du Code va s'en trouver quelque peu bouleversé.

746 — Par nature, l'infraction formelle est avancée dans le temps. Ainsi, le simple fait d'« attenter » réalise déjà le crime. Concrètement, cela signifie qu'un simple acte préparatoire (sans connotation pénale) dans une infraction matérielle va devenir, dans une infraction formelle, un commencement d'exécution. Faute de désistement volontaire, la tentative sera constituée.

747 — Illustration. L'exemple est des plus classiques, la préparation dans un atelier d'une substance pouvant donner la mort est regardée comme un acte préparatoire. En revanche, en mélangeant cette substance à une boisson ou un produit alimentaire, le préparateur commet un commencement d'exécution. Est donc fort logiquement entendu comme tel le seul fait de jeter du poison dans un puits.

Cass. crim., 5 févr. 1958 : Bull. crim., n° 126.

C | L'infraction impossible

748 — Définition de l'infraction impossible. L'expression vise des situations dans lesquelles l'infraction ne pouvait aboutir. L'infraction était impossible à atteindre. La main du pickpocket « rencontre » une poche totalement vide. Le cambrioleur entre dans une maison totalement vide.

Cass. crim., 15 mars 1994 : Dr. pén. 1994, comm. n° 153, obs. Véron.

749 — Comparaison de l'infraction impossible et de l'infraction manquée. Si les deux notions ont en commun le fait que le résultat n'a pas été obtenu, celui-ci aurait pu l'être dans le cadre de l'infraction manquée, mais était impossible à atteindre dans le cadre de l'infraction impossible.

750 — Arrêt *Fleury*. L'impossible peut être tenté et à ce titre réprimé. Telle est en quelque sorte la réponse donnée par les magistrats. La Chambre criminelle rejette le pourvoi des époux Fleury condamnés pour avoir tenté, par des moyens totalement inopérants (injections d'alcool, de vinaigre et d'eau de Cologne) des manœuvres abortives sur leur employée de maison.

> Cass. crim., 9 nov. 1928 : D. 1929, I, p. 97. « Que ces manœuvres étaient par elles-mêmes insuffisantes à produire le résultat auquel elles tendaient, n'a été qu'une circonstance indépendante de leur volonté, par suite de laquelle leur tentative a manqué son effet. »
>
> Pradel J. et Varinard A., *Les grands arrêts du droit criminel*, 8e éd., 2012, Dalloz, t. 1.

751 — Justification sociologique de la répression de l'infraction impossible. Les situations décrites seraient parfois cocasses si elles ne révélaient pas la dangerosité de l'auteur dont la volonté reste tournée vers la réalisation de l'infraction. Car dans les exemples évoqués, la volonté criminelle est certaine et la répression de la tentative peut se comprendre.

752 — Justifications juridiques de la répression de l'infraction impossible. Pour être impossible à atteindre, l'infraction n'en révèle pas moins un commencement d'exécution et une absence de désistement volontaire. En présence de ces deux points, la tentative est constituée et devient donc punissable.

753 — Arrêt *Perdereau* ou « peut-on tenter de tuer un cadavre ? ». Si les mots s'entrechoquent au premier abord, la logique du raisonnement conduit à reformuler l'interrogation pour que les choses rentrent dans l'ordre. En présence d'un commencement d'exécution et faute de désistement, la tentative est constituée et devient donc punissable.

> « Il n'importe pour que soit caractérisée la tentative d'homicide volontaire, que la victime fût déjà décédée, cette circonstance étant indépendante de la volonté de l'auteur. » Cass. crim., 16 janv. 1986 : JCP 1987, II, 20774, note Roujou de Boubée ; D. 1986, p. 265, Mayer.

754 — Impossibilité de droit et impossibilité de fait. Derrière cette dualité se profile l'idée que la justification juridique de la répression de l'infraction impossible puisse recevoir quelques tempéraments.

755 — Impossibilité de fait autorisant la répression. Pour prendre la mesure de cette solution, il suffit de relire les conditions de la tentative punissable. Si la main du pickpocket a « rencontré » une poche totalement vide, l'infraction était impossible à réaliser en raison de circonstances uniquement factuelles.

756 — Impossibilité de droit ne devrait pas autoriser la répression. La solution de l'arrêt *Perdereau* pourrait alors être parfaitement contestée. On peut oser soutenir que la tentative d'homicide, à l'image de l'homicide, nécessite pleinement que la personne visée soit en vie. Il y a une condition préalable qui semble insurmontable. En en décidant autrement, la Chambre criminelle froisse sensiblement le principe de la légalité.

757 — Aparté. Il revient alors à l'enseignant la singulière mission d'expliquer en amphithéâtre toute la subtilité qui conduit le juge pénal à réprimer la tentative d'homicide sur un cadavre et à délaisser (presque) toute répression à l'encontre de celui qui, par imprudence, provoque la mort d'un enfant simplement conçu.

> Kolb P., « Perplexité autour de l'impossible qualification d'homicide involontaire sur l'enfant à naître » in *Les mélanges en l'honneur de Gérard Mémeteau – Droit médical et Ethique médicale : regards contemporains*, 2015, éd. LEH. Mouly J., « Du prétendu homicide de l'enfant à naître – Défense et illustration de la position de la Cour de cassation », RSC 2005, p. 47.

CHAPITRE 4

L'élément moral de l'infraction

758 — Ambiguïté de la notion d'élément moral de l'infraction. La terminologie est trompeuse. Le plus souvent, une infraction est jugée comme un acte contraire à la morale. Pour éviter toute confusion, certains préfèrent abandonner la référence à la notion d'élément moral et axent leurs propos sur la notion d'élément intentionnel.

759 — Confusion entre l'élément moral de l'infraction et la notion de faute pénale. Étymologiquement, le concept de culpabilité semble gouverner l'ensemble de la réflexion. À dire vrai, si la culpabilité suppose bien l'existence d'une faute (intentionnelle ou non), il faut encore être en mesure d'imputer cette faute au compte de celui qui l'a commise.

760 — Culpabilité et imputabilité. Si la culpabilité apparaît comme le rapport entre l'auteur et son comportement, l'imputabilité est « *un état, une qualification du sujet lui-même* ». En somme, la responsabilité pénale est faite d'imputabilité et de culpabilité.

761 — Dimension philosophique et dimension technique. La culpabilité renvoie à la dimension philosophique de la matière, pour ce qu'elle suppose de libre arbitre et de discernement. L'imputabilité présente un aspect plus technique, par la prise en compte des différences de psychologie qui sont à la source des comportements.

> Mayaud Y., « De l'article 121-3 du Code pénal à la théorie de la culpabilité en matière criminelle et délictuelle », D. 1997, p. 37.

762 — Imputabilité dévoilant l'existence d'un lien entre un individu et un acte. Selon cette acception, le débat paraît accaparé par de banales, et néanmoins importantes, questions de preuve.

763 — Imputabilité pouvant dévoiler une interrogation sur l'existence chez l'auteur d'une conscience et d'une volonté libre. Le débat purement juridique s'ouvre alors à des questions philosophiques plus larges comme celle de la liberté et du libre arbitre : autrement dit, la liberté de comprendre et de vouloir. C'est évidemment le sens que l'on entend donner ici à l'imputabilité.

764 — Présomption de l'imputabilité. On ne peut en méconnaître l'importance, la question de la liberté est sans nul doute l'une des plus importantes du droit pénal. Or notre droit positif se contente de présomptions. Le législateur présume en effet, ce n'est un secret pour personne, la volonté et la conscience. Devant la force de cette présomption, l'exigence d'imputabilité va relever toute sa force par ses conséquences négatives.

765 — Non-imputabilité. Derrière cette expression, il faut comprendre que la responsabilité va s'effacer lorsque la conscience ou la volonté va faire défaut. Autrement dit, l'absence de raison ou de liberté invite à repenser la question de l'imputabilité et le cas échéant à retenir une cause de non-imputabilité, appelées « causes subjectives d'irresponsabilité ou d'atténuation de la responsabilité pénale ».

766 — Culpabilité. Délaissant la référence à la notion d'élément moral, certains préfèrent parler d'élément intellectuel ou psychologique. Quoi qu'il en soit de la juste valeur des mots, la notion de culpabilité doit être entendue comme un élément psychologique. Certains évoquent ici l'état d'esprit de l'agent. Si l'on suit l'étymologie, c'est donc de la faute qu'il convient de parler.

767 — Prise en charge législative de l'intention. En quelques alinéas, l'article 121-3 du Code pénal, remanié en 1996 puis en 2000, tente aujourd'hui de clarifier un des domaines les plus délicats du droit pénal :
« Il n'y a point de crime ou de délit sans intention de le commettre. Toutefois, lorsque la loi le prévoit, il y a délit en cas de mise en danger délibérée de la personne d'autrui.
Il y a également délit, lorsque la loi le prévoit, en cas de faute d'imprudence, de négligence ou de manquement à une obligation de prudence ou de sécurité prévue par la loi ou le règlement, s'il est établi que l'auteur des faits n'a pas accompli les diligences normales compte tenu, le cas échéant, de la nature de ses missions ou de ses fonctions, de ses compétences ainsi que du pouvoir et des moyens dont il disposait.
Dans le cas prévu par l'alinéa qui précède, les personnes physiques qui n'ont pas causé directement le dommage, mais qui ont créé ou contribué à créer la situation qui a permis la réalisation du dommage ou qui n'ont pas pris les mesures permettant de l'éviter, sont responsables pénalement s'il est établi qu'elles ont, soit violé de façon manifestement délibérée une obligation particulière de prudence ou de sécurité prévue par la loi ou le règlement, soit commis une faute caractérisée et qui exposait autrui à un

risque d'une particulière gravité qu'elles ne pouvaient ignorer. Il n'y a point de contravention en cas de force majeure. »

SECTION 1 La faute intentionnelle

768 — Plan de section. La faute intentionnelle, c'est la volonté coupable. Autrement dit, le dol. L'homonymie est trompeuse, car la notion n'a rien à voir avec le sens qu'on lui attribue en droit civil. En droit pénal, le dol se confond exactement avec la faute intentionnelle. À l'analyse, l'intention coupable paraît susceptible de variations, de degrés.

I L'intention coupable : le dol

769 — Plan. Il s'agit maintenant d'aborder la notion de dol ou « dol général », les rapports entre le dol et le mobile, et enfin les rapports entre le dol général et le dol spécial.

A La notion de dol ou « dol général »

770 — Absence de définition législative de l'intention. La première remarque permet de relever le mutisme du législateur. Celui-ci s'est en effet bien gardé de définir l'intention. Pourrait-il vraiment en être autrement ?

771 — Absence de définition jurisprudentielle de l'intention. Côté jurisprudence, silence et absence de précisions sont également de mise.

772 — Définition doctrinale de l'intention. Faute de précision, c'est donc naturellement vers la doctrine qu'il faut porter le regard et prêter toute l'attention nécessaire. Le dol est alors défini comme la volonté de commettre un acte que l'on sait être interdit.

773 — Volonté et conscience se retrouvent nécessairement dans toutes les infractions intentionnelles. La présentation doctrinale semble des plus simples. Elle révèle un double caractère, à savoir la connaissance de l'interdiction et la volonté de commettre tout de même l'acte. Le dol est en somme le « plus petit dénominateur commun » des infractions intentionnelles.

774 — Remise en cause de l'importance réelle de la notion de dol. Certains s'interrogent en effet sur les deux caractères, la « connaissance » et la « volonté ». La présentation classique semble après analyse, sans être totalement remise en cause, devoir être nuancée.

775 — Absorption de la « connaissance » par le principe de présomption de connaissance de la loi. Le célèbre « nul n'est censé ignorer la loi » repousse alors la présentation classique du premier caractère.

776 — Confusion de la « volonté » et de l'imputabilité. D'une certaine manière, la non-imputabilité traduit bien l'absence de volonté. D'ailleurs, si l'on s'attache à la preuve de cette volonté, il faut bien admettre que la charge de la preuve (que chacun fait peser sur le ministère public) est en pratique souvent renversée. Dans bien des situations, la simple matérialité des faits va faire présumer l'intention de l'auteur. Au début du siècle dernier, la Cour de cassation n'avait pas hésité à le dire clairement.

Cass. crim., 4 janv. 1902 : D. 1904, p. 528 : « l'élément intentionnel résulte de la nature même du délit et n'a pas besoin d'être affirmé par le juge ».

B Les rapports entre le dol et le mobile

777 — Définition du mobile. La notion est à l'évidence plurielle. Les mobiles, multiples et variés, sont les raisons concrètes qui poussent l'individu à agir. Chaque auteur a ses propres mobiles tant pour agir qu'éventuellement pour tenter de se justifier devant ses juges.

778 — Indifférence de l'intention aux mobiles. Si la volonté criminelle de l'agent se confond souvent avec le mobile, il est constant d'affirmer que celle-ci est indifférente aux mobiles. Le législateur ne peut prendre en compte les multiples hypothèses de mobiles à l'origine d'un acte interdit pour ajuster la répression de celui-ci.

779 — « Le mobile ne sauve ni ne nuit ». Telle est la formule qui permet à chacun de marquer l'indifférence du mobile. Comme pour tenter d'échapper à d'inextricables difficultés de preuve, on souligne que la conscience n'appartient qu'à l'individu.

780 — Opinions contraires sur le mobile. À l'encontre de l'indifférence du mobile, certains plaident pour une vérité criminologique en estimant que l'individu jugé doit l'être avec toutes ses passions et ses pulsions. Ne pas tenir compte du mobile reviendrait alors, selon cette idée, à rendre une justice mécanique.

781 — Précisions. Le procès du mobile est trop vite fait. Notre droit positif porte au mobile un œil plus attentif qu'on veut bien le laisser encore entendre aujourd'hui ici et là.

782 — Prise en charge du mobile par le juge pénal. Le mobile pèse sur le prononcé de la peine ; parfois, il peut même aller jusqu'à l'exclure. Témoin, même si les faits sont portés à l'extrême, l'affaire *Legras*. Témoin encore, les décisions liées aux circonstances douloureuses de l'euthanasie.

783 — Mobile visé par le législateur. Sous la plume du législateur, la référence au mobile prend alors une tout autre dimension. Prétendre que le mobile est indifférent en droit positif, c'est donc oublier ces différentes facettes.

784 — Mobile servant l'irresponsabilité de celui qui invoque la légitime défense. Ainsi est formulé l'article 122-6 du Code : « repousser, de nuit, l'entrée par effraction, violence ou ruse dans un lieu habité ».

785 — Mobile servant une qualification spécifique pouvant entraîner un régime procédural spécifique. C'est le cas en matière de terrorisme, lorsque l'infraction est commise dans le but de troubler gravement l'ordre public (C. pén., art. 421-1).

786 — Mobile servant à forger des circonstances aggravantes. Il a alors vocation à hausser le degré de désapprobation de l'acte commis. C'est le cas des infractions d'une particulière gravité, qualifiées pour la circonstance de génocide, crimes contre l'humanité, lorsqu'elles ont été perpétrées en « exécution d'un plan concerté tendant à la destruction totale ou partielle d'un groupe national, ethnique, racial ou religieux... » (C. pén., art. 211-1). De la même façon, est aggravée la profanation de sépulture lorsque l'acte est commis pour des raisons ethniques, raciales ou religieuses (C. pén., art. 225-18).

C | Les rapports entre le dol général et le dol spécial

787 — Définition du dol spécial. Certaines infractions ne se suffisent pas d'un dol ordinaire, d'un dol général. Ces infractions appellent une donnée psychologique supplémentaire qui va compléter la simple volonté de commettre l'acte tout en le sachant interdit. Cette donnée supplémentaire est nommée « dol spécial ».

788 — Utilité du dol spécial pour choisir la qualification face à un fait matériel unique. Ainsi, lorsqu'un coup de couteau mortel est donné, le dol spécial va permettre de retenir une qualification parmi plusieurs possibles. Si le coup est prémédité, on parlera d'assassinat, dans le cas contraire, de meurtre voire de coups mortels, autrement dit, de violences ayant entraîné la mort sans intention de la donner.

789 — Conséquences du dol spécial sur la répression. Dans l'exemple retenu, la distinction est à la mesure des sanctions encourues : perpétuité pour le premier cas de figure, trente ans pour le deuxième et vingt ans pour le dernier.

790 — Présomption jurisprudentielle. En pratique, la sévérité est souvent de mise. La partition est souvent jouée au diapason de l'homicide. Quand l'auteur a fait l'usage d'une arme, a frappé ou visé une partie vitale du corps, la qualification de violence volontaire est rarement retenue. Pour la Chambre criminelle, si l'usage d'une arme ne caractérise pas nécessairement l'intention de tuer, il en forge une présomption qui ne peut être écartée qu'en présence de circonstances particulières.

791 — Caractère constable de cette présomption. La grille de lecture de la Chambre criminelle s'écarte sans conteste de la lettre du code. Le principe de la légalité est ici, comme en bien des endroits, singulièrement évincé. Si chacun prend grand soin de séparer les deux éléments fondamentaux de l'infraction, ce n'est pas pour déduire l'intention de la matérialité. Si on pense la chose inévitable, la présomption mérite alors d'être renversée.

792 — Utilité du dol spécial au maintien de la qualification. Selon cette acception, toute idée de choix disparaît. Le conditionnel n'est pas fortuit tant le débat doctrinal soulève de divergences et d'incertitudes.

793 — Atteinte à l'autorité de justice, un exemple des divergences doctrinales. Selon les termes de l'article 434-25 du Code pénal, l'infraction est caractérisée si le commentateur de la décision de justice a eu pour but de jeter le discrédit sur la justice. Jean Pradel y voit le dol spécial, la donnée psychologique supplémentaire sans laquelle la qualification ne peut être retenue. À l'inverse, Michèle-Laure Rassat repousse ici toute référence au mobile en affirmant que le législateur vise davantage une donnée objective guère compatible avec le caractère subjectif du mobile.

> CA Grenoble, 11 oct. 1995 : Dr. pén. 1996, comm. n° 79. Sur la condamnation d'un avocat qui avait commenté une décision de cour d'assises à la radio en affirmant que le jury s'était fondé sur des considérations relevant du racisme. V. également, « Les juges ne sont pas des bœufs tigres », Dr. pén. 1997, comm. n° 106.

794 — Vol, un autre exemple des difficultés d'interprétation. Certains lisent dans l'incrimination du vol l'existence d'un dol spécial. Celui-ci, à la différence du dol général caractérisé par la soustraction de la chose d'autrui, trouverait sa traduction dans la volonté du voleur de se comporter en maître de la chose. À l'origine, la Cour de cassation exigeait une appropriation définitive pour se contenter plus tard d'une simple appropriation temporaire.

> Cass. crim., 19 févr. 1959 : D. 1959, p. 331, note Roujou de Boubée. L'emprunt d'un véhicule étant qualifié de vol.

795 — Précision apportée par les magistrats de la Cour de cassation. La Chambre est allée encore plus loin dans le raisonnement en estimant que l'acte d'appropriation suffisait à caractériser l'intention. Par un tel énoncé, toute référence au dol spécial devient superflue. Il est vrai que dans les affaires de vol, la question de l'intention de se comporter en propriétaire est le plus souvent dépassée par « *l'évidence des faits reprochés à la personne poursuivie* ».

Cass. crim., 8 janv. 1979 : D. 1979, p. 509.

II Les degrés de l'intention coupable

796 — Précision. Il s'agit en somme de variations sur la notion de dol. Prétendre que ces variations embarrassent par moments l'étudiant est un doux euphémisme. Nombreux le pensent, la doctrine livre ici un jeu dont on cherche parfois les véritables finalités.

797 — Justification. À la vérité, ces variations ont le grand mérite de focaliser l'attention tant sur les intentions de la personne poursuivie que sur les buts avoués du législateur. Défilent alors des notions comme celles de dol aggravé, de dol *præter* intentionnel, de dol indéterminé ou de dol éventuel.

A Le dol aggravé

798 — Définition. Contrairement au dol simple qui se caractérise par une détermination « quasi immédiate et spontanée », le dol aggravé révèle une intention préméditée. On retrouve l'opposition entre le meurtre et l'assassinat.

799 — Conséquences sur la répression. Le législateur, jouant des circonstances, module la sanction maximale qu'il prétend voir prononcée – trente ans pour le meurtre, la réclusion criminelle à perpétuité pour l'assassinat.

800 — Dol aggravé au service d'une plus juste expression des valeurs de notre société. Derrière l'aggravation de la peine encourue se profile assurément la volonté de tenir compte des desseins particulièrement blâmables de certains auteurs. La multiplication des hypothèses de dol aggravé du nouveau Code pénal exprime alors le désir du législateur d'édicter un « Code plus expressif des valeurs de notre société ».

B ▌Le dol *præter* intentionnel

801 — Définition du dol *præter* intentionnel. On parle de dol *præter* intentionnel, ou encore de dol dépassé, lorsque le résultat de l'acte infractionnel a dépassé les prévisions de son auteur. Si l'agent a bien recherché l'acte, il n'en a pas voulu toutes les conséquences. C'est l'hypothèse classique de celui qui tue sa victime alors qu'il entendait seulement la blesser.

802 — Enjeux du dol *præter* intentionnel. Apparaît d'emblée une question primordiale. Qui, de la volonté ou du résultat, doit être pris en compte ? La réponse est importante. D'un côté, à retenir seulement les coups, on peut imaginer une certaine indulgence des textes et une qualification délictuelle. De l'autre, eu égard au décès de la victime, on peut redouter une réelle sévérité et une qualification criminelle.

803 — Réponses législatives. L'étude des textes relève que le législateur oscille selon les hypothèses entre la voie de la sévérité et celle du compromis.

804 — Sévérité législative. L'article 322-10 du Code pénal punit par exemple de la réclusion criminelle à perpétuité celui qui, ayant incendié un bien appartenant à autrui, a entraîné la mort d'autrui. À l'évidence, le législateur s'attache ici au seul résultat. L'individu voulait brûler un bien, par son geste il a tué, il est regardé non seulement comme un criminel, mais comme un véritable assassin puisqu'il encourt la perpétuité. Le même raisonnement est tenu en matière d'enlèvement et de séquestration ou de détournement d'aéronef ou de navire lorsqu'il en résulte la mort d'une ou de plusieurs personnes (C. pén., art. 224-2 et 224-7).

805 — Compromis législatif. Sur la voie du compromis, on range par exemple les dispositions de l'article 222-7 du Code pénal : « les violences ayant entraîné la mort sans intention de la donner sont punies de quinze ans de réclusion criminelle. » Quinze ans, c'est la transition entre les trente années encourues pour un meurtre et les trois années d'emprisonnement encourues pour de simples violences (C. pén., art. 222-11).

C ▌Le dol indéterminé

806 — Définition. On parle de dol indéterminé, ou encore de dol imprécis, lorsque l'agent a voulu un acte, en a cherché le résultat, mais n'a pu en mesurer avec certitude les conséquences précises. Telle est la situation de celui qui porte des coups dans le but de blesser un tiers.

807 — Illustration. Il n'est pas inutile de rappeler la célèbre distinction entre les violences ayant entraîné une incapacité de travail supérieure ou égale à huit jours et celles ayant entraîné une incapacité de moins de huit jours – qualification délictuelle dans le premier cas (C. pén., art. 222-11), qualification contraventionnelle dans le second (C. pén., art. R. 625-1).

808 — Justification. On peut comprendre la philosophie du législateur qui s'attache au résultat. Au-delà d'inextricables questions de preuve que soulèverait une appréciation sur la volonté réelle de l'auteur, il paraît équitable de considérer que celui-ci se doit d'assumer les conséquences de son agression.

809 — Aparté. Aussi justifiée qu'elle puisse paraître, la solution n'en laisse pas moins place à l'aléa (ce qui somme toute est assez singulier dans une matière dominée par le principe de la légalité et de l'interprétation stricte). Le résultat va dépendre de la force des coups, mais aussi de la capacité de la victime à les encaisser. Simples ecchymoses ou blessures plus importantes, le résultat ne va pas rester sans influence sur la qualification à retenir.

SECTION 2 La faute non intentionnelle

810 — Précision importante. Les infractions non intentionnelles ne sont pas des infractions involontaires. Les deux expressions sont parfois confondues et il faut se méfier de cet écart de langage. L'abus est réel et l'erreur trop souvent commise.

811 — Absence de recherche consciente d'un résultat prohibé. Avec l'infraction non intentionnelle, la volonté de l'agent ne fait pas défaut. Ce qui manque, c'est la recherche consciente de tel ou tel résultat prohibé par la loi pénale. Il ne faut pourtant pas se méprendre, l'agent a bien commis une faute, une faute d'imprudence ou de négligence.

812 — Absence de définition législative de la « non-intention ». Avare de définitions, le législateur fait preuve d'une grande générosité dans le nombre de notions utilisées. Qu'on en juge. Pour reprocher à une personne de ne pas avoir su prévenir ou empêcher un dommage, le Code pénal évoque indifféremment l'imprudence, la négligence, l'inattention, le manquement à une obligation de sécurité ou de prudence voire la mise en danger délibérée.

813 — Infractions concernées. Le plus souvent, les expressions visent des infractions d'homicide ou d'atteintes à la vie ou à l'intégrité des personnes (art. 221-6, 222-19, 222-20, 223-1 et art. R. 625-2 et R. 625-3). Si d'aventure la protection d'un bien est visée, on relève très vite que l'accent est en réalité mis davantage sur la protection de la personne (C. pén., art. 322-5).

814 — Absence de crime « non intentionnel ». En affirmant qu'il n'y a pas de crime ou délit sans intention de le commettre, le législateur organise toute une série d'exceptions en matière de délits.

815 — Plan de section. Depuis la loi du 10 juillet 2000, l'étude de la faute non intentionnelle a été bouleversée. Trois points guident aujourd'hui l'analyse : la mise en danger d'autrui, la faute d'imprudence « ordinaire » et la faute d'imprudence « qualifiée ».

I La mise en danger délibérée de la personne d'autrui

816 — Double visage de la mise en danger. Elle est tantôt une incrimination autonome, tantôt une circonstance aggravante.

A La mise en danger d'autrui, incrimination autonome

817 — Mise en danger d'autrui présentée comme l'une des innovations les plus importantes du nouveau Code pénal. D'aucuns n'ont pas hésité à le dire. L'importance est telle que le nouveau Code ouvre avec cette incrimination particulière un chapitre particulier « De la mise en danger de la personne ».

818 — Formulation législative. « Le fait d'exposer directement autrui à un risque immédiat de mort ou de blessures de nature à entraîner une mutilation ou une infirmité permanente par la violation manifestement délibérée d'une obligation particulière de prudence ou de sécurité imposée par la loi ou le règlement est puni d'un an d'emprisonnement et de 15 000 euros d'amende » (C. pén., art. 223-1).

1 La violation de l'obligation en question

819 — Absence d'ambiguïté de la formule législative. En soi, sans aucune référence au résultat, le comportement de mise en danger constitue un délit. Il s'agit là de la seule infraction non intentionnelle qui soit assortie de peine d'emprisonnement en l'absence de tout résultat.

820 — Justification de la réforme. Dans un but de pédagogie, de dissuasion, de prévention, le législateur a voulu que chacun puisse comprendre que la condamnation ne dépendait pas de l'existence de telle ou telle victime. On comprend mieux la teneur du message lorsque résonnent les milliers de morts tués sur les routes ou, dans une moindre mesure, la multiplication des accidents du travail.

821 — Doutes exprimés lors de la réforme. Lors des travaux parlementaires, les discussions ont été assez vives sur l'autonomie de la nouvelle incrimination. D'aucuns reprochaient aux dispositions de l'article 223-1 de manquer de clarté. Réponse leur a été donnée que chacun des termes retenus avait été, au contraire, soigneusement pesé.

822 — Nécessité d'une obligation particulière. À l'évidence, toutes les obligations ne sont pas concernées et ne peuvent servir de support à de quelconques poursuites pénales. Il doit s'agir d'une obligation « particulière » de sécurité et non d'une simple obligation d'ordre général.

Cass. crim., 25 juin 199 : Dr. pén. 1996, comm. n° 265 ; RSC 1997, p. 106. La lutte contre la pollution atmosphérique n'est pas pour les maires une de leurs obligations « particulières » de sécurité ou de prudence au sens de l'article 222-1 du Code pénal.

823 — Précision jurisprudentielle. La mise en danger ne suppose pas que l'auteur ait eu connaissance de la nature possible des conséquences dommageables de son imprudence consciente. Telle est la précision formulée par la Chambre criminelle.

Cass. crim., 16 févr. 1999 : Bull. crim., n° 24. L'article 223-1 « n'exige pas que l'auteur du délit ait eu connaissance de la nature du risque particulier effectivement causé par son manquement ».

824 — Exigence d'une violation manifestement délibérée. La mise en danger suppose par nature une obligation connue de celui qui l'a violée, ce qui ne sous-entend absolument pas que la violation ait été recherchée avec plaisir ou délectation.

825 — Nécessité de démontrer le caractère délibéré de la violation. Reviennent inlassablement des questions de preuve. Si le caractère délibéré n'est pas démontré, le délit ne peut être constitué. Pour autant, la meilleure doctrine n'hésite pas à considérer que l'employeur, personne physique ou morale, peut difficilement nier le caractère volontaire de la violation de la règle de sécurité, dès lors que la connaissance de ce type de réglementation est exigée.

826 — Difficulté à prouver le caractère délibéré de la violation. Par principe, la charge de la preuve revient à l'autorité de poursuite. Le parquet pourra puiser, dans les circonstances de fait, les indices du caractère délibéré de la faute commise. Il pourra en être ainsi en présence de violations répétées ou devant la preuve du pari stupide de remonter une bretelle du périphérique en sens inverse ou encore devant le fait de rouler à plusieurs reprises de front avec un autre véhicule à une vitesse de 80 à 100 km/h sur une portion de route limitée à 30 km/h en raison de la proximité d'un collège à l'heure de la sortie des cours.

> Cass. crim., 12 nov. 1997 : Dr. pén. 1998, comm. n° 49. « Le prévenu s'est déporté à trois reprises sur la partie gauche de la chaussée lors du croisement de motocyclistes [...] qu'en cet état, les juges ont caractérisé en tous ses éléments l'infraction de mise en danger. »
>
> Cass. crim., 18 sept. 2007 : AJ pénal 2007, p. 534, obs. Céré. La particularité de cette affaire réside dans le fait que la Chambre criminelle énonce que l'emploi d'un cinémomètre n'est pas le seul mode de preuve d'un excès de vitesse.

827 — Incompatibilité entre une simple faute d'« attention » et le délit de mise en danger. Pour l'anecdote et pour le sourire, puisque l'histoire s'est bien terminée, on retiendra les mots de cette mamie conductrice qui, stoppée par les policiers alors qu'elle remontait paisiblement une route à contresens, dit à ces agents qu'elle se doutait de leur présence puisque tout le monde lui avait fait des appels de phares. Seule une (ou plusieurs) infraction au Code de la route pouvait être retenue.

2 Le risque encouru en question

828 — Doutes sur l'appréciation de la réalité du danger. On peut s'inquiéter de la manière dont va être apprécié le risque immédiat de mort ou de blessures imposé par le texte. Sur le terrain, on pense aux policiers, aux gendarmes, aux témoins ou encore à la victime exposée à ce risque - en définitive, un homme pouvant éprouver de réelles difficultés à analyser la réalité du risque, à interpréter ou évaluer une distance.

829 — Incrimination intéressant au premier chef le domaine de la circulation routière. Encore faut-il prendre en mesure toute la philosophie de la réforme. Certes, le chauffard est particulièrement montré du doigt, mais derrière lui tous les conducteurs le sont également. La pensée du législateur est sans retenue. Que chacun prenne conscience que l'imprudence peut tuer.

> T. confl. Poitiers, 28 mai 1998 : D. 1999, p. 10, note Laporte. Pour une poursuite exercée à l'encontre d'un conducteur ayant pris le volant après avoir fumé un joint de résine de cannabis.

830 — Exigence d'un risque direct et immédiat. En matière de circulation routière comme ailleurs, le délit de mise en danger ne sera constitué qu'à la condition que la violation expose autrui à un risque direct et immédiat.

831 — Appréciation de l'exigence d'un risque direct et immédiat. La violation doit entraîner une probabilité très importante d'accident corporel. Il a été écrit que « brûler » un feu rouge à un carrefour important causait un risque immédiat de collision. Mais la nuit, lorsqu'il n'y a personne et que la visibilité est très grande, le risque s'estompe quelque peu. Mais là encore, le discours peut facilement être renversé. Il n'est pas douteux qu'un tout petit dépassement de vitesse, lors de la traversée d'un bourg, à l'heure de sortie des classes, puisse caractériser le délit en tous ses éléments.

832 — Difficulté à caractériser le risque direct et immédiat. Le seul dépassement de la vitesse autorisée, serait-il très excessif, ne caractérise pas un risque direct et immédiat. La cour de Douai a d'ailleurs pu en juger ainsi en écartant le délit retenu à l'encontre d'un automobiliste chronométré à 224 km/h sur l'autoroute. Pour ces magistrats, la voie était rectiligne, la chaussée sèche, la visibilité parfaite, la circulation fluide et la voiture en parfait état de marche.

Cass. crim., 11 févr. 1998 : Dr. pén. 1998, comm. n° 81. Le bon état du navire, les bonnes conditions météorologiques ne peuvent justifier le surnombre de passagers embarqués pour une traversée.

833 — Nécessité pour les juges du fond à « caractériser » le risque direct et immédiat. À propos d'une vitesse très excessive, mais relevée un jour de grande circulation, la cour d'appel d'Aix-en-Provence avait cru pouvoir entrer en condamnation. L'arrêt est censuré par la Chambre criminelle, les juges du fond n'ayant pas « *caractérisé* », au-delà du dépassement de la vitesse autorisée, le « *comportement particulier* » exposant directement autrui à un risque immédiat.

Cass. crim., 19 avr. 2000 : D. 2000, p. 631 ; RSC 2000, p. 631, obs. Mayaud ; Dr. pén. 2000, comm. n° 98, note Véron. Sur l'exigence de ce « comportement particulier » : Cass. crim., 3 avr. 2001 : Dr. pén. 2001, comm. n° 100 ; RSC 2001, p. 574, obs. Mayaud.

CA Aix-en-Provence, 26 nov. 2001 : Dr. pén. 2002, comm. n° 82, note Véron. La cour infirme la condamnation de jeunes gens qui à la suite d'une descente, bien imprudente, en canyoning, avaient dû être secourus en indiquant qu'il n'était pas démontré que les jeunes gens, avaient directement exposé les sauveteurs « à un risque immédiat de mort ou de blessures ».

Cass. crim., 16 déc. 2015, n° 15-80916 : Dr. pén. 2016, comm. 43, Conte – Cass. crim., 12 janv. 2016, n° 14-86503 (le schéma reste le même : la Chambre criminelle censure les juges du fond qui ne caractérisent pas le comportement particulier de mise en danger (pour un automobiliste contrôlé à plus de 200 km/h sur l'autoroute un jour de grand trafic et pour un conducteur qui avait démarré brutalement alors qu'un agent de police tenait sa portière ouverte et procédait à un contrôle des papiers du véhicule).

834 — Risque immédiat ou probabilité d'un risque ? Le caractère immédiat du risque n'est pas chose aisée à cerner. Pour autant, l'immédiateté semble peu compatible avec une probabilité. C'est pourtant ce que vient de décider la Chambre criminelle en validant le fait, dans une affaire liée à l'inhalation de fibres d'amiante, que le degré de probabilité de développer un cancer du poumon ou un cancer de la plèvre dans les 30 à 40 ans de l'inhalation de poussières d'amiante était certain.

Cass. crim., 19 avril 2017 : « qu'en se déterminant ainsi, par des motifs qui établissent l'exposition d'autrui à un risque de mort, de mutilation ou d'infirmité permanente, en relation directe et immédiate avec la violation manifestement délibérée des dispositions du Code du travail, la cour d'appel a justifié sa décision ».

835 — Aparté. Devant la gravité des faits liés à ce type d'affaire, il serait de bon ton d'admettre une telle solution. Comme on l'a noté, elle invite les plaideurs à engager des recours sur ce fondement dans bien des domaines liés à la santé publique. Pour autant, juges du fond et juges du droit malmènent ici singulièrement le principe de la légalité et son corollaire indispensable celui de l'interprétation stricte de la loi pénale. En vertu de ce principe, immédiat ne peut et ne doit être tenu pour synonyme de probable.

836 — Incrimination intéressant d'autres domaines que la circulation routière. On pense ici aux débats échangés à propos de la possession et de la divagation de pitbulls et autres chiens dangereux. On gardera en mémoire ici que « l'utilisation d'un animal pour tuer, blesser ou menacer est assimilé à l'usage d'une arme » (C. pén., art. 132-75, al. 3).

CA Paris, 9 nov. 1995 : Dr. pén. 1996, comm. n° 57. Propriétaire condamné, de façon assez contestable sur le fondement de la mise en danger, pour avoir laissé divaguer ses chiens.

CA Paris, 17 déc. 1996 : Dr. pén. 1997, comm. n° 46. Sur le refus de retenir la mise en danger (les faits n'établissant pas indubitablement que le prévenu ait volontairement excité ou lancé son chien contre les victimes).

837 — Illustration jurisprudentielle en matière d'entreprise. Il arrive parfois que les solutions retenues par la Chambre criminelle troublent quelque peu l'esprit. Témoin cette décision récente, relative au monde de l'entreprise, qui « valide » une poursuite de mise en danger d'autrui alors que l'employé victime avait subi une incapacité de travail d'une journée. La qualification pouvait sembler guère pertinente en présence du dommage aussi minime soit-il. Dans cette affaire, comme on l'a noté, « le malaise d'un seul employé a été le révélateur d'un danger pour tous, ce que le délit de risques causés à autrui a permis de traduire avec opportunité ». Pour autant, à l'égard de l'employé victime, la qualification aurait pu s'articuler sur la faute délibérée érigée en circonstance aggravante.

Cass. crim., 7 janv. 2015. Mayaud Y., « Mise en danger par défaillance d'un dispositif d'aération », RSC 2015, p. 89. *Contra*, Cass. crim., 4 oct. 2005, à propos d'une pollution d'air à la suite d'un dysfonctionnement. Mayaud Y., « Obligation d'information de l'exploitant de l'accident survenu dans une installation classée », D. 2005, p. 2900.

B La faute de mise en danger, circonstance aggravante des délits d'imprudence

838 — Mise en danger, circonstance aggravante. Elle sert de transition entre les infractions intentionnelles et les infractions par imprudence. Si par définition l'infraction reste non intentionnelle, les circonstances dans lesquelles elle a été commise font qu'une réponse pénale plus répressive s'avère nécessaire.

839 — Indifférence de la gravité du dommage causé sur l'aggravation de la peine encourue. Ainsi, l'homicide involontaire puni habituellement de trois ans d'emprisonnement et de 45 000 euros d'amende voit sa peine portée à cinq ans et à 75 000 euros d'amende : « En cas de violation manifestement délibérée d'une obligation particulière de sécurité ou de prudence imposée par la loi ou le règlement » (C. pén., art. 221-6, al. 2).

840 — Loi du 10 juillet 2010. Depuis la loi du 10 juillet 2000, seule la loi ou le règlement peuvent servir de support à l'aggravation. La réforme a visé le règlement qui est depuis entendu strictement. La violation délibérée d'une circulaire, voire d'un règlement intérieur d'une entreprise, ne peut donc pas constituer le support de la circonstance aggravante d'un délit d'homicide ou de blessures involontaires.

841 — Relativité de la réforme du 10 juillet 2010. En pratique, la circonstance aggravante était surtout débattue par les juridictions répressives dans des affaires concernant des accidents de la circulation. Or, en ce domaine, les violations délibérées ont pour source une loi (le Code de la route) ou un règlement (entendu au sens strict du terme).

842 — Cumul possible de la mise en danger délibérée avec d'autres circonstances aggravantes. Le domaine de la circulation routière illustre parfaitement cette situation. Le cumul peut se réaliser avec le défaut de permis, la vitesse excessive, l'état d'alcoolémie ou encore l'usage de stupéfiants. En cas d'homicide, la peine d'emprisonnement encourue peut être portée à dix années.

II La faute ordinaire d'imprudence et de négligence

843 — Plan. L'appréciation de la faute d'imprudence et de négligence sera abordée après une définition plus précise de cette faute.

A La notion de faute d'imprudence ou de négligence

844 — Formulation législative de la faute ordinaire d'imprudence et de négligence. « Il y a également délit, lorsque la loi le prévoit, en cas de faute d'imprudence, de négligence ou de manquement à une obligation de prudence ou de sécurité prévue par la loi ou le règlement, s'il est établi que l'auteur des faits n'a pas accompli les diligences normales compte tenu, le cas échéant, de la nature de ses missions ou de ses fonctions, de ses compétences ainsi que du pouvoir et des moyens dont il disposait » (C. pén., art. 121-3, al. 3).

1 La faute ordinaire traduit une imprévoyance

845 — Nécessité d'une imprévoyance. L'imprévoyance va révéler le fait que l'auteur n'a pas prévu les conséquences dommageables de son acte. De là, la faute qui a provoqué le dommage est nécessairement non intentionnelle.

846 — Distinction doctrinale entre l'« imprévoyance consciente » et l'« imprévoyance inconsciente ». Les notions utilisées révéleraient deux types de fautes non intentionnelles. Consciente ou inconsciente, l'imprévoyance doit être regardée comme une faute.

847 — Acte marqué d'imprudence ou de négligence pouvant résulter d'une intention volontaire. La faute ne peut être confondue avec une faute intentionnelle. Ici, l'agent n'a pas eu l'intention de violer la loi pénale et, par conséquent, il n'a pas pu prévoir les conséquences dommageables de son acte. S'il y a bien défaut d'intention délictuelle, il n'y a pas nécessairement défaut de volonté.

848 — Illustration. Comme chacun le note, l'automobiliste a volontairement dépassé le véhicule qui le précédait avant d'entrer en collision avec un autre arrivant en sens inverse. Le dépassement est bien volontaire. Mais à l'évidence, l'intention n'était pas de provoquer un accident. Cet automobiliste a été imprévoyant.

849 — Imprévoyance pouvant s'assimiler à un oubli, une erreur, une erreur de fait. Dans un cas comme dans l'autre, l'imprévoyance ou l'erreur ne saurait exonérer l'agent de sa responsabilité pénale puisque justement, ce qu'on lui reproche, c'est d'avoir commis cette imprudence ou cette erreur.

2 La faute ordinaire traduit une certaine désobéissance sociale

850 — Désobéissance révélée par une certaine indiscipline sociale. Telle est la situation de l'agent qui, par son action ou son inaction, n'a pas respecté les règles de prudence qui s'imposaient.

851 — Désobéissance révélée par l'absence de précaution. Telle est la situation de celui qui n'a pas cru utile de s'entourer des précautions habituellement requises.

852 — Nécessité d'un texte « support » de l'obligation. Prétendre qu'un individu, par son comportement antisocial, a commis une faute (d'imprudence ou de négligence) oblige à relever l'existence de la règle sociale qui exige effectivement cette obligation de sécurité ou de prudence.

853 — Obligation initialement inscrite dans la loi ou les règlements. Lors de la réforme du Code pénal, les articles réprimant les atteintes involontaires à la vie ou à l'intégrité des personnes se référaient directement aux manquements « imposés par les lois et les règlements ». Pouvaient donc entrer dans cette dernière catégorie les règles émanant d'une circulaire ou du règlement intérieur d'une entreprise.

854 — Obligation aujourd'hui inscrite uniquement dans la loi ou le règlement. C'est l'œuvre de la loi du 10 juillet 2010. Animé par un souci de rigueur et de cohérence juridique, l'article 121-3 fait aujourd'hui référence aux seuls manquements aux règles de sécurité ou de prudence prévues par la loi ou le règlement (entendu au sens strict du terme). C'est-à-dire, comme on l'a noté, aux seuls décrets et arrêtés. Sont donc exclues les règles émanant d'une circulaire ou du règlement intérieur d'une entreprise.

855 — Conséquences pour le juge. En pratique, le juge a donc pour mission première de vérifier l'existence du texte « législatif » ou « réglementaire », entendu cette fois au sens strict. Le texte repéré, sa violation démontrée, la faute d'imprudence ou de négligence pourra être constatée.

B L'appréciation de la faute d'imprudence ou de négligence

856 — Plan. La faute d'imprudence ou de négligence, classiquement appréciée *in abstracto*, bénéficie dans le Code pénal nouveau d'une appréciation *in concreto*.

1 La référence classique à l'appréciation *in abstracto*

857 — Préférence doctrinale pour une appréciation objective de la faute d'imprudence. Les auteurs ont longtemps considéré que la faute d'imprudence ou de négligence devait être appréciée *in abstracto* par le juge pénal.

858 — Signes du Code pénal en faveur de l'appréciation objective de la faute d'imprudence. La lecture des articles 221-6 et 222-19, en matière d'atteintes involontaires à l'intégrité des personnes, laissait à penser que la faute pouvait être constituée par le seul fait de la violation d'une règle de sécurité ou de prudence prévue par la loi ou les règlements.

859 — Effets de l'appréciation objective de la faute d'imprudence. Selon cette conception, le juge doit se borner à retenir un comportement animé des plus hautes vertus, sans se soucier outre mesure des circonstances extérieures ayant pu peser sur le comportement de l'agent. Il est aisé de comprendre la sévérité qui se dégage d'une telle analyse.

860 — Commentaires. Que la faute ne soit pas analysée de façon subjective, chacun le comprendra. Mais retenir un critère purement objectif et s'en tenir au seul raisonnement *in abstracto* paraît tout aussi inique. Il faut donc se féliciter des précisions apportées par les lois du 13 mai 1996 et du 10 juillet 2000.

2 L'intervention législative en faveur de l'appréciation *in concreto*

861 — Apport de la loi du 13 mai 1996. La nouvelle rédaction de l'article 121-3 du Code pénal écarte le délit d'imprudence, de négligence ou de manquement, lorsque « l'auteur des faits a accompli les diligences normales compte tenu, le cas échéant, de la nature de ses missions ou de ses fonctions, de ses compétences ainsi que du pouvoir et des moyens dont il disposait ».

862 — Pas de faute d'imprudence ou de négligence si l'auteur a accompli les diligences normales. À chacun de s'interroger sur les repères qui peuvent servir « *la normalité des diligences* ». Autrement dit, de quelles diligences normales parle-t-on ici ?

863 — Analyse des diligences en question. La réponse, si réponse il y a, se cache sans doute à mi-chemin entre les appréciations *in abstracto* et *in concreto*. Certains n'ont pas hésité à fustiger la rédaction retenue en 1996. Il peut paraître au premier abord assez cocasse, il est vrai, que la négligence puisse être excusée par des diligences normales.

Rassat M.-L., « Du Code pénal en général et de l'article 121-3 en particulier », Dr. pén. 1996, chron. n° 28.

864 — Effet de la nouvelle rédaction sur le juge pénal. La nouvelle rédaction n'invite nullement le juge à porter une appréciation subjective de la faute commise. Sur ce point, la circulaire d'application du 27 août 1996 est des plus précises : le terme de « compétences », entendu au sens juridique, ne renvoie pas aux aptitudes psychologiques ou techniques de la personne poursuivie.

865 — Contrôle de la Cour de cassation. Il reste à surveiller que la Chambre criminelle se contente d'une appréciation *in concreto*, de « bon père de famille » ou de « bon chef d'entreprise », sans exiger une appréciation plus sévère à l'égard de ceux qui ont une autorité au-dessus de la moyenne.

866 — Illustration jurisprudentielle du contrôle opéré. « Le chef d'entreprise, pourvu de la compétence, de l'autorité et des moyens nécessaires, est tenu de veiller à l'application effective des consignes écrites de sécurité. Encourt la cassation l'arrêt qui relaxe l'employeur, en l'absence de toute infraction caractérisée à la réglementation en vigueur pour la machine concernée, sans rechercher si celui-ci a accompli les diligences normales lui incombant, au sens de l'article 121-3 du Code pénal dans sa rédaction issue de la loi du 13 mai 1996, pour assurer la sécurité des salariés. »

Cass. crim., 19 nov. 1996 : Dr. pén. 1997, comm. n° 33, obs. Véron.

867 — Aparté. Si l'objectif clairement affiché de la réforme de 1996 visait d'abord à limiter la responsabilité des élus et des agents publics, la réécriture aura surtout eu le grand mérite de consacrer l'appréciation *in concreto* de la faute. Les élus restent responsables. Témoin cette décision qui confirme la déclaration de culpabilité d'un maire, pour homicide involontaire, à la suite d'un incendie ayant entraîné la mort de plusieurs personnes dans un établissement thermal situé sur la commune.

CA Toulouse, 29 janv. 1998 : D. 1999, p. 56.

C | La charge de la preuve de l'imprudence ou de la négligence

868 — Charge de la preuve entre les mains de l'accusation. Il revient à l'accusation de démontrer le caractère fautif du comportement de la personne poursuivie. S'appuyant sur le principe de la présomption d'innocence, la loi du 10 juillet 2000, dite loi Fauchon, est venue préciser qu'en cas de faute d'imprudence, de négligence ou de manquement à une obligation de prudence ou de sécurité, il y a délit « s'il est établi que l'auteur des faits n'a pas accompli les diligences normales [...] » (C. pén., art. 121-3).

III | La faute qualifiée d'imprudence et de négligence

869 — Faute qualifiée, cœur de la réforme opérée par la loi du 10 juillet 2000. Jugée insuffisante par les acteurs du monde politique, la loi du 13 mai 1996 a été poursuivie par celle de juillet 2000 qui vise également, en répondant à l'inquiétude des décideurs publics, à limiter la responsabilité pénale en matière d'infraction non intentionnelle.

870 — Refonte des conditions juridiques de la responsabilité pénale en matière d'infraction non intentionnelle par la loi de juillet 2000. À la grande différence de la loi du 13 mai 1996, qui avait eu pour principal apport d'inscrire dans le Code le principe de l'appréciation *in concreto*, la loi nouvelle revisite deux grands concepts du droit pénal, à savoir le principe de l'équivalence des conditions et celui de l'identité des fautes civile et pénale.

A | La notion de causalité indirecte

871 — Apport essentiel de la loi du 10 juillet 2000. L'article 121-3 du Code pénal est réécrit et surtout complété par un quatrième alinéa qui exige une faute qualifiée en cas de lien de causalité indirecte entre la faute et le dommage.

872 — Formulation législative. Ainsi est rédigé le quatrième alinéa en question : « Dans le cas prévu par l'alinéa qui précède, les personnes physiques qui n'ont pas causé directement le dommage, mais qui ont créé ou contribué à créer la situation qui a permis la réalisation du dommage ou qui n'ont pas pris les mesures permettant de l'éviter, sont responsables pénalement s'il est établi qu'elles ont, soit violé de façon manifestement délibérée une obligation particulière de prudence ou de sécurité prévue par la loi ou le règlement, soit commis une faute caractérisée et qui exposait autrui à un risque d'une particulière gravité qu'elles ne pouvaient ignorer » (C. pén., art. 121-3, al. 4).

873 — Exigence de certaines caractéristiques de la faute reprochée. La nouvelle disposition s'analyse comme une mise en équation législative de la théorie de la causalité adéquate. Il résulte de l'exigence portée par le texte qu'une personne physique ayant causé indirectement un dommage ne pourra voir sa responsabilité pénale engagée qu'à la condition que la faute reprochée présente certaines caractéristiques.

874 — Exigence d'une certaine gravité de la faute. « La responsabilité pénale d'une personne physique nécessite une gravité de la faute inversement proportionnelle à la proximité de ses conséquences dommageables. » Plus le lien de causalité est indirect, plus grande doit être la faute reprochée.

875 — Nécessité de raisonner d'abord et avant tout sur la causalité avant de porter toute appréciation sur la responsabilité. Au-delà de la dépénalisation recherchée, c'est là toute la conséquence de la réécriture législative, la nouvelle rédaction conduit impérativement à cet ordre de raisonnement. Une cour d'appel, infirmant la décision de première instance, a pu ainsi relever que la cause de la noyade d'une pratiquante de raft était sans lien de causalité avec l'interdiction d'exercer de l'éducateur qui encadrait la sortie. Les juges du fond ont pris soin de préciser que l'éducateur en question disposait des compétences professionnelles techniques pour encadrer un groupe de neuf personnes dont quatre enfants, et qu'il avait utilisé ses compétences professionnelles acquises, que ce soit avant la collision du raft avec le kayak que pendant le renversement du raft, comme après celui-ci.

CA Grenoble, 18 nov. 2014. Vial J.-P., « Délits d'imprudence : quand le lien de causalité refait surface », AJ pénal 2015, p. 145.

876 — Contrôle de la Chambre criminelle. L'appréciation du caractère direct ou indirect du lien de causalité fait non seulement l'objet d'un contrôle de la Cour souveraine, mais celle-ci s'est arrogé le droit de requalifier elle-même d'indirect un lien de causalité analysé comme direct par les juges du fond et à l'inverse de qualifier de direct, un caractère retenu comme indirect par les juges du fond.

Cass. crim., 12 sept. 2006 : Bull. crim., n° 219. À propos de la responsabilité d'un médecin pour homicide involontaire.

Cass. crim., 21 janv. 2014. La Chambre criminelle confirme qu'il résulte de l'article 121-3 du Code pénal que cause directement le dommage subi par une personne mordue par un chien la faute de négligence du propriétaire de l'animal l'ayant laissé sortir de chez lui sans être contrôlé et tenu en laisse. Sordino M.-C., AJ pénal 2014, p. 135 – Cass. crim., 29 mai 2013 : Bull. crim., n° 121. Lasserre Capdeville J., « Appréciation du lien de causalité direct en matière de blessures involontaires », AJ pénal 2013, p. 678.

B De quel auteur parle-t-on ?

877 — Dualité d'auteurs concernés. Le texte vise deux auteurs : l'auteur « indirect » et l'auteur « médiat ». Si, à l'évidence, la frontière entre les deux est assez mince et n'est pas absolument imperméable, on peut y redécouvrir le partage entre les dommages résultant d'une action et ceux résultant d'une omission.

878 — Notion d'auteur « indirect ». C'est celui qui a créé ou contribué à créer. Ont été présentés comme tels, l'automobiliste qui, ayant garé son véhicule sur le trottoir, a obligé un piéton à descendre sur la chaussée où il a été renversé ; le conducteur en état d'imprégnation alcoolique qui déséquilibre un cyclomotoriste, celui-ci se faisant écraser par un véhicule roulant à la suite ; le directeur d'usine ayant employé un ouvrier souffrant d'insuffisance respiratoire dans des ateliers empoussiérés.

879 — Notion d'auteur « médiat ». C'est celui qui n'a pas pris les mesures permettant d'éviter le dommage. Ont été présentés comme tels, la personne qui confie sa voiture à un tiers ne possédant pas le permis de conduire et provoquant un accident ; le maire qui n'ordonne pas la fermeture d'une piste de ski avant qu'une avalanche prévisible n'ensevelisse deux skieurs.

Circulaire de la direction des affaires criminelles et des grâces présentant la loi du 10 juillet 2000 tendant à préciser la définition des délits non intentionnels (non publiée au JO, publiée au BO min. Just. n° 80, p. 81).

C Les deux visages de la faute qualifiée

880 — Double version de la faute qualifiée. La faute « délibérée » et la faute « caractérisée » sont les deux visages de la faute qualifiée.

881 — Caractère non interchangeable des deux fautes. Elles répondent à des situations que le législateur n'a pas souhaité confondre. « C'est donc en veillant à bien restituer ce qu'elles sanctionnent de manquements différents qu'elles doivent être retenues, avec l'avantage de trouver dans la faute caractérisée de quoi répondre à des défaillances graves, même si elles ne parviennent pas au seuil des conditions propres à la faute délibérée. »

Cass. crim., 5 févr. 2002 : RSC 2002, p. 585, Mayaud et RSC 2001, p. 381 et 577.

882 — Complémentarité des deux fautes. La dualité n'est pas synonyme de contradiction. Comme on l'a noté, « ce qui est caractérisé peut servir de relève à ce qui n'est pas délibéré ».

883 — Seuil de gravité différent pour les deux fautes. Pour la majorité des auteurs, la faute délibérée « qui suppose un acte intentionnel » porte en elle un degré de gravité plus important que la faute caractérisée qui puise « sa substance dans un manquement non délibéré ».

Pour une opinion divergente, Pralus M., « Réflexions autour de l'élément moral des délits », Dr. pén. 2002, chron. n° 41.

1 La faute délibérée

884 — Confusion apparente entre la faute délibérée et la « mise en danger délibérée de la personne d'autrui ». L'expression de « mise en danger délibérée de la personne d'autrui » ne correspond pas à la définition législative de la faute délibérée, elle en constitue (seulement !) « sa dénomination générique ». Selon le premier mouvement du quatrième alinéa de l'article 121-3, la faute délibérée est un manquement « manifestement délibéré » à « une obligation particulière de prudence ou de sécurité prévue par la loi ou le règlement ».

885 — Exigence d'une obligation particulière. La répression d'une telle faute suppose l'existence d'une obligation particulière de prudence ou de sécurité prévue par la loi ou le règlement. L'exigence est portée par le premier mouvement de l'article 121-3, alinéa 4, du Code pénal.

886 — Exigence d'une volonté délibérée. La répression d'une telle faute suppose la démonstration que la personne, qui connaissait cette obligation de prudence ou de sécurité, ait de façon manifestement délibérée choisi de ne pas la respecter. Si cette volonté délibérée fait défaut, la répression devient, sur ce fondement, impossible.

887 — Illustration jurisprudentielle de l'exigence de cette démonstration. Témoin cette décision de relaxe d'un maire poursuivi pour homicide involontaire à la suite du décès d'un jeune garçon écrasé par la chute d'une cage de but d'un terrain de football municipal. En l'espèce, il a été jugé que le maire en question s'était déplacé personnellement sur les lieux pour vérifier les installations sportives, ce qui excluait tout manquement manifestement délibéré.

CA Poitiers, 2 févr. 2001. Brault-Jamin V., « La consécration jurisprudentielle de l'irresponsabilité pénale des décideurs publics pour des fautes simples d'imprudence », RPDP 2001, p. 518.

2 La faute caractérisée

888 — Support juridique de la faute caractérisée. À l'inverse des fautes ordinaires et des fautes « aggravées » de mise en danger d'autrui ou encore des fautes délibérées, la faute caractérisée peut très bien trouver sa source dans une disposition émanant d'une circulaire, voire du règlement intérieur d'une entreprise. Certains lisent ici le signe de l'importance de la faute caractérisée qui comble les lacunes de la faute délibérée.

Pralus M., « Réflexions autour de l'élément moral des délits », Dr. pén. 2002, chron. n° 41.

889 — Illustration jurisprudentielle. La violation d'un texte inapplicable au prévenu peut néanmoins constituer une faute caractérisée. Lors d'une initiation, un dériveur s'était retourné, entraînant la noyade de son occupante. L'enseignant organisateur ne pouvait se voir reprocher les dispositions réglementaires imposant la présence d'un accompagnateur qualifié. Le texte était imposable en effet aux seuls centres et écoles de voile. Toutefois, en exerçant seul, avec l'assistance d'un collègue non qualifié, une surveillance insuffisante, l'enseignant d'éducation physique avait commis une faute caractérisée.

Cass. crim., 4 oct. 2005 : Dr. pén. 2006, comm. n° 2, note Véron.

Cass. crim., 12 mai 2015 : AJ pénal 2015, p. 604, obs. Renaud-Duparc ; RSC 2015, p. 645, obs. Mayaud. Le non-lieu rendu à propos des infractions à la législation sur la sécurité des travailleurs, au motif que celle-ci ne s'applique pas aux collectivités territoriales, ne fait pas obstacle à ce que le comportement visé par lesdites infractions soit retenu pour établir une faute caractérisée fondant le délit d'homicide involontaire.

890 — Conditions de la mise en œuvre de la faute caractérisée. Elle impose trois conditions cumulatives. Si la particularité de la faute caractérisée peut être lue dans son aptitude, à l'inverse de la faute délibérée, à se jouer des références prédéfinies, la faute doit être « une faute caractérisée » qui « expose autrui à un risque d'une particulière gravité », risque que « la personne ne pouvait ignorer ».

a La faute doit être une faute caractérisée

891 — Nécessité d'un certain degré de gravité. L'adjectif a été présenté lors des débats parlementaires comme signifiant que la faute devait « présenter un certain degré de gravité », avoir « un caractère bien marqué », un caractère « affirmé », « une particulière évidence », « une particulière intensité ».

892 — Insuffisance d'une faute simple pour retenir une faute caractérisée. Faute de véritables précisions, cette multitude de caractéristiques aura surtout le mérite d'écarter la « simple faute ordinaire », ou comme on disait hier « les poussières de faute ».

b La faute doit exposer autrui à un risque d'une particulière gravité

893 — Gravité dépendant tant du risque que de son degré de probabilité. Comme chacun peut l'observer, pour que la justice soit saisie, le dommage qui s'est effectivement produit devait être prévisible.

c La personne ne pouvait ignorer le risque auquel elle exposait autrui

894 — Finalité essentielle de la réforme. La dépénalisation vise et doit viser les personnes qui n'ont pas été en mesure de prendre connaissance de l'existence de la situation dangereuse.

895 — Appréciation de la connaissance du risque en question. De deux choses l'une : ou bien la connaissance du risque est exigée de la personne en raison de la nature de ses activités ou de sa fonction, ou bien cette connaissance va dépendre de signalements ou d'avertissements adressés à cette même personne.

896 — Employeur et connaissance du risque. L'employeur endosse souvent le rôle de la personne qui ne pouvait ignorer le risque. Sauf délégation, l'employeur est en effet astreint à prendre la juste mesure des risques afin de pouvoir les évaluer. En dehors du domaine de l'hygiène et de la sécurité, la jurisprudence s'efforce de caractériser « une conscience concrète de l'existence et de la gravité du risque créé ».

897 — Professionnel et connaissance du risque. Le professionnel endosse également le rôle de celui qui ne pouvait ignorer. Pour le professionnel comme pour les autres, la formule du Code n'exige pas que l'auteur ait mesuré le risque encouru, mais qu'il aurait dû en avoir conscience. Ainsi est justifiée la condamnation de salariés de GDF qui n'avaient pas effectué les vérifications nécessaires.

Cass. crim., 18 nov. 2008 : RSC 2009, p. 94, obs. Mayaud.

898 — Appréciation de la connaissance du risque à l'égard des élus. Pour les élus, la jurisprudence semble en apparence assez fluctuante. Ici, un maire est relaxé, car il pouvait ignorer la présence d'une cage mobile de gardien acquise par le club de football. Là, un maire est condamné pour homicide involontaire à la suite du décès d'un enfant écrasé par une buse de béton. En l'espèce, l'élu avait été informé que la buse en question n'était pas stabilisée et qu'elle était utilisée comme élément de jeu.

Brunet L., « La responsabilité non intentionnelle des élus locaux », AJ pénal 2006, p. 153.

899 — Appréciation de la connaissance du risque à l'égard des enseignants. La nuance est également de mise. Ici, une institutrice peut ignorer qu'un enfant qui bénéficiait de la permission de se rendre aux toilettes pendant les cours se livrait au jeu du foulard qui a provoqué sa mort. Là, un instituteur ne pouvait ignorer le danger représenté par les fenêtres ouvertes de sa classe. Il est poursuivi pour homicide involontaire en raison du décès d'une élève qui, s'étant assise sur le bord, a basculé. Là, alors qu'un écolier, exclu du cours, est retrouvé mort pendu à un portemanteau, l'enseignante est relaxée en absence de faute délibérée (sans que le tribunal ait recherché si elle avait commis une faute caractérisée).

Cass. crim., 10 déc. 2002 : Dr. pén. 2003, comm. n° 45, note Véron.

Cass. crim., 6 sept. 2005 : Dr. pén. 2006, comm. n° 3, note Véron ; RSC 2006, p. 62, obs. Mayaud ; Buttner Y., « La répression de l'imprévoyance des personnels d'éducation », AJ pénal 2006, p. 156.

T. confl. Tarascon, 29 oct. 2013. Vial J.-P., « La loi Fauchon dénaturée : quand le juge se limite à la recherche d'une faute délibérée », AJ pénal 2014, p. 134.

D L'apport de la Chambre criminelle : la nécessaire appréciation *in concreto* de la faute caractérisée

900 — Nécessité pour les juges du fond d'apprécier souverainement tant la faute que le lien de causalité. Le contrôle de la Chambre criminelle vise à vérifier « qu'ils ne se sont pas mépris sur l'interprétation des catégories légales et que les circonstances de fait qu'ils ont retenues caractérisent, sans insuffisance ni contradiction, les éléments constitutifs de l'infraction ».

901 — Difficultés d'appréhension de l'arrêt du 18 juin 2002. Parfois, l'esprit est mis à l'épreuve. Il faut alors lire et relire la décision des juges pour tenter d'en cerner les contours et les méandres. L'arrêt rendu le 18 juin 2002 par la Chambre criminelle illustre de bien belle manière cette situation.

902 — Faits de l'espèce. Une voiture roulant à vive allure avait provoqué un accident lors d'un défilé organisé dans un village. Le maire de la commune fut poursuivi et condamné pour blessures involontaires. Les juges du fond reprochaient au premier magistrat de la ville d'avoir manqué à son obligation de sécurité et d'avoir ainsi commis une faute caractérisée. L'arrêt de la cour d'appel d'Amiens est censuré sur ces deux fondements.

903 — Grille de lecture de l'arrêt de cassation. La solution semble révéler une certaine confusion des genres. Juges du fond et juges du droit dissertent sur les « diligences » dont le maire aurait dû faire preuve. Naturelle dans un débat sur la responsabilité directe (faute ordinaire), la dissertation surprend dans un schéma sur la responsabilité indirecte. Il est assez singulier de raisonner sur l'appréciation des diligences normales, critère d'une faute qui n'a pas sa place en cas de causalité indirecte, pour faire état de la faute caractérisée, la seule en l'espèce à être opérationnelle.

> Cass. crim., 18 juin 2002 : Bull. crim., n° 138 ; RSC 2002, p. 814, Mayaud ; Dr. pén. 2002, comm. n° 120 ; D. 2003, jurispr. p. 240, note Gauvin.

904 — Apparente confusion des genres et légitimité de la démarche suivie. Pour s'en convaincre, il est toutefois nécessaire d'analyser ces « diligences normales » non pas dans leur force constructrice de la faute ordinaire, mais bel et bien comme de simples relais, éléments parmi d'autres, permettant de marquer la faute caractérisée. Entre logique et subtilité, chacun cherchera son chemin. La matière revêt parfois les traits d'une discipline d'initiés, a-t-il été écrit.

IV Des rapports entre la faute pénale et la faute civile

905 — Imprudence et négligence dans le Code pénal et dans le Code civil. Les mêmes mots peuvent-ils avoir un sens différent selon les codes ? C'est là une interrogation qui a fait couler beaucoup d'encre.

> « Chacun est responsable du dommage qu'il a causé non seulement par son propre fait, mais encore par sa négligence ou par son imprudence » (C. civ., art. 1383).

906 — Les enjeux de la réponse. La réponse, loin d'être de pure théorie, a des intérêts pratiques prononcés. Selon le célèbre principe « de l'autorité de la chose jugée au pénal sur le civil », s'il y a identité entre la faute pénale et la faute civile, il faut en déduire nécessairement que le juge civil sera dans l'impossibilité de demander des dommages et intérêts à une personne ayant bénéficié de la relaxe devant la juridiction pénale.

> Gassin R., « Autorité de la chose jugée, rapports des décisions pénales et des décisions civiles », *in Dictionnaire des sciences criminelles*, 2004, Dalloz, p. 97.

A Faute pénale et faute civile, le temps de la séparation

907 — Fautes pénales et civiles au XIXe siècle. Pendant le XIXe siècle, fautes pénales et fautes civiles ont vécu séparées. En ces temps qui peuvent déjà paraître bien lointains, la sanction pénale n'était pas regardée comme une fin en soi. La majorité du contentieux était dirigée vers les juridictions civiles, la voie pénale étant réservée aux fautes les plus graves.

908 — Autorité de la chose jugée au pénal sur le civil. Si la juridiction pénale avait été saisie et qu'elle avait décidé de ne pas reconnaître l'existence d'une quelconque faute, le juge civil perdait toute possibilité d'appréciation de la faute et était dans l'impossibilité d'attribuer des dommages et intérêts.

B Faute pénale et faute civile, le temps de l'unité

909 — Plan. Quels sont les principes de l'identité des fautes pénale et civile, leurs conséquences, et enfin les corrections apportées à ces conséquences ?

1 Principe et conséquences de l'unité des fautes pénale et civile

910 — Fin de la thèse dualiste au XXe siècle. Au début du XXe siècle, la jurisprudence rompt avec la thèse dualiste. La Chambre criminelle affirme l'identité des fautes pénale et civile. D'emblée, les critiques doctrinales n'ont pas manqué. Dans un cas comme dans l'autre, la conséquence de cette option s'avère assez inéquitable.

911 — Conséquences sur l'appréciation de la faute. Pour ouvrir la réparation civile, la thèse de l'unité des fautes « oblige » le juge pénal à retenir ne serait-ce qu'une « *poussière de faute* », là où la mesure n'était pas forcément utile. Dans l'autre hypothèse, si le juge pénal ne retient aucune faute, la victime se trouve privée de toute indemnisation.

912 — Conséquences sur la durée de la prescription. Selon le principe de la solidarité des prescriptions publiques et civiles, la victime était tenue d'agir dans les délais assez brefs de l'action publique (trois ans pour les délits, un an pour les contraventions).

2 Les corrections apportées aux conséquences de l'unité des fautes pénale et civile

913 — Autonomie de la prescription civile. L'autonomie a remplacé le principe de la solidarité des prescriptions. Ce fut l'œuvre de la loi du 23 décembre 1980. Concrètement, cela signifie que la victime a un délai de dix ans pour engager son action devant la juridiction civile.
« Lorsque l'action civile est exercée devant une juridiction répressive, elle se prescrit selon les règles de l'action publique. Lorsqu'elle est exercée devant une juridiction civile, elle se prescrit selon les règles du Code civil » (CPP, art. 10).
« L'action en responsabilité née à raison d'un événement ayant entraîné un dommage corporel, engagée par la victime directe ou indirecte des préjudices qui en résultent, se prescrit par dix ans à compter de la date de la consolidation du dommage initial ou aggravé » (C. civ., art. 2226).

914 — Indifférence d'une décision de relaxe sur le paiement de dommages et intérêts au civil. Un individu relaxé par le juge pénal peut être condamné, par la juridiction civile, à payer des dommages et intérêts. La solution mise en forme par la jurisprudence repose sur le fondement de la présomption de faute déduite de l'article 1384, alinéa 1, du Code civil. « On est responsable non seulement du dommage que l'on cause par son propre fait, mais encore de celui qui est causé par le fait des personnes dont on doit répondre, ou des choses que l'on a sous sa garde » (C. civ., art. 1384-1).

915 — Possibilité pour le tribunal correctionnel, ayant prononcé une relaxe, d'accorder lui-même des dommages et intérêts à la victime. Le principe a été formulé par la loi du 8 juillet 1983, complétée par celle du 16 mai 1996 (CPP, art. 470-1).

916 — Dissipation des reproches majeurs de la thèse de l'unité des fautes civile et pénale. L'auteur n'est pas inutilement retenu responsable d'une faute pénale « subterfuge », la victime n'est pas laissée pour compte. Encore faudra-t-il que cette dernière tienne compte de certains éléments de procédure.

> Cass. ch. mixte, 19 nov. 1998 : D. 1998, p. 575, note Rebut. « La victime d'une diffamation par voie de presse, qui n'a cité devant la juridiction pénale que l'un des participants à l'infraction, a épuisé son droit d'agir devant la juridiction civile, en raison de la même publication, contre les autres participants à cette infraction. » En l'espèce, la Chambre mixte a éludé le débat sur la violation du principe de l'autorité de la chose jugée au pénal sur le civil.

C | Faute pénale et faute civile, le temps de la dissociation ?

917 — Plan. La dissociation entre faute pénale et faute civile s'explique par différentes causes ; les effets de cette dissociation méritent également d'être analysés.

1 | Les raisons de la dissociation

918 — Réécriture de l'article 121-3 du Code pénal. La réforme de juillet 2000 a profondément modifié la cohabitation entre les deux types de fautes. Sans revenir sur les motivations qui ont animé le législateur, il résulte du nouveau texte qu'il convient de distinguer aujourd'hui selon que la causalité entre l'imprudence et le dommage est directe ou indirecte.

919 — Risques pour les victimes. En cas de causalité indirecte, le Code organise une certaine « dépénalisation » qui peut heurter les droits des victimes. Bien que partielle et conditionnelle, cette dépénalisation pouvait contrarier singulièrement les droits des victimes. Aussi la loi du 10 juillet 2000 a-t-elle souhaité rompre le lien entre la faute pénale et la faute civile.

920 — Protection des droits des victimes. La formulation révèle sans ambiguïté les intentions des rédacteurs : « L'absence de faute pénale non intentionnelle au sens de l'article 121-3 du Code pénal ne fait pas obstacle à l'exercice d'une action devant les juridictions civiles afin d'obtenir la réparation d'un dommage sur le fondement de l'article 1383 du Code civil si l'existence de la faute civile prévue par cet article est établie » (CPP, art. 4-1).

921 — Possibilité pour le juge civil de considérer comme inexcusable une faute que le juge pénal n'a pas souhaité « caractériser ». L'article 4-1 précise également que l'absence de faute pénale n'exclut pas que soit établie la faute inexcusable de l'employeur prévue par l'article L. 452-1 du Code de la sécurité sociale qui permet une indemnisation complémentaire au profit de la victime d'un accident du travail ou d'une maladie professionnelle.

2 | Les effets de la dissociation

922 — Divergences des opinions doctrinales. Les incidences en droit civil de ces différentes réécritures ont aussitôt été commentées en doctrine et, comme par écho du passé, les opinions furent divergentes.

a ▮ La dualité nuancée

923 — Principe de l'unité des fautes civile et pénale ayant survécu à la réforme. Telle a été l'opinion de certains au lendemain de la réforme. Le principe de l'unité, écrivait Jean Pradel, est « touché mais pas coulé ». Ainsi, selon cette conception « responsabilités pénales et civiles diffèrent non en raison de leurs fautes qui sont de même nature, mais en raison du lien de causalité qui peut être apprécié différemment ».

924 — Dualité des fautes n'apparaissant que dans les hypothèses de causalité indirecte. En cas de causalité directe, la faute pénale ordinaire définie par le troisième alinéa de l'article 121-3 du Code pénal demeure identique à la faute civile de l'article 1383 du Code civil.

> Desportes F. et le Gunehec F., *Droit pénal général*, 16e éd., 2009, Economica, n° 498-7.

925 — Indifférence du débat « unité-dualité » des fautes civiles et pénales pour les personnes morales. Comme le mouvement de dépénalisation porté par la réforme de juillet 2000 vise uniquement les personnes physiques, d'aucuns ont parlé d'une remise en cause « partielle » du principe de l'unité des deux types de fautes.

b ▮ La dualité acceptée

926 — Nature différente des deux fautes. La dualité des fautes est entrée dans notre droit positif, ceux qui l'entendent ainsi le soulignent : « la faute pénale est subjective et centrée sur les idées de culpabilité et de punition alors que la faute civile est objective et centrée sur la réparation ».

> Jourdain P., « Les conséquences de la loi du 10 juillet 2000 en droit civil », RSC 2001, p. 748.

927 — Article 4-1 du Code de procédure pénale. Il renvoie à l'article 121-3 en tous ses alinéas et non au seul alinéa 4. Plaidant la dualité des fautes, on a fait valoir aussi, de manière intéressante, que l'article 4-1 n'avait d'intérêt réel qu'en cas de causalité directe puisqu'en cas de causalité indirecte, le juge civil n'est pas lié par les décisions pénales s'appuyant sur une faute délibérée ou caractérisée.

SECTION 3 La faute contraventionnelle ou faute présumée

928 — Degré zéro de la culpabilité. Certaines infractions semblent pouvoir être caractérisées, au titre de leur élément moral, sans que la preuve d'une quelconque faute soit rapportée.

929 — Plan de section. Deux séries de remarques conduisent l'intitulé. La première concerne le régime des contraventions, la seconde évoque la disparition des « délits matériels ».

I La faute contraventionnelle au sens strict

930 — Définition de la faute contraventionnelle. Elle est la moins caractérisée des fautes pénales. Elle révèle une simple inobservation d'une prescription sans que soit besoin d'être démontrée l'intention de violer la norme ou encore une imprudence ou une négligence.

931 — Indifférence apparente à l'élément moral de l'infraction. Il est d'usage de noter que le fait contraventionnel est caractérisé par la seule matérialité de l'acte prohibé par la loi pénale. La formule est trop simpliste et l'abus de langage réel même si, parmi les fautes pénales, la faute contraventionnelle est celle qui se caractérise le plus facilement.

932 — Prédominance de l'élément matériel. Les contraventions sont constituées dès le moment où le fait interdit est « matériellement constaté ». D'origine jurisprudentielle, la formule fut d'emblée justifiée par la doctrine qui souligna la faible gravité des faits et la finalité de la sanction contraventionnelle, à savoir, faire respecter des règles de police, des règles de discipline sociale.

Cass. crim., 12 mai 1843 : S. 1844, I, p. 158 ; beaucoup plus récemment, Cass. crim., 28 avr. 1977 : JCP 1978, II, 18931, note Delmas-Marty.

933 — Contraventions commandant une faute intentionnelle. Certaines contraventions commandent expressément une faute intentionnelle. C'est le cas des violences volontaires ayant entraîné une incapacité de travail d'une durée inférieure à huit jours (C. pén., art. R. 625-1).

934 — Contraventions se fondant sur un acte de maladresse, imprudence ou négligence. Certaines contraventions se fondent expressément sur un acte de maladresse, d'imprudence ou de négligence. C'est le cas des atteintes involontaires à l'intégrité de la personne lorsque l'incapacité totale de travail n'aura pas excédé trois mois (C. pén., art. R. 625-2).

935 — Inexactitude à affirmer que la faute contraventionnelle ne suppose ni intention de violer la loi, ni même une imprudence ou une négligence. De manière beaucoup plus générale, l'élément moral ne peut être radicalement exclu de toute faute contraventionnelle. À l'évidence, une telle faute sous-entend l'existence d'une volonté libre et éclairée.

936 — Possibilité de retenir des causes subjectives de non-responsabilité pénale en matière de contravention. La faute s'efface à l'égard de celui qui a agi sous l'emprise totale d'un trouble mental.

937 — « Il n'y a point de contravention en cas de force majeure ». Telle est la précision apportée par l'article 121-3 du Code. On peut s'interroger sur cette particularité. Comme on l'a noté, laisser entendre que les crimes et les délits ne sont pas effacés par la force majeure est inexact ; dire que les contraventions le sont est exact, mais ne les caractérise nullement.

Rassat M.-L., *Droit pénal général*, 3e éd., 2014, Ellipses.

938 — Présomption de faute et faute contraventionnelle. À l'évidence, théoriquement, la présomption ne peut être analysée comme irréfragable, mais finalement, chacun se rend bien compte que les efforts répétés de la doctrine pour « penser » l'existence d'une faute en matière de contravention n'expliquent pas la réalité quotidienne des condamnations systématiques en cette matière.

Cass. crim., 6 nov. 2013 : AJ pénal 2014, p. 131. Refusant le bénéfice de la force majeure au propriétaire d'un véhicule condamné pour la panne d'un clignotant en raison de la présence accidentelle d'eau dans la commande de cet équipement.

II La suppression des délits « matériels »

939 — Délits matériels ou délits contraventionnels. L'expression était utilisée pour définir des délits pour lesquels l'élément moral, à l'image de celui des contraventions, était présumé.

940 — Raison d'être des délits matériels. Comme ils poursuivaient la même finalité que les contraventions, c'est-à-dire faire respecter des règles de discipline sociale, la jurisprudence étendit à l'égard de certains délits le régime de contraventions. Sans encourir la cassation, les juges du fond étaient ainsi dispensés de rapporter toute indication d'une quelconque preuve de l'existence de l'élément moral de l'infraction.

941 — Suppression des délits matériels portée par l'article 121-3 du Code pénal. Si l'exigence d'intentionnalité est écartée pour les délits, c'est à la seule condition que l'imprudence, la négligence ou encore la mise en danger délibérée d'autrui ait été caractérisée. La doctrine y a vu la disparition des délits matériels portés par le Code pénal.

942 — Suppression pour les délits extérieurs au Code pénal. Pour ces derniers, on pouvait formuler quelques réserves. Pouvant être analysés comme des délits spécifiques, on pouvait s'interroger sur leur devenir face au caractère général porté par l'article 121-3 du Code pénal.

943 — Précision apportée par la loi d'adaptation du 16 décembre 1992. Le texte précisa que tous les délits non intentionnels retenus par d'autres textes que le Code pénal ne pouvaient être constitués qu'à la condition de rapporter l'imprudence, la négligence ou la mise en danger.

944 — Conséquences pratiques de la suppression des délits matériels. Certains prévenus, bénéficiant de la nouvelle rédaction, ont pu échapper à la répression lorsque la partie poursuivante était dans l'impossibilité d'apporter la preuve exigée de l'imprudence, la négligence ou de la mise en danger.

CA Douai, 14 févr. 1995 : Dr. pén. 1995, comm. n° 127. À propos du délit de pollution de rivière.

945 — Liberté jurisprudentielle. Si le plus souvent, et ce dans les matières les plus diverses, les magistrats n'ont pas rencontré de véritables difficultés pour satisfaire aux nouvelles exigences, parfois les juges du fond, de manière assez singulière, ont qualifié d'intentionnelles des infractions entendues hier encore comme des infractions non intentionnelles.

Cass. crim., 12 juill. 1994, Dr. pén. 1994, comm. n° 237. Pour le délit de construction sans permis ; Pralus M., « Réflexions autour de l'élément moral des délits », Dr. pén. 2002, chron. n° 41.

PARTIE 3

De la responsabilité pénale

CHAPITRE 1

La personne physique pénalement responsable

946 — Auteur principal et complice. Le droit positif retient deux modes de participation à l'infraction. Si l'auteur principal est regardé comme le principal responsable du fait reproché, le complice apparaît comme un responsable de second ordre.

947 — Principe de la responsabilité personnelle. Les mots ne signifient pas ici que le complice sera traité moins sévèrement que l'auteur principal. Les deux responsabilités obéissent toutefois au même principe général, celui de la responsabilité personnelle.

SECTION 1 L'auteur principal

948 — Définition de l'auteur. Selon l'article 121-4 du Code pénal, « Est auteur de l'infraction la personne qui :
1° commet les faits incriminés ;
2° tente de commettre un crime ou, dans les cas prévus par la loi, un délit ».

949 — Plan de section. Le principe de la responsabilité personnelle signifie que l'auteur d'une infraction ne peut être poursuivi que pour ses propres agissements ou omissions. Parfois, comme par jeu, les mots s'entrechoquent et laissent apparaître une responsabilité pour le fait d'autrui.

I Le principe de la responsabilité personnelle

950 — Plan. Rappelons l'histoire de ce principe, consacré par le Code pénal nouveau.

A L'histoire du principe

951 — Temps immémoriaux. C'est le temps de la vengeance privée. Aux origines des civilisations, le principe de la responsabilité pénale revêt plutôt un caractère collectif. Le processus pénal est une histoire de groupe. La victime et le groupe auquel elle appartient réagissent contre l'offenseur et le groupe de ce dernier.

952 — Temps de la justice privée. La donne ne change pas fondamentalement et les historiens évoquent encore une responsabilité pénale collective.

953 — Temps de la justice publique. Avec l'apparition de la justice publique, la responsabilité pénale va devenir peu à peu individuelle. Le fameux jurisconsulte Loysel annonçait ainsi : « en crime, il n'y a pas de garant. » Dès lors, il apparaît comme naturel que seul celui qui a commis un méfait en réponde personnellement.

954 — Révolution de 1789. Au moment de la Révolution, chacun s'accorde à reconnaître l'importance du principe de la responsabilité personnelle, mais celui-ci, peut-être en raison de sa trop grande certitude, ne trouve place dans aucun texte.

955 — Silence du Code pénal de 1810 sur le principe de la responsabilité personnelle. Si le Code ignore le principe, il ne fait aucun doute qu'il guide le droit de la responsabilité pénale. La Chambre criminelle pourra d'ailleurs le confirmer sans que personne en soit surpris.

> Cass. crim., 16 déc. 1948 : Bull. crim., n° 291. « Nul n'est responsable qu'à raison de son fait personnel. »

B La consécration du principe par le Code pénal

956 — Formulation du principe de la responsabilité personnelle. Le principe incontournable est aujourd'hui porté par l'article 121-1 du Code pénal qui énonce une chose déjà entendue par tous : « Nul n'est responsable pénalement que de son propre fait. »

957 — Commentaires doctrinaux. Comme certains auteurs l'ont relevé, le texte eût été plus utile s'il avait été complété des dispositions consacrées aux exceptions qu'il est susceptible de connaître (infractions commises dans le cadre d'un groupe, responsabilité collective, responsabilité dite du fait d'autrui).

Lassale J.-Y., « Réflexions à propos de l'article 121-1 du futur Code pénal consacrant le principe de la personnalité de la responsabilité pénale », JCP 1993, I, 3695.

958 — Appréciation du principe par la Chambre criminelle. Ce principe a été énoncé à l'occasion d'une affaire de violences volontaires en réunion. Les magistrats de la Chambre criminelle ont estimé que la simple participation à une scène collective d'intimidation ne peut être regardée comme dépourvue de tout caractère violent.

Cass. crim., 2 sept. 2005 : Bull. crim., n° 212, « le délit de violences peut être constitué, en dehors de tout contact matériel avec le corps de la victime, par tout acte ou comportement de nature à causer sur la personne de celle-ci une atteinte à son intégrité physique ou psychique caractérisée par le choc émotif ou une perturbation psychologique ».

II La question de la responsabilité pénale dite pour le fait d'autrui

959 — Présentation de la responsabilité du fait d'autrui. À la différence des théories civilistes qui font parfois peser la responsabilité d'un dommage sur une personne qui n'en est pas l'auteur, le droit pénal ne reconnaît pas, en principe, la responsabilité pour le fait d'autrui.

960 — Regard en droit civil. À l'image de la responsabilité du fait des choses, la responsabilité du fait d'autrui est analysée comme un principe général de droit civil permettant de retenir la responsabilité de tous ceux qui ont la charge de surveiller d'autres personnes potentiellement dangereuses.

Cass. ass. plén., 29 mars 1991 : JCP 1991, II, 21673, pour une association gérant un centre d'accueil pour handicapés mentaux.

961 — Appréciations de la responsabilité du fait d'autrui en droit pénal. Souci de répression, solution de facilité, recherche d'équité : les arguments, bons ou mauvais, ne manquent pas. Ils sont fondés sur l'idée que pour être exonéré totalement de sa responsabilité pénale, l'auteur, qui n'a pas personnellement participé à l'infraction, doit être aussi moralement irresponsable. Il arrive que derrière l'auteur matériel de l'infraction se trouve une personne qui, sans y avoir matériellement participé, en a facilité la commission.

A | La notion d'auteur moral de l'infraction

962 — Concept de culpabilité morale. Cette forme de culpabilité a élu un domicile privilégié dans le cadre de l'entreprise. À tel point que certains manuels abordent directement la question sous l'angle de la responsabilité du chef d'entreprise. Il est vrai que le principe de la personnalité des peines s'avère quelque peu inadapté lorsque l'infraction se situe dans la sphère des activités menées dans le cadre de l'entreprise.

963 — Explications juridiques de la culpabilité morale. La notion révèle une sorte de « scission des éléments constitutifs de l'infraction ». Au lieu de s'incarner dans les faits directement incriminés par la loi pénale, la culpabilité morale réside dans un comportement qui les précède. Sans cette faute de comportement, l'infraction ne se serait pas (ou peut-être pas) réalisée. Cette faute sert l'élément matériel de l'infraction reprochée au chef d'entreprise. Ce qui est reproché au dirigeant, c'est de ne pas avoir su empêcher que l'infraction se produise.

964 — Illustration ancienne. Il en va ainsi, notamment, dans les industries soumises à des règlements édictés dans un intérêt de salubrité ou de sûreté publiques, la responsabilité pénale remonte essentiellement aux chefs d'entreprise « à qui sont personnellement imposés les conditions et le mode d'exploitation de leur industrie ».

Cass. crim., 30 déc. 1892 : S. 1894, 1, 201, note Villey – Cass. crim., 28 févr. 1956 : JCP 1956, II, 9304, note Lestang.

965 — Illustration récente. Un sac ayant été déposé sur le trottoir, sans utilisation du bac à ordures, par un salarié non identifié, le président d'une société a été condamné en contravention d'un règlement sanitaire préfectoral relatif à la collecte des ordures ménagères. Son pourvoi est rejeté par la chambre criminelle.

Cass. crim., 7 janv. 1998 : Gaz. Pal. 1998, 1, chron. p. 84, obs. Doucet.

966 — Caractère trompeur de l'expression « responsable du fait d'autrui ». C'est bien pour sa propre faute et uniquement pour celle-ci que le dirigeant est poursuivi. Ce qui lui est reproché, c'est de ne pas avoir pris toutes les précautions ou les dispositions qui s'imposaient. L'abstention – car le plus souvent il s'agit d'infraction d'imprudence ou de négligence – a la même vocation que l'action pour révéler la matérialité de l'infraction.

967 — Justification sociologique de la culpabilité morale. La référence à l'« auteur moral » s'inscrit dans le souci, assez légitime, de lutter contre une certaine « déresponsabilisation » du comportement des chefs d'entreprise et plus largement les différentes personnes en charge de responsabilités.

B Les limites de l'engagement de la responsabilité pénale de l'auteur moral

968 — Plan. L'exigence d'une faute personnelle et la délégation de pouvoirs constituent les limites de l'engagement de cette responsabilité pénale.

1 L'exigence d'une faute personnelle

969 — Principe de l'exigence d'une faute personnelle. À l'image de celle de l'auteur personnel, la responsabilité « morale » obéit au principe de la responsabilité personnelle.

970 — Appréciation rigoureuse du principe par la jurisprudence. En pratique, la faute du dirigeant est tellement présumée qu'on a pu la croire un moment irréfragable. Malgré une intervention du législateur remarquée, les magistrats ont encore une conception assez sévère des obligations qui pèsent sur le dirigeant.

> L. n° 76-1106, 6 déc. 1976, relative au développement de la prévention des accidents du travail. Exigeant que soit constatée la « faute personnelle » du dirigeant (C. trav., art. L. 4741-1).

971 — Présomption de faute en question. Il est tentant d'analyser cette présomption de responsabilité comme une disposition contraire au principe de la présomption d'innocence. La Chambre criminelle a pu rappeler qu'il n'en était rien. Libre au dirigeant alors de prouver qu'il n'a commis aucune faute, même si le plus souvent la tâche sera difficile, sinon impossible.

> Cass. crim., 19 août 1997 : JCP 1997, IV, 2293. « La présomption de responsabilité pénale du dirigeant social qu'instituent les articles 52 et 244 de la loi du 24 juillet 1966 et qui trouve à s'appliquer en matière de fraude fiscale, en ce qu'elle n'a pas d'autre effet que de renverser la charge de la preuve, n'est pas contraire à la présomption d'innocence. »

2 La délégation de pouvoirs, source d'exonération

972 — Plan. Exposons les principes de la délégation de pouvoirs avant d'en aborder les limites.

a Le principe de la délégation

973 — Principe de la délégation. Les magistrats ont admis très tôt que le dirigeant, dans l'impossibilité de surveiller et d'organiser seul l'ensemble des activités de l'entreprise, pouvait déléguer une partie de ses attributions et par là même une part de sa responsabilité.

974 — Limites initiales posées par la jurisprudence. En pratique, les magistrats ont opéré une distinction selon les domaines concernés par la délégation. Celle-ci fut par exemple admise assez facilement en matière d'hygiène et de sécurité. En revanche, elle était régulièrement refusée en matière d'infractions économiques.

975 — Principe élargi par la jurisprudence. Par cinq arrêts du 11 mars 1993, la Chambre criminelle abandonne la distinction évoquée en renversant la thèse jusque-là soutenue. Non seulement elle autorise la délégation en matière d'infractions économiques, mais elle ajoute, plus largement, que « hors le cas où la loi en dispose autrement, le chef d'entreprise, qui n'a pas personnellement pris part à la réalisation de l'infraction, peut s'exonérer de sa responsabilité pénale s'il rapporte la preuve qu'il a délégué ses pouvoirs à une personne pourvue de la compétence, de l'autorité et des moyens nécessaires ».

Cass. crim., 11 mars 1993 : Bull. crim., n° 112 ; Bayet D., « La responsabilité pénale du chef d'entreprise à l'issue des arrêts de la Chambre criminelle », Gaz. Pal. 1993, 2, p. 923.

976 — Principe écarté pour les délégations de fait des élus locaux. Deux conseillers municipaux responsables d'un comité des fêtes ont été condamnés du chef d'homicide involontaire sur la base d'une délégation de fait donnée par le maire de la commune. La décision est censurée. La Chambre criminelle estime que l'article L. 2122-18 du Code général des collectivités territoriales qui opère un transfert de la responsabilité pénale sur le fondement d'une délégation ne peut prendre que la forme que d'un arrêté municipal.

Cass. crim., 18 juin 2013 : Bull. crim., n° 141 ; AJ pénal 2014, p. 74.

b ▮ Les limites des effets de la délégation

977 — Réalité et portée de la délégation laissées à l'appréciation des juges du fond. La délégation doit recouvrir une certaine réalité qui puisse être vérifiée. Dès lors que leurs motifs sont exempts d'insuffisance et de contradiction, les juges du fond apprécient souverainement les conditions requises. Dans le cas contraire, la Chambre criminelle n'hésite pas à censurer les décisions rendues.

Cass. crim., 14 mars 2006 : AJ pénal 2006, p. 308, obs. Saas.

978 — Réelle compétence exigée du délégué. Pour être acceptée par les juges, la délégation doit révéler un délégué possédant les compétences et l'autorité requises pour assurer les missions qui lui sont confiées. Cela implique des aptitudes techniques et une certaine autonomie.

979 — Nécessité de l'acceptation par le délégué. L'assentiment du préposé délégataire paraît être une disposition de bon sens. La Chambre criminelle a pu le rappeler en insistant sur le fait que la délégation de pouvoirs (écartée en l'espèce) n'avait pas été « expressément acceptée ».

Cass. crim., 23 mai 2007 : AJ pénal 2007, p. 380, obs. Royer.

980 — Absence d'effet sur les faits reprochés personnellement au dirigeant. C'est encore une remarque de bon sens. La délégation ne peut être salvatrice dès lors que l'intéressé a pris une part personnelle à la réalisation de l'infraction.

Cass. crim., 20 mai 2003 : Bull. crim., n° 101 ; Dr. pén. 2003, comm. n° 103 – Cass. crim., 17 juin 2003 : Dr. pén. 2003, comm. n° 127.

SECTION 2 Le complice

981 — Définition du complice. Selon l'article 121-7 du Code pénal, « Est complice d'un crime ou d'un délit la personne qui sciemment, par aide ou assistance, en a facilité la préparation ou la consommation. Est également complice la personne qui par don, promesse, menace, ordre, abus d'autorité ou de pouvoir aura provoqué à une infraction ou donné des instructions pour la commettre ».

982 — Proposition de réforme avortée. Lors des travaux préparatoires du nouveau Code, certains ont tenté de marquer avec plus de précisions les différents modes de participation à l'infraction. Autour de l'axe classique auteur/complice, ont été proposées les notions d'auteur matériel, d'auteur intellectuel, de collaborateur ou encore d'instigateur. En définitive, le Code a été fort peu remanié.

983 — Plan de section. Le Code pénal autorise la répression de la complicité à deux conditions : un fait principal punissable (sorte de préalable légal) et un acte de complicité.

I La nécessité d'un fait principal punissable

984 — Plan. Le principe de l'emprunt de criminalité et le principe de l'assimilation du complice à l'auteur principal seront ici analysés.

A Le principe de l'emprunt de criminalité

985 — Auteur et complice « sont cousus dans le même sac ». La célèbre expression du doyen Carbonnier révèle simplement que le complice ne commet pas une infraction autonome et qu'il emprunte sa propre criminalité à celle de l'auteur principal.

986 — Précision. Il ne faut pas se méprendre sur la formule rappelée. Si une infraction est exigée pour que le complice soit poursuivi, il importe peu que l'auteur principal le soit.

1 L'exigence d'une infraction principale punissable

987 — Exigence en question. L'exigence est notamment dictée par l'article 121-6 du Code pénal qui vise « le complice de l'infraction... ».

a La nature de l'infraction reprochée

988 — Certitude : la complicité est punissable en matière criminelle comme en matière délictuelle. Le Code vise en effet tous les crimes et tous les délits comme en témoigne l'article 121-7 du Code pénal en évoquant le « complice d'un crime ou d'un délit ».

989 — Incertitude apparente : la complicité en matière contraventionnelle. Pour les contraventions, il faut lire un peu entre les lignes de l'article 121-7 du Code. De cet exercice, on distingue, en matière de contravention, la complicité par aide ou assistance (réprimée seulement lorsqu'elle est prévue par un texte) de la complicité par instigation (réprimée même en l'absence de texte spécifique contrairement aux principes dégagés hier par la jurisprudence).

b La nécessité d'une infraction principale punissable

990 — Nécessité d'une infraction principale punissable. La complicité ne peut être punissable sans infraction principale. C'est la traduction de l'emprunt de criminalité. Ainsi, chacun en déduit qu'il ne peut y avoir de complicité en présence d'un acte prescrit, amnistié ou encore justifié.

991 — Critiques doctrinales sur la nécessité d'une infraction principale punissable. Le principe de l'emprunt de criminalité sert parfois avantageusement le complice qui restera impuni alors qu'il ne méritait pas cette indulgence. Exemples à l'appui, la doctrine ne manque pas de dénoncer cette situation. Ainsi, par exemple, en vertu de l'immunité familiale, échappe à la répression le complice de l'époux qui vole sa femme ou de l'enfant qui vole ses parents.

Mousseron P., « Les immunités familiales », RSC 1998, p. 265.

992 — Arrêt *Lacour*. Dans cette célèbre affaire, le désistement volontaire du tueur engagé par le docteur Lacour a empêché, faute d'infraction principale, que la complicité de celui-ci soit retenue.

Cass. crim., 25 oct. 1962 : D. 1963, p. 221 note Bouzat ; Pradel J. et Varinard A., *Les grands arrêts du droit criminel*, 8e éd., 2012, Dalloz, t. 1, n° 33.

993 — Complicité de tentative et tentative de complicité. Si la tentative de complicité n'est pas punissable, la complicité dans la tentative l'est pleinement dès lors qu'est relevé un commencement d'exécution.

Cass. crim., 4 juin 1998 et Cass. crim., 11 juin 1998 : Dr. pén. 1998, comm. n° 142.

2 L'indifférence à la poursuite de l'auteur principal

994 — Auteur et complice ne sont pas « cousus dans le même sac » en matière de sanction. L'acte de complicité étant rattaché au fait principal punissable et non à l'auteur de l'infraction, l'absence de répression de ce dernier est donc sans incidence sur la poursuite du complice. L'hypothèse est loin d'être une hypothèse d'école.

995 — Absence d'effet sur le complice des causes subjectives d'irresponsabilité propres à l'auteur principal. Le complice demeure seul punissable si l'auteur bénéficie d'une cause subjective d'irresponsabilité ou d'atténuation de sa responsabilité pénale (abolition ou altération du discernement, contrainte et erreur et avec une mesure un peu différente, la minorité).

996 — Complice seul poursuivi en raison du décès de l'auteur principal. On retiendra ici qu'on ne poursuit ni ne juge les morts. Il peut arriver que l'auteur principal soit décédé avant le jugement et dans cette hypothèse le complice sera seul poursuivi.

997 — Complice seul poursuivi en raison de l'opportunité des poursuites. Pour de nombreuses raisons, le procureur de la République peut, dans son pouvoir d'appréciation de l'opportunité des poursuites, décider de déférer uniquement le complice.

B | Le principe de l'assimilation du complice à l'auteur principal

998 — Principe initial de l'assimilation : l'« emprunt de pénalité ». Le Code de 1810 copiait la répression du complice sur celle de l'auteur principal en annonçant que les complices seraient punis de « la même peine que les auteurs ». On parlait alors de l'emprunt de pénalité. La formule devait survivre à la réforme et les dispositions nouvelles reprendre les anciennes.

999 — Abandon du principe de l'« emprunt de pénalité ». Lors des travaux préparatoires, les sénateurs firent remarquer, à juste titre, que la référence à l'emprunt de pénalité devenait inconciliable avec la mise en œuvre de la responsabilité des personnes morales.

1000 — Formulation du nouveau principe. L'article 121-6 du Code pénal énonce aujourd'hui que le complice « sera puni comme auteur ». La formule ne signifie nullement que le complice sera puni comme l'auteur principal de l'infraction, mais bien qu'il sera puni comme s'il avait été lui-même cet auteur principal.

1001 — Portée du nouveau principe. Sans fondamentalement bouleverser la répression de la complicité, les causes d'aggravation ou d'atténuation de la peine entraînent ici quelques modifications. Doctrine et jurisprudence opèrent de subtiles distinctions entre les causes personnelles, réelles et mixtes. Encore faut-il être en mesure d'intégrer telle circonstance dans telle ou telle autre de ces catégories. Ce qui, tant s'en faut, n'est pas chose aisée.

> Cass. crim., 7 sept. 2005 : Dr. pén. 2005, comm. n° 167, note Véron ; AJ pénal 2005, obs. Royer, p. 413. Pour l'« emprunt » de la circonstance aggravante d'un faux commis par une personne chargée d'une mission de service public.

1002 — Absence d'effet sur le complice des causes personnelles à l'auteur principal. La règle vaut aussi bien pour celles qui aggravent la peine (comme la récidive) que pour celles qui l'atténuent (troubles psychiques ou « excuse de minorité »).

1003 — Effet des causes réelles sur la responsabilité du complice. Dès lors que le complice est regardé comme auteur, on pouvait s'interroger. Les circonstances aggravantes inconnues du complice devaient-elles être retenues contre lui ? Fort logiquement, la Chambre criminelle a répondu par l'affirmative. L'aggravation du vol commis avec violence impacte pleinement la qualification de la participation du complice (ce qui, au regard de l'élément moral de la complicité, peut paraître assez contestable).

Cass. crim., 21 mai 1996 : Bull. crim., n° 206.

1004 — Causes mixtes affectant la responsabilité du complice. Comme elles tiennent à la fois à l'auteur et à l'infraction, ces causes invitent à considérer que le complice, poursuivi aujourd'hui comme s'il avait été l'auteur lui-même, supporte pleinement l'aggravation des peines encourues.

1005 — Nouvelle présentation doctrinale. Il est proposé d'abandonner les variations autour des causes personnelles, réelles et mixtes au profit d'une règle, présentée comme plus juste, énonçant que « toutes les circonstances aggravantes attachées à l'infraction principale sont applicables au complice à la seule exception de celles qui, propres à l'auteur, ne sont pas liées aux circonstances (moyens, temps, lieu, préparation, qualité de l'auteur) dans lesquelles l'infraction a été commise ».

Desportes F. et Le Gunehec F., *Droit pénal général*, 16e éd., 2009, Economica, n° 564-1.

1006 — Aparté. Présentation classique et/ou présentation nouvelle ne doivent pas conduire à quelques élans de sévérité. Tel peut être ce sentiment lorsque la Chambre criminelle (*Cass. crim., 11 janvier 2017*) souligne qu'il n'est pas besoin de démontrer la participation personnelle et directe d'un individu à la préparation de son évasion pour retenir à son encontre la circonstance aggravante de bande organisée.

II La nécessité d'un acte de complicité

1007 — Acte de complicité en question. À l'instar de l'acte commis par l'auteur, l'acte du complice se caractérise tant par son élément matériel que par son élément moral.

A L'élément matériel de la complicité

1008 — Trois formes de la complicité punissable. L'article 121-7 du Code pénal souligne de façon expresse trois formes de participation : la complicité par aide ou assistance (al. 1), la complicité par provocation et la complicité par instruction (al. 2).

1 ▌ L'aide ou l'assistance

1009 — Formulation législative. Est complice d'un crime ou d'un délit, énonce l'article 121-7, « la personne qui sciemment, par aide ou assistance, en a facilité la préparation ou la consommation ».

1010 — Portée de la formule législative. Il est difficile d'être plus généreux et plus évasif tant est immense le champ couvert par les deux notions. Hier, la formule était complétée par la « fourniture de moyens ». À juste titre, les rédacteurs du nouveau Code ont estimé que les deux notions conservées englobent celle qui a été abandonnée.

1011 — Complicité ou coaction ? L'interrogation prend sa source dans quelques décisions rendues par les juridictions du fond à propos de celui qui fait le guet. Comme il est couramment enseigné, celui qui fait le guet, pendant qu'un autre commet un vol, est un complice. En pratique, celui qui fait le guet est parfois poursuivi comme coauteur. L'utilité d'une telle qualification est bien délicate à justifier. On sait que le complice est sanctionné comme s'il était l'auteur de l'infraction et qu'il encourt les mêmes peines.

Voir par exemple : CA Caen, 31 octobre 2007, n° 06/00712.

a ▌ Nécessité d'un acte de complicité

1012 — Caractère punissable de l'aide ou de l'assistance non suivie d'effet. La répression de la complicité ne dépend pas des suites données par l'auteur principal. Après tout, comme chacun le note, l'aide proposée a renforcé la détermination de l'auteur et mérite d'être sanctionnée.

1013 — Caractère parfois punissable de l'aide ou de l'assistance « indirecte ». La Chambre criminelle retient en effet une sorte de « complicité de complicité » en énonçant que « l'aide ou l'assistance apportée en connaissance de cause à l'auteur du délit, même par l'intermédiaire d'un autre complice, constitue la complicité incriminée par l'article 121-7 du Code pénal ».

CA Douai, 21 oct. 2003 : JCP 2004, II, 10115, note Maréchal – Cass. crim., 15 déc. 2004 : Bull. crim., n° 322.

1014 — Caractère non punissable de l'attitude passive. Celui qui n'a joué aucun rôle en restant purement passif lors de la commission de l'infraction n'est pas un complice. Il en est ainsi de celui qui, après avoir surpris plusieurs voleurs en flagrant délit, accepte de garder le silence moyennant rémunération.

Cass. crim., 15 janv. 1948 : S. 1949, I, p. 81.

1015 — Caractère parfois punissable de l'aide ou l'assistance « passive ». Dans un souci de répression, la jurisprudence considère parfois qu'une attitude passive puisse caractériser un acte de complicité. Il en va ainsi toutes les fois que le complice, bien que passif, a joué un rôle important dans la commission de l'infraction.

Cass. crim., 27 oct. 1971 : Bull. crim., n° 284. L'inspecteur des douanes qui promet de « fermer les yeux » s'inscrit parfaitement dans cette situation.

1016 — Complicité par aide ou assistance. Celui qui, sachant, a laissé faire alors qu'il aurait pu dénoncer, peut être complice. Si la complicité par aide ou assistance ne peut s'induire d'une simple inaction ou abstention, elle peut parfois se trouver caractérisée. Il en va ainsi pour un membre du directoire qui, ayant connaissance des abus de biens sociaux auxquels se livrait son président, « a laissé les commettre, alors qu'il avait les moyens que lui donne la loi de s'y opposer ».

Cass. crim., 28 mai 1980 : D. 1981, IR, 137, obs. Roujou de Boubée.

1017 — Complicité en raison de compétences professionnelles. Celui qui, en raison de ses compétences professionnelles, ne pouvait ignorer peut être complice. Tel est le cas de commissaires aux comptes qui « en attestant de la conformité et de la sincérité de comptes dont le caractère fictif ne pouvait lui échapper [...], ont sciemment fourni à l'auteur principal les moyens lui permettant de réitérer l'escroquerie [...] ».

Cass. crim., 31 janv. 2007 : Dr. pén. 2007, comm. n° 56, obs. Véron ; AJ pénal 2007, p. 130, obs. Royer – Cass. crim., 4 mai 2016, pour un notaire ayant prêté son concours à une organisation d'insolvabilité.

1018 — Passivité érigée en infraction spécifique. Lorsqu'il en est ainsi, les chemins de la répression s'ouvrent bien évidemment. L'attitude passive peut très bien être qualifiée de non-assistance à personne en péril.

1019 — « Happy slapping », complicité par abstention. Selon l'article 222-33-3 du Code pénal, « Est constitutif d'un acte de complicité des atteintes volontaires à l'intégrité de la personne prévues par les articles 222-1 à 222-14-1 et 222-23 à 222-31 et est puni des peines prévues par ces articles le fait d'enregistrer sciemment, par quelque moyen que ce soit, sur tout support que ce soit, des images relatives à la commission de ces infractions ».

L. n° 2007-297, 5 mars 2007, relative à la prévention de la délinquance. Robert A.G., « Répression spécifique du *Happy slapping* », RSC 2008, chron. p. 867 ; Detraz S., « Enregistrement d'images de violence : un cas de présomption légale de complicité », Dr. pén. 2007, étude n° 23.

b ▮ Nécessité du caractère concomitant de l'acte

1020 — Aide ou assistance concomitante à l'infraction. L'exigence temporelle est fixée par le Code pénal : l'aide ou l'assistance doit avoir pour finalité de faciliter « la préparation ou la consommation » de l'infraction.

1021 — Caractère non punissable de l'aide ou de l'assistance postérieure à l'infraction. Il n'y a donc pas de complicité possible lorsque les agissements reprochés sont intervenus après la réalisation de l'infraction.

1022 — Caractère punissable de l'aide ou de l'assistance postérieure à l'infraction mais promise avant. La répression de la complicité est en effet possible si l'aide ou l'assistance, fournie après la commission de l'infraction, a été promise avant la réalisation de celle-ci. Il en va ainsi d'une « intervention tendant à assurer la fuite de l'auteur principal, dès lors que cette protection résulte d'un accord préalable à l'infraction ».

Cass. crim., 8 nov. 1972 : Bull. crim., n° 329. Plus récemment, Cass. crim., 1er déc. 1998 : Dr. pén. 1999, comm. n° 80, obs. Véron.

1023 — Charge de la preuve. Il appartient à l'autorité de poursuite de prouver que les agissements postérieurs à l'infraction puisent leur source dans un accord antérieur à celle-ci. De jurisprudence constante, la Chambre criminelle vérifie que les juges du fond ont bien caractérisé l'antériorité de l'accord.

Cass. crim., 4 mai 2000 : Bull. crim., n° 178 : le délit d'évasion étant un délit instantané entièrement consommé à la date même où le condamné n'a pas réintégré l'établissement pénitentiaire, à l'issue d'une permission de sortir, l'intervention d'un tiers, postérieurement à cette date, aux fins d'aider l'auteur principal dans sa fuite, ne saurait constituer un acte de complicité punissable, en l'absence d'un accord antérieur à l'infraction ; Dr. pén. 2000, p. 112, obs. Véron ; RSC 2001, p. 164, obs. Delmas Saint-Hilaire.

1024 — Justification sociologique. La promesse mérite d'être poursuivie pour avoir renforcé l'intention criminelle de l'auteur principal.

1025 — Aide postérieure parfois érigée en infraction spécifique. Le schéma n'est pas rare. Il en va ainsi du recel de criminel (C. pén., art. 434-6) ou du recel de choses (C. pén., art. 321-1).

2 ▮ La complicité par provocation

1026 — Formulation législative. « Est également complice la personne qui par don, promesse, menace, ordre, abus d'autorité ou de pouvoir aura provoqué à une infraction [...] » (C. pén., art. 121-7, al. 2). Le provocateur est donc celui qui incite, par les procédés expressément prévus, l'auteur à commettre une infraction.

Defferrard F., « La provocation », RSC 2002, p. 233.

1027 — Exigence d'une provocation suffisamment précise. Pour être punissable, la provocation doit être assez suggestive. Ce qui exclut du champ de la complicité la provocation faite à la foule ou aux lecteurs d'un journal. Adressée à une personne déterminée, la provocation est considérée comme une complicité à la double condition d'être suffisamment précise et d'avoir été suivie d'effets.

1028 — Exemples de provocation punissable. L'analyse de la jurisprudence révèle de nombreux exemples de provocation : la remise d'une somme d'argent, la promesse d'une rémunération après l'exécution de l'infraction, une menace de licenciement à l'encontre d'un employé en vue d'obtenir un faux témoignage.

1029 — Cas particulier de l'ordre donné par un passager à un conducteur de véhicule automobile. L'étude de la jurisprudence révèle plusieurs affaires dans lesquelles le passager d'un véhicule était poursuivi comme complice d'un conducteur pour avoir donné l'ordre à ce dernier de ne pas respecter les règles de la circulation routière ou les injonctions des forces de l'ordre.

Cass. crim., 21 sept. 1994 : Bull. crim., n° 302 ; RSC 1995, p. 343 ; Dr. pén. 1995, comm. n° 2. « Fonce, voilà les flics ! »

Cass. crim., 18 mars 2003 : Bull. crim., n° 70 ; Dr. pén. 2003, comm. n° 95. « Vas-y, ça passe… fonce, fonce, ne t'arrête pas ! »

1030 — Analyse contestable de cette particularité par les juges du fond. Dans ces affaires, les propos tenus par le passager ont permis de relever l'élément matériel de la complicité. À la lecture de certaines de ces décisions, on peut éprouver une certaine gêne à suivre le raisonnement (quelque peu répressif) conduit par les magistrats de la Chambre criminelle. Tantôt le raisonnement sur l'élément matériel semble tombé aux oubliettes, tantôt le raisonnement sur l'élément moral paraît quelque peu heurté.

1031 — Apparente bienveillance de la Chambre criminelle sur cette particularité. Le moins que l'on puisse dire, c'est que la Chambre criminelle n'exerce pas sur les juges du fond un contrôle bien pesant sur la réalité de l'ordre qui est donné en pareilles hypothèses. Sans imposer la présence d'un supérieur hiérarchique, la notion d'ordre donné semble, *a minima*, appeler un contrôle de l'ascendance réelle qu'exerce le donneur d'ordre sur celui qui l'exécute.

1032 — Provocation pouvant prendre la forme d'une incrimination autonome. Dans un souci fort légitime de répression, le législateur incrimine parfois, de manière autonome, la provocation. Il en est ainsi de la provocation au suicide (art. 223-13). Tel est le cas également, avec la création de l'article 221-5-1 du Code pénal issu de la loi du 9 mars 2004, de l'incrimination du mandat criminel.

Ponseille A., « L'incrimination du mandat criminel ou l'article 221-5-1 du Code pénal issu de la loi du 9 mars 2004 », Dr. pén. 2005, étude n° 10.

3 ▮ La complicité par instruction

1033 — Formulation législative. Contrairement au provocateur, l'instructeur n'exerce pas de pression sur l'auteur principal. Il se contente (c'est déjà beaucoup) de lui donner des renseignements utiles à la conduite de l'infraction (C. pén., art. 127). Mais cette forme de complicité ne se satisfait pas de vagues renseignements et la Cour de cassation exige que les renseignements donnés soient suffisamment précis.

1034 — Exemples jurisprudentiels de complicité par instruction. Les exemples abondent en jurisprudence : fournir à un détenu un plan d'évasion, donner l'adresse d'un logement à cambrioler, recruter des hommes de main et organiser une expédition punitive ou encore fournir des renseignements précis sur une personne afin d'exercer sur elle des menaces et tenter d'obtenir une augmentation du prix de cession d'actions.

Cass. crim., 6 sept. 2000 : Dr. pén. 2001, p. 30, obs. Véron : instruction donnée par un dirigeant pour déjouer le contrôle d'un expert et tromper le tribunal.

1035 — Exemple jurisprudentiel de complicité « indirecte » d'instruction. Dans une affaire de fausses attestations de formation, la présidente d'une société hôtelière est poursuivie et condamnée pour complicité d'escroquerie. Pour autant, la présidente en question n'avait pas elle-même donné les instructions reprochées. Celles-ci émanaient d'autres personnes, en l'espèce des directeurs régionaux. L'absence de lien direct ne bloque en rien la Chambre criminelle qui valide une forme de complicité indirecte d'instruction.

Cass. crim., 5 janvier 2017 : « les instructions données aux directeurs d'hôtel, même par l'intermédiaire d'autres complices, que sont les directeurs régionaux, constituent la complicité reprochée ». Darsonville A., « Consécration d'une complicité indirecte et par abstention », AJ pénal 2017, p. 183.

B ▮ L'élément moral de la complicité

1036 — Plan. La complicité d'une infraction principale peut être intentionnelle ou non intentionnelle.

1 Complicité d'une infraction principale intentionnelle

1037 — Caractère intentionnel de la complicité. On entend par là que le complice devait non seulement avoir connaissance de l'infraction envisagée, mais aussi la volonté de s'y associer.

1038 — Formulation législative. Le Code définit sans aucune équivoque la nature nécessairement intentionnelle de l'élément intellectuel de la complicité en présentant le complice comme la personne qui a participé « *sciemment* » à l'infraction principale (C. pén., art. 121-7).

1039 — Volonté de s'associer. L'élément intentionnel de la complicité suppose la volonté de s'associer. On ne peut être complice sans volonté de s'associer à l'action illicite d'autrui. Tel est d'ailleurs le juste rappel effectué par la Chambre criminelle à propos d'une affaire de complicité de provocation à la discrimination, à la haine et à la violence raciale.

Cass. crim., 19 juin 2001 : Bull. crim., n° 148 ; RSC 2002, p. 97 ; JCP 2001, IV, 1397.

1040 — Volonté de s'associer et intention criminelle de l'auteur principal. L'élément intentionnel de la complicité ne suppose pas de partager l'intention criminelle de l'auteur principal. Ce partage est sans effet. L'élément moral de la complicité chemine donc près de l'élément moral de l'infraction principale sans pour autant s'y perdre et s'y confondre. Telle est la solution retenue à propos de l'affaire *Papon*.

Cass. crim., 23 janv. 1997 : D. 1997, p. 147, note Pradel. L'article 6, dernier alinéa, du statut du tribunal militaire international n'exige pas que le complice de crimes contre l'humanité ait adhéré à la politique d'hégémonie idéologique des auteurs principaux ni qu'il ait appartenu à une des organisations déclarées criminelles par le tribunal de Nuremberg.

1041 — Volonté de s'associer caractérisée par la conscience de l'aide apportée. Une simple négligence ne peut être assimilée à une volonté intentionnelle de participer à une infraction. Cet élément intentionnel exige seulement que la personne ait eu conscience de l'aide apportée à l'action principale.

Cass. crim., 1er oct. 1984 : Gaz. Pal. 1985, somm. 96.

1042 — Complicité « *præter* intentionnelle ». Il existe parfois un décalage entre l'infraction initialement projetée et celle effectivement réalisée. Si l'auteur principal, en sortant une arme, transforme le vol simple en vol aggravé, le complice supporte l'aggravation alors même qu'il ignorait totalement la présence de cette arme. Doctrine et jurisprudence sont unanimes, « le complice devait prévoir ».

1043 — Appréciations sur la complicité « *præter* intentionnelle ». Face au principe de la légalité, on peut éprouver parfois quelques doutes. S'associer sciemment est une chose, être obligé de prévoir en est une autre. D'ailleurs, si l'infraction commise est sans rapport avec l'infraction envisagée, le complice (mais il ne mérite pas ce qualificatif) échappe à la répression.

Cass. crim., janv. 1955 : D. 1955, p. 291, note Chavanne. La complicité pour accomplir un crime n'est légalement caractérisée que si le réputé complice a fourni les moyens sachant qu'ils serviraient à accomplir le crime pour lequel l'auteur principal est poursuivi.

2 Complicité d'une infraction principale non intentionnelle

1044 — Complicité non punissable pour une infraction non intentionnelle. La complicité étant nécessairement intentionnelle, la doctrine dans sa majorité rejette une telle forme de complicité. L'auteur principal n'ayant pas voulu le résultat, il est en effet difficile d'imaginer qu'il ait pu recevoir une complicité consciente visant à l'atteindre.

1045 — Complicité punissable pour une infraction non intentionnelle. Pour certains auteurs, une distinction s'impose entre la simple imprudence (l'imprudence inconsciente) et l'imprudence caractérisée, presque délibérée (l'imprudence consciente). Pour cette dernière, la complicité serait possible.

1046 — Fondement du caractère punissable de la complicité pour une infraction non intentionnelle. La nouvelle rédaction, issue de la loi du 13 mai 1996, de l'article 121-3 du Code, témoigne en ce sens pour les fautes d'imprudence ou de négligence. Le législateur, faisant référence à l'auteur des faits, laisserait entendre que des poursuites puissent être étendues à d'autres, les complices. La réécriture opérée par la loi du 10 juillet 2000 ne fait qu'ajouter à l'embarras.

Rousseau F., « Complice ou auteur indirect d'une infraction non intentionnelle ? », Dr. pén. 2007, étude n° 11.

1047 — Admission de la complicité de mise en danger d'autrui par un arrêt du 6 juin 2000. Un élu a été poursuivi et condamné pour complicité de mise en danger d'autrui pour avoir « ordonné » à son chauffeur de « brûler » un feu rouge. À l'exposé des arguments retenus par les juges du fond, aucun doute ne subsistait sur la réalité du danger. Toutefois, si la responsabilité du chauffeur était incontestable, la complicité du passager semblait fort discutable devant le caractère non intentionnel de l'infraction principale.

Cass. crim., 6 juin 2000 : Bull. crim., n° 213 ; Dr. pén. 2000, comm. n° 124 ; Bouloc B., « Complicité pour un délit de mise en danger », RSC 2001, p. 152.

1048 — Admission de la complicité pour un délit de violences involontaires. Un médecin a été condamné pour complicité de violences involontaires en raison de faits commis par une employée lors d'une séance d'épilation au laser. Reprenant les propos d'un commentateur, il est difficile de faire abstraction de la complicité d'exercice illégal de la médecine également reproché dans cette affaire.

Cass. crim., 13 sept. 2016. Maréchal Y., « Réflexions sur la complicité des délits non intentionnels », Dr. pén. 2016, étude n° 27 ; Mayaud Y., « La complicité des délits non intentionnels : une compatibilité confirmée », RSC 2016, p. 760.

1049 — Appréciations sur les arrêts du 6 juin 2000 et du 13 septembre 2016. La décision du 6 juin 2010 n'est plus une décision isolée. Pour autant, faut-il en accepter le schéma ? Faute d'intention dans le délit principal, il est difficile, comme on l'a noté, d'admettre que « le complice a pu vouloir faciliter l'imprudence ou la mise en danger ». Il est tout aussi singulier de justifier la solution retenue, tant par les juges du fond que par la Chambre criminelle, en soulignant le côté intentionnel du délit de mise en danger d'autrui (pour la première affaire) ou en insistant sur l'exercice illégal de la médecine (pour la seconde).

CHAPITRE 2

La personne morale pénalement responsable

1050 — Relation ancienne. Aussi curieux que cela puisse paraître aujourd'hui, l'Ancien Droit autorisait déjà la répression pénale des personnes morales. La célèbre ordonnance de 1670 consacrait en effet un titre XXI « De la manière de faire le procès aux communautés des villes, bourgs et villages ».

1051 — Mutisme du Code pénal de 1810. Le Code pénal de 1810, fidèle aux inspirations individualistes de l'époque révolutionnaire, resta étrangement silencieux sur le thème de la responsabilité pénale des personnes morales.

1052 — Interprétations au XIXe siècle. Au cours du XIXe siècle, l'irresponsabilité des personnes morales est analysée comme une disposition conforme à la nature. En raison du silence du législateur et du caractère fictif des êtres moraux, jurisprudence et doctrine rejetèrent assez radicalement toute idée de responsabilité pénale.

1053 — Achille Mestre, auteur d'une thèse en 1899 sur la responsabilité pénale des personnes morales. À l'extrême fin du XIXe siècle, et à l'encontre des théories admises, fut objectée, avec pertinence, l'idée que certaines personnes morales étaient suffisamment réelles pour être considérées comme des sujets de droit et encourir ainsi une responsabilité pénale.

1054 — Le XXe siècle, le temps du ralliement. Tout au long du XXe siècle, les auteurs, chaque fois plus nombreux, se sont prononcés en faveur de cette forme de responsabilité pénale. Le consensus doctrinal, malgré quelques irréductibles notes discordantes, était presque atteint au moment où les travaux de réforme du Code pénal commençaient.

1055 — Marques générales de responsabilité pénale indirecte. Bien avant le nouveau Code pénal, par le biais des peines complémentaires, la personne morale se trouvait déjà touchée dans son « porte-monnaie ». En outre, on ne peut ignorer l'importance de certaines peines complémentaires, comme l'affichage de la condamnation, la rectification d'une publicité trompeuse ou la fermeture de l'établissement, pour comprendre la portée exacte des atteintes que pouvait subir la personne morale.

1056 — Marques spécifiques de responsabilité pénale. Dans les domaines où l'on redoutait le plus la délinquance des personnes morales (en matière boursière et de concurrence) des textes spécifiques avaient, bien avant le nouveau Code pénal, organisé la répression de ces dernières, soulignant ainsi combien les impératifs et les exigences de la régulation des conflits d'affaires se conciliaient difficilement avec les règles du droit pénal.

Cohen-Branche M., « Le droit répressif non pénal : un droit plus adapté ? L'exemple de l'Autorité des marchés financiers », Dr. pén. 2009, étude n° 22.

1057 — Consécration législative. Elle est l'œuvre du nouveau Code pénal. L'article 121-2 du Code annonce de façon familière : « Les personnes morales, à l'exclusion de l'État, sont responsables pénalement [...]. »

1058 — Principe présenté comme la nouveauté « la plus remarquable » du nouveau Code. Même si le principe consacré par le législateur s'inspire des droits étrangers et finalise une évolution commencée depuis près d'un siècle, d'aucuns n'ont pas hésité à commenter et considérer la nouveauté comme « la plus remarquable » du nouveau Code.

1059 — Justification de l'admission de la responsabilité pénale de la personne morale. À l'évidence, l'État possède, à l'encontre des personnes morales, des raisons légitimes d'intervenir. L'immunité d'hier était d'autant plus choquante que chacun s'accordait à reconnaître que les personnes morales, par les moyens dont elles disposent, sont souvent à l'origine d'atteintes graves à la santé publique, à l'environnement ou encore à la législation sociale.

SECTION 1 Le domaine de la responsabilité pénale des personnes morales

1060 — Plan de section. Un mot sur les personnes visées pour voir ensuite les infractions concernées par la répression pénale.

I Les personnes visées

1061 — Seules sont concernées les sociétés dotées de la personnalité morale. Les formes de groupements dépourvues de la personnalité morale, comme les sociétés créées de fait ou les sociétés en participation, échappent à toute responsabilité pénale.

1062 — Indifférence à la vocation ou non de dégager des bénéfices. Le Code pénal vise les sociétés, qu'elles aient vocation ou non à dégager des bénéfices. À l'évidence, celles qui poursuivent un but lucratif, qu'elles soient civiles ou commerciales, « attirent » plus sûrement l'œil du pénaliste. Mais s'arrêter à un tel constat serait méconnaître l'étendue des infractions pouvant être commises.

1063 — Responsabilité pénale de la personne morale en cours de formation. Par principe, la personne morale en cours de formation ne répond pas pénalement des engagements passés en son nom. Toutefois, au moment de la « reprise » de ces engagements, elle pourrait très bien être poursuivie par exemple pour recel (la reprise portant sur des biens volés) ou un peu plus largement pour des infractions se réalisant pleinement après la reprise (remise de la chose, résultat d'une escroquerie) voire pour des infractions continues (puisqu'elles se renouvellent d'instant en instant).

1064 — Responsabilité pénale de la société absorbante des infractions commises par une société absorbée. Conduite notamment par le principe constitutionnel de personnalité des délits et des peines, la Chambre criminelle a eu l'occasion de rappeler à plusieurs reprises que « l'absorption avait fait perdre son existence juridique à la société absorbée », de sorte que la société absorbante ne peut être poursuivie ni déclarée coupable du chef du délit d'homicide involontaire commis par la société absorbée. Pour autant, la pérennité de cette solution semble délicate. Les Juges luxembourgeois de la Cour de justice de l'Union européenne (CJUE) ont en effet estimé qu'une société absorbante pourra être jugée et condamnée au titre d'infractions pénales commises avant la fusion par la société absorbée.

> Cass. crim., 20 juin 2000, Bull. crim., n° 237 – Cass. crim., 14 oct. 2003 : Dr. pén. 2004, comm. 20 – Cass. crim., 25 octobre 2016 : AJ pénal 2017, p. 36 À la suite d'une fusion, une société absorbante ne peut être valablement reconnue pénalement responsable de faits antérieurs commis par une société absorbée.
>
> Lasserre Capdeville J., « Fusion-absorption et responsabilité pénale des personnes morales », AJ pénal 2017, p. 36 ; Hervet R. et Salon A., « Fusion par absorption et transfert de la responsabilité pénale : comment désamorcer le conflit jurisprudentiel naissant ? », Dr. pén. 2017, étude n° 9.

CJUE, 5 mars 2015, n° 343/13, Modelo Continente Hipermercados SA c/ACT. Cette décision (fondée sur les dispositions de l'article 19 paragraphe 1 de la directive 78/855/CEE du Conseil des communautés européennes du 9 octobre 1978 concernant les fusions des sociétés anonymes – remplacée par la directive 2011/35/UE du 5 avril 2011) constate qu'une « fusion par absorption [...] entraîne la transmission, à la société absorbante, de l'obligation de payer une amende infligée par décision définitive après cette fusion pour des infractions au droit du travail commises par la société absorbée avant ladite fusion ».

1065 — Responsabilité pénale de la personne morale pour des infractions réalisées au moment de sa liquidation. On sait en effet que pour les besoins de cette liquidation, la personnalité morale survit.

1066 — Indifférence à la nationalité de la personne morale. Malgré le silence du Code, les personnes morales étrangères sont également concernées. Selon les règles classiques du droit privé, la nationalité se dégagera du lieu du siège social, du lieu de direction effective voire de la nationalité des personnes contrôlant la société. « Toute société dont le siège est situé sur le territoire français est soumise aux dispositions de la loi française » (C. civ., art. 1837).

1067 — Responsabilité pénale des ONG. La loi du 18 décembre 1998 « autorisant la ratification de la Convention européenne sur la reconnaissance de la personnalité juridique des organisations internationales non gouvernementales, faite à Strasbourg le 24 avril 1986 et signée par la France le 4 juillet 1996 » conduit à engager la responsabilité pénale de ces ONG.

1068 — Responsabilité pénale des personnes de droit privé et des personnes de droit public. C'est principalement pour les personnes morales de droit privé que la responsabilité pénale a été voulue. Qu'elles aient vocation ou non à dégager des bénéfices n'est pas une condition primordiale pour le législateur ! Fort logiquement, le législateur a donc ouvert le champ de la répression aux personnes morales qui ne poursuivent pas un tel but.

A Les personnes morales de droit privé pénalement responsables

1069 — Personnes morales concernées en droit privé. Sont concernés : les sociétés commerciales, les sociétés civiles, les associations déclarées (la déclaration ouvrant la personnalité morale), les syndicats, les partis politiques (qui échappent aux sanctions les plus graves, comme la dissolution), les institutions du personnel (c'est le cas des comités d'entreprise), les syndicats de propriétaires ou encore les congrégations religieuses.

B Les personnes morales de droit public pénalement responsables

1070 — Irresponsabilité pénale de l'État. L'État est pénalement irresponsable. C'est une donnée qui n'est pas même discutée. La responsabilité de l'État ne peut pas être recherchée.

1071 — Hostilité du Conseil d'État à l'admission de la responsabilité pénale des personnes morales de droit public. Dans un avis dévoilé au Sénat lors des travaux parlementaires de la réforme du Code pénal, le Conseil d'État s'est prononcé farouchement en défaveur de l'admission d'une telle responsabilité pénale.

1072 — Motivation du Conseil d'État. Pour le Conseil, les personnes morales de droit public sont par nature dépositaires d'une part de la puissance publique et disposent des prérogatives qui y sont attachées. Il en concluait qu'elles ne pouvaient être placées « sous le contrôle des juridictions répressives sans qu'il soit porté au principe de la séparation des pouvoirs une atteinte particulièrement grave ».

1073 — Critiques de la position du Conseil d'État. La solution du Conseil est classique. Pour autant, est-elle équitable ? Pour ses agents, l'État est moins conciliant. La qualité de ces derniers est regardée, à juste titre, comme une circonstance aggravante et peut engendrer les foudres du droit pénal. En outre, plus grand monde ne trouve à redire devant la possibilité offerte au juge pénal d'apprécier la légalité d'un acte administratif. Là encore, dans une moindre mesure, le principe de la séparation des pouvoirs est pourtant troublé.

1074 — Principe de l'admission de la responsabilité pénale des personnes morales de droit public. Face aux arguments échangés, c'est donc un pas important que le législateur a osé franchir en consacrant la responsabilité pénale des personnes morales de droit public. Pour être importante, l'avancée n'a pas été totale.

1075 — Limitation du principe de la responsabilité pénale des personnes morales de droit public. À l'égard des collectivités territoriales et de leurs groupements, la responsabilité pénale est limitée par le second alinéa de l'article 121-2 du Code pénal aux « infractions commises dans l'exercice d'activités susceptibles de faire l'objet de conventions de délégation de service public ».

1076 — Conséquences de la limitation. Il convient donc de distinguer entre les activités qui peuvent être déléguées (par exemple à des personnes morales de droit privé) et celles qui sont impérativement réalisées par l'exercice de la puissance publique. Les secondes, prérogatives de puissance publique imposent, empêchent toute responsabilité pénale de la personne morale. Les premières l'autorisent.

1077 — Activités délégables. Au départ, faute de définition législative de la « délégation » et donc des « activités délégables », le juge pénal a éprouvé certaines difficultés d'interprétation. La Chambre criminelle, dans la triste affaire du Drac, a eu l'occasion de prendre position en ce domaine en censurant l'arrêt confirmatif de condamnation rendu à l'encontre de la ville de Grenoble.

> Cass. crim., 12 déc. 2000 : Bull. crim., n° 371 : « l'exécution même du service communal d'animation des classes de découverte suivies par les enfants des écoles publiques et privées pendant le temps scolaire, qui participe du service de l'enseignement public, n'est pas, par nature, susceptible de faire l'objet de conventions de délégation de service public ». Dr. pén. 2001, comm. n° 43 ; RSC 2001, p. 372, Bouloc.

1078 — Définition législative de la « délégation de service public ». C'est l'œuvre de la loi du 11 décembre 2001 : « Une délégation de service public est un contrat par lequel une personne morale de droit public confie la gestion d'un service public dont elle a la responsabilité à un délégataire public ou privé, dont la rémunération est substantiellement liée aux résultats de l'exploitation du service [...]. »

> L. n° 2001-1168, 11 déc. 2001, portant mesures urgentes de réformes à caractère économique et financier, dite loi *Murcef.*
>
> Ubaud-Bergeron M., « Loi Murcef, la définition législative des délégations des services publics », JCP 2002, I, 125.

1079 — Distinctions opérées par la jurisprudence. Analysant le lien existant entre l'exploitation et la rémunération, la Chambre criminelle a opéré une subtile distinction entre l'exploitation du service des transports scolaires et l'organisation de ces derniers. La distinction est fondamentale puisque les collectivités territoriales et leurs groupements ne sont responsables pénalement que des infractions commises dans l'exercice d'activités susceptibles de faire l'objet de conventions de délégation de service public.

> Cass. crim., 6 avr. 2004 : Bull. crim., n° 89 : « si l'exploitation du service des transports scolaires est susceptible de faire l'objet d'une convention de délégation de service public, il n'en va pas de même de son organisation, qui est confiée au département [...] et qui comprend notamment la détermination des itinéraires à suivre et des points d'arrêt à desservir ». AJ pénal 2004, p. 240, obs. Girault.

1080 — Aparté. Le partage entre activités susceptibles d'être déléguées et celles qui ne le sont pas est aujourd'hui si marqué que la Chambre criminelle n'hésite pas à le souligner elle-même. Une commune, reconnue responsable à la suite d'un accident ayant blessé des enfants pendant une kermesse, contestait sa responsabilité en arguant que les juges du fond n'avaient pas recherché si l'activité à l'origine des blessures pouvait être déléguée. La Chambre criminelle, sans retenue, repousse l'argument et précise que « l'accident est survenu à l'occasion d'une activité de loisirs susceptible d'une délégation de service public, mise en œuvre par la commune au moyen d'un contrat de prestation de service conclu avec une société privée ».

Cass. crim., 28 juin 2016. Conte Ph., « Responsabilité des personnes morales : activité susceptible d'une convention de délégation de service public », Dr. pén. 2016, comm. n° 141.

II Les infractions visées

1081 — Plan. La réforme pénale concerne également les infractions : quelques mots sur le choix initial du législateur, les retouches que les lois postérieures y ont apportées, et enfin l'abandon du principe de spécialité.

A Le choix initial du législateur

1082 — Principe de spécialité. Pour les rédacteurs du nouveau Code pénal, la poursuite des personnes morales n'était possible qu'en vertu d'un texte spécifique visant expressément la personne morale. C'est la logique du principe de la spécialité. Dans le silence du législateur, la personne morale n'était pas concernée et échappait à toute répression.

1083 — Nature du texte incriminateur. Le texte incriminateur pouvait être une loi ou un règlement. Étaient concernés les crimes et les délits, mais aussi les contraventions.

1084 — Principe contenu par la limite « du vraisemblable ». Si l'importance quantitative des incriminations prévues par le Code était réelle, elle ne devait pas tromper. Freinés, tant par la nouveauté que par le souci de rester dans les limites du « vraisemblable », les rédacteurs du Code n'ont pas entendu copier totalement la responsabilité des personnes morales sur celle des personnes physiques.

1085 — Critiques doctrinales formulées. D'aucuns étaient rassurés par la retenue du législateur. Il est vrai que l'idée de poursuivre une personne morale sur le fondement de l'assassinat ou du viol entraînait un certain scepticisme. Mais d'autres n'ont pas manqué de dénoncer la responsabilité « discontinue » qui découlait du principe de la spécialité.

B | Les retouches apportées par les lois postérieures

1086 — Retouches législatives sans cesse plus nombreuses. Le législateur a poursuivi, vaille que vaille, son travail de sélection des infractions pouvant être imputées aux personnes morales. Si les interventions législatives ont été abondantes pour les incriminations extérieures au Code pénal, le Code pénal lui-même n'a pas été épargné.

1087 — Réforme demandée par la doctrine. Très vite, l'inventaire législatif a perdu toute logique. De nombreuses voix se sont élevées pour engager le législateur vers une réforme globale abandonnant le principe de spécialité au profit de celui de la généralité. Les voix ont été entendues et le législateur a renversé le principe.

C | L'abandon du principe de spécialité

1088 — Nouvelle intervention législative. La loi du 9 mars 2004, dite Perben II, a modifié la rédaction de l'article 121-2 du Code pénal. Les termes « dans les cas prévus par la loi et le règlement » ont été supprimés.

1089 — Principe retenu. En dix années, le principe de spécialité a vécu. Les personnes morales, à l'image des personnes physiques, sont aujourd'hui soumises à un principe général de responsabilité. Le nouveau principe, à n'en pas douter, connaîtra à son tour les soubresauts du législateur.

1090 — Exceptions possibles. Le législateur peut, en effet, en certaines hypothèses, expressément écarter la responsabilité des personnes morales. Animée par « une sorte de principe de spécialité inversé », la liste nouvelle est ouverte. Tel est le cas pour les entreprises de presse.

Cass. crim., 1er sept. 2005 : Dr. pén. comm. n° 171, obs. Véron.

SECTION 2 La mise en œuvre de la responsabilité pénale des personnes morales

1091 — Problématique. Comme en droit civil, il faut admettre qu'une personne morale puisse engager sa responsabilité pénale sans exiger qu'elle ait matériellement participé (ici, à l'infraction). En droit pénal, cela signifie qu'à certaines conditions, l'infraction commise par des personnes physiques pourra être imputée à la personne morale.

1092 — Plan de section. La responsabilité apparaît comme une responsabilité « d'emprunt », s'appuyant nécessairement sur une participation humaine à l'infraction. Cette intervention humaine pose alors la question du partage des responsabilités.

I Les conditions exigées pour la mise en œuvre de la responsabilité pénale des personnes morales

1093 — Précision législative. L'article 121-2 du Code révèle une double condition en soumettant la responsabilité pénale des personnes morales aux infractions commises :
- pour leur compte ;
- par leurs organes ou représentants.

A La nécessité d'une infraction commise par des organes ou représentants de la personne morale

1094 — Plan. Le principe, apprécié par la jurisprudence, est tempéré par la loi « *Fauchon* ».

1 Le principe

1095 — Responsabilité d'emprunt. Selon la traduction de la responsabilité « d'emprunt », la personne morale peut être pénalement engagée uniquement par l'activité ou l'absence d'activité de ses organes ou représentants. Reste à s'entendre sur ces deux notions. La consultation de la loi, d'un texte spécifique, voire d'un statut, donne des éléments de réponse.

1096 — Nécessité d'un fondement personnel comme source de la responsabilité pénale de la personne morale. Se fondant sur le droit commun, la Chambre criminelle a pu rappeler que la responsabilité pénale de la personne morale pouvait être recherchée uniquement sur le fondement d'un fait personnel – un fait matériellement commis par une personne physique, mais un fait personnel tout de même.

Cass. crim., 14 oct. 2003 : Bull. crim., n° 91. La responsabilité pénale d'une société absorbante pour des faits commis antérieurement par une société absorbée est écartée : « nul n'est responsable pénalement que de son propre fait » (C. pén., art. 121-1) ; Dr. pén. 2004, comm. n° 20 ; AJ pénal 2003, p. 101. Fortis E., « Le fait personnel de la personne morale », RSC 2004, p. 339.

1097 — Conformité aux principes de la légalité criminelle et de l'égalité devant la loi. Tel est le double message livré par la Chambre criminelle à la suite de QPC. Le principe porté par l'article 121-2 du Code pénal ne contrevient pas au principe de la légalité criminelle et ne comporte aucune dérogation injustifiée au principe d'égalité devant la loi.

Cass. crim., 27 avr. 2011 : AJ pénal 2011, p. 589, obs. Gallois.

Cass. crim., 11 juin 2010 : Dr. pén. 2010, n° 111, obs. Véron ; RSC 2011, chron. 177, obs. de Lamy.

1098 — Personnes concernées en droit privé. Pour les sociétés commerciales, les personnes concernées sont : le gérant, le président-directeur-général, le conseil d'administration, le directoire ; pour les associations, l'assemblée générale.

1099 — Engagement de la responsabilité pénale par un organe de fait. La doctrine est partagée, mais l'une des toutes premières décisions rendues en matière de responsabilité pénale des personnes morales a condamné une société en raison des agissements de son dirigeant de fait.

1100 — Arguments en faveur de l'engagement de la responsabilité pénale de la personne morale par un organe de fait. Il est de jurisprudence constante que le dirigeant de fait engage sa propre responsabilité pénale en matière de sécurité du travail, de protection de l'environnement ou encore de santé publique. Il serait quelque peu paradoxal de freiner « abusivement », dans certaines situations, toute recherche de la responsabilité pénale des personnes morales.

1101 — Engagement de la responsabilité pénale de la personne morale par un salarié. À suivre les dispositions de l'article 121-2, il semble évident que les agissements, seraient-ils pénalement répréhensibles, d'un simple salarié ne peuvent entraîner la responsabilité d'une personne morale. Rendu à l'encontre d'une association, un arrêt de la Chambre criminelle vient semer quelques doutes. Une Cour d'appel avait retenu que des fautes simples commises par une salariée (éducatrice spécialisée) pouvaient engager la responsabilité pénale de l'association employeur. La Chambre criminelle valide cette motivation et ce alors que la salariée en question était dépourvue de toute délégation de pouvoir.

Cass. crim., 27 mai 2014 : AJ pénal 2014, p. 535, obs. Vidal ; RSC 2015, p. 655, obs. Mayaud. La référence à la compétence et la grande expérience professionnelle de cette éducatrice ne voile pas le fait que lui attribuer la qualité de représentante de l'association au motif que ses dirigeants étaient totalement absents des décisions relatives à l'organisation et à la sécurisation des activités litigeuses apparaît pour le moins un raisonnement assez singulier.

Cass. crim., 13 oct. 2015 : Dr. pén. 2016, comm. 5, Conte. Il est reproché aux juges d'appel d'avoir condamné une personne morale sans constater que le salarié était un représentant de la personne morale en vertu d'une délégation de pouvoirs, ou en raison de son statut et de ses attributions.

1102 — Personnes concernées en droit public. Sont par exemple concernés, pour la ville, le maire et le conseil municipal ; pour le département, le président du conseil départemental et le conseil général ; pour la région, le président du conseil régional et le conseil régional.

2 L'appréciation du principe par la jurisprudence

1103 — Raisonnement initial retenu par les juges du fond. La condition exigée par l'article 121-2 était passée sous silence. La personne morale étant le plus souvent considérée comme une personne physique, la véritable personne physique, « support » nécessaire à la responsabilité, n'était guère identifiée. Et lorsque l'identification était faite, les juges ne s'arrêtaient pas sur la réalité et l'effectivité des fonctions assurées, celles-ci étant regardées comme des points importants, mais non déterminants.

1104 — Précisions apportées par la Chambre criminelle. Prenant appui sur l'article 121-2 du Code pénal, la Chambre rappelait la nécessité qu'il y avait à identifier la personne physique et à reconnaître sa participation coupable. Elle reprochait ainsi à une cour d'appel d'avoir retenu la responsabilité pénale de la SNCF sans rechercher si les négligences, imprudences et manquements aux obligations de sécurité avaient été commis par ses organes ou représentants.

Cass. crim., 2 déc. 1997 : JCP 1998, II, 10023, rapp. F. Desportes. Le tribunal correctionnel de Lyon avait refusé d'admettre, à l'égard de la personne morale poursuivie, une responsabilité de plein droit. La responsabilité de la personne morale ne saurait être le résultat automatique de celle de ses dirigeants. T. corr. Lyon, 9 oct. 1997 : Dr. pén. 1997, comm. n° 154 – Cass. crim., 18 janv. 2000 : Bull. crim., n° 28 ; Dr. pén. 2000, comm. n° 72.

1105 — Doutes entretenus par la Chambre criminelle. La Chambre criminelle brouilla quelque peu la donne en rendant en mai et juin 2006 deux décisions en apparence contradictoires. Par la première, elle soulignait à nouveau la nécessité d'identifier la personne physique. Par la seconde, rendue le mois suivant, elle retenait que l'infraction n'avait « pu être commise, pour le compte de la société, que par ses organes ou représentants ». L'identification de la personne physique devenait ainsi superfétatoire.

Cass. crim., 23 mai 2006 et Cass. crim., 20 juin 2006 : Dr. pén. 2006, comm. n° 127, note Véron ; RSC 2006, chron. p. 825, Mayaud ; D. 2007, p. 617, note Saint-Pau.

1106 — Effets de la motivation retenue par la Chambre criminelle. La motivation laissait entrevoir une présomption « *quasi irréfragable* » de commission de l'infraction par un organe ou représentant de la personne morale. La Chambre criminelle recopie régulièrement la formule en des termes identiques : « si les juges du fond ont déclaré cette dernière coupable [...] sans préciser l'identité de l'auteur [...] cette infraction n'a pu être commise, pour le compte de la personne morale, que par ses organes ou représentants. »

Cass. crim., 26 juin 2007 : Dr. pén. 2007, comm. n° 135, note Véron ; RPDP 2007, p. 879, comm. Bonfils.

1107 — Critiques soulevées par la motivation retenue. Sans conteste, le champ de la responsabilité des personnes morales est élargi, l'article 121-2 malmené et le principe de la légalité criminelle singulièrement voilé. Une telle prise de position peut laisser le lecteur quelque peu perplexe.

1108 — Vers une plus juste lecture de l'article 121-2 du Code pénal ? Ayant retenu la responsabilité d'EDF, une cour d'appel est censurée pour ne pas s'être suffisamment expliquée sur le statut et les attributions des agents reconnus comme des représentants de la personne morale au sens de l'article 121-2. La censure porte également sur l'existence d'une délégation de pouvoirs insuffisamment démontrée.

Cass. crim., 11 oct. 2011 : Bull. crim., n° 202 ; RSC 2011, p. 825, obs. Mayaud ; AJ pénal 2012, p. 35, note Bouloc ; PPDP 2012, p. 146, obs. Chevallier - Cass. crim., 19 juin 2013 : Bull. crim., n° 148. Reprochant aux juges du fond de ne pas avoir recherché si les faits reprochés avaient été commis, pour le compte de la personne morale poursuivie, par l'un de ses organes ou représentants. Lasserre Capdeville J., AJ pénal 2013, p. 606.

1109 — Confirmation d'un retour à l'exigence législative. Par trois arrêts rendus le même jour, la Chambre criminelle semble marquer le retour à une acception plus restrictive, conforme au principe de la légalité et de l'interprétation stricte, de la notion de représentant de la personne morale. Pour autant, les doutes entretenus par la décision du 20 juin 2006 (juste citée, confirmée et parfois remise en cause) ne semblent pas obsolètes. Selon cette jurisprudence, la Chambre criminelle accepte l'idée que les juges du fond puissent recourir à une présomption et estimer, à l'appui de celle-ci, que l'infraction n'a pu être commise pour le compte de la société que par un organe ou un représentant. Fondés sur une logique différente, voire contradictoire, les trois arrêts du 6 mai 2014 ne semblent pas véritablement remettre en cause cette présomption.

Cass. crim., 6 mai 2014. Mercinier E. et Pugliese M., « Trois arrêts du 6 mai 2014 : beaucoup de bruit pour rien », AJ pénal 2014, p. 412.

Cass. crim., 22 mars 2016 : « Quel que soit le mode de poursuite, les manquements relevés doivent résulter de l'abstention de l'un des organes ou représentants de la personne morale et avoir été commis pour le compte de celle-ci », D. Goetz, « Responsabilité pénale des personnes morales : nouvelle confirmation du retour à l'orthodoxie », D. actualité 8 avril 2016.

Robert J.-H., « Rejet répété de la responsabilité directe des personnes morales du fait de leur faute propre », à propos de Cass. crim., 6 déc. 2016 : Dr. pén. 2017, comm. n° 27.

3 Un principe tempéré par la loi « Fauchon »

1110 — Vers un caractère indépendant de la responsabilité pénale de la personne morale. Depuis la loi du 10 juillet 2000 et la redéfinition de la responsabilité pénale pour faute non intentionnelle, il ressort clairement de la distinction – lien de causalité direct, lien de causalité indirect – que dans la seconde hypothèse, la personne morale peut être tenue pénalement responsable alors qu'aucune faute ne pourra être imputée à l'encontre d'une personne physique.

L. n° 2000-647, 10 juill. 2000, tendant à préciser la définition des délits non intentionnels, JORF, 11 juill. 2000.

1111 — Illustration du caractère indépendant de la responsabilité pénale de la personne morale. Il a été jugé que les personnes morales sont responsables pénalement de toute faute non intentionnelle de leurs organes ou représentants ayant entraîné une atteinte à l'intégrité physique constitutive du délit de blessures involontaires, alors même qu'en l'absence de faute délibérée ou caractérisée au sens de l'article 121-3, alinéa 4, nouveau, la responsabilité pénale des personnes physiques ne pourrait être recherchée.

Cass. crim., 24 oct. 2000 : Bull. crim., n° 308 ; Dr. pén. 2001, comm. n° 29 ; JCP 2001, II, 10535, note Daury-Fauveau ; RSC 2001, p. 371, obs. Bouloc ; D. 2002, p. 514, note Planque.

B La nécessité d'une infraction commise pour le compte de la personne morale

1112 — Exigence législative. C'est la seconde condition portée par l'article 121-2 du Code pénal : pour engager la responsabilité de la personne morale, l'infraction doit avoir été commise pour le compte de celle-ci. L'expression n'est pas définie par le législateur. Mais à l'évidence, il n'est pas nécessaire que la personne morale ait tiré (ou eu l'espoir de tirer) profit de l'infraction.

1113 — Contrôle de l'exigence par la Chambre criminelle. Pour paraître parfois sévère à l'égard des personnes morales, la Chambre criminelle n'en veille pas moins au respect des conditions législatives. Ainsi, elle reproche à une cour d'appel d'avoir condamné une société pour blessures involontaires au seul motif que celle-ci aurait créé la situation ayant permis la réalisation du dommage ou n'aurait pas pris les mesures permettant de l'éviter.

> Cass. crim., 11 avr. 2012. La cour d'appel aurait dû rechercher en quoi les manquements relevés résultaient de l'abstention d'un des organes ou représentants de la société et s'ils avaient été commis pour le compte de cette société. D. actualité 3 mai 2012, obs. Bombled.

1114 — Responsabilité pénale de la personne morale en cas de dépassement des limites d'attribution du dirigeant. Dans les sociétés à risque limité (comme la SARL par exemple), la personne morale est engagée, vis-à-vis des tiers, par tous les actes passés par les dirigeants, quand bien même ces actes ne relèveraient pas de l'objet social. Raisonner autrement en droit pénal, en limitant la responsabilité pénale de la personne morale aux seules compétences fonctionnelles du dirigeant, réduirait à une peau de chagrin l'objectif du législateur en laissant « une large zone d'irresponsabilité pénale injustifiée ».

1115 — Absence de responsabilité de la personne morale pour des malversations propres à la personne physique. Il est certain que les malversations commises par un dirigeant, dans un but personnel, épargnent la personne morale. Celle-ci peut d'ailleurs parfois en être la première victime.

II Le partage des responsabilités

1116 — Principe affiché par l'article 121-2 du Code pénal. « La responsabilité pénale des personnes morales n'exclut pas celle des personnes physiques auteurs ou complices des mêmes faits [...]. »

A Le principe, le cumul des responsabilités

1117 — Volonté législative d'éviter que la personne morale cache la responsabilité pénale des personnes physiques. La responsabilité de la personne morale étant une responsabilité « d'emprunt », la règle du cumul se comprend aisément. La ligne de conduite a toujours gouverné les réformateurs du Code qui voulaient éviter que la responsabilité pénale des personnes morales ne devienne un écran masquant les responsabilités personnelles.

1118 — Cumul possible de responsabilités. Auteur, coauteur ou complice, la personne physique voit donc sa propre responsabilité cheminer de concert avec celle de la personne morale, celle-ci pouvant être, de la même façon, auteur, coauteur ou complice (lorsque par exemple la personne physique sera complice d'un tiers). Le cumul possible n'interdit évidemment pas que l'un soit poursuivi et condamné avant l'autre.

> Cass. crim., 9 nov. 2016 : « La poursuite et la condamnation de la personne morale ne sont pas le préalable nécessaire à la condamnation, pour les mêmes faits, de son dirigeant qui, en connaissance de cause, a participé à la commission de l'infraction ».

1119 — Aménagement apporté par le Code de procédure pénale. Afin de tirer les enseignements de la double poursuite, lorsque personne physique et personne morale sont poursuivies pour les mêmes faits, la loi prévoit la désignation d'un mandataire de justice pour représenter la personne morale (CPP, art. 706-43).

B Les tempéraments au principe du cumul des responsabilités

1120 — Règle du cumul ne signifie pas que personne physique et personne morale soient toutes deux effectivement poursuivies. En effet :

- faute de preuve, la personne physique peut très bien être écartée du débat répressif, alors que la personne morale « assure » seule la responsabilité recherchée ;
- pour toute faute non intentionnelle, en l'absence de faute délibérée ou caractérisée de la personne physique, la personne morale est seule pénalement responsable ;
- en indiquant que l'infraction n'a pu être commise, pour le compte de la personne morale, que par ses organes ou représentants, sans qu'il soit besoin de les identifier, les magistrats coupent le cordon du cumul des responsabilités.

1121 — Tempéraments liés au principe de l'« opportunité des poursuites ». L'admission de la responsabilité pénale des personnes morales devait limiter les excès d'une jurisprudence qui considérait la responsabilité du chef d'entreprise comme capable d'absorber bon nombre d'infractions commises par des employés. Ainsi, pour les infractions d'imprudence, on attendait des parquetiers et des juges du fond qu'ils cherchent la trace effective de la faute du chef d'entreprise. Celle-ci rapportée, la responsabilité de la personne physique pourrait alors accompagner, le cas échéant, celle de la personne morale. À défaut, seule la responsabilité de cette dernière sera activée.

CHAPITRE 3

Les causes dites objectives d'irresponsabilité pénale

1122 — Définition. Les causes objectives d'irresponsabilité pénale s'analysent comme des faits justificatifs (d'autres parleraient de l'élément injuste). Ces faits neutralisent l'élément légal de l'infraction (ce qui a pour conséquence directe de retirer le caractère infractionnel à un acte normalement répréhensible).

1123 — Justification sociologique. L'existence de faits justificatifs traduit une certaine inadéquation du droit pénal par rapport à l'état de la conscience sociale. La donnée répond au besoin de tempérer parfois, dans des situations exceptionnelles, la nécessaire rigidité du droit pénal.

1124 — Précisions juridiques. Les faits justificatifs agissent *in rem*. Cela signifie que l'existence d'un fait justificatif va neutraliser le caractère infractionnel de l'acte pour tous les participants à l'infraction. Il est donc prudent de ne pas les confondre avec les causes de non-imputabilité (on parle de causes subjectives) qui servent uniquement la personne concernée (par exemple, un mineur de moins de 13 ans). L'acte restant infractionnel, les complices demeurent pleinement responsables.

1125 — Fait justificatif pouvant être évoqué à tout moment de la procédure. La justification peut être constatée tant par les juridictions d'instruction que par les juridictions de jugement. Elle se traduira dans le premier cas par une décision de non-lieu et dans le second par une décision de relaxe ou d'acquittement.

1126 — Plan du chapitre. Quatre causes objectives d'irresponsabilité pénale alimentent ce chapitre. L'ordre de la loi, le commandement de l'autorité légitime, la légitime défense et l'état de nécessité.

SECTION 1 L'ordre de la loi

1127 — Formulation du principe. « N'est pas pénalement responsable la personne qui accomplit un acte prescrit ou autorisé par des dispositions législatives ou réglementaires » (C. pén., art. 122-4). Le Code vise, parallèlement à l'ordre de la loi, l'ordre émanant d'un règlement. Sont donc aujourd'hui expressément concernées les infractions contraventionnelles.

1128 — Plan de section. L'analyse de l'article le révèle, les dispositions législatives ou réglementaires peuvent aussi bien ordonner que permettre. L'ordre de la loi au sens large du terme comprend donc le cas de l'ordre comme celui de la permission.

I L'ordre en question

1129 — De quel type d'ordre parle-t-on ? Il s'agit de l'injonction émanant d'un texte de loi (entendu comme englobant le règlement). De deux choses l'une, ou bien le texte est de nature pénale, ou bien il ne l'est pas.

A L'ordre émanant d'un texte de nature pénale

1130 — Secret professionnel *vs* autorisation de révéler. L'exemple le plus cité est celui du secret professionnel. Alors que l'article 226-13 du Code pénal réprime la violation du secret professionnel (un an d'emprisonnement, 15 000 euros d'amende), l'article 226-14 énonce haut et fort que « l'article 226-13 n'est pas applicable dans les cas où la loi impose ou autorise la révélation du secret ». L'obligation au secret, élément légal de l'article 226-13, se trouve bien neutralisée par les termes mêmes de l'article 226-14.

1131 — Justification de la neutralisation de la qualification. Il n'y a rien de surprenant à ce que la légalité d'un acte (le fait de divulguer dans les cas prévus) le soustraie à toute criminalité. En somme, il y a comme un conflit de lois. Il est de bon sens de le résoudre en faisant prévaloir la loi qui ordonne sur celle qui réprime.

B L'ordre émanant d'un texte de nature extrapénale

1132 — Impuissance d'un texte de nature extrapénale à neutraliser une qualification pénale. Pour la majorité de la doctrine, seule une autre loi pénale peut défaire ce qu'une loi pénale a fait. Raisonner autrement revient à considérer qu'une loi, par exemple civile, puisse justifier (faits justificatifs) une infraction.

Cass. crim., 20 juin 1946. Arrêt retenant la qualification de proxénétisme, malgré la justification tirée de l'article 225 du Code civil (aujourd'hui art. 215) qui impose aux époux un devoir de cohabitation.

C L'usage des armes par les forces de l'ordre

1133 — Présentation. Sujet sensible par nature, l'encadrement de l'usage des armes par les forces de l'ordre, après avoir connu une relative stabilité, subit aujourd'hui les variations d'un législateur cherchant à répondre aux abjections du terrorisme. La distinction traditionnelle entre policier et gendarme, après une tentative éphémère de rapprochement spécifique, est aujourd'hui repoussée pour livrer, via le Code de la sécurité intérieure, des règles communes d'usage des armes par les forces de l'ordre.

1 La distinction initiale des règes encadrant policiers et gendarmes

1134 — Usage de l'arme de service par les policiers. Le principe était des plus simples. Celui d'une totale soumission aux règles du Code pénal. Or, ces règles, qu'il s'agisse de la justification tirée de la légitime défense (C. pén., art. 122-5 et 6) ou, dans une moindre mesure, de l'état de nécessité (C. pén., art. 122-7) étaient (et sont encore) entendues de la façon très limitative.

1135 — Usage de l'arme de service par les gendarmes. Bénéficiant des dispositions du décret-loi du 20 mai 1903, devenu l'article L. 2338-3 du Code de la défense, les gendarmes étaient traditionnellement autorisés à faire usage de leur arme de service, notamment lorsqu'un automobiliste n'avait pas obtempéré à un ordre d'arrêt.

1136 — Limitations apportées par la jurisprudence. L'autorisation accordée aux gendarmes a été considérablement restreinte par un arrêt de la Chambre criminelle en date du 18 février 2003. Pour les juges du droit, le recours à la force pour effectuer une arrestation n'est légitime qu'en cas d'absolue nécessité et doit être strictement proportionné au danger de la situation.

1137 — Appréciations doctrinales. Les commentateurs de l'arrêt de 2003 n'ont pas manqué – tantôt en le déplorant, tantôt en l'approuvant – de relever que cette décision vidait de sa spécificité le texte incriminé en renvoyant l'appréciation de la situation au droit commun du fait justificatif de la légitime défense. Il appartient donc aux juges du fond de vérifier et de souligner l'absolue nécessité, seule salvatrice des agissements reprochés.

1138 — Conventionnalité et Constitutionnalité du droit pour les gendarmes de faire usage de leur arme. Après avoir relevé, dans l'arrêt du 18 février 2003 notamment, que ce droit particulier accordé aux gendarmes dans des circonstances particulières était conforme aux prescriptions de l'article 2.2 de la Convention européenne des droits de l'homme, la Chambre criminelle, en refusant de renvoyer une QPC au Conseil constitutionnel, a pu préciser que ce droit ne méconnaissait aucun principe constitutionnel.

> Cass. crim., 18 févr. 2003, Cass. crim., 1er avr. 2014 et Cass. crim., 21 oct. 2014.
> Veron M., « Usage de son arme par un gendarme », Dr. pén. 2014, p. 25.

2 La création éphémère d'une nouvelle cause objective d'irresponsabilité pénale

1139 — Rappel du contexte. Étroitement liée aux attentats terroristes du Bataclan, la loi du 3 juin 2016 renforçant la lutte contre le crime organisé et le terrorisme autorisait, à certaines conditions, les agents de la force publique à faire usage de leur arme. Si on comprend aisément les raisons qui ont animé le législateur, le contexte bien particulier n'a pas empêché que la mesure soit fortement discutée pendant les travaux parlementaires.

> Parizot R., « Loi du 3 juin 2016 : aspects obscurs de droit pénal général », RSC 2016, p. 376.

1140 — Nature du texte. Inséré entre l'ordre de la loi (art. 122-4) et la légitime défense (art. 122-5), l'article 122-4-1 du Code pénal dévoilait une nouvelle cause objective d'irresponsabilité pénale. L'article s'appliquait uniquement aux fonctionnaires de la police nationale, militaires de la gendarmerie nationale et militaires déployés sur le territoire en application de l'article L. 1321-1 du Code de la défense (qui renvoyait lui-même à l'article L. 214-1 du Code de la sécurité intérieure – et agents des douanes).

1141 — Contenu du texte. L'article 122-4-1 conditionnait l'irresponsabilité pénale des fonctionnaires visés à quatre conditions tenant à la nécessité et à la proportionnalité de l'usage des armes, à la temporalité de cet usage et à la probabilité de la réitération des actes réalisés. Concrètement, l'article autorisait les forces de l'ordre à tirer en cas de périple meurtrier afin d'éviter le renouvellement des actes criminels en dehors des conditions habituellement exigées par la légitime défense.

1142 — Abrogation du texte. Abrogé par la loi du 28 févier 2017, l'article 122-4-1 aura eu une existence des plus brèves. Nous avions douté de la pertinence de cette nouvelle cause d'irresponsabilité qui puisait ses racines au cœur de la légitime défense oubliant presque, qu'elle prenait naturellement appui sur l'autorisation de la loi.

3 Le régime unifié par la loi du 28 février 2017

1143 — Rappel du contexte. Il est difficile de faire ici l'impasse sur certains évènements qui ont précédé cette loi comme les manifestations des forces de l'ordre à la suite des affaires tragiques de Viry-Chatillon (des policiers ont été brûlés dans leur voiture à la suite d'un véritable guet-apens) et de Magnanville (deux policiers suivis et assassinés à leur domicile). Aussi la loi poursuit-elle le désir du politique de développer les prérogatives des forces de l'ordre en matière d'usage d'arme à feu.

1144 — Nature du texte. Sans créer une nouvelle cause d'irresponsabilité, la loi fixe le statut de l'usage de l'arme sur l'autorisation de la loi, le support technique étant l'article L. 435-1 du Code de la sécurité intérieure.

1145 — Cadre général du texte. L'article L. 435-1 du Code de la sécurité intérieure énumère cinq cas dans lesquels les forces de l'ordre peuvent faire usage de leur arme non sans avoir préalablement précisé le cadre général de cet usage.

> Article L. 435-1 : « Dans l'exercice de leurs fonctions et revêtus de leur uniforme ou des insignes extérieurs et apparents de leur qualité, les agents de la police nationale et les militaires de la gendarmerie nationale peuvent, outre les cas mentionnés à l'article L. 211-9, faire usage de leurs armes en cas *d'absolue nécessité et de manière strictement proportionnée*.

1146 — Exigence d'une double condition de proportionnalité et de nécessité. À l'analyse, on peut imaginer, sans grand risque que l'exigence de proportionnalité et de nécessité seront satisfaites lorsque l'agent aura agi pour prévenir la réitération de meurtres ou de tentatives de meurtre. Si la vie d'autrui est en danger immédiat ou risque de l'être, l'usage des armes à l'encontre d'assaillants ou « fuyards » paraît naturellement proportionné. Pour autant, tout n'est pas simple. On devine aisément que le terrain est propice aux difficultés d'interprétation.

1147 — Cinq cas expressément prévus. Si les quatre premiers cas s'inspirent très directement de l'article L. 2338-3 du Code de la défense, le cinquième reprend les dispositions de l'article 122-4-1 du Code pénal qui a été abrogé.

> Article L. 435-1 (suite) : « 1° Lorsque des atteintes à la vie ou à l'intégrité physique sont portées contre eux ou contre autrui ou lorsque des personnes armées menacent leur vie ou leur intégrité physique ou celles d'autrui ;
>
> 2° Lorsque, après deux sommations faites à haute voix, ils ne peuvent défendre autrement les lieux qu'ils occupent ou les personnes qui leur sont confiées ;
>
> 3° Lorsque, immédiatement après deux sommations adressées à haute voix, ils ne peuvent contraindre à s'arrêter, autrement que par l'usage des armes, des personnes qui cherchent à échapper à leur garde ou à leurs investigations et qui sont susceptibles de perpétrer, dans leur fuite, des atteintes à leur vie ou à leur intégrité physique ou à celles d'autrui ;
>
> 4° Lorsqu'ils ne peuvent immobiliser, autrement que par l'usage des armes, des véhicules, embarcations ou autres moyens de transport, dont les conducteurs n'obtempèrent pas à l'ordre d'arrêt et dont les occupants sont susceptibles de perpétrer, dans leur fuite, des atteintes à leur vie ou à leur intégrité physique ou à celles d'autrui ;
>
> 5° Dans le but exclusif d'empêcher la réitération, dans un temps rapproché, d'un ou de plusieurs meurtres ou tentatives de meurtre venant d'être commis, lorsqu'ils ont des raisons réelles et objectives d'estimer que cette réitération est probable au regard des informations dont ils disposent au moment où ils font usage de leurs armes. »

II La permission en question

1148 — Plan. De quelle permission parle-t-on ? La permission peut émaner d'un texte ou d'une autorité administrative.

A La permission émanant d'un texte

1149 — Plan. La permission peut émaner d'un texte pénal ou extrapénal.

1 La permission émanant d'un texte pénal

1150 — Autorisation de révéler *vs* secret professionnel. L'article 226-14 du Code pénal impose ou autorise (c'est le mot-clé) des révélations normalement couvertes par le secret professionnel. C'est le cas notamment pour les révélations concernant des sévices ou privations infligés à un mineur ou à toute personne qui, en raison de son âge, son état physique ou psychique, n'est pas en mesure de se protéger seule.

1151 — Incertitudes de l'ancien Code pénal. Avant 1994, une certaine divergence d'opinions opposait la jurisprudence et une partie de la doctrine.

1152 — Précisions apportées par le nouveau Code pénal. Le Code pénal a quelque peu clarifié les rapports entre ce secret et les textes visant la non-dénonciation de crime ou de mauvais traitements. Reprenant l'opinion majoritaire, les articles 434-1 (pour la non-dénonciation de crime) et 434-3 (pour la non-dénonciation de mauvais traitements) écartent aujourd'hui expressément les personnes soumises au secret en vertu de l'article 226-13.

1153 — Absence d'obligation de révéler. Les personnes visées par le texte ne sont pas tenues de dénoncer les infractions visées. Pour le législateur, il fallait éviter que les auteurs de sévices (souvent les parents) se refusent à faire soigner la personne maltraitée (souvent l'enfant) de peur d'être dénoncés.

1154 — Limites à la liberté de se taire. Ainsi, le médecin n'est donc pas obligé de dénoncer, mais il peut le faire sous couvert de l'article 226-14. À y regarder de plus près, sa liberté de choix n'est pas aussi absolue. On ne saurait l'oublier, les personnes soumises au secret professionnel ne peuvent rester silencieuses ou passives, en présence de mauvais traitements mettant en danger la vie ou l'intégrité physique d'un mineur, ou plus généralement d'une personne vulnérable. L'article 223-6 concernant la non-assistance à personne en péril impose avec certitude aux personnes, tenues au secret, d'agir.

Cass. crim., 8 oct. 1997 : Dr. pén. 1998, comm. n° 50. Sur la condamnation de travailleurs sociaux.

2 ▌ La permission émanant d'un texte extrapénal

1155 — Autonomie du droit pénal repoussant toute justification émanant d'un texte de nature extrapénale. Pour la majorité de la doctrine, seul un texte pénal peut autoriser ce qu'un autre texte pénal interdit. Raisonner autrement revient à considérer qu'un texte quelconque puisse justifier (faits justificatifs) une infraction. Ainsi, un créancier impayé qui s'emparerait d'une somme d'argent appartenant à son débiteur serait coupable de vol.

1156 — Justification admise pour le corps médical. Médecins ou chirurgiens reçoivent, des règles de leur profession, le droit de porter atteinte à l'intégrité physique des personnes. Encore faut-il que la finalité thérapeutique de l'acte soit réelle, c'est elle qui rend licite l'intervention. Si cette finalité thérapeutique fait défaut, et quand bien même le patient (la victime) avait donné son consentement, le médecin ne pourrait être excusé et son acte justifié.

Cass. crim., 1er juill. 1937 : Gaz. Pal. 1937, II, 358 ; S. 1938, 1, 193, note Tortat. Arrêt dit des « stérilisés de Bordeaux » qui « confirme » la responsabilité pénale des auteurs de stérilisations contraceptives consenties par les patients. CA Aix,

23 avr. 1990 : JCP 1991, II, 21720, note Mémeteau. Arrêt qui retient la responsabilité pénale de deux urologues ayant opéré, un peu prématurément, un transsexuel.

1157 — Justification plus discutée : autorité parentale et droit de correction. Fondé sur la notion civile (extrapénale) de l'autorité parentale, le droit de correction (on dit aujourd'hui « obligation d'éducation ») des parents, délégué hier aux instituteurs aux heures d'école, justifiait quelques agissements de parents ou d'enseignants. En lisant la doctrine et en surveillant la jurisprudence, on s'aperçoit toutefois que les temps changent.

CA Pau, 24 oct. 1989 : RSC 1990, p. 785, obs. Levasseur. Arrêt qui condamne pour coups volontaires une mère qui avait giflé sa fille en pleine rue.

CA Versailles, 16 juin 2003 : RSC 2004, obs. Mayaud, p. 87. Arrêt qui relaxe un enseignant qui, pour mettre fin à un chahut entre élèves, avait saisi la poignée du cartable entraînant la chute du jeune propriétaire. Comme on l'a noté, l'arrêt « restitue le rôle de chacun dans les écoles : les instituteurs doivent veiller à la discipline, et les élèves doivent s'y plier ! »

CA Paris, 31 mai 2012 : le droit de correction reconnu aux parents... a pour limite l'absence de dommages causés à l'enfant ; la correction devant restée proportionnée au manquement commis et ne pas avoir de caractère humiliant.

Cass. crim., 29 oct. 2014 : AJ pénal 2015, p. 605, Evans.

1158 — Justification fondée sur le règlement de pratique sportive. La justification paraît souvent plus tacite que véritablement expresse. C'est le domaine de prédilection du sport. Certains sports de combat apparaissent comme très violents. La boxe n'est-elle pas une discipline où l'objectif est d'abattre physiquement l'adversaire ? Ainsi, le coup sera justifié, donc licite, tant qu'il sera donné dans le respect des règles du jeu.

1159 — Agression, hors des règles du jeu, ne sera pas excusée. L'agression déloyale, le coup illégal, un « placage au sol » pratiqué dans des conditions contraires aux règles du jeu, un « tacle glissé » volontairement appuyé, sont des agressions physiques qui ne peuvent être excusées et justifiées.

1160 — Appréciation des magistrats. Faute de pouvoir bénéficier du fait justificatif, les agressions déloyales devraient relever de violences, en droit pénal, c'est-à-dire d'atteintes volontaires. Pour l'heure, les magistrats, dans la majorité des hypothèses, se contentent de réprimer ces atteintes physiques comme des atteintes non intentionnelles. La qualification d'imprudence est alors préférée à celle de violence.

Vial J.-P., « Les violences et infractions d'imprudence dans les compétitions sportives », AJ pénal 2013, p. 308.

Sur un placage dangereux ayant entraîné une paralysie et la condamnation de son auteur pour violence involontaire. T. corr. De Vannes, 7 janvier 2016. Vial J.-P., « Un placage dans le collimateur des juges », AJ pénal 2016, p. 269.

B La permission émanant d'une autorité administrative

1161 — Plan. L'autorisation administrative comme la tolérance administrative ne peuvent justifier une infraction.

1 L'autorisation administrative

1162 — Incapacité d'une autorisation administrative à justifier une infraction. Le principe est simple. L'autorisation est inefficace. Il s'ensuit que l'infraction commise n'est pas justifiée, alors même que l'acte commis l'a été sous couvert d'une telle autorisation. Sans doute faut-il y voir la conséquence du principe de la séparation des pouvoirs.

T. confl. Seine, 19 déc. 1957 : D. 1958, p. 257. Affaire du *Stalinon*, pour laquelle les inventeurs et les fabricants du médicament ont été poursuivis et condamnés pour homicide involontaire alors que l'autorité administrative avait délivré les visas nécessaires à la mise en vente.

2 La tolérance administrative

1163 — Incapacité de la tolérance administrative à justifier une infraction. Le principe est celui de l'indifférence. Le constat est le même que la tolérance soit tacite ou plus expresse (par exemple une circulaire interne).

Cass. crim., 30 oct. 1984 : JCP 1985, IV, p. 12 – CA Paris, 13 févr. 1992 : D. 1992, IR, p. 143 – CA Paris, 29 avr. 1997 : Gaz. Pal. 1998, 1, somm. p. 71.

1164 — Incapacité de la bonne foi de la personne poursuivie à justifier une infraction. On peut penser que la bonne foi du prévenu, ayant placé sa confiance entre les mains de l'Administration, pourrait davantage être prise en compte. En définitive, la jurisprudence se montre sévère. Aujourd'hui, plaidant l'erreur de droit, la personne poursuivie pourra espérer quelque indulgence. Mais on aura l'occasion de le vérifier, l'erreur de droit (qui n'est pas un fait justificatif, mais une cause subjective de non-responsabilité) est interprétée de façon très restrictive par les magistrats.

SECTION 2 Le commandement de l'autorité légitime

1165 — Plan de section. Deux remarques guident l'analyse : la première est relative au commandement donné, ordonné, la seconde à la notion d'autorité légitime.

I Le commandement ordonné

1166 — Plan. L'analyse porte plus précisément sur le principe du commandement illégal et sur la question qui en découle.

A Le principe

1167 — Formulation du principe. Contrairement à l'ordre de la loi, l'ordre commandé par l'autorité légitime n'est pas à lui seul, de façon autonome, une cause de justification. Pour que la justification existe, il faut que l'ordre donné soit légal : « N'est pas pénalement responsable la personne qui accomplit un acte commandé par l'autorité légitime, sauf si cet acte est manifestement illégal » (C. pén., art. 122-4, al. 2).

1168 — Justification du principe. La formule du Code pénal s'inscrit sous le sceau du bon sens. Comment une autorité, aussi puissante soit-elle, pourrait-elle donner l'ordre de violer la loi ? Tout cela paraît bien simple en théorie, mais en pratique les choses sont beaucoup plus complexes. C'est toute la question du commandement illégal.

B La question du commandement illégal

1169 — Enjeux de la question. Toute la question est de savoir si l'obéissance à un ordre illégal est de nature à supprimer l'infraction. La réponse est des plus délicates puisqu'elle met en cause la faculté de jugement de celui qui est chargé d'exécuter l'ordre. La doctrine a d'abord estimé que le respect de l'ordre donné, par la hiérarchie, commandait la passivité du subordonné.

1170 — Thèse de l'« obéissance passive » absolue. À l'origine, la doctrine a considéré les militaires comme des instruments matériels que la voix du commandement devait trouver toujours dociles. Abdiquant leur conscience et leurs lumières, ils ne devaient, disait-on, juger et voir que par les paroles et les yeux de leurs chefs. L'ordre qu'ils recevaient devait faire leur opinion, leur morale, leur religion.

1171 — Conséquences de l'« obéissance passive ». L'abnégation des subordonnés avait le seul mérite de les mettre à l'abri de toute responsabilité pénale. Seul le supérieur, donneur d'ordre, pouvait être poursuivi. Pour autant, l'interrogation était légitime : « L'officier qui commanderait de faire feu sur une population paisible, d'incendier la maison d'un citoyen inoffensif, devrait-il être obéi ? Et le soldat qui aurait prêté son bras à ces crimes ne serait-il pas coupable de l'incendie ou du meurtre ? »

1172 — Critiques formulées. Des voix se sont élevées pour affirmer que le droit ne pouvait plus admettre des situations dans lesquelles l'« inférieur » soit une pure machine et où le supérieur aurait sur lui un pouvoir absolu. S'est alors développée l'idée que le subordonné n'est pas dénué de sens critique et qu'il doit donc refuser l'exécution d'un ordre illégal.

1173 — Thèse de l'obéissance raisonnée. C'est la fameuse théorie, dite souvent des « baïonnettes intelligentes ». La théorie, aussi séduisante soit-elle, n'en est pas moins contestable. Elle suppose tout d'abord comme le dit un auteur que les « baïonnettes » soient en mesure d'apprécier la légalité de l'ordre donné, ce qui reste parfois à démontrer. Elle suppose ensuite que l'individu, la « baïonnette », ait vraiment le choix.

1174 — Thèse de l'obligation à résister à l'ordre illégal. Telle était la solution dégagée du Statut du Tribunal militaire international de Nuremberg qui estimait en son temps que le commandement de l'autorité légitime ne pouvait constituer un fait justificatif. La résistance à l'ordre illégal devenait par là même une obligation. Légitimé par les circonstances exceptionnelles de la Seconde Guerre mondiale, le raisonnement n'en demeure pas moins fort sévère.

1175 — Nouvelles critiques formulées. Face aux rigueurs des thèses précédentes, la doctrine proposa une conception plus nuancée de l'obéissance raisonnée. Elle fit une distinction selon que l'illégalité de l'ordre était ou non manifeste. Par ce schéma, la justification devient impossible pour l'acte commis en exécution d'un ordre manifestement illégal. Dans les autres cas, à l'inverse, le fait justificatif peut neutraliser l'élément légal de l'acte infractionnel.

1176 — Thèse de l'ordre manifestement illégal. C'est le principe retenu par le Code : « N'est pas pénalement responsable [...] sauf si cet acte est manifestement illégal » (art. 122-4, al. 2). Pour autant, la nouvelle rédaction ne règle pas tous les problèmes, le législateur s'étant bien gardé de dire ce qui est ou non manifestement illégal.

1177 — Nécessité pour les juges du fond d'apprécier le caractère manifestement illégal. L'appréciation du caractère manifeste est une donnée de fait qui est laissée à la libre appréciation des juges du fond. On peut légitimement penser que le militaire sera justifié pour avoir obéi à un acte illégal, mais ne pourra sans doute pas l'être en présence d'un acte manifestement illégal. À l'inverse, le simple fonctionnaire devra résister, sous peine d'être poursuivi, à l'ordre simplement illégal.

Cass. crim., 25 févr. 1998 : Dr. pén. 1999, comm. n° 94. Condamnation d'un agent des services de l'équipement qui a modifié les annexes du plan d'occupation des sols d'une commune, sur les instructions du maire, en contradiction avec les délibérations du conseil municipal.

1178 — Affaire des « paillotes ». L'ordre donné par un préfet à un colonel de gendarmerie de détruire des biens, de manière clandestine, en utilisant un moyen dangereux, sans assurer la sécurité des personnes, est un ordre manifestement illégal. Pour la petite histoire, l'ordre avait été donné aux gendarmes de laisser sur les lieux des tracts diffamatoires destinés à égarer les enquêteurs sur l'identité des auteurs des faits. À l'évidence, le colonel de gendarmerie « n'a pu se méprendre sur le caractère manifestement illégal » d'un tel ordre.

Cass. crim., 13 oct. 2004 : Dr. pén. 2005, comm. n° 2 ; RSC 2005, p. 66, obs. Fortis ; AJ pénal 2004, p. 451.

II L'autorité légitime

1179 — Nature de l'autorité légitime. L'autorité légitime visée par l'article 122-4 du Code pénal est nécessairement une autorité publique (civile ou militaire). Ainsi l'autorité purement civile (de droit privé) du père, de l'époux ou de l'employeur ne saurait être considérée comme un fait justifiant l'acte de l'enfant, de l'épouse ou du salarié.

Cass. crim., 26 juin 2002 : Bull. crim., n° 148 ; D. 2003, somm. p. 171, obs. Segonds ; RSC 2003, p. 93, obs. Bouloc. Arrêt rappelant que l'ordre d'un supérieur hiérarchique ne constitue pas, pour l'auteur de l'infraction, une cause d'irresponsabilité.

1180 — Justification d'un acte effectué sous l'ordre donné par une autorité illégitime. Si le principe exige une autorité légitime, il est des circonstances qui peuvent tempérer cette exigence. Ainsi, alors que les actes accomplis sous le gouvernement de Vichy étaient entachés d'illégitimité, on précisait aussitôt (ou presque) que devaient être justifiés les agissements passés sous le strict respect des ordres donnés.

1181 — Refus de justifier certains actes passés sous couvert d'une autorité illégitime. On ne peut invoquer pour sa défense un fait justificatif tiré d'un « ordre de mobilisation générale adressé aux fonctionnaires le 8 janvier 1942 en vertu duquel les autorités de la France libre avaient expressément enjoint aux fonctionnaires français de rester à leur poste en exécutant au besoin les ordres de l'autorité ennemie afin de ne pas livrer à cette dernière la France occupée ».

Cass. crim., 23 janv. 1997 : Dr. pén. 1997, comm. n° 38. Affaire *Papon*, le fait justificatif est rejeté, car il ne peut être regardé comme justifiant des déportations.

SECTION 3 La légitime défense

1182 — Définition. Dans les situations d'urgence où la sécurité des personnes (voire celle des biens) ne peut pas être assurée par les moyens habituels de la justice et de la police, celui qui se défend ne fait que remédier à l'insuffisance de ces moyens, et ne commet donc pas d'actes contraires au droit.

1183 — Légitime défense entendue comme un droit naturel. Cicéron, cent ans av. J.-C., considérait déjà en son temps le principe de la légitime défense comme un droit naturel. Sur le principe, chacun reconnaîtra (plus ou moins expressément) qu'il est juste de ne pas condamner ou en tout cas de condamner moins sévèrement celui qui, pour se défendre contre une attaque injustifiée, commet une infraction.

1184 — Légitime défense et Code pénal de 1810. Alors que toute l'histoire de la justice pénale s'analyse dans un détachement progressif de la justice privée vers la reconnaissance de la justice publique, le Code de 1810, héritier des idées de la Révolution, affirmait sans autre condition : « Il n'y a ni crime ni délit lorsque l'homicide, les blessures et les coups étaient commandés par la nécessité actuelle de la légitime défense de soi-même ou d'autrui. »

1185 — Précisions sociologiques. Sur le terrain de la sociologie, on a pu remarquer que les mouvements d'autodéfense qui marquent périodiquement la société en crise se nourrissent d'un discours sur l'effondrement de l'État (l'insuffisance des moyens) en ébranlant, paradoxalement, la confiance dans la justice (justice-police) et ce faisant, ils contribuent au climat d'insécurité contre lequel ils prétendent lutter.

1186 — Controverses liées à l'actualité. Des faits divers, largement médiatisés, placent régulièrement au premier plan de l'actualité des controverses très vives. À dire vrai, ces controverses portent moins sur le principe même de la légitime défense que sur les circonstances et les conditions de sa mise en œuvre.

La légitime défense a été invoquée, à tort ou à raison, avec succès ou non, dans plusieurs affaires qui ont suscité bien des commentaires et occupé une place de choix dans les médias. Après les commentaires passionnés (affaire *Jacqueline*

Sauvage, affaire *Alexandra Lange*, affaire des *salariés d'Air France...*), il est utile à l'étudiant de prendre toute la mesure des dispositions législatives avant de s'employer à porter tel ou tel jugement.

1187 — Légitime défense des personnes et nouveau Code pénal. « N'est pas pénalement responsable la personne qui, devant une atteinte injustifiée envers elle-même ou autrui, accomplit, dans le même temps, un acte commandé par la nécessité de la légitime défense d'elle-même ou d'autrui sauf s'il y a disproportion entre les moyens de défense employés et la gravité de l'atteinte » (C. pén., art. 122-5).

1188 — Légitime défense des biens et nouveau Code pénal. « N'est pas pénalement responsable la personne qui, pour interrompre l'exécution d'un crime ou d'un délit contre un bien, accomplit un acte de défense, autre qu'un homicide volontaire, lorsque cet acte est strictement nécessaire au but poursuivi dès lors que les moyens employés sont proportionnés à la gravité de l'infraction » (C. pén., art. 122-5, al. 2).

1189 — Plan de section. Guidé par les dispositions du Code pénal, on distingue des conditions tenant à l'agression et des conditions tenant à la réaction, à la défense.

I Les conditions tenant à l'agression

1190 — Plan. Ces conditions sont les caractères injuste et actuel de l'agression, mais également l'objet de l'agression.

A Les caractères injuste et actuel de l'agression

1191 — Plan. L'agression présente deux caractères : l'injustice et l'actualité.

1 L'agression injustifiée

1192 — Plan. Le principe de l'agression injustifiée n'est pas sans soulever des difficultés d'interprétation.

a Le principe

1193 — Si l'acte d'agression est justifié, on doit le subir. Dans une telle situation, la défense ne peut être regardée comme légitime et ne peut donc fonder la justification. Inconnue du Code de 1810, cette condition a été mise en place, peu à peu, par la jurisprudence avant d'être reprise par le Code.

1194 — Agression commandée par la loi présumée juste. L'agression commandée par la loi (perquisition, saisie) prive l'agent du pouvoir d'en invoquer le caractère injuste. Raisonner autrement conduirait à autoriser chaque particulier à apprécier la régularité des actes émanant de l'autorité publique.

1195 — Arrêt *Bernard* du 5 janvier 1821. En exécution d'un ordre donné par le commissaire de police de la ville de Grenoble, les agents de la force publique avaient procédé à l'arrestation du sieur Louis Bernard. Ce dernier ayant résisté avec violence à l'arrestation fut condamné pour délit de rébellion. À l'appui de son pourvoi, il arguait que, face à un acte illégal, la résistance était légitime et permettait à un particulier de s'y opposer avec violence. Le pourvoi est rejeté sans retenue par la Chambre criminelle.

Cass. crim., 5 janv. 1821 : S. 1821, I, p. 358 : « L'agression commise par un agent de la force publique étant présumée juste, il y a incompatibilité entre la légitime défense et une agression de ce type. » Pradel J. et Varinard A., *Les grands arrêts du droit criminel*, 8e éd., 2012, Dalloz, t. 1, n° 21.

b ▮ Les difficultés d'interprétation

1196 — Droit à la résistance de la personne visée par un acte illégitime de l'autorité. Face à une agression manifestement illégale, la résistance devient possible. Lorsque l'autorité accomplit un acte illégitime, illégal, ou en tout cas perçu comme tel par celui qui est visé, dans un mouvement similaire à celui de la résistance à l'ordre illégal, les auteurs ont reconnu à la personne visée un droit à la résistance, un droit à une défense légitime.

Cass. crim., 20 oct. 1993 : Dr. pén. 1994, comm. n° 34. La Chambre criminelle repousse le pourvoi d'un huissier de justice qui contestait la relaxe, pour légitime défense, d'une femme qui s'était défendue avec une bombe lacrymogène.

Cass. crim., 2 juill. 1987 : Bull. crim., n° 281. Admettant la condamnation pour rébellion d'un individu qui avait refusé de se soumettre à une prise irrégulière d'empreintes digitales et de photographies.

2 ▮ L'agression actuelle

1197 — Condition temporelle. Pour être légitime, la défense doit être accomplie « dans le même temps » (C. pén., art. 122-5). Cette condition permet de distinguer la résistance de la vengeance. L'agression doit être actuelle, c'est-à-dire commise, en train de se commettre ou imminente. À propos de la défense des biens, le législateur précise même que la défense doit servir « à interrompre l'exécution d'un crime ou d'un délit ».

1198 — Agression imaginaire. L'agression qui n'a existé que dans l'esprit de la personne ne peut justifier des actes de défense, y compris lorsque cette personne est de bonne foi. On parle alors de légitime défense putative. La doctrine admet toutefois, devant des apparences véritablement trompeuses, que la légitime défense vraisemblable puisse être entendue comme réelle.

B ▌ L'objet de l'agression

1199 — Plan. L'objet de l'agression est la légitime défense des personnes et des biens.

1 ▌ La légitime défense des personnes

1200 — Défense de l'intégrité physique. Est visée ici tant la défense de sa propre intégrité physique que celle d'autrui. Le corps est menacé, il y a danger physique. On se protège soi-même ou l'on vient au secours d'autrui. Si l'état de légitime défense suppose la nécessité (actuelle) de se défendre, il n'impose nullement qu'il y ait péril de mort.

1201 — Défense de la morale ou de la dignité. Comme la gravité de l'agression est inhérente à la légitime défense, il semble alors difficile d'admettre que le fait justificatif puisse être invoqué à l'appui d'une défense concernant la morale ou encore la dignité. Telle est, malgré quelques hésitations, l'opinion la plus commune en doctrine. L'atteinte à l'honneur ne saurait en principe autoriser des coups et violences.

T. pol. Valence, 19 mai 1960 : S. 1960, p. 271 ; Gaz. Pal. 1960, II, p. 28. Décision qui justifie la gifle donnée par une mère de famille à une jeune fille de mœurs légères : « la jeune fille qui par ses assiduités risquait de compromettre l'avenir et les études de son fils. »

Cass. crim., 18 juin 2002 : Dr. pén. 2002, comm. n° 134, note Véron. Arrêt rejetant le pourvoi d'une décision de relaxe justifiant une riposte physique (un coup de pied) donnée par un enseignant répondant à une agression verbale commise par un élève.

CA Douai, 10 oct. 2012. Mayaud Y., « Quelle justification pour une gifle éducative ? », RSC 2013, p. 343. Fondant la relaxe d'un maire sur l'article 121-4, al. 2 du Code pénal (commandement de l'autorité légitime).

2 ▌ La légitime défense des biens

1202 — Controverses classiques. Le partage est simple. On peut juger impensable que la vie ou l'intégrité physique d'un agresseur puisse être mise en balance avec la protection d'un bien quel qu'il soit et quelle qu'en soit sa valeur. On peut à l'inverse estimer que la protection du bien puisse être envisagée dans le respect d'une réaction proportionnée à l'agression (caractérisée, ici, par un vol ou une destruction).

1203 — Problématique particulière. Il faut en prendre la juste mesure. Pour l'étudiant, comme pour les magistrats, les choses ne sont pas simples. Le propriétaire et l'agresseur (le voleur) sont en effet l'un et l'autre à la fois auteur et victime : l'un s'en prend au bien de l'autre qui lui répond en s'en prenant à sa personne.

1204 — Environnement du thème au début du XIXe siècle. Au XIXe siècle, tout penchait pour le succès et l'admission de la légitime défense des biens. Le Code civil consacrait bien plus de dispositions à la propriété qu'à la personne. La Cour de cassation parlait d'ailleurs du « droit sacré de la propriété ». Y porter atteinte, c'était troubler, voire ébranler, la société elle-même.

1205 — Silence du Code pénal de 1810. Inconnue du Code de 1810, la légitime défense des biens n'a pas trouvé d'écho en jurisprudence. Les magistrats se sont montrés des plus prudents. Si le principe même n'a pas été écarté, rares sont les décisions qui ont accepté la légitime défense des biens comme faits justificatifs.

1206 — Conséquences sur la responsabilité pénale. Le propriétaire auteur d'une infraction en défendant son bien restait pénalement responsable. Pour repousser le fait justificatif, les juges ont surtout analysé la défense du propriétaire. Dès que celle-ci pouvait être regardée comme une faute ou une imprudence, la justification était repoussée.

1207 — Conséquences sur la responsabilité civile. Le propriétaire auteur d'une infraction pouvait échapper à sa responsabilité civile. Telle est en substance la solution d'un arrêt rendu au début du siècle dernier. Un propriétaire qui avait piégé les abords de son étang avait vu sa responsabilité écartée alors qu'il était poursuivi pour avoir grièvement blessé, par l'un de ses pièges, un braconnier.

Ch. req., 25 mars 1902 : S. 1903, I, p. 5 ; D. 1902, I, p. 356. Rendu par la Chambre des requêtes, cet arrêt concerne uniquement la responsabilité civile du propriétaire.

II Les conditions tenant à la réaction : la défense

1208 — Précision. Deux certitudes et une incertitude gouvernent les conditions liées à la défense. Selon les termes de l'article 122-5 du Code pénal, la défense, la réaction, doit être nécessaire et proportionnée à l'agression. Le doute persiste toutefois quant à savoir si cette défense doit être absolument volontaire, intentionnelle.

A Une réaction nécessaire

1209 — Nécessité en question. « Un acte commandé par la nécessité », énonce le Code pénal. La personne agressée n'a pas pu faire autrement que de commettre à son tour une infraction pour se soustraire au danger. Certains notent que seule une nécessité absolue ouvre la porte au fait justificatif.

1210 — Arguments doctrinaux échangés sur la fuite possible de l'agressé. En doctrine, des arguments ont été échangés à propos de la fuite de l'agressé. La question est de savoir si la riposte peut être justifiée lorsque la fuite était possible. En l'absence de jurisprudence établie, les uns et les autres ont admis des variations (assez théoriques) selon les qualités de l'agresseur. Face à l'agression d'un fou, d'un mineur ou d'un infirme, et devant la possibilité de se mettre à l'abri, toute riposte serait à proscrire et toute réaction deviendrait illégitime.

B Une réaction proportionnée

1211 — Consécration législative. L'exigence de proportionnalité était inconnue du Code de 1810. Elle a été dégagée, au fil du temps, par la jurisprudence avant d'être consacrée par le nouveau Code.

1212 — Appréciation du caractère proportionné, une question de fait. Question de fait, l'appréciation du caractère proportionné est donc laissée à l'initiative des juges du fond. Mais, et la condition est substantielle, la Cour de cassation attend des juges du fond qu'ils la mettent en mesure de vérifier l'existence de cette exigence.

> Cass. crim., 21 nov. 1961 : D. 1962, p. 226 ; Pradel J. et Varinard A., *Les grands arrêts du droit criminel*, 8e éd., 2012, Dalloz, t. 1, n° 22 – Cass. crim., 6 déc. 1995 : Dr. pén. 1996, comm. 98. Il y a disproportion, lorsqu'on est saisi à la gorge, à casser une bouteille sur la tête d'un individu pour le repousser ou à le frapper à coups de chaussure à talon aiguille.
>
> Cass. crim., 28 janv. 1998 : Dr. pén. 1998, comm. n° 80. Des violences exercées sous la menace d'un couteau ne peuvent être légitimées par le seul constat que l'auteur répondait à une mesure de contrôle qu'il avait jugée illégale.

1213 — Ne pas confondre absence de proportionnalité et faute éventuelle de la victime. Si l'absence de proportionnalité repousse toute idée de défense légitime, elle n'exclut pas automatiquement que la victime, par ses propres agissements et sa provocation, ait contribué partiellement à son propre dommage.

Cass. crim., 8 janv. 2008 : AJ pénal 2008, p. 137, obs. Lavric. Ne pas retenir le bénéfice de la légitime défense est une chose, ne pas rechercher les torts de la victime en est une autre, telle est la leçon donnée par la Chambre criminelle.

1214 — Ne pas apprécier la proportionnalité au regard du résultat de l'acte de défense. Tel est le message livré récemment par la Chambre criminelle. À la suite d'un banal accident de la circulation, deux automobilistes se querellent. Pour se défendre, l'agressé repousse son agresseur qui fait une chute entraînant sa paraplégie. Au regard de ce handicap, la proportionnalité de la réponse pouvait être mise en cause. Juges du fond et juges du droit ne l'ont pas entendu ainsi en estimant que la proportionnalité ne s'apprécie pas au regard du résultat de l'acte de défense.

Cass. crim., 17 janvier 2017 : Dr. pén. 2017, comm. n° 54, Conte ; « Attendu qu'en l'état de ces énonciations, procédant de son appréciation souveraine des faits, d'où il résulte, d'une part, que le prévenu avait répondu par un acte constitutif de violences volontaires aux coups de son agresseur, d'autre part qu'il n'existait pas de disproportion entre l'agression et les moyens de défense employés, peu important à cet égard le résultat de l'action, la cour d'appel a justifié sa décision au regard de l'article 122-5 du Code pénal ».

1215 — Exclusion de la légitime défense des biens en cas d'homicide volontaire. Tel est le compromis trouvé par les réformateurs du Code pénal : accepter la légitime défense des biens dans le respect d'une réaction proportionnée à l'agression. « N'est pas pénalement responsable la personne qui [...] accomplit un acte de défense, autre qu'un homicide volontaire [...]. »

1216 — Exclusion de la légitime défense des biens en matière contraventionnelle. L'article 122-5, alinéa 2, du Code pénal légitime la réaction uniquement lorsqu'elle vise « à interrompre l'exécution d'un crime ou d'un délit contre un bien ». À interpréter strictement le texte, aucune défense face à une agression recevant une qualification contraventionnelle ne saurait être considérée comme légitime. Quand bien même la défense serait-elle proportionnée à l'agression, la solution resterait la même.

CA Toulouse, 24 janv. 2002 : Dr. pén. 2002, comm. n° 52, note Véron.
Écartant le bénéfice de la légitime défense à un conducteur qui, à un coup de pied donné dans la carrosserie de son véhicule (acte contraventionnel), a répondu par des violences physiques (actes contraventionnels en l'absence de toute incapacité de travail subie par la victime).

C La nécessité d'une réaction volontaire ?

1217 — Caractère inconciliable entre la légitime défense et le caractère involontaire de l'infraction. Telle est la règle dégagée, dans le silence du Code pénal de 1810, par la jurisprudence. Qu'en est-il aujourd'hui devant le silence constant du Code pénal ? La meilleure doctrine – c'est le cas notamment de J. Pradel – relevait sans trop y croire que la Cour de cassation aurait pu, prétextant la nouvelle terminologie de l'article 122-5, revoir sa position.

1218 — Arrêt *Cousinet*. Dans un arrêt remarqué, la Chambre criminelle rejetait le pourvoi d'un individu qui reprochait aux juges du fond de l'avoir privé du bénéfice de la légitime défense en retenant la qualification d'infraction involontaire. En l'espèce, lors d'une querelle, l'individu, le sieur Cousinet, avait brutalement repoussé un ivrogne qui s'était grièvement blessé en tombant. Bien que dépourvue de toute ambiguïté, la décision a été assez sévèrement critiquée par la doctrine.

> Cass. crim., 16 févr. 1967 : JCP 1967, II, 15034, n° 22 ; RSC 1967, p. 659, obs. Levasseur et p. 854, obs. Legal ; Pradel J. et Varinard A., *Les grands arrêts du droit criminel*, 8e éd., 2012, Dalloz, n° 22.

1219 — Critique juridique de l'arrêt *Cousinet*. Sur le fond, la critique porte, en méconnaissance du principe de la légalité, sur la création de la Cour souveraine. On comprend d'autant moins le silence constant du nouveau Code sur ce thème.

1220 — Critique sur l'esprit de l'arrêt *Cousinet*. Sur l'esprit, on peut relever la singularité de la solution de l'arrêt qui consiste à justifier le coup volontaire (donné pour se défendre) et refuser de justifier l'acte involontaire donné sans aucune volonté de nuire à la victime. Quelques décisions tempèrent un peu la rigueur de cette solution.

> Cass. crim., 21 févr. 1996. Les magistrats valident, en gardant le silence sur le caractère non intentionnel de l'acte reproché, le bénéfice de la légitime défense alors que les faits de l'espèce relevaient manifestement d'un acte involontaire (un coup de feu tiré lors d'un geste de recul).

1221 — Aparté. La Chambre criminelle, sans doute de façon bien involontaire, est venue troubler quelque peu la solution classique. Rapporté plus haut, l'arrêt révèle que l'appréciation de la proportionnalité de la réponse doit s'effectuer indépendamment du « résultat de l'action ». Or, un tel raisonnement semble difficilement compatible avec la solution qui conduit à exclure le bénéfice de la légitime défense pour les infractions involontaires.

Cass. crim., 17 janvier 2017 : Dr. pén. 2017, comm. n° 54, Conte ; « qu'il n'existait pas de disproportion entre l'agression et les moyens de défense employés, peu important à cet égard le résultat de l'action, la cour d'appel a justifié sa décision au regard de l'article 122-5 du Code pénal ».

III Les cas privilégiés de légitime défense

1222 — Présomption de légitime défense. Selon l'article 122-6 du Code pénal, « Est présumé avoir agi en état de légitime défense celui qui accomplit l'acte :
1° Pour repousser de nuit, l'entrée par effraction, violence ou ruse dans un lieu habité ;
2° Pour se défendre contre les auteurs de vols ou de pillages exécutés avec violence ».

1223 — Étendue de la présomption. La personne invoquant, dans ces situations, la légitime défense est dispensée de prouver (est présumée, dit le texte) tant les caractères actuels et injustifiés de l'agression que la nécessité et la juste mesure de la riposte.

1224 — Caractère simple de la présomption. La présomption était-elle entachée d'un caractère irréfragable (qui ne supporte pas la preuve contraire) ou devait-elle être considérée seulement comme une présomption simple (supportant la preuve contraire) ? Au-delà des controverses doctrinales, la Chambre criminelle trancha.

Cass. crim., 19 févr. 1959 : D. 1959, p. 161 ; RSC 1959, p. 839, obs. Legal ; Pradel J. et Varinard A., *Les grands arrêts du droit criminel*, 8e éd., 2012, Dalloz, n° 23. Énonçant avec force qu'il s'agissait d'une présomption légale, loin d'être absolue et irréfragable, susceptible de céder devant la preuve contraire.

1225 — Portée exacte de la présomption. La portée de l'article 122-6 du Code pénal n'en demeure pas moins importante, en dispensant, contrairement à tous les autres cas de figure, la personne poursuivie de la charge de la preuve. Reste alors, le cas échéant, au ministère public ou à la partie civile à démontrer que l'individu n'a pas agi en situation de défense légitime.

1226 — Survivance de difficultés d'interprétation. La présomption ne dissipe pas les difficultés d'interprétation. Dans toutes les situations, la défense du prévenu doit nécessairement répondre aux exigences (hier jurisprudentielles, aujourd'hui légales) de proportionnalité. Il y a en ce domaine bien des difficultés d'interprétation en perspective.

> Cass. crim., 12 oct. 1993 : Dr. pén. 1994, comm. n° 35. Apparaissent manifestement disproportionnés les coups de feu tirés par le père d'une jeune fille en direction d'un jeune homme, escaladant de nuit la maison pour atteindre la chambre de la jeune fille.
>
> Cass. crim., 11 oct. 1994 : Dr. pén. 1995, comm. n° 37. Bénéficie de la légitime défense un commerçant qui, surprenant de nuit un cambrioleur, le stoppe, au moment de la fuite de celui-ci sur le balcon, en lui tirant une décharge de fusil dans la jambe.
>
> Cass. crim., 21 févr. 1996 : Dr. pén. 1996, comm. n° 98 ; D. 1997, p. 234, note Paulin. Est proportionné le coup de feu (mortel) tiré par le prévenu pour repousser, de nuit, un agresseur, présentant une attitude menaçante, qui tentait de pénétrer dans son domicile après avoir brisé une fenêtre.
>
> Cass. crim., 7 déc. 1999 : Bull. crim., n° 292. Commet des violences injustifiées l'exploitant agricole qui, pour défendre ses biens, a blessé sérieusement deux individus en tirant sur eux, alors qu'ils tentaient de s'enfuir, plusieurs coups de fusil, puis, après les avoir frappés, les a attachés à un arbre avant de les livrer à la gendarmerie.

SECTION 4 L'état de nécessité

1227 — Définition de l'état de nécessité. On parle de nécessité lorsqu'un individu menacé d'un mal imminent ne peut échapper à ce mal qu'en commettant une infraction. À l'évidence, l'état de nécessité ressemble étrangement à la légitime défense.

1228 — État de nécessité n'est pas légitime défense. À la grande différence de la légitime défense où la victime de l'infraction est un agresseur (peu digne d'intérêt), dans l'état de nécessité la victime est un tiers innocent. Un tiers innocent qui voit son intérêt sacrifié au profit d'un intérêt jugé, sur le moment, supérieur.

1229 — Plan de section. L'étude des fondements de la justification permet d'en mesurer à juste valeur les conditions.

I Les fondements

1230 — Plan. La nécessité, reconnue historiquement comme fait justificatif, acquiert progressivement un caractère autonome et est consacrée par la jurisprudence et la loi.

A | De l'opportunité à reconnaître la nécessité comme fait justificatif

1231 — « La nécessité fait loi ». Dans l'Ancien Droit, le droit canonique reconnaissait, dans les temps de grande misère, qu'il devenait licite de prendre, contre le gré du propriétaire, quelques aliments ou morceaux de bois pour ne pas mourir de faim ou de froid. De là, la célèbre formule : « La nécessité fait loi. »

1232 — Mutisme du Code pénal de 1810. Devant le silence du législateur, il était bien difficile à la doctrine et à la jurisprudence de reconnaître dans la « nécessité » une catégorie de faits justificatifs exonératoires de toute responsabilité pénale.

1233 — Existence signalée de textes très spécifiques. Une interprétation *a contrario* de certains textes laissait entrevoir des bribes d'impunité de l'infraction nécessaire. Les articles R. 38.11° et R. 40.9° du Code pénal punissaient respectivement ceux qui sans nécessité avaient embarrassé la voie publique ou tué un animal domestique. Les incriminations ont été reprises par le nouveau Code aux articles R. 644-2 et R. 655-1.

1234 — Affaire *Ménard*, état de nécessité confondu avec la contrainte. Rendue par le célèbre « bon juge » Magnaud, l'affaire *Ménard* est jugée à Château-Thierry à l'audience du 4 mars 1898. Le juge repousse la responsabilité pénale d'une mère poursuivie pour avoir volé du pain afin de nourrir son enfant malade.

1235 — Critiques de la confusion entre contrainte et état de nécessité. Pour aussi juste et équitable qu'il soit, le jugement rendu, en « camouflant » la nécessité de ne pas punir derrière l'artifice de la contrainte, opère une certaine confusion des genres. La contrainte repousse en effet toute idée de choix de la part de celui qui commet l'infraction alors qu'au contraire, c'est justement ce choix qui caractérise pleinement l'état de nécessité.

1236 — Affaire *Ménard* suite : une autre confusion contestable. La cour d'appel d'Amiens préféra fonder la relaxe sur le défaut d'intention délictueuse. L'argument était à son tour contestable. Réservé aux seules infractions intentionnelles, l'argument réalisait de surcroît une confusion entre l'intention et le mobile. Il oubliait ainsi que l'auteur de l'infraction nécessaire (qui se prétend en état de nécessité) a pleinement conscience de violer la loi.

CA Amiens, 22 avr. 1898 : D. 1899, II, p. 329 : « Considérant que les circonstances exceptionnelles de la cause ne permettent pas d'affirmer que l'intention frauduleuse ait existé, au moment où la fille Ménard a commis l'acte qui lui est reproché ; que le doute doit profiter à la prévenue ; Sans adopter les motifs des premiers juges ; confirme le jugement dont il est fait appel... »

B La consécration de l'autonomie de l'état de nécessité

1237 — Plan. Cette consécration est jurisprudentielle et législative.

1 La consécration jurisprudentielle

1238 — Prémices de la consécration de l'état de nécessité. En 1836, la Cour de cassation accepta que le mari, étranger à l'art de l'accouchement, puisse échapper aux poursuites fondées sur l'exercice illégal de la médecine, car son acte avait été justifié par l'urgence et la nécessité. Un siècle plus tard, la référence à « l'acte nécessaire excluant toute faute » est reprise pour légitimer la relaxe d'un locataire qui avait détruit la palissade mise par son propriétaire pour empêcher l'accès aux compteurs de gaz et d'électricité.

Cass. crim., 9 juin 1836 : S. 1836, I, p. 816 – Cass. crim., 4 janv. 1956 : S. 1956, p. 165.

1239 — Arrêt *Régina*, premier jalon des conditions objectives. Les magistrats alsaciens, considérant la reconnaissance de l'état de nécessité comme un des fondements du droit, énoncent qu'il se caractérise par la situation dans laquelle se trouve une personne qui, pour sauvegarder un intérêt supérieur, n'a d'autre ressource que d'accomplir un acte défendu par la loi pénale.

CA Colmar, 6 déc. 1957 : D. 1959, p. 357, note Bouzat.

1240 — Arrêt *Lesage*, second jalon des conditions subjectives. La Chambre criminelle, cassant une décision de relaxe, précise qu'il convient de rechercher si la personne poursuivie ne pouvait pas être à l'origine du fait reproché, du prétendu état de nécessité. Un nouveau jalon est posé. La Chambre se place sur le terrain subjectif. L'individu qui revendique l'état de nécessité ne doit pas avoir créé lui-même cette situation. L'état de nécessité devait être imprévisible.

Cass. crim., 28 juin 1958 : RSC 1959, p. 111, obs. Légal ; D. 1958, p. 693 ; Pradel J. et Varinard A., *Les grands arrêts du droit criminel*, 8e éd., 2012, Dalloz, t. 1, no 24.

1241 — Caractère contestable du second jalon. D'aucuns, dont le doyen Bouzat, se sont élevés contre cette condition surajoutée. Il est vrai que l'état de nécessité répond à une situation objective dont on peut croire que la valeur justificative est indépendante de la psychologie de l'auteur. Après tout, si l'agent a commis une faute antérieure, il suffit de la lui imputer.

CA Rennes, 12 avr. 1954 : S. 1954, II, p. 185. Exemple du camionneur qui n'ayant pas respecté la signalisation d'un passage à niveau est obligé, pour échapper au train arrivant sur lui, de forcer la barrière refermée.

2 La consécration législative

1242 — Formulation du Code pénal. Selon l'article 122-7 du Code pénal, « N'est pas pénalement responsable la personne qui, face à un danger actuel ou imminent qui menace elle-même, autrui ou un bien, accomplit un acte nécessaire à la sauvegarde de la personne ou du bien, sauf s'il y a disproportion entre les moyens employés et la gravité de la menace ».

II Les conditions de la justification

1243 — Pluralité de conditions. Certaines tiennent à la menace alors que d'autres sont relatives à l'acte lui-même.

A Les conditions tenant à la menace

1244 — Actualité et imminence du danger. Tel est le sens des dispositions de l'article 122-7 du Code pénal, le danger doit être actuel ou imminent. Il est évident qu'un simple danger ne saurait suffire à justifier une infraction.

T. corr. Avesnes-sur-Helpe, 19 nov. 1958 : JCP 1959, II, 366. Des squatters ne peuvent prétexter la crise générale du logement pour justifier un délit de bris de clôture.

CA Colmar, 6 déc. 1957, Régina : D. 1959, p. 357, note Bouzat. Le mari en instance de divorce peut « forcer » l'appartement de son épouse pour y soustraire sa fille en danger moral livrée aux « perversions » de sa mère.

Cass. crim., 1er juin 2005 : Dr. pén. comm. n° 121 ; AJ pénal 2005, obs. Royer, p. 325. La gérante d'une bijouterie ne peut prétexter le danger « simplement éventuel » de subir des cambriolages pour justifier le défaut de dépôt des comptes annuels au greffe du tribunal de commerce.

CA Colmar, 8 juin 2014 : AJ pénal 2014, p. 416, Capdeville. Les constations médicales précises d'un expert psychiatre, qui caractérisent un danger actuel et imminent menaçant l'équilibre psychique d'un enfant de 3 ans et demi, sont de nature à justifier le délit de non-représentation d'enfant.

1245 — Caractère imprévisible du danger. Avant l'entrée en vigueur du nouveau Code, la jurisprudence a répondu par l'affirmative (arrêt *Lesage* et les critiques suscitées). Le législateur n'ayant pas expressément compté l'imprévisibilité comme une condition (il l'a fait pour la contrainte et pour la légitime défense), on pouvait en déduire que la condition n'existe plus. En juger autrement troublerait inévitablement le principe de la légalité. Ce n'est pas la direction retenue par la Chambre criminelle.

Cass. crim., 22 sept. 1999 : Bull. crim., n° 193. Le prévenu ne saurait prétendre avoir agi en état de nécessité dès lors qu'il s'est volontairement placé dans la situation de devoir commettre une infraction en cas de survenance prévisible du danger.

B Les conditions tenant à l'acte

1246 — Nécessité et proportionnalité. L'acte doit être nécessaire et proportionné. Dans les hypothèses plus générales, il peut s'agir aussi bien de préserver l'intérêt physique ou moral d'un individu, un droit important voire un bien ou un animal. Mais il ne faut pas se méprendre, la nécessité n'est pas, en soi, un fait justificatif. L'acte doit être aussi proportionné.

1 La nécessité de l'acte

1247 — Acte pouvant viser à protéger un bien. « N'est pas pénalement responsable la personne qui, face à un danger actuel ou imminent qui menace elle-même, autrui ou un bien [...] » (C. pén., art. 122-7). La nature du danger importe peu. Le danger peut donc viser un bien, voire un potager.

CA Grenoble, 22 oct. 1999 : Dr. pén. 2000, comm. n° 136. Relaxe d'une femme qui, protégeant ses légumes, avait tué, à coups de bâton, un lapin échappé d'un parc voisin.

1248 — Acte pouvant viser à protéger un animal. Dans le silence du Code, il a été admis que le danger puisse concerner un animal. Témoin cette affaire dans laquelle un agent de surveillance générale de la SNCF s'est trouvé dans la nécessité d'abattre un chien pour sauvegarder la vie de son chien de service.

Cass. crim., 8 mars 2011 : D. 2011, pan. 2826, obs. Roujou de Boubée ; Dr. pén. 2011, n° 75, obs. Véron ; RPDP 2012, p. 146, obs. Chevallier.

1249 — Acte pouvant viser à assurer l'exercice des droits de la défense. Telle est la situation de l'employé poursuivi pour vol de documents appartenant à son employeur, lorsque les documents produits sont nécessaires à sa défense dans le procès l'opposant à son employeur.

Cass. crim., 11 mai 2004 : Dr. pén. 2004, comm. n° 122 ; RSC 2004, p. 866, note Vermelle.

1250 — Acte pouvant viser à rapporter le caractère mensonger d'une attestation. Tel est le cas de ce mari, qui pour rapporter la preuve du contenu mensonger d'une attestation l'accusant de violences conjugales, produisait un enregistrement téléphonique obtenu de manière peu « loyale ». L'épouse, condamnée pour usage d'attestation inexacte, tenta en vain de contester ce moyen de preuve.

Cass. crim., 31 janv. 2007 : Dr. pén. 2007, comm. n° 98, note Véron. L'enregistrement produit « était justifié par la nécessité d'apporter la preuve des faits dont le mari était victime et de répondre, pour les besoins de sa défense aux accusations portées contre lui ».

1251 — Acte ne pouvant viser à violer un droit reconnu par la loi. Ainsi, l'état de nécessité ne peut être utilement invoqué pour justifier le délit d'entrave à l'interruption volontaire de grossesse, dès lors que celle-ci est autorisée, sous certaines conditions, par la loi.

Cass. crim., 31 janv. 1996 : Bull. crim., n° 57 ; Dr. pén. 1996, comm. n° 87 ; JCP 1996, II, 22713, note Dorsner-Dolivet.

2 Le caractère proportionné de l'acte

1252 — Valeur du bien protégé. L'intérêt sacrifié doit avoir une valeur inférieure ou équivalente à celui sauvegardé. À l'évidence, le vagabond affamé ne saurait être autorisé à tuer le boulanger qui refuse de lui donner du pain. Sans donner plus de précision, le législateur écarte la nécessité, donc l'impunité, « s'il y a disproportion entre les moyens employés et la gravité de la menace ».

1253 — Formulation identique à celle de la légitime défense. Le parallèle est saisissant, il appartiendra donc à la jurisprudence de poursuivre la construction et de décider, au cas par cas, des valeurs en présence. Du raisonnement des juges, il découlera l'impunité ou au contraire la poursuite des personnes en cause.

1254 — Bénéfice de l'état de nécessité au service de l'« indulgence nécessaire ». Aux antipodes, une cour d'appel, infirmant la décision de première instance, s'est aventurée sur les chemins de l'« indulgence nécessaire » en justifiant la détention de pieds et pousses de cannabis nécessaires à la confection de tisanes, seuls moyens de soulager les douleurs du prévenu devenu paraplégique à la suite d'un accident. La Chambre criminelle, comme en témoigne, dans une autre affaire, un arrêt en date du 16 décembre 2015, n'entend pas « confirmer » cette jurisprudence.

CA Papeete, 27 juin 2002 : Dr. pén. 2003, comm. n° 3, note Véron. La personne étant menacée « par un danger actuel, ses souffrances constantes », ses

« tisanes étaient nécessaires à la sauvegarde de sa santé », en l'espèce (et seulement en l'espèce) le moyen employé n'était pas « disproportionné par rapport à la gravité de la menace ».

Cass. crim., 16 déc. 2015 : « Si la maladie dont souffre M. X. n'est pas contestable, il existe, contrairement à ce qu'il allègue, des traitements médicaux adaptés, dont l'oxygénothérapie, et que le prévenu ayant convenu que ce traitement était efficace mais trop contraignant, ce n'est pas l'état de nécessité qui l'a conduit à persévérer dans la consommation et la détention de cannabis, qu'il reconnaît totalement, mais sa seule appétence pour ce stupéfiant ».

1255 — Bénéfice de l'état de nécessité refusé aux faucheurs volontaires d'organismes génétiquement modifiés. C'est en vain que des personnes, poursuivies pour avoir détruit des plants de riz génétiquement modifiés ou des plantations expérimentales de tournesol, ont allégué que leurs agissements étaient justifiés par le risque pour la santé et l'environnement que présentaient, selon eux, ces organismes génétiquement modifiés. Il est interdit de détruire ou de dégrader les plantations d'autrui, fussent-elles d'organismes transgéniques, fussent-elles contaminantes.

Cass. crim., 19 nov. 2002 : D. 2003, p. 1408, note Mayer – Cass. crim., 7 févr. 2007 et Cass. crim., 4 avr. 2007 : RPDP 2007, p. 372, chron. Pin ; AJ pénal 2007, p. 133, obs. Saas – Cass. crim., 25 mai 2016 : À propos de la destruction de plantations expérimentales de tournesol : « Il résulte que les actes reprochés ne sont pas justifiés par un danger actuel ou imminent ».

1256 — État de nécessité et responsabilité civile. C'est là une autre différence avec la légitime défense. Avant sa consécration législative, l'état de nécessité n'entraînait pas l'irresponsabilité civile de l'auteur de l'infraction. Aujourd'hui, certains auteurs puisent dans cette source législative le fondement de l'irresponsabilité civile. D'autres, en revanche, plaident pour le maintien de la responsabilité civile.

1257 — Argument en faveur du maintien de la responsabilité civile. S'il est vrai que la légitime défense est un cas particulier de nécessité, rappelons que celui qui invoque la défense légitime est une victime qui a été préalablement agressée, alors que celui qui demande le bénéfice de l'état de nécessité est un agresseur qui a fait une victime. Cette différence fondamentale peut expliquer le maintien de l'irresponsabilité civile.

1258 — Remarques en guise de conclusion. Certains n'hésitent pas à affirmer que l'état de nécessité relève plus de l'équité que véritablement de la règle de droit, que la règle « permet aux juridictions du fond de faire fléchir le droit devant la réalité » afin d'éviter d'inutiles poursuites. Que ces auteurs soient entendus !

1259 — État de nécessité ne se confond pas avec équité. Le tribunal de Paris a cru pouvoir juger en équité que le père d'un nouveau-né, logé dans un studio de 8 m^2, ayant scié les gonds de la porte d'entrée d'un appartement inoccupé de l'OPAC pour s'y installer avec sa famille, pouvait être relaxé sur le fondement de l'état de nécessité. La solution diversement commentée en doctrine a été infirmée.

TGI Paris, 28 nov. 2000 : JCP 2001, II, 10573, note Ginestet ; D. 2001, jurispr. p. 45 et 512, note Garé – CA Paris, 5 avr. 2001 : Juris-Data n° 2001-144548.

SECTION 5 La protection des lanceurs d'alerte

1260 — Plan de section. Un rappel du contexte pour livrer quelques précisions sur le texte.

I La nécessité d'accorder une protection pénale aux lanceurs d'alerte

1261 — Présentation. L'article 122-4-1 du Code pénal considérait, à certaines conditions l'usage des armes par les forces de l'ordre, comme une cause autonome d'irresponsabilité pénale. Contestable, cette façon de procéder a été abandonnée quelques mois plus tard, l'usage en question tombant sous la protection de l'autorisation de la loi. Curieusement, animé par un élan autonomiste, le législateur récidive en créant, au bénéfice des lanceurs d'alerte, une disposition spécifique qui, portée par l'article 122-9 du Code pénal, s'inscrit à la suite des autres causes d'irresponsabilité pénale.

1262 — Contexte. Depuis quelques années, nombreux scandales comme celui du Médiator, des Panama papers, du LuxLeeaks ou encore des abattoirs de France ont mis en avant le rôle mais aussi toute la fragilité de ceux ou celles qui ont été à l'origine des révélations. Analysé parfois comme un droit fondamental lié à la citoyenneté et au contrôle démocratique, le droit d'alerte, visé par quelques lois, n'offrait pas un régime commun de protection aux principaux intéressés. La loi *Sapin 2* du 9 décembre 2016 corrige cette situation.

L. n° 2016-1690 et 1691, 9 déc. 2016, relative à la transparence, à la lutte contre la corruption et à la modernisation de la vie économique : JO, 10 décembre 2016.

1263 — Définition du lanceur d'alerte. Défini par l'article 6 de la loi *Sapin 2*, le lanceur d'alerte est une personne physique qui révèle ou signale, de manière désintéressée et de bonne foi, un crime ou un délit, une violation grave et manifeste d'un engagement international régulièrement ratifié ou approuvé par la France, d'un acte unilatéral d'une organisation internationale pris sur le fondement d'un tel engagement, de la loi ou du règlement, ou une menace ou un préjudice graves pour l'intérêt général, dont elle a eu personnellement connaissance.

II Les limites de l'irresponsabilité pénale du lanceur d'alerte

1264 — Irresponsabilité pénale. L'article 122-9 du Code pénal encadre la question de la responsabilité pénale de celui qui divulgue. À l'image des autres causes d'irresponsabilité, l'article ouvre en indiquant : « N'est pas pénalement responsable la personne qui porte atteinte à un secret protégé par la loi, dès lors que cette divulgation est nécessaire et proportionnée à la sauvegarde des intérêts en cause, qu'elle intervient dans le respect des procédures de signalement définies par la loi et que la personne répond aux critères de définition du lanceur d'alerte prévus à l'article 6 de la loi n° 2016-1691 du 9 décembre 2016 relative à la transparence, à la lutte contre la corruption et à la modernisation de la vie économique ».

1265 — Personnes concernées. Bien que l'article 122-9 ne reprenne pas expressément cette disposition, sous couvert de l'article 6 de la loi 9 décembre 2016, seules sont concernées les personnes physiques. Sont donc écartées de la protection pénale, toutes les personnes morales comme les associations, les syndicats, les organes de représentation du personnel ou encore les ONG.

1266 — Domaines écartés. Toujours selon les dispositions de l'article 6, la protection du lanceur d'alerte s'arrête devant les informations relevant du secret de la défense nationale, du secret médical ou du secret des relations entre un avocat et son client. En ces domaines, la révélation ne peut être couverte par l'irresponsabilité pénale.

1267 — Responsabilités du lanceur d'alerte. Agissant en dehors du cadre législatif, le lanceur d'alerte n'est plus à l'abri d'éventuelles poursuites judiciaires. En cas de mauvaise foi ou d'intention de nuire caractérisée, il peut engager, sur le fondement de l'article 1240 du Code civil, sa responsabilité civile. Sur le fondement de l'article 226-10 du Code pénal, sa responsabilité pénale pour dénonciation calomnieuse peut être également recherchée.

1268 — Aparté. Bien d'autres conditions limitent la protection des lanceurs d'alerte. Pour l'heure, la loi *Sapin 2* ne trouvera pleine application qu'une fois les précisions apportées par les décrets d'application. Ainsi, par exemple, la procédure de recueil des signalements qui concerne les entreprises privées et publiques de 50 salariés et plus, les administrations, les communes ou intercommunalités de plus de 10 000 habitants, les départements et les régions ne sera opérationnelle qu'à partir du 1er janvier 2018.

D. nº 2017-564, 19 avril 2017, relatif aux procédures de recueil des signalements émis par les lanceurs d'alerte au sein des personnes morales de droit public ou de droit privé ou des administrations de l'État : JO, 20 avril 2017.

CHAPITRE 4

Les causes dites subjectives d'irresponsabilité ou d'atténuation de la responsabilité pénale

1269 — Définition des causes subjectives d'irresponsabilité ou d'atténuation de la responsabilité pénale. Elles peuvent être techniquement analysées comme des causes de non-imputabilité. Se dessine alors l'idée que tout en étant objectivement criminel (c'est-à-dire au regard des éléments objectifs de l'infraction, préalable légal et élément matériel), l'acte n'est subjectivement pas imputable à son auteur.

1270 — Plan du chapitre. Quatre causes subjectives d'irresponsabilité ou d'atténuation de la responsabilité pénale alimentent, avec plus ou moins de justesse, ce chapitre : le trouble psychique ou neuropsychique, la minorité, la contrainte et l'erreur.

SECTION 1 Le trouble psychique ou neuropsychique

1271 — Problématique : concilier l'inconciliable. L'article 122-1 du Code pénal a pour délicate mission de préciser les conditions dans lesquelles l'état mental d'un délinquant peut constituer une cause d'exonération ou d'atténuation de sa responsabilité pénale. Immanquablement, le juge pénal se trouve forcé de concilier deux impératifs visiblement opposés : le fait qu'un délinquant ait pu agir sans être en pleine possession de toutes ses facultés et préserver, autant que faire se peut, les droits de la victime ou de sa famille.

1272 — Plan de la section. Pour mieux mesurer le dispositif aujourd'hui mis en place, un bref rappel de l'état du droit antérieur s'impose.

I Le dispositif d'hier, la démence du Code pénal de 1810

1273 — Inspiration philosophique du Code. Le Code pénal de 1810 s'inspire, plus ou moins directement, d'une réflexion engagée à la fin du XVIIIe siècle à la suite des travaux réalisés par Pinel et Esquirol. Ces derniers avaient analysé la démence comme une maladie privant l'individu de ses facultés mentales et donc, par là même, de sa liberté d'action.

1274 — Formulation législative. Par une formule des plus lapidaires, le célèbre article 64 du Code de 1810 disposait : « Il n'y a ni crime ni délit, lorsque le prévenu était en état de démence au temps de l'action [...]. » Les rédacteurs du Code pénal ont ainsi pu écarter presque naturellement la responsabilité pénale du dément. L'idée dominante s'attachait à relever qu'aucune mesure de punition ou encore de dissuasion ne pouvait véritablement avoir d'effet positif sur ce type particulier de délinquant.

1275 — Exigence portée par le texte. L'article 64 ne fixait expressément qu'une seule condition. L'état de démence devait avoir existé au temps de l'action. Il appartenait donc au juge du fond de statuer souverainement sur ce point entendu comme une question de fait. Il va de soi qu'en pratique cette appréciation se fondait (et se fonde encore, car l'exigence temporelle a été reprise par le nouveau Code pénal) sur des expertises médicales. Mais ces conclusions médicales ne lient jamais le magistrat.

1276 — Évolution de sciences médicales. Au fil du temps, la notion de démence, commode et utile en 1804, s'est trouvée dépassée. Depuis le XIXe siècle, les sciences médicale et psychiatrique se sont considérablement développées et affinées au point de faire des distinctions entre des malades totalement déments et ceux dont les facultés mentales ne sont que partiellement atteintes. À l'évidence, ce progrès devait trouver un écho sur la science pénale.

1277 — Apport de la jurisprudence. Devant l'immobilisme de la loi, les magistrats ont été conduits à considérer que des délinquants dits « demi-fous », sans pouvoir bénéficier du régime de l'irresponsabilité de l'article 64, puissent par le jeu des circonstances atténuantes ne pas être totalement reconnus responsables. La circulaire Chaumié du 12 décembre 1905 invitait les magistrats à tenir compte non seulement de la privation du discernement exclusif de la responsabilité, mais aussi de la simple altération de celui-ci au moment du prononcé de la peine.

II Le dispositif actuel, l'alternative proposée par l'article 122-1 du Code pénal

1278 — Plan. Définissons le principe de l'alternative avant d'en aborder les conséquences.

A Le principe de l'alternative en question

1279 — Formulation législative. L'alternative se matérialise par les deux alinéas de l'article 122-1 du Code pénal. Selon le premier : « N'est pas pénalement responsable la personne qui était atteinte, au moment des faits, d'un trouble psychique ou neuropsychique ayant aboli son discernement ou le contrôle de ses actes. » Selon le second : « La personne qui était atteinte, au moment des faits, d'un trouble psychique ou neuropsychique ayant altéré son discernement ou entravé le contrôle de ses actes demeure punissable ; toutefois, la juridiction tient compte de cette circonstance lorsqu'elle détermine la peine et en fixe le régime. »

> Mayaud Y., « Les malades mentaux entre non-imputabilité et imputation », AJ pénal 2004, p. 303 – Detraz S., « La décision d'irresponsabilité pénale pour cause de trouble mental », RSC 2008, p. 873.

1280 — Abandon de toute référence à la notion de démence. La nouvelle notion est à la fois plus actuelle et plus large que la notion de démence retenue hier. Mais, là encore, le législateur n'a fait que reprendre à son compte l'interprétation extensive dégagée, au cours du XXe siècle, par la jurisprudence.

1281 — Troubles mentaux visés. Toutes les formes de troubles mentaux sont visées, quelles que soient leurs origines ou leur nature. Il peut donc s'agir d'une maladie provenant d'un traumatisme psychique, d'un trouble non pathologique voire d'une intoxication due à l'alcool ou aux stupéfiants.

1282 — Problématique liée aux cas d'intoxication. La référence à l'intoxication révèle une question bien embarrassante. Pour entraîner la disparition du libre arbitre en abolissant ou en altérant le discernement, l'intoxication doit-elle être au surplus involontaire ? Autrement dit, le trouble mental doit-il être imprévisible et irrésistible ? Dans l'affirmative, en cas d'intoxication volontaire, la responsabilité pénale, dans toute sa force, demeurerait. D'aucuns, référence jurisprudentielle à l'appui, semblent le penser. D'autres, prétextant le silence de l'article 122-1 sur l'origine du trouble, soutiennent une thèse inverse.

CA Paris, 27 mai 1970 : RSC 1971, p. 119, obs. Levasseur. Décision reprochant un homicide par imprudence à un épileptique qui persistait à conduire malgré la connaissance de son état.

1283 — Maintien de l'exigence temporelle. La solution puise sa source dans les mêmes fondements qu'hier. Puisque le trouble psychique ou neuropsychique trouve appui sur l'élément moral de l'infraction, il est naturel de vérifier que le trouble en question existait bel et bien au moment même de l'infraction.

1284 — Nécessité de recourir à un expert. Il appartiendra donc aux psychiatres d'établir l'unité de temps entre le trouble et l'infraction. C'est à l'évidence une mission délicate qui entraîne la prudence des experts. L'expertise, voire la contre-expertise, peut avoir lieu dans certaines affaires bien des mois après l'infraction.

1285 — Nécessité d'un lien de causalité entre le fait reproché et le trouble du discernement. L'exigence temporelle se doublerait d'un aspect causal. Autrement dit, sans rapport direct avec l'infraction, le trouble mental ne saurait empêcher ou atténuer la responsabilité pénale.

1286 — Entre l'expert et le juge, c'est le juge qui a le dernier mot. L'expert apporte au magistrat qui le désigne un « éclairage », un appoint à la décision. Telle est la théorie. En réalité, la donne est peu un plus complexe.

1287 — Aparté. Lorsque le même magistrat désigne de façon répétée le même expert, tout simplement parce qu'il l'estime compétent, qu'il apprécie ses qualités (diligence, clarté des rapports...), quelle pourrait être pour ce magistrat la pertinence du renouvellement de sa confiance s'il s'écartait systématiquement des conclusions ou préconisations ? Si le juge fait appel au même expert, c'est bien parce qu'il lui fait confiance. Et s'il lui fait confiance, il suivra, à n'en pas douter, ses « préconisations ».

Bensussan P., « Expertise en affaires familiales : quand l'expert s'assoit dans le fauteuil du juge », Annales médico-psychologiques 2007, vol. 165, nº 1, p. 56-62.

B ▌ Les conséquences de l'alternative étudiée

1288 — Plan. L'alternative a des conséquences tant pour les délinquants dont le discernement a été altéré que pour les délinquants reconnus irresponsables.

1 Les conséquences pour les délinquants dont le discernement a été altéré

1289 — Question liée au traitement médical. Le problème du traitement se pose avec singularité puisque, par hypothèse, les délinquants dont le discernement a été altéré demeurent responsables. Ils relèvent donc en théorie tout autant de l'autorité pénitentiaire que de l'autorité médicale. En théorie, et en théorie seulement ! Car, il faut bien le reconnaître, la recherche d'un équilibre entre soigner et punir n'a pas véritablement retenu outre mesure l'attention du législateur.

1290 — Pistes délaissées. Si dans les années 1950 le Centre français de défense sociale plaidait déjà pour la mise en place d'un traitement médico-répressif, ce type de propositions n'a eu que peu d'écho lors des travaux préparatoires du nouveau Code pénal.

1291 — Appréciation sur le silence des travaux préparatoires. Le législateur a-t-il vu dans les propositions formulées hier plus de difficultés que de remèdes et la crainte qu'un tel système ne rigidifie la situation pénale d'un condamné dont l'état mental peut évoluer en cours de détention ? En définitive, le législateur a retenu la référence aux établissements pénitentiaires spécialisés comme seuls capables d'assurer, voire d'assumer, ce mélange contre nature.

1292 — Inquiétudes souvent exposées. On s'interroge sur la vocation thérapeutique de la prison et à plus forte raison sur sa finalité psychiatrique, sur la liberté thérapeutique du médecin, et sur le strict respect des droits du patient, ici détenu.

1293 — Améliorations recherchées. Sans nier l'importance des doutes exprimés ici et là, on dira que la médecine psychiatrique en milieu pénitentiaire a beaucoup évolué et que des efforts importants ont été faits. Certes, ces efforts n'ont pas eu la même intensité dans tous les établissements et une certaine disparité en résulte.

1294 — Précisions portées par la loi du 1er février 1994. Réformant l'article 718 du Code de procédure pénale, la loi du 1er février 1994 impose au gouvernement de poursuivre la mise en place des services médico-psychologiques. Elle donne compétence à la juridiction de jugement pour placer les délinquants et criminels sexuels dans un établissement pénitentiaire en mesure d'assurer un suivi médical et psychologique adapté.

Lena M., « La prise en charge des personne détenues en établissement de santé », AJ pénal 2015, p. 392 (à propos de l'Avis du contrôleur général des lieux de privation de liberté (JO, 16 juillet 2015).

1295 — Paradoxe révélé pour les délinquants malades. Singulièrement, la loi institue une période de sûreté « perpétuelle » à l'égard de délinquants, par hypothèse, regardés comme malades. Ils encourent donc, par là même, une mesure plus sévère que celles proposées aux délinquants ordinaires. La nature de la mesure de sûreté se joue, en outre, du principe de la non-rétroactivité de la loi.

1296 — Inapplicabilité du principe de la non-rétroactivité des peines aux mesures de sûreté. Tel est le principe dégagé par la Chambre criminelle et « confirmé » par la Cour européenne des droits de l'Homme. L'article 112-1, alinéa 2 du Code pénal, selon lequel seules peuvent être prononcées les peines légalement applicables à la date de commission de l'infraction, ne s'applique pas aux mesures de sûreté prévues, en cas de déclaration d'irresponsabilité pénale pour cause de trouble mental par les articles 706-135 et 706-136 du Code de procédure pénale. En outre, selon l'article 112-2 du Code pénal, les lois fixant les modalités de poursuites et les formes de la procédure sont applicables immédiatement à la répression des infractions commises avant leur entrée en vigueur.

Cass. crim., 16 déc. 2009 : Bull. crim., n° 216. Matsopoulou H., « Application des "peines", puis des "mesures de sûreté", aux personnes atteintes de troubles mentaux : l'incohérence jurisprudentielle et ses conséquences (à propos de l'arrêt de la Chambre criminelle du 16 décembre 2009) », Dr. pén. 2010, étude n° 4.

CEDH, 3 sept. 2015, Berland c/France, Cl. Margaine : AJ pénal 2015, p. 599.

2 Les conséquences pour les délinquants reconnus irresponsables

1297 — Prise en charge par l'autorité administrative des personnes déclarées pénalement irresponsables. Ces personnes sont placées dans des établissements spécialisés. Pour reconnaître et admettre qu'elle n'a pas de raison et d'utilité à punir pénalement ces personnes, la société n'en nie pas moins toute obligation de les soigner. Au premier abord, pas de doute possible. Par nature, l'autorité médicale est sans conteste la mieux préparée pour assurer cette délicate mission.

1298 — Dessaisi, le droit pénal perd la main. Que l'autorité médicale devienne la seule autorité compétente pour apprécier les suites à donner soulève de nombreuses interrogations. Aussi, des voix récurrentes font valoir, non sans raison, que les magistrats sont les mieux informés, notamment par l'expertise de la situation du malade.

1299 — Absence de judiciarisation du traitement. En réalité, la demande du corps judiciaire est plus large et vise à mettre en place une « judiciarisation » du traitement afin de donner aux magistrats un droit de regard sur la procédure de sortie. Lors des travaux préparatoires du nouveau Code, il fut proposé de donner compétence à une commission tripartite regroupant les trois autorités administrative, médicale et judiciaire. La proposition n'a pas été retenue.

1300 — Et la victime ? L'irresponsabilité pénale d'une personne est une solution difficilement admise par les victimes. Elles revendiquent une reconnaissance judiciaire du trouble subi et la possibilité d'exercer des poursuites.

1301 — Difficultés d'analyse. Il faut distinguer le domaine du possible de celui de l'impossible. L'impossible conduit à confirmer, coûte que coûte, l'irresponsabilité pénale du malade mental. L'irresponsabilité pénale puise sa force dans l'impossibilité de lui reprocher son action, faute pour celle-ci d'être le reflet d'un acte libre et pensé. À l'inverse, le possible dévoile, faute de reconnaître la responsabilité pénale, une reconnaissance d'une affectation ou d'une imputation de l'acte reproché au malade mental.

a L'évolution du contexte : vers la reconnaissance d'une imputation de l'acte reproché au malade mental

1302 — Formulation du Code civil. « Celui qui a causé un dommage à autrui alors qu'il était sous l'empire d'un trouble mental, n'en est pas moins obligé à réparation. » Telle est l'exacte formulation de l'article 414-3 du Code civil. Annoncée par les arrêts *Trichard* et *Escoffier* et portée par la loi du 3 janvier 1968, la personne déclarée irresponsable pénalement pour trouble mental reste civilement responsable de ses actes.

1303 — Justification du principe. Les termes de l'article 414-3 du Code civil sont sans équivoque. Pour paraître curieuse, voire excessive, la formule se comprend aussitôt quand on sait qu'elle ne puise pas sa force et ses faiblesses dans la notion de libre arbitre, mais qu'elle est au contraire animée d'une conception utilitariste, toute tournée vers la réparation.

1304 — Possibilité pour la partie civile de faire appel de l'ordonnance de non-lieu motivée par un trouble mental. Désireuse de limiter le sentiment de frustration éprouvé par certaines victimes face à l'annonce de l'irresponsabilité pénale de l'auteur des faits, la loi du 8 février 1995 a en effet permis à la partie civile de ne pas rester passive devant une ordonnance de non-lieu motivée par un trouble mental.
« La partie civile dispose alors d'un délai de quinze jours pour présenter des observations ou formuler une demande de complément d'expertise ou de contre-expertise. La contre-expertise demandée par la partie civile est de droit. Elle doit être accomplie par au moins deux experts » (CPP, art. 167-1).

1305 — Indifférence du défaut d'élément moral dans les infractions involontaires sur la reconnaissance d'une responsabilité civile fondée sur les faits à l'origine de la relaxe de leurs auteurs. Depuis la loi du 10 juillet 2000, « l'absence de faute pénale non intentionnelle au sens de l'article 121-3 du Code pénal ne fait pas obstacle à l'exercice d'une action devant les juridictions civiles afin d'obtenir la réparation d'un dommage sur le fondement de l'article 1383 du Code civil [...] ».

1306 — Nouvelle philosophie de la responsabilité pénale des mineurs. Modifiée par la loi du 9 septembre 2002, la formulation du principe de la responsabilité pénale des mineurs révèle bien moins un simple changement de vocabulaire qu'une nouvelle philosophie de la responsabilité pénale. Comme on a pu le souligner, « cette ouverture dépasse le strict périmètre de la délinquance juvénile. Elle est l'expression d'une doctrine : celle de l'ordre éthique que la responsabilité pénale entend sanctionner ».

« Les mineurs capables de discernement sont pénalement responsables des crimes, délits ou contraventions dont ils ont été reconnus coupables [...] » (C. pén., art. 122-8).

1307 — Obligation pour le juge d'instruction de préciser l'existence « des charges suffisantes établissant que l'intéressé a commis les faits qui lui sont reprochés ». L'article 177 du Code de procédure pénale énonce aujourd'hui que l'ordonnance de non-lieu motivée par un trouble mental de la personne mise en examen doit préciser « s'il existe des charges suffisantes établissant que l'intéressé a commis les faits qui lui sont reprochés ». Cette précision permet donc bien de répondre à la demande des victimes que l'imputabilité des faits reprochés à la personne soit explicitement mentionnée.

L. n° 2004-204, 9 mars 2004, portant adaptation de la justice aux évolutions de la criminalité. La loi en question, dite « *Perben 2* », a en effet modifié l'article 177 du Code de procédure pénale.

1308 — Responsabilité pénale du majeur incapable. Sous l'empire du Code pénal de 1994, le majeur incapable, faute d'avoir vu son discernement aboli, était jugé pénalement comme un majeur capable. Comme on l'a justement noté, tout se passait comme si le majeur, protégé en matière civile, retrouvait, par extraordinaire, une pleine capacité en matière pénale.

1309 — Apport de la loi du 5 mars 2007. La loi a inséré au sein du Code de procédure pénale des dispositions relatives aux majeurs placés sous un régime de protection (tutelle ou curatelle). La singularité d'hier a été à l'origine d'une condamnation de l'État français par la Cour européenne des droits de l'homme. Depuis, les formes ont été mises. Mais la donnée la plus importante à retenir ici n'est-elle pas que le droit pénal appréhende sans trop de vergogne le majeur incapable (civilement) ?

CEDH, 30 janv. 2001, Vaudelle c/ France : D. 2002, p. 2164, obs. Lemouland ; Hauser J., « Incapacité et procédure pénale : les droits de la défense du majeur en curatelle », RTD civ. 2001, p. 330 ; Marguénaud J., « De la nécessité d'une réforme du régime de la curatelle pour organiser l'assistance du curatélaire en matière pénale », RTD civ. 2001, p. 439.

1310 — Appréciations. En définitive, qu'elles s'inscrivent en droit civil ou en droit pénal, les pistes évoquées ici convergent vers un même objectif : celui d'une réécriture des conséquences de l'irresponsabilité pénale des malades mentaux. Ce qui ne signifie pas, pour autant, que l'objectif soit nécessairement désirable à atteindre.

b Le texte : la loi du 25 février 2008

1311 — Temps des commissions. Prenant acte de cette évolution et poussé tant par les préoccupations des victimes que par la médiatisation de certains faits divers, le garde des Sceaux a mis en place, en septembre 2003, « un groupe de travail appelé à réfléchir sur d'éventuelles modifications des règles applicables aux personnes déclarées irresponsables sur le fondement de l'article 122-1 du Code pénal ».

1312 — Temps des rapports. Différents rapports officiels vont se succéder. Pour mémoire, on retiendra le rapport de la commission Santé-Justice, intitulé « Santé, justice et dangerosités : pour une meilleure prévention de la récidive », le rapport d'information sur les mesures de sûreté concernant les personnes dangereuses ou encore le rapport intitulé « Réponses à la dangerosité ».

1313 — Propositions avancées. Plusieurs objectifs se sont détachés des premières synthèses de ces travaux. Il fut proposé d'instituer une audience *ad hoc* permettant de statuer sur l'imputabilité des faits sans remettre en cause le principe de l'irresponsabilité pénale, d'entendre, à condition que son état de santé mentale le permette, le malade. Il fut proposé également d'introduire, en cas de déclaration d'irresponsabilité pénale, une présence de l'autorité judiciaire dans la procédure qui est actuellement, comme on l'a noté plus haut, entièrement sous couvert de l'autorité administrative. Une obligation judiciaire de soins pourrait être ainsi prononcée. Il fut proposé enfin de renforcer l'information des victimes à chaque étape de la procédure.

1314 — Affaire de Pau : un non-lieu de trop ? L'année 2007 allait s'achever lorsque le gouvernement déposa un projet de loi « relatif à la rétention de sûreté et à la déclaration d'irresponsabilité pénale pour cause de trouble mental ». Sans doute, comme bien d'autres textes, celui-ci prouva son « immédiate importance » dans la médiatisation d'un événement. Il faut avoir en mémoire ici la triste affaire de Pau. Celle-ci a revêtu un caractère exceptionnel en raison de la nature du double crime, commis de façon abominable sur deux femmes du personnel soignant d'un hôpital, et de la résonance politique qui en a suivi. Or, en cette fin d'année 2007, la Chambre de l'instruction confirmait le non-lieu prononcé à l'égard de l'auteur présumé sur le fondement de l'abolition de son discernement au moment des faits.

1315 — Loi du 25 février 2008 permettant une déclaration d'irresponsabilité pénale pour cause de trouble mental. La loi « relative à la rétention de sûreté et à la déclaration d'irresponsabilité pénale pour cause de trouble mental » dans sa partie relative à la déclaration d'irresponsabilité pénale pour cause de trouble mental, tente le grand écart entre la classique « ordonnance de non-lieu » et la condamnation de la personne poursuivie. Un nouveau personnage « ni relaxé ni condamné » est ainsi entré en scène.

α La déclaration d'irresponsabilité pénale pour cause de trouble mental au stade de l'instruction

1316 — Procédure devant le juge d'instruction. Les articles 706-119 à 706-128 du Code de procédure pénale donnent la nouvelle marche à suivre. Lorsqu'à l'issue de son instruction, le juge estime, après avoir constaté qu'il existe contre la personne mise en examen des charges suffisantes d'avoir commis les faits reprochés, qu'il y a des raisons plausibles d'appliquer le premier alinéa de l'article 122-1 du Code pénal, il ordonne, si le procureur de la République ou une partie en a formulé la demande, que le dossier de la procédure soit transmis aux fins de saisine de la Chambre de l'instruction.

1317 — Procédure devant la Chambre de l'instruction. Après une audience publique (hors les cas de huis clos prévus par l'article 306 du Code de procédure pénale), au cours de laquelle seront notamment entendus, le cas échéant, les témoins, les experts ayant examiné la personne poursuivie, la personne elle-même et son avocat, la Chambre de l'instruction devra rendre sa décision.

La possibilité d'entendre les témoins a été présentée comme une innovation importante de cette procédure devant la Chambre de l'instruction.

1318 — Possibilités offertes à la Chambre de l'instruction. Trois situations s'offrent à la Chambre :

- soit elle estime qu'il n'existe pas de charges suffisantes contre la personne mise en examen d'avoir commis les faits qui lui sont reprochés, elle déclare alors qu'il n'y a pas lieu à poursuivre ;
- soit elle estime qu'il existe des charges suffisantes contre la personne mise en examen d'avoir commis les faits qui lui sont reprochés et que le premier alinéa de l'article 122-1 du Code pénal n'est pas applicable, et de ce fait la personne est pénalement responsable et ordonne le renvoi de ladite personne devant la juridiction de jugement compétente ;
- soit elle rend un arrêt de déclaration d'irresponsabilité pénale pour cause de trouble mental.

1319 — Contenu de l'arrêt de déclaration d'irresponsabilité pénale pour cause de trouble mental. Par cet arrêt, la Chambre déclare : 1° qu'il existe des charges suffisantes contre la personne d'avoir commis les faits qui lui sont reprochés ; 2° que la personne est irresponsable pénalement en raison d'un trouble psychique ou neuropsychique ayant aboli son discernement ou le contrôle de ses actes au moment des faits.

1320 — Possibilité supplémentaire offerte à la Chambre. La Chambre peut également, si la partie civile le demande, renvoyer l'affaire devant le tribunal correctionnel compétent pour qu'il se prononce sur la responsabilité civile de la personne, conformément à l'article 414-3 du Code civil, et statue sur les demandes de dommages et intérêts. Elle peut aussi prononcer, s'il y a lieu, une ou plusieurs mesures de sûreté.

β La déclaration d'irresponsabilité pénale pour cause de trouble mental prononcée par la juridiction de jugement

1321 — Déclaration d'irresponsabilité faite par la cour d'assises. Lorsque la cour d'assises a, au cours du délibéré, répondu positivement à la première question relative à la commission des faits et positivement à la seconde question portant sur l'application du premier alinéa de l'article 122-1 du Code pénal, elle déclare l'irresponsabilité pénale de l'accusé pour cause de trouble mental (CPP, art. 706-129).

1322 — Conséquence de la déclaration d'irresponsabilité rendue par la cour d'assises. Le président de la cour doit prononcer un arrêt portant déclaration d'irresponsabilité pénale pour cause de trouble mental. La cour, sans l'assistance du jury, statue alors sur les demandes de dommages et intérêts formées par la partie civile et prononce, s'il y a lieu, une ou plusieurs des mesures de sûreté.

1323 — Déclaration d'irresponsabilité faite par le tribunal correctionnel. En rendant un jugement de déclaration d'irresponsabilité pénale pour cause de trouble mental, le tribunal déclare que la personne a commis les faits qui lui étaient reprochés et souligne que cette personne est pénalement irresponsable en raison d'un trouble psychique ou neuropsychique ayant aboli son discernement ou le contrôle de ses actes au moment des faits (CPP, art. 706-133).

1324 — Conséquence de la déclaration d'irresponsabilité rendue par le tribunal correctionnel. Il se prononce sur la responsabilité civile de la personne, statue, s'il y a lieu, sur les demandes de dommages et intérêts formées par la partie civile et prononce, le cas échéant, une ou plusieurs des mesures de sûreté.

1325 — Appréciations. À l'évidence, le débat est loin d'être terminé. Partisans et opposants de la présence du malade mental à l'audience ont encore quelques joutes oratoires et littéraires à assurer.

1326 — Statistiques publiées. Sans renier le sens de l'évolution, on rappellera que selon une enquête rendue publique il y a un peu plus de dix ans par le ministère de la Santé, 55 % des nouveaux incarcérés souffraient d'au moins un trouble psychiatrique, allant de la simple anxiété aux pathologies les plus lourdes, alors que le nombre de cas d'irresponsabilités pénales prononcées par les experts psychiatres s'était littéralement effondré, passant de 5 % des criminels à moins de 0,5 %. Pour les seules cours d'assises, on est passé de 16 % d'accusés jugés irresponsables au moment des faits au début des années 1980 à 0,17 % en 1997. Comme le notait Didier Liger, alors président de la Commission des droits de l'homme et des libertés, en juin 2004, « le plus souvent la demande de procès public est satisfaite, même lorsque l'auteur des faits est manifestement atteint de graves troubles mentaux ». La loi du 25 février 2008 viserait donc (seulement) à satisfaire un peu plus cette demande.

Senon J.-L. et Manzanera C., « Troubles mentaux et prison », AJ pénal 2007, p. 155.

SECTION 2 L'abolition de la liberté : la contrainte

1327 — Définition. Par la contrainte, c'est la volonté même de l'agent qui est affectée. Ce terme de « contrainte » évoque spontanément des notions comme celles de force majeure, de force irrésistible. En droit pénal, le terme « *contrainte* » doit être préféré. Visées expressément hier par l'article 64 du Code de 1810, les caractéristiques de la contrainte sont aujourd'hui définies par le nouveau Code.

« N'est pas pénalement responsable la personne qui a agi sous l'empire d'une force ou d'une contrainte à laquelle elle n'a pu résister » (C. pén., art. 122-2).

1328 — Plan de la section. Il est tentant de voir dans la contrainte un événement qui détruit la volonté de l'agent en le poussant irrésistiblement à commettre un acte incriminé par la loi. On peut relever les différentes formes que la contrainte peut revêtir avant de voir les conditions qui en font une cause d'irresponsabilité.

I Les formes de la contrainte

1329 — Plan. La contrainte peut être physique ou morale.

A La contrainte physique

1330 — Double visage de la contrainte physique. Pour les auteurs anciens, la contrainte se définissait comme la mainmise sur le corps ou les biens d'une personne par une force de la nature, telle qu'un ouragan, ou par la force d'un animal ou d'un tiers, qui enlève au prévenu l'exercice de son activité. Aujourd'hui encore, la contrainte physique peut être externe ou interne.

1331 — Contrainte physique externe. Cette forme de contrainte est assurément au cœur du sujet. On cite généralement ici, même si l'exemple a vieilli et fait sourire, la relaxe dont a bénéficié au XIXe siècle un voiturier qui dans la tempête n'avait pu maintenir allumée la lanterne de son véhicule. C'est encore l'exemple du cycliste qui, enfermé dans un peloton, renverse et tue un policier, ou celui du cafetier qui ne ferme pas son établissement à l'heure légale sous la menace de ses clients.

1332 — Contrainte physique interne. La référence à la contrainte physique interne pose des questions plus délicates ; on pense ici à la maladie. On sait qu'en droit civil un tel raisonnement est impossible puisque le Code impose « une cause étrangère ». Mais en droit pénal, dans le silence des textes, le doute était permis.

1333 — Illustration jurisprudentielle. La Chambre criminelle a rejeté un pourvoi formé par le procureur de la République à l'encontre d'un arrêt de la cour d'appel de Nîmes qui avait fondé une décision de relaxe au profit du conducteur d'une automobile poursuivi pour homicides involontaires, mise en danger d'autrui et défaut de maîtrise. L'arrêt retient que, victime d'un malaise brutal et imprévisible qui lui a fait perdre le contrôle de l'accélération de son véhicule, le prévenu a agi sous l'empire d'une contrainte à laquelle il n'a pu résister.

Cass. crim., 15 nov. 2005 : Dr. pén. 2006, comm. n° 32 ; AJ pénal 2006, p. 81 ; Dr. pén. 2006, comm. n° 32, note Véron ; RSC 2006, obs. Mayaud.

B La contrainte morale

1334 — Contrainte morale externe acceptée. On dit qu'il y a contrainte morale quand la perspective d'un mal redoutable a animé l'agent d'un tel sentiment de terreur que celui-ci a été privé du libre exercice de sa volonté. D'emblée, la même interrogation se pose. Convient-il, là encore, d'accepter des variations fondées sur l'origine de la contrainte ? La réponse est tranchée sans retenue. Seule la contrainte morale externe peut, le cas échéant, être analysée comme une cause d'irresponsabilité pénale.

1335 — Contrainte morale interne refusée. La contrainte morale interne ne saurait être considérée comme une cause possible d'impunité. Il deviendrait somme toute assez facile d'échapper à sa responsabilité en invoquant telles passions ou telles convictions. Il s'ensuit qu'en droit pénal comme ailleurs, il faut être capable de résister à ses pulsions.

II Les caractères de la contrainte

1336 — Plan. La contrainte doit avoir été irrésistible et imprévisible.

A L'exigence législative : la contrainte doit avoir été irrésistible

1337 — Caractère irrésistible de la contrainte. Selon l'article 122-2 du Code pénal, la contrainte, qu'elle soit physique ou morale, ne peut être analysée comme une source d'irresponsabilité qu'à la condition d'avoir été irrésistible : « [...] une contrainte à laquelle elle [la personne] n'a pu résister. » La personne n'a pas pu résister et, de ce fait, elle a commis une infraction. En réalité, la précision n'est qu'apparente. Comment entendre ou comprendre la force de résistance de cette personne ?

1338 — Appréciation du caractère irrésistible. La contrainte doit-elle être interprétée *in abstracto*, c'est-à-dire en vertu de la capacité de résistance d'un homme « normal », ou *in concreto*, c'est-à-dire en fonction des propres forces de la personne poursuivie ?

1339 — Appréciation in abstracto retenue par la jurisprudence. La jurisprudence est présentée comme des plus rigoureuses. Témoin cette vieille affaire dans laquelle un individu, surpris en 1914 par une patrouille allemande, qui avait accepté sous la menace de l'exécution de ses compagnons d'aller vérifier si le village voisin était occupé par des militaires français, a été reconnu coupable de trahison et poursuivi pour intelligence avec l'ennemi.

1340 — Arrêt *Rozoff*. Rendue le 6 février 1936, cette décision de la Chambre criminelle traduit la sévérité tant dénoncée. Un citoyen russe, poursuivi pour le non-respect d'un arrêté d'expulsion, arguait pour sa défense qu'aucun des pays limitrophes ne voulait le recevoir. La contrainte a été écartée et la défense jugée irrecevable. Les magistrats ont estimé que l'individu en question aurait dû démontrer qu'aucun pays au monde n'était en mesure de l'accueillir.

1341 — Illustration jurisprudentielle récente. Rendu à propos d'un accident de voiture, l'attendu de cette décision mérite l'attention. « Ne peut être considéré comme pénalement responsable dans la mesure où il a agi sous l'empire d'une contrainte à laquelle il n'a pu résister... l'automobiliste qui, ayant perdu la maîtrise de son véhicule, a provoqué un accident qui a causé des blessures à des tiers, dès lors qu'il est établi qu'il a été, au moment de cet accident, victime d'un malaise et d'une perte de connaissance imprévisibles car ils se manifestaient pour la première fois. »

CA Douai, 24 oct. 2000 : JCP 2002, II, 10012, note Maréchal.

B | Une exigence d'origine jurisprudentielle : la contrainte doit avoir été imprévisible

1342 — Absence de faute antérieure. À l'exigence législative, doctrine et jurisprudence ont ajouté une condition fondée sur l'absence de faute antérieure commise par la personne qui allègue le bénéfice de la contrainte pour sa défense. En d'autres termes, si la contrainte doit être irrésistible, elle doit être aussi imprévisible.

1343 — Arrêt *Trémintin*. Révélant avec force la condition d'imprévisibilité, l'affaire la plus célèbre est sans doute celle de ce marin qui, retenu dans un commissariat pour ivresse, fut porté déserteur au départ de son navire. Cette détention, dit la Cour de cassation, « occasionnée par la faute qu'il avait commise en se mettant en état d'ivresse, n'a pas constitué un événement qu'il n'ait pu éviter [...] ».

Cass. crim., 29 janv. 1921, Trémintin : S. 1922, I, p. 186, note Roux.

1344 — Silence du nouveau Code sur la condition d'imprévisibilité. Face au mutisme du Code et faute de volte-face des magistrats, les propos tenus hier restent d'actualité. La référence au droit civil est ici manifeste. La contrainte, entendons seulement la force, ne doit pas avoir été précédée par une faute de celui qui l'invoque. Autrement dit, si l'agent avait pu ou dû prévoir, il ne pourra bénéficier de la contrainte pour échapper à sa responsabilité.

1345 — Critiques doctrinales. D'aucuns n'hésitent pas, sous couvert du principe de la légalité, à rappeler que le caractère exigé n'est pas expressément visé par le Code pénal. D'autres, non sans une certaine ironie, s'interrogent sur le fait de pouvoir raisonnablement qualifier d'irrésistible une contrainte qui serait prévisible. Si les mots ont un sens, l'argument est assurément pertinent.

1346 — Ne pas confondre contrainte et état de nécessité. On retrouve le débat évoqué lors de l'étude de l'état de nécessité à propos du camionneur « obligé » de défoncer la barrière du passage à niveau. À la différence de l'état de nécessité, qui sous-entend un choix de l'agent, la contrainte abolit le libre arbitre et prive ainsi l'agent de toute possibilité de choix. Comme on l'a fort bien résumé en doctrine : « dans l'état de nécessité, l'agent a l'obligation de choisir, dans la contrainte, il a l'obligation de subir ».

> Vitu A., « Contrainte morale ou état de nécessité, à propos des arrêts : Cour d'appel de Dijon, 19 décembre 1984 – Tribunal correctionnel d'Agen, 22 mai 1985 », RSC 1986, p. 87.

SECTION 3 La connaissance trompée : l'erreur

1347 — Définition. L'article 122-3 du Code pénal fait de l'erreur une cause « légale » d'irresponsabilité pénale. Selon les termes de cet article : « N'est pas pénalement responsable la personne qui justifie avoir cru, par une erreur sur le droit qu'elle n'était pas en mesure d'éviter, pouvoir légitimement accomplir l'acte. »

1348 — Liens étroits entre l'erreur et le droit. La chose est indéniable, l'erreur et le droit entretiennent des relations privilégiées. Pour l'étudiant, le terme est familier et chacun a en mémoire l'erreur entendue comme vice du consentement en matière de mariage ou en matière contractuelle. En droit pénal, le vocabulaire paraît moins certain. Pourtant, le droit pénal et l'erreur ne se sont jamais totalement ignorés. Le *Digeste* de Justinien opérait déjà un partage entre l'erreur de droit et l'erreur de fait.

1349 — Plan de section. Aujourd'hui, le Code pénal admet l'erreur comme une cause d'irresponsabilité pénale. S'il est important de prendre la juste mesure de cette consécration législative, il convient aussi de rappeler l'état du droit antérieur.

I Le double visage de l'erreur sous l'empire du Code de 1810

1350 — Silence du Code pénal de 1810. Curieusement, le Code pénal de 1810 ne faisait aucune référence à l'erreur. Aussi n'est-il pas très surprenant que, dans le silence des textes, doctrine et jurisprudence aient entendu poursuivre la relation qui unit, depuis longtemps, l'erreur au droit pénal.

1351 — Construction jurisprudentielle en marge de la loi. Doctrine et jurisprudence se sont entendues pour regarder sans effet l'erreur de droit alors qu'elles reconnaissaient parfois à l'erreur de fait le pouvoir d'entraîner l'irresponsabilité pénale de la personne poursuivie.

A L'admission partielle de l'erreur de fait

1352 — Définition de l'erreur de fait. L'erreur de fait peut se définir par une méprise sur la matérialité des faits. On cite généralement ici le cas de l'individu qui par étourderie prend dans un vestiaire un vêtement qui ne lui appartient pas. Les exemples sont d'ailleurs plus nombreux qu'on pourrait le penser. Reprenant la jurisprudence, chacun cite le séducteur poursuivi pour détournement de mineur qui plaide à juste titre l'apparente maturité de sa maîtresse. Parfois, l'irresponsabilité retenue est plus contestable.

1353 — Fondement de l'admission de l'erreur de fait. Manifestement, dans les situations évoquées, la personne poursuivie n'est pas exempte de toute faute. Mais à l'évidence, la volonté criminelle de ces individus fait défaut et poursuivre à leur encontre une action judiciaire, sur le terrain du droit pénal, paraîtrait assez inique.

1354 — Impossibilité d'alléguer l'erreur de fait pour une infraction non intentionnelle. L'admission de l'erreur de fait ne semble être recevable qu'à l'égard des infractions intentionnelles. Pour les autres, celles dites non intentionnelles, la culpabilité réside dans une simple indifférence aux valeurs sociales protégées par la loi pénale. Il faut donc en déduire que l'erreur est impuissante puisque, loin d'empêcher la faute, elle la caractérise.

B L'exclusion de l'erreur de droit

1355 — « Nul n'est censé ignorer la loi ». Entendue ainsi, l'erreur n'affecte plus la matérialité des faits, elle repose sur le contenu de la loi pénale. On pense alors au célèbre adage « nul n'est censé ignorer la loi », ou comme le disaient les anciens, « *nemo censetur ignorare legem* ».

1356 — Signification de la formule. Elle traduit l'idée que nul ne peut se retrancher derrière son ignorance du droit pour échapper à ses obligations et notamment à sa responsabilité. L'adage se fonde, comme le note Jean Pradel, sur d'impérieuses raisons de discipline sociale. Selon lui, l'ignorance de la loi ne saurait servir une quelconque irresponsabilité pénale sans entraîner les pires désordres.

1357 — Appréciation jurisprudentielle de la présomption de connaissance de la loi. Il est aisé de le constater, les magistrats ont fait preuve d'une réelle sévérité en considérant cette présomption de connaissance comme une présomption irréfragable. Les seules touches d'indulgence rencontrées sont à mettre au crédit d'erreurs jugées invincibles. Et encore, à l'analyse on s'aperçoit que l'erreur en question est davantage fondue dans le moule de la contrainte.

II La consécration législative de l'erreur de droit

1358 — Erreur de fait ignorée de la réforme. Elle a été oubliée des débats parlementaires. Personne ou presque ne s'en alarme, comme si le silence des uns nourrissait les inquiétudes des autres. Il faut donc en déduire que les incertitudes d'hier demeurent pleinement d'actualité. Après d'autres, on y verra une véritable démission du législateur.

1359 — Seule l'erreur de droit est visée par la réforme. Devant ces incertitudes judiciaires, le législateur se devait d'intervenir. L'étape fut franchie avec le nouveau Code pénal, mais seulement pour l'erreur de droit. « N'est pas pénalement responsable la personne qui justifie avoir cru, par une erreur sur le droit qu'elle n'était pas en mesure d'éviter, pouvoir légitimement accomplir l'acte » (C. pén., art. 122-3).

A La philosophie des dispositions de l'article 122-3 du Code pénal

1360 — Bien-fondé des dispositions législatives. Aujourd'hui, et depuis longtemps déjà, le principe de la présomption de connaissance de la loi est manifestement singulier, voire farfelu. Sans revenir sur le phénomène dit d'inflation pénale, on notera simplement que l'œuvre législative ne cesse de se nourrir de dispositions répressives. Face aux entorses incessantes faites au principe de la légalité, la présomption de connaissance méritait à son tour d'être tempérée. On saluera donc la proposition du Sénat d'avoir fait reconnaître l'erreur de droit comme une cause d'irresponsabilité pénale.

1361 — Appréciation divergente affichée entre magistrats et avocats. Si les magistrats ont très tôt fait entendre leurs inquiétudes face à cette reconnaissance, les avocats la demandaient avec une réelle insistance.

1362 — Effectivité de l'erreur de droit. Faut-il s'en étonner ? En plus de vingt ans, l'erreur s'est montrée particulièrement discrète. Les décisions ne sont pas légion et révèlent une interprétation particulièrement restrictive qui écarte le plus souvent le bénéfice de cette cause d'irresponsabilité. Le bilan est tel qu'il semble assez légitime que d'aucuns commencent à s'interroger sur son devenir.

Herrmann J., « Quel avenir pour l'erreur de droit », Dr. pén. 2016, étude n° 5.

B La portée de l'article 122-3 du Code pénal

1363 — Seule l'erreur invincible est visée. Le texte paraît des plus restrictifs. Il faut bien l'entendre, il ne concerne que l'erreur invincible, autrement dit l'erreur que la personne n'était pas en mesure d'éviter. Comme le rappelle la circulaire du 14 mai 1993, seuls deux cas de figure ont été expressément envisagés pendant les débats parlementaires. À savoir, d'une part, l'information erronée fournie par une autorité administrative interrogée préalablement à l'infraction et, d'autre part, le défaut de publication d'un texte normatif.

1364 — Nécessité pour les juges du fond d'apprécier le caractère invincible de l'erreur. Il ne peut en être autrement, il appartient aux seuls tribunaux d'apprécier la réalité de l'erreur de droit qui est alléguée. Or, on l'a noté, les magistrats s'opposaient à la reconnaissance de l'erreur comme cause d'irresponsabilité.

Cass. crim., 4 oct. 2011 : Bull. crim., n° 191 ; AJ pénal 2012, p. 95, Lasserre Capdeville ; RPDP 2012, p. 140, Chevallier. Ne peut se prévaloir de l'erreur de droit et doit être poursuivie pour l'infraction d'exercice illégal de la pharmacie, la société qui, s'étant contentée d'en vérifier la définition dans le dictionnaire des médicaments vétérinaires, commercialise certains produits qu'elle pense être des compléments alimentaires, alors que ceux-ci relèvent du monopole pharmaceutique.

Cass. crim., 20 janv. 2015 : AJ pénal 2015, p. 142, Sordino. « Le prévenu, dont l'entreprise est implantée de longue date en France et qui pouvait solliciter l'avis de l'inspection du travail sur l'étendue de ses obligations en matière d'embauche de salariés, ne saurait invoquer utilement la cause d'irresponsabilité prévue par l'article 122-3 du Code pénal. »

1365 — Sévérité affichée par les magistrats. Parmi les traces de cette sévérité, on retiendra la cassation d'une décision de la cour d'appel de Versailles qui avait cru pouvoir accepter l'erreur invoquée par un justiciable mal renseigné par son avoué. Pour la Cour suprême, l'individu aurait dû solliciter l'interprétation de la juridiction. Le premier commentateur de la décision des juges du fond avait cru pouvoir souligner que l'incompétence des uns pouvait faire le bonheur des autres. La formule est depuis renversée. Aujourd'hui, il vaut mieux prévenir que l'incompétence des uns peut faire le malheur des autres.

Cass. crim., 11 oct. 1995. Bouloc B., « Erreur de droit invincible : violation de domicile lors d'une procédure de divorce », RSC 1996, p. 646.

1366 — Mise en œuvre de l'erreur. L'erreur doit être invoquée par le justiciable et non soulevée d'office par le magistrat. La Chambre criminelle reproche à la cour d'appel de Versailles d'avoir retenu l'erreur alors que la personne poursuivie ne l'avait pas expressément alléguée. Pour paraître sévère, la censure est commandée par la stricte application du texte. Les termes de l'article 122-3 sont sans équivoque : « N'est pas pénalement responsable la personne qui justifie [...]. » Il appartient donc à la seule personne poursuivie de préciser en quoi sa croyance a été trompée.

Cass. crim., 15 nov. 1995 : Dr. pén. 1996, comm. n° 56.

1367 — Erreur sur l'interprétation de l'avis donné par une administration. Celle-ci n'est ni invincible ni insurmontable. Par deux arrêts rendus à quelques jours d'intervalles, la Chambre criminelle souligne que l'erreur sur l'interprétation de l'avis donné par une administration n'est ni invincible ni insurmontable dès lors qu'elle peut être évitée par le recours aux juristes qualifiés ou à un inspecteur du travail.

Cass. crim., 5 et 19 mars 1997 : Dr. pén. 1997, comm. n° 107.

1368 — Aparté. Comme on l'a noté, la construction jurisprudentielle érigée en matière d'erreur sur le droit fondée sur un avis erroné de l'administration est peu lisible. Il n'est pas aisé d'enseigner que l'avis d'une autorité publique qualifiée doit être recherché pour rendre l'erreur évitable mais que si cet avis est erroné, il ne peut plus transmettre à l'erreur son caractère inévitable.

Cass. crim., 20 janv. 2015 et Cass. crim., 27 janv. 2015 : RSC 2015, p. 639, note Fortis E., « Causes d'irresponsabilité pénale. Erreur de droit ».

1369 — Divergence d'interprétation entre les Chambres sociale et criminelle de la Cour de cassation. Telle est la situation particulière du salarié licencié qui, contestant la mesure devant le conseil des prud'hommes, produit pour sa défense la photocopie d'un document appartenant à son employeur. On comprend le sens des mots. L'argument de défense se renverse et ne peut échapper à la qualification de vol.

1370 — Interprétation de la Chambre criminelle. Pour la Chambre criminelle, peu importe le « mobile » qui a pu inspirer l'auteur, toute soustraction frauduleuse de la chose d'autrui constitue un vol.

1371 — Interprétation de la Chambre sociale. De son côté, la Chambre sociale, jouant une partition davantage axée sur les droits de la défense et l'égalité entre les justiciables, a admis qu'un salarié puisse produire en justice un tel document contre son employeur. C'est exactement en se fondant sur cette divergence d'interprétation que la cour d'appel de Paris a retenu, au profit d'un salarié, le bénéfice de l'erreur de droit.

> CA Paris, 9 nov. 2000 : Dr. pén. 2001, comm. n° 57, obs. Véron.
>
> Cass. soc., 31 mars 2015. Dans cet arrêt, les juges du droit reprochent aux juges du fond de ne pas avoir précisé que les documents en cause étaient strictement nécessaires à l'exercice des droits de la défense. Brach-Thiel D., « Le fait justificatif d'exercice des droits de la défense en danger ? », AJ pénal 2015, p. 316.

1372 — Première avancée de la Chambre criminelle. Il devenait assez singulier d'enseigner que certains grands principes de la procédure pénale étaient mieux respectés par la Chambre sociale que par la Chambre criminelle. Un arrêt de la Chambre criminelle du 11 mai 2004 a eu l'occasion de préciser à quelles conditions l'exercice des droits de la défense pouvait, en pareilles hypothèses, justifier les agissements d'un salarié.

1373 — Seconde avancée de la Chambre criminelle. Par deux arrêts en date du 16 et du 21 juin 2011, la Chambre poursuit son travail et fait du droit de la défense un véritable fait justificatif. Dans la première décision, le fait justificatif est retenu alors qu'au moment précis de la « soustraction », la procédure de licenciement n'était pas encore engagée, le salarié ayant seulement appris l'éventualité de celle-ci.

SECTION 4 La minorité : une cause particulière d'irresponsabilité ou d'atténuation de la responsabilité pénale

1374 — Particularisme en question. À l'inverse des autres textes qui alimentent le chapitre des « causes d'irresponsabilité ou d'atténuation de responsabilité », celui sur la minorité est le seul à ne pas débuter par la formule « n'est pas pénalement responsable [...] ». La formule est même renversée. L'article 122-8 du Code pénal, réécrit par la loi du 9 septembre 2002, énonce en effet clairement le principe de la responsabilité pénale du mineur. Pour autant, la loi de 2002 n'a pas profondément renoncé à la philosophie de l'ordonnance de 1945.

1375 — Premier volet du principe affiché de la responsabilité du mineur. Les mineurs capables de discernement sont pénalement responsables des crimes, délits ou contraventions dont ils ont été reconnus coupables, dans des conditions fixées par une loi particulière qui détermine les mesures de protection, d'assistance, de surveillance et d'éducation dont ils peuvent faire l'objet (C. pén., art. 122-8).

1376 — Second volet du principe affiché de la responsabilité du mineur. La loi détermine les sanctions éducatives qui peuvent être prononcées à l'encontre des mineurs de 10 à 18 ans ainsi que les peines auxquelles peuvent être condamnés les mineurs de 13 à 18 ans, en tenant compte de l'atténuation de responsabilité dont ils bénéficient en raison de leur âge (C. pén., art. 122-8).

L. n° 2002-1138, 9 sept. 2002, d'orientation et de programmation pour la justice (loi *Perben 1*).

Seuvic J.-F., « Responsabilité pénale des mineurs (C. pén., art. 122-8) », RSC 2002, obs. p. 852 et 867 – Lazerges, « Fallait-il modifier l'ordonnance n° 45-174 du 2 février 1945 ? », RSC 2003, p. 172.

1377 — Plan de section. La minorité demeure une cause d'irresponsabilité pénale lorsque le mineur concerné n'est pas discernant au moment des faits. En outre, les peines de ceux qui sont discernant sont, en principe, atténuées en raison de leur âge.

I L'irresponsabilité pénale du mineur non discernant

1378 — Source originelle de l'irresponsabilité pénale. Sans doute moins explicite que la formulation actuelle portée par le Code pénal, l'article 1er de l'ordonnance du 2 février 1945 relative à l'enfance délinquante énonçait déjà : « les mineurs auxquels est imputée une infraction qualifiée crime ou délit ne seront pas déférés aux juridictions de droit commun mais ne seront justiciables que des tribunaux pour enfants, des tribunaux correctionnels pour mineurs ou des cours d'assises des mineurs. »

1379 — Arrêt *Laboube* du 13 décembre 1956. Pour qu'un mineur soit passible des juridictions spécialisées, encore faut-il que l'infraction commise lui soit imputable. L'auteur doit donc avoir fait preuve de libre arbitre, lequel implique d'avoir voulu l'acte et d'avoir conscience de sa portée.

Cass. crim., 13 déc. 1956, « [...] encore faut-il conformément aux principes généraux du droit que le mineur, dont la participation à l'acte matériel à lui reprochée est établie, ait compris et voulu l'acte ; toute infraction même non intentionnelle suppose en effet que son auteur ait agi avec intelligence et volonté » : D. 1957, note Patin-Pradel J. et Varinard A., *Les grands arrêts du droit criminel*, 8e éd., 2012, Dalloz, t. 1, n° 43.

1380 — Caractère explicite de la formulation législative actuelle. L'exigence de discernement pour la reconnaissance de la responsabilité pénale du mineur semble aujourd'hui nettement mieux marquée qu'hier. Ce serait l'un des mérites de la réécriture, par la loi du 2 septembre 2002, de l'article 122-8 du Code pénal : « Les mineurs capables de discernement sont pénalement responsables [...]. » Sans intelligence et volonté, point de discernement, point de responsabilité pénale.

1381 — Âge du discernement. Reste une question : à quel âge un enfant est-il doué de discernement ? À cet égard, l'article 40 de la Convention internationale des droits de l'enfant invite chaque État signataire à fixer un âge en dessous duquel les enfants sont présumés ne pas avoir la capacité d'enfreindre la loi pénale. Ce seuil, dit de la minorité pénale, correspond ainsi à l'âge en dessous duquel le principe de leur absence de discernement est posé.

1382 — Réponse placée entre les mains des magistrats. Jusqu'à présent, la France s'est toujours soustraite à l'invitation internationale de sorte qu'il appartient aux juges, au cas par cas, de s'interroger pour savoir si, au moment des faits, le mineur avait atteint « l'âge de raison » lui donnant la lucidité ou le discernement suffisant.

1383 — Instauration prochaine d'un âge de responsabilité ? En décembre 2008, une commission, présidée par André Varinard, mise en place quelques mois plus tôt et chargée de formuler des pistes de réflexion pour réformer l'ordonnance de 1945, proposait l'instauration d'un âge de responsabilité pénale fixée à 12 ans. Trois mois plus tard, en mars 2009, la ministre de la Justice annonçait un projet de création d'un Code de la justice pénale des mineurs. L'idée d'inscrire dans la loi un âge de responsabilité pénale y est reprise, mais c'est l'âge de 13 ans qui y est préféré.

Commission Varinard : Pédron, JCP 2008, actu. 714 ; Pedron et Varinard (entretien), JCP 2009, I, 100. Dossier « Réforme de l'ordonnance de 1945 : le rapport Varinard », AJ pénal 2009, p. 9.

1384 — Regard sur les législations voisines. Pour comparaison, les âges retenus dans les autres pays européens sont très variables : 14 ans en

Allemagne et en Espagne, 16 ans au Portugal, 12 ans aux Pays-Bas et 10 ans en Angleterre et en Suisse. Les choix, opérés par les uns et par les autres, témoignent des incertitudes en la matière et montrent peut-être plus encore que la détermination d'un âge de responsabilité est intimement liée aux options, plus larges, de politique pénale.

II La responsabilité pénale du mineur discernant

1385 — Principe de la responsabilité pénale du mineur discernant. Les mineurs capables de discernement sont pénalement responsables. En raison de leur âge, cette responsabilité est toutefois adaptée. Ainsi, le mineur doit par principe être soumis à des mesures éducatives, principe qui, toutefois, connaît des exceptions : la première permet des sanctions éducatives pour les mineurs de 10 à 18 ans ; la seconde prévoit des sanctions pénales à l'encontre des mineurs de plus de 13 ans, lorsque la personnalité du délinquant et les circonstances l'exigent.

1386 — Cadre constitutionnel de la responsabilité pénale du mineur. L'autonomie du droit pénal des mineurs prend une véritable dimension à travers sa valeur constitutionnelle. Le Conseil constitutionnel, en 2002, a effet érigé au rang de principes fondamentaux reconnus par les lois de la République la primauté de l'action éducative et l'atténuation de la responsabilité des mineurs.

Cons. const., 29 août 2002, nº 2002-461 : à propos de la loi d'orientation et de programmation pour la justice.

A Une responsabilité pénale adaptée

1387 — Primauté affirmée de l'éducatif sur le répressif. Si la responsabilité pénale des mineurs peut être qualifiée d'« adaptée », c'est en raison des réponses dont dispose la justice pour répondre à la délinquance juvénile. La traduction de cette spécificité résulte de la primauté de l'éducatif sur le répressif : le mineur, quel que soit son âge, ne doit, en principe, être soumis qu'à des mesures éducatives (C. pén., art. 122-8, al. 1 et Ord. 1945, art. 2, al. 1).

1388 — Regard sur les mesures éducatives. Parmi ces mesures, on compte : l'admonestation, la remise aux parents, le placement dans un établissement d'éducation, de formation professionnelle, médicale ou médico-psychologique, la liberté surveillée, la mesure d'aide ou de réparation, la mesure d'activité de jour, l'avertissement solennel.

1389 — Sanctions éducatives. Il est souvent soutenu que les sanctions éducatives complètent ce particularisme du droit pénal des mineurs. Mises en place en 2002, énumérées par l'article 15-1 de l'ordonnance de 1945, elles constituent aujourd'hui une nouvelle forme de réponse pénale strictement cantonnée à la délinquance des mineurs de 10 à 18 ans.

> Leturmy L., « Nouvelles confusions dans les sanctions éducatives », Dr. pén. 2007, p. 5.

1390 — Regard sur les sanctions éducatives. Parmi ces sanctions particulières, on compte la confiscation d'un objet ayant servi à la commission de l'infraction, l'interdiction de paraître dans certains lieux, d'entrer en contact avec la ou les victimes ou avec le ou les complices coauteurs éventuels de l'infraction. On compte également, par exemple, des mesures d'aide ou de réparation, des obligations de suivre un stage de formation civique, des mesures de placement dans une institution ou un établissement d'éducation habilité, ou encore l'interdiction d'aller et venir sur la voie publique entre vingt-trois heures et six heures sans être accompagné.

1391 — Nature ambiguë des sanctions éducatives. L'expression « sanction éducative » associe des termes qui paraissent au premier abord assez inconciliables. La frontière entre l'éducatif et le répressif est ici des plus fines et d'autant plus perméable que certaines sanctions éducatives sont identiques aux mesures éducatives tandis que d'autres sont assimilables à des peines.

B ▌ Une pénalité atténuée

1392 — À partir de 13 ans, le mineur encourt des sanctions pénales. À partir de l'âge de 13 ans, et lorsque la personnalité du mineur et les circonstances le justifient, les juridictions pour mineurs, exception faite du juge des enfants, peuvent prononcer des sanctions pénales.

1393 — Peines encourues par le mineur de 13 ans. D'une manière générale, les sanctions pénales applicables aux majeurs le sont également aux mineurs, sous quelques réserves comme l'interdiction de séjour, la diffusion de la condamnation ou encore la peine de jour-amende (Ord. 1945, art. 20-4).

> Margaine C., « L'atténuation de la responsabilité pénale des mineurs », AJ pénal 2012, p. 17.

1394 — Peine nécessairement atténuée pour les 13-16 ans. Pour les 13-16 ans, les sanctions pénales sont en effet obligatoirement réduites par l'effet de l'« excuse atténuante de minorité » (vocabulaire utilisé par l'ancien Code) dont le jeu a pour conséquence directe d'abaisser le quantum de la peine encourue.

1395 — Calcul de la peine atténuée. La réclusion criminelle à perpétuité se transforme en vingt ans de réclusion criminelle. La peine privative de liberté à temps est réduite de moitié. L'amende prononcée ne peut dépasser la moitié de la peine encourue dans la limite de 7 500 euros (Ord. 1945, art. 20-2 et 20-3).

1396 — Atténuation de la peine facultative pour les 16-18 ans. Les juges ont la possibilité, dans les conditions posées par l'ordonnance de 1945, de priver le mineur de la diminution de peine. Le mineur est alors sanctionnable comme un majeur. Le copier/coller peut être poussé à l'extrême comme en témoigne la condamnation à la réclusion criminelle à perpétuité prononcée en 2014 à l'encontre d'un jeune meurtrier de 17 ans (peine qui avait d'ailleurs surpris de nombreux professionnels du secteur éducatif qui pensaient qu'une telle peine n'était pas applicable à un mineur). Cette situation, toutefois, n'est plus juridiquement possible. Depuis une loi du 18 novembre 2016, il est en effet prévu qu'en cas de perpétuité encourue, la peine maximale susceptible d'être prononcée est la peine de trente de réclusion ou de détention criminelle.

Parents à perpétuité, 2016, Flammarion (livre écrit par les parents du meurtrier).

1397 — Hypothèses pouvant justifier l'abandon de l'« excuse de minorité ». Selon les prévisions de l'ordonnance de 1945, il peut en être ainsi, lorsque les circonstances de l'espèce, la personnalité du mineur ou sa situation le justifient.

1398 — Emprisonnement du mineur. La peine d'emprisonnement répond aux principes énoncés plus haut. Ainsi, le tribunal pour enfants et la cour d'assises des mineurs ne peuvent prononcer à l'encontre des mineurs âgés de plus de 13 ans une peine privative de liberté supérieure à la moitié de la peine encourue. Si la peine encourue est la réclusion criminelle à perpétuité, ils ne peuvent prononcer une peine supérieure à vingt ans de réclusion criminelle (Ord. 1945, art. 20-2).

Dossier « Dix ans d'évolution de la justice pénale des mineurs : bilan et perspectives », Dr. pén. 2012, études n° 17 à 22 ; Grille N., « Le droit pénitentiaire des mineurs à l'épreuve des nouveaux EPM : Pratiques professionnelles et usages du droit en prison », AJ pénal 2010, p. 23.

1399 — Données statistiques sur l'emprisonnement des mineurs. Au 1er janvier 2015, il y avait, selon les chiffres communiqués, 704 mineurs emprisonnés.

PARTIE 4

Les peines

1400 — Complexité du droit des peines. Il est courant de lire que le système français est d'une complexité déconcertante. D'aucuns, de manière assez sévère, n'hésitent pas à le considérer comme l'un des plus incohérents du monde occidental.

1401 — Raisons politiques de cette complexité. Le droit pénal et peut-être plus fortement encore le droit des peines sont particulièrement impactés par les enjeux politiques. La matière est devenue un formidable réceptacle des différents clivages et échanges largement médiatisés sous couvert de sécurité ou d'insécurité. En ce domaine, l'inflation législative, doublée par l'alternance politique, n'est pas une simple vue de l'esprit.

1402 — Ensemble du droit des peines concerné. Qu'il s'agisse de la peine encourue (celle inscrite dans le code), de la peine prononcée (par la juridiction de jugement) ou encore de la peine exécutée (sous tutelle d'un juge aux fonctions assez méconnues, le juge de l'application des peines), tout semble faire controverse et alimente passions et commentaires.

1403 — Quelle place pour le juge ? Le point de friction est souvent celui-ci. Le pouvoir politique se méfie du juge et de son pouvoir. On dénonce alors son laxisme (le système des peines planchers s'inscrivait évidemment dans ce schéma) ou au contraire sa trop grande générosité. Lorsque la confiance semble revenir, on voit en lui l'acteur indispensable de l'individualisation des peines. Ce qui n'empêche pas le législateur d'entretenir ou de développer dans les textes des détails parfois les plus superficiels.

1404 — Quelle finalité pour la peine ? Punir, amender, resocialiser, éviter la récidive, ne pas oublier les victimes, l'impuissance du tout carcéral sont autant de facteurs et d'éléments régulièrement affichés et avec lesquels il faut composer.

1405 — Actualité législative d'hier. La loi du 15 août 2014 relative à l'individualisation des peines et renforçant l'efficacité des sanctions pénales poursuit à son tour les objectifs juste évoqués. Elle abroge, complète et modifie le droit existant. Elle crée. C'est le cas notamment avec la peine de contrainte pénale (qui n'a pas échappé aux controverses) qui vise à éviter l'emprisonnement en matière délictuelle. La loi – le symbole n'est pas neutre – précise la finalité de la peine.
« Afin d'assurer la protection de la société, de prévenir la commission de nouvelles infractions et de restaurer l'équilibre social, dans le respect des intérêts de la victime, la peine a pour fonctions :
1° De sanctionner l'auteur de l'infraction ;
2° De favoriser son amendement, son insertion ou sa réinsertion. » (C. pén., art. 130-1).

1406 — Actualité de demain. La remise, en décembre 2015, du rapport sur la refonte du droit des peines va inévitablement entraîner à terme quelques réformes de la matière. La commission présidée par Bruno Cotte formule bien des propositions. On retiendra pour l'heure, la création d'un Code pénitentiaire, la restructuration du Code pénal et du Code de procédure pénale, la volonté de clarifier la nomenclature des peines. Ainsi, la commission propose notamment de transformer le placement sous surveillance électronique en peine autonome (actuellement analysé comme un aménagement de peine privatif de libertés). Des peines existantes comme le suivi socio-judiciaire et la contrainte pénale sont redéfinis. Il est proposé la création d'une nouvelle peine : la libération contrôlée. Enfin, la suppression de la rétention de sûreté et la surveillance de sûreté sont conseillées.

Remise du rapport sur la refonte du droit des peines. Roumier W., Dr. pén. 2016, alerte 1 et Raoult F., Dr. pén. 2016, entretien n° 2, « Rencontre avec Bruno Cotte ».

CHAPITRE 1

La diversité des peines

1407 — Plan du chapitre. Si la distinction entre les peines et les mesures de sûreté semble être une étape incontournable, la diversité des peines se révèle surtout à travers les différentes peines encourues et leur qualification.

SECTION 1 La distinction entre peines et mesures de sûreté

1408 — Plan de section. Riche en développements, la distinction opposant les peines et les mesures de sûreté a trouvé peu d'écho dans le Code pénal. C'était déjà le cas sous l'empire de l'ancien Code, l'observation reste la même aujourd'hui.

I L'origine doctrinale de la distinction

1409 — Précisions. Il est courant d'admettre que les mesures de sûreté sont intimement liées au courant de la doctrine des positivistes. Si elles ont été théorisées par ces auteurs, ils n'en assument pas pour autant l'exclusive paternité.

A L'évolution des fondements du droit pénal

1410 — Double fonction traditionnelle du droit pénal. À l'origine, le droit pénal était uniquement présenté comme un droit sanctionnateur, auquel était assignée une fonction de répression et de rétribution.

1411 — Fonction de répression du droit pénal. Le schéma est simple. Le droit pénal se concevait dans l'intérêt général pour punir des comportements jugés dangereux pour l'ordre public et la vie sociale.

1412 — Fonction de rétribution du droit pénal. Le droit de punir a été largement influencé par l'idée de vengeance sociale : infliger un mal destiné à compenser celui qui avait été causé par l'infraction.

1413 — Émergence d'autres finalités. À ces concepts de vengeance et d'expiation se sont peu à peu substituées d'autres priorités parmi lesquelles celle de l'utilité sociale du droit pénal. À ce titre, l'école néoclassique (Guizot, Rossi, Ortolan) défendait notamment l'idée que la société ne peut punir ni plus qu'il n'est juste, ni plus qu'il n'est utile.

1414 — Doctrine positiviste. Lombroso, Ferri, Garofalo et d'autres affirmèrent que le but du droit pénal devait être moins de sanctionner un acte grave que de protéger la société contre des individus objectivement dangereux.

1415 — Évolution naturelle de la fonction du droit pénal. En toute logique, le discours sur les fondements du droit pénal évoluant, s'ensuivit une façon différente d'appréhender la peine. La sanction ne devait plus être simplement rétributive. Pour les positivistes, les peines classiques devaient s'effacer devant les « mesures de défense [sociale] » ou « mesures de sûreté ».

B | Les caractéristiques respectives des peines et des mesures de sûreté

1416 — Idéologie. Pour l'ensemble des sanctions pénales, l'opposition entre peines et mesures de sûreté transparaît, ou transparaissait, à trois égards : leur fondement, leur objet et leur régime.

1417 — Fondement différent. La peine suppose une infraction préalablement commise. La mesure de sûreté s'applique au seul état dangereux d'une personne, indépendamment de toute idée de faute.

1418 — Objet différent. Traditionnellement, la peine afflictive et infamante reposait sur les notions de châtiment, de rétribution et de réprobation en considération du passé pénal. Elle visait à punir. La mesure de sûreté, dénuée de tout jugement moral et tournée vers l'avenir, s'attache à éviter toute récidive pour protéger la société. Elle vise la prévention.

1419 — Régime différent. La durée de la peine est fixée par la décision de jugement. La durée de la mesure de sûreté est révisable selon la dangerosité et se prolonge aussi longtemps que l'état de dangerosité perdure.

1420 — Caractéristique première de la mesure de sûreté. Si la finalité première est bien préventive, la prévention recherchée peut aussi bien se réaliser par la neutralisation de l'individu (internement, placement) que par sa rééducation (cures de désintoxication des toxicomanes ou mesures éducatives à l'adresse des mineurs).

1421 — Nature personnelle ou réelle des mesures de sûreté. Mesure personnelle, elle s'attache au délinquant lui-même, à ses tendances criminelles révélées par l'infraction contre lesquelles un traitement s'impose. Mesure réelle, elle s'attache à la situation dangereuse, c'est-à-dire celle qui a permis ou permettrait à nouveau la commission d'une infraction (confiscation de la chose ou fermeture d'établissement).

1422 — Appréciations. Aujourd'hui, ces caractéristiques semblent assez perméables et, sans s'effacer, la distinction peine/mesure de sûreté est assez délicate à prendre en compte. La solution retenue par les réformateurs du Code pénal traduit cette difficulté.

II La distinction entre peines et mesures de sûreté dans le Code pénal

1423 — Évolution législative. En 1992, le législateur a très clairement opté pour une conception unitaire de la sanction pénale sous le seul vocable de « peines ». Depuis, des mesures de sûreté ont trouvé explicitement droit de cité dans les dispositions des codes répressifs.

A Le choix d'une conception unitaire en 1992

1424 — Toutes sanctions pénales qualifiées de « peines ». Tel est le choix des rédacteurs du nouveau Code pénal, et ce, quelle que soit la finalité, punitive ou préventive, qui caractérise la sanction.

« Aux fins de simplification, toutes les sanctions pénales relèvent désormais d'une seule catégorie, celle des peines. En effet coexistent dans notre droit, à côté des peines "principales", des interdictions diverses – suspension du permis de conduire, interdictions professionnelles – qualifiées "mesures de sûreté" et soumises à un régime juridique particulier, notamment du point de vue de l'amnistie, de la grâce ou de la prescription. Désormais, toutes les sanctions pénales seront, sans distinction, des peines. » (Extrait de l'exposé des motifs du Code pénal adopté en 1992).

1425 — Rapprochement entre peines et mesures de sûreté. L'analyse se révèle à travers le choix du législateur. À l'évidence, la conception unitaire retenue par celui-ci traduit les rapprochements existant entre les peines et les mesures de sûreté. Les unes et les autres devant contribuer à l'amendement et à la resocialisation du condamné, comme en témoigne la rédaction du nouvel article 130-1 du Code pénal.

1426 — Mesure de sûreté et peines soumises au principe de la légalité criminelle. En conséquence, l'une et l'autre ne peuvent être prononcées pour un comportement érigé en infraction que si elles sont prévues et pour une durée dont le maximum est défini par la loi. Le droit pénal n'admet pas, en principe, l'application d'une mesure coercitive *ante delictum*.

1427 — Autonomie des mesures de sûreté. L'unicité du vocabulaire ne doit pas faire illusion. Certaines mesures de sûreté demeurent encore aujourd'hui officiellement reconnues et appliquées comme telles.

1428 — Illustration de l'autonomie des mesures de sûreté en dehors du Code pénal. On peut retenir les mesures de l'ordonnance du 2 février 1945, « mesures de protection, d'assistance, de surveillance et d'éducation », prises à l'égard des mineurs délinquants ou de celles susceptibles d'être prononcées à l'encontre des toxicomanes (prévues par le Code de la santé publique) ou encore celles susceptibles d'être ordonnées en cas de déclaration d'irresponsabilité pour cause de trouble mental ou en cas de reconnaissance d'altération du discernement (CPP, art. 706-135 et s.).

1429 — Illustration législative de l'autonomie des mesures de sûreté dans le Code pénal. Les mesures de sûreté sont présentes, dissimulées derrière le vocable technique de « peines complémentaires » ou de « peines principales alternatives ».

1430 — Conséquences de l'autonomie des mesures de sûreté. La jurisprudence se sert de la distinction pour soumettre les mesures de sûreté à un régime juridique dérogatoire. Au nom de la protection de la société, elles échappent aux lois d'amnistie, elles sont soustraites à la règle du non-cumul des peines, elles ne sont pas soumises au principe de non-rétroactivité de la loi pénale.

> Cass. crim., 16 déc. 2009 : Bull. crim., nº 216. Matsopoulou H., « Application des "peines", puis des "mesures de sûreté", aux personnes atteintes de troubles mentaux : l'incohérence jurisprudentielle et ses conséquences (à propos de l'arrêt de la Chambre criminelle du 16 décembre 2009) », Dr. pén. 2010, étude nº 4.
>
> CEDH, 3 sept. 2015, Berland c/France, Cl. Margaine : AJ pénal 2015, p. 599.

B | La création explicite d'une mesure de sûreté

1431 — Apport de la loi du 12 décembre 2005. Par cette loi relative au traitement de la récidive des infractions pénales, le législateur a introduit dans le Code pénal, au sein du titre consacré aux peines, une sous-section traitant « du placement sous surveillance électronique mobile à titre de mesure de sûreté ».

1432 — Placement sous surveillance électronique mobile. Son objet est de permettre de localiser la personne à tout moment, ses allées et venues étant en permanence surveillées. Il s'analyse comme une nouvelle obligation possible du suivi sociojudiciaire (C. pén., art. 131-36-9 et s.).

1433 — Existence d'autres mesures de sûreté. Au placement sous surveillance électronique mobile s'ajoutent aujourd'hui d'autres nouvelles mesures de sûreté, toutes inscrites dans le Code de procédure pénale en ce qu'elles ont pour objet non pas de punir à proprement parler, mais de permettre un contrôle durable sur le condamné en raison de la dangerosité et des risques de récidive qu'il présente.

1434 — Surveillance judiciaire. Issue de la loi du 12 décembre 2005, elle est applicable aux condamnés à une peine égale ou supérieure à sept ans (cinq en cas de multirécidivistes) qui encouraient une peine de suivi sociojudiciaire, mais que le juge n'a pas prononcée. Elle ne peut être décidée qu'à la sortie de prison de la personne et pour une durée ne pouvant dépasser le terme de la peine privative de liberté prononcée. Elle s'accompagne d'une injonction de soins et d'un éventuel placement sous surveillance électronique mobile (CPP, art. 723-29).

1435 — Surveillance de sûreté. Elle offre la possibilité de prolonger dans le temps les obligations d'une surveillance judiciaire, d'un suivi socio-judiciaire ou d'une libération conditionnelle (CPP, art. 706-53-19). S'appuyant sur l'article 723-37 du même code, la Chambre criminelle a eu l'occasion de rappeler que la surveillance de sûreté ne peut intervenir à la suite d'un placement sou surveillance judiciaire qu'à l'encontre d'une personne condamnée à peine de réclusion criminelle supérieure ou égale à 15 années.

Cass. crim., 24 juin 2015 : AJ pénal 2016, p. 99, Evans.

Dossier « Les premiers placements sous surveillance de sûreté », AJ pénal, 2014, p. 105.

1436 — Rétention de sûreté. Elle permet le placement de la personne dans un centre socio-médico-judiciaire de sûreté après sa sortie de prison. La rétention de sûreté a été créée par la loi du 25 février 2008 relative à la nouvelle procédure de déclaration d'irresponsabilité pénale à l'encontre des personnes dont le discernement était altéré au moment de la commission de l'infraction (CPP, art. 706-53-13 et s.).

1437 — Qualification de la rétention de sûreté et de la surveillance de sûreté. L'une et l'autre ne sont pas explicitement appelées « mesures de sûreté » dans la loi. Toutefois, cette qualification pourrait découler de la décision du Conseil constitutionnel du 21 février 2008 qui, en résumé, leur dénie le caractère de peine ou de sanction à vocation punitive dans la mesure où elles ne reposent pas sur la culpabilité de l'intéressé, mais sur sa dangerosité.

> Cons. const., 21 févr. 2008, n° 2008-562. Décision rendue à propos de L. n° 2008-174, 25 févr. 2008 relative à la rétention de sûreté et à la déclaration d'irresponsabilité pénale pour cause de trouble mental.

1438 — Pérennité de la rétention de sûreté. L'avenir de la mesure semblait compté tant celle-ci a été dénoncée et critiquée. Son fondement juridique est analysé par certains comme hasardeux et incertain. Malgré l'engagement du candidat François Hollande et les critiques appuyées de Robert Badinter, la suppression de la mesure n'a pas été inscrite dans la réforme de 2014.

1439 — Effectivité de la rétention de sûreté. En pratique, le centre de Fresnes est le seul centre « socio-médico judiciaire de sûreté ». Entre 2008 et février 2014, seules quatre personnes avaient été placées.

1440 — Sévérité des rapports du contrôleur général des lieux de privation de liberté. Le contrôleur Jean-Marie Delarue avait publié un avis des plus sévères sur la mise en œuvre de la rétention de sûreté. Il y dénonçait notamment l'absence de dangerosité et la qualité de la prise en charge des personnes concernées (JO, 25 février 2014, texte n° 71). Madame Adeline Hazan, nommée en juillet 2014, a formulé à son tour, devant l'absence totale d'évolution de la mesure, un avis des plus critiques qui conduit à demander l'abrogation de la rétention de sûreté (JO, 5 nov. 2015).

SECTION 2 Les peines encourues

1441 — Plan de section. Si certaines peines sont susceptibles d'être prononcées à l'encontre de tout auteur d'infraction, d'autres sont assurément propres soit aux personnes physiques, soit aux personnes morales.

I Les peines encourues indifféremment par les personnes physiques et les personnes morales

1442 — Précisions. Pour admettre qu'une peine puisse être encourue tant par une personne physique que par une personne morale, il est absolument nécessaire de dépasser le premier réflexe qui consiste, presque inconsciemment, à nier la réalité de la personne morale. On peut alors admettre qu'une personne morale puisse, par exemple, faire l'objet d'une interdiction d'émettre des chèques.

A Les peines privatives ou restrictives de droits

1443 — Interdiction d'exercer une activité professionnelle ou sociale. L'interdiction peut naturellement porter sur l'activité au cours de laquelle l'infraction a été perpétrée. Mais la formulation des textes est plus large et englobe toute autre activité professionnelle ou sociale expressément visée par la loi (C. pén., art. 131-28 et 131-48, al. 1er).

> Cass. crim., 7 janv. 2015 : Dr. pén. 2015, comm. 44. La Chambre criminelle laisse aux juges du fond le soin de préciser les contours de l'interdiction professionnelle. En l'espèce, un individu, condamné pour agressions sexuelles sur mineur, s'était vu interdire toute activité professionnelle ou bénévole impliquant un contact habituel avec des mineurs. L'interdiction s'étend à son activité professionnelle puisqu'il lui est interdit d'exercer son activité de co-gérant d'une société de jeux vidéos : « les jeux de société étant en grande partie destinés aux mineurs, leur commerce implique un contact habituel avec des mineurs, quand bien même ceux-ci seraient-ils adolescents... ». Peltier V., « Un an de droit de la peine », Dr. pén. 2016, chron. 3.

1444 — Fermeture d'établissement. Elle interdit que soit maintenue dans l'établissement l'activité à l'occasion de laquelle l'infraction a été commise. Il ne s'agit donc pas d'une fermeture complète de l'établissement (C. pén., art. 131-33 et 131-48, al. 2).

1445 — Exclusion des marchés publics. Elle se traduit par l'interdiction de contracter, directement ou non, avec des personnes publiques, État, collectivités territoriales, établissements publics, afin de leur fournir des biens ou des services (C. pén., art. 131-34 et 131-48, al. 3).

1446 — Interdiction d'émettre des chèques. L'interdiction entraîne l'obligation de restituer les chéquiers à l'établissement bancaire (C. pén., art. 131-19 et 131-48, al. 4).

1447 — Interdiction de détenir un animal. Une telle interdiction peut être prononcée à titre définitif ou temporaire pour une durée de cinq ans au plus (C. pén., art. 131-21-2 et 131-39).

B Les peines patrimoniales

1448 — Double facette de l'amende. L'amende consiste en l'obligation, pour le condamné, de payer une certaine somme d'argent au Trésor public à titre de peine. Le plus souvent, le taux de l'amende correspond à une somme déterminée à l'avance par le législateur. Mais il arrive que son montant soit simplement déterminable. Dans le premier cas, l'amende est dite « fixe », dans le second « proportionnelle ».

1449 — Amende fixe. L'amende fixe est celle dont le montant est exprimé sous la forme d'un taux fixé en référence au maximum encouru par l'auteur de l'infraction. Ces taux diffèrent selon qu'il s'agisse d'une personne physique ou d'une personne morale.

1450 — Amende fixe encourue par les personnes physiques. Le montant maximum de l'amende encourue est précisé par le texte d'incrimination.

1451 — Amende fixe encourue par les personnes morales. Le taux maximum de l'amende encourue est égal au quintuple de celui prévu pour les personnes physiques par la loi qui réprime l'infraction. Dans l'hypothèse d'un crime pour lequel aucune peine d'amende n'est prévue à l'encontre des personnes physiques, l'amende encourue par la personne morale est alors de 1 000 000 euros (C. pén., art. 131-38).

1452 — Amende proportionnelle. Le montant est exprimé en fonction d'éléments de référence énoncés par le texte d'incrimination. Il peut s'agir, par exemple, du profit réalisé par l'infraction ou également de l'étendue du dommage occasionné.

1453 — Complémentarité de l'amende fixe et de l'amende proportionnelle. L'article 222-38 du Code pénal prévoit la possibilité d'élever la peine d'amende, dont le montant est déterminé (partie fixe) jusqu'à la moitié de la valeur des biens ou des fonds sur lesquels ont porté les opérations de blanchiment (partie proportionnelle).

1454 — Confiscation. Elle peut être définie comme une mainmise de l'État sur les biens du condamné. Elle peut être générale, lorsque la loi le prévoit : « *confiscation de toute une partie des biens* » pour notamment les crimes contre l'humanité (C. pén., art. 213-1, 4°), le trafic de stupéfiants (C. pén., art. 222-49, al. 2), le terrorisme (C. pén., art. 422-6) ou spéciale selon les dispositions de l'article 131-21 du Code pénal.

> Bétemps J. et Wagner M., « Peine complémentaire de confiscation : bien (mal) acquis ne profite jamais ? », Dr. pén. 2013, prat. 1 ; Ballot Th., « Réflexions sur les sanctions patrimoniales à la lumière du recouvrement des avoirs issus de la corruption transnationale », RSC 2013, p. 321.

1455 — Objets susceptibles de confiscation. Ce sont les choses qualifiées par le texte d'incrimination de dangereuses ou de nuisibles : la chose « moyen ou instrument du délit », celle ayant servi ou qui était destinée à commettre l'infraction (une arme, un véhicule) ; la chose, « objet ou produit du délit » (objet dérobé, maison achetée avec de l'argent de provenance illicite) ; la chose définie par le texte qui réprime l'infraction.

1456 — Confiscation d'un animal utilisé pour une infraction. Depuis la loi du 5 mars 2007 relative à la prévention de la délinquance, l'article 131-21-1 du Code pénal permet la confiscation d'un animal qui a été utilisé pour commettre ou pour tenter de commettre l'infraction ou de l'animal à l'encontre duquel l'infraction a été commise.

1457 — Confiscation d'un animal susceptible d'être utilisé pour une infraction. Le législateur a également prévu la confiscation des animaux dont le condamné est le propriétaire ou dont il a la libre disposition, lorsque ceux-ci étaient susceptibles d'être utilisés pour commettre l'infraction ou lorsque l'infraction aurait pu être commise à leur encontre. La peine de confiscation s'assimile alors ici véritablement à une mesure de sûreté *ante delictum*.

C | L'atteinte à la réputation du condamné

1458 — Définition de l'atteinte à la réputation du condamné. Il s'agit ici de la publicité donnée à la condamnation (art. 131-35 et 131-48, dern. al.) par affichage et/ou diffusion de tout ou partie de la décision, ou par un communiqué du parquet informant le public de ses motifs et dispositif. Les frais sont bien évidemment à la charge du condamné.

1459 — Affichage de la décision de condamnation. L'affichage s'exécute dans les lieux et pour la durée déterminés par la juridiction de jugement, sans toutefois, sauf dispositions légales contraires, qu'il puisse excéder deux mois.

1460 — Diffusion de la décision de condamnation. La diffusion s'opère par voie de presse, dont le Journal officiel, et/ou par voie audiovisuelle, selon la décision de la juridiction de jugement.

1461 — Respect de l'anonymat de la victime. Par voie d'affichage ou de diffusion, la publicité préserve l'anonymat de la victime puisque son identité n'est révélée qu'avec son consentement.

D | La réparation du dommage

1462 — Peine de « sanction-réparation ». Elle consiste en l'obligation pour le condamné, dans le délai et selon les modalités déterminés par la juridiction, d'indemniser le préjudice subi par la victime de l'infraction (C. pén., art. 131-8-1).

1463 — Remise en l'état du bien endommagé. Avec le double consentement de l'auteur et de la victime, la peine de « sanction-réparation » peut être exécutée en nature. La juridiction peut déterminer la sanction encourue (emprisonnement ou amende) en cas de non-respect de l'obligation de réparation.

II Les peines encourues par les seules personnes physiques

1464 — Variétés des peines encourues. Si l'imagination des délinquants est assez fertile, les réponses du législateur ne sont pas en reste et visent bien des domaines.

A Les atteintes à la liberté d'aller et venir

1465 — Dualité des atteintes en question. L'atteinte à la liberté peut être partielle : on parle alors de restriction. Mais, comme chacun le sait, elle peut être totale et, parfois, pour de longues années.

1 La privation de liberté

1466 — Incarcération. La peine privative de liberté entraîne l'incarcération du condamné dans un établissement pénitentiaire. Ainsi en est-il de l'emprisonnement, qui sanctionne les délits, de la réclusion criminelle, qui vise les crimes de droit commun, et de la détention criminelle propre aux crimes politiques.

1467 — Distinction de l'incarcération et des mesures de sûreté. Décidée par la juridiction de jugement, l'incarcération ne doit pas être confondue avec certaines mesures de sûreté comme l'hospitalisation sous contrainte des personnes atteintes de troubles mentaux, ou encore le placement de mineur.

1468 — Distinction de l'incarcération et de la détention provisoire. Tout en entraînant une privation de liberté, la détention provisoire est décidée durant la phase d'instruction préparatoire du procès pénal par le juge des libertés et de la détention et relève des dispositions du Code de procédure pénale.

2 Les restrictions de liberté

1469 — Double visage de la restriction de liberté. Celle-ci peut viser une interdiction de paraître en certains lieux, voire une interdiction totale de rester et de revenir sur le territoire national.

a L'interdiction de séjour

1470 — Interdiction de paraître en certains lieux. C'est à la juridiction de jugement que revient le pouvoir d'énumérer les lieux en question. L'interdiction de séjour est susceptible de s'accompagner de mesures de surveillance et d'assistance (C. pén., art. 131-31 et s. et CPP, 762-1 et s.).

1471 — Durée maximale de l'interdiction de séjour. La durée maximale varie en fonction de la nature de la peine prononcée : cinq années en matière de délit et dix années en matière de crime.

1472 — Cessation de plein droit de l'interdiction de séjour. L'interdiction cesse de plein droit lorsque le condamné atteint l'âge de 65 ans. Par exception, le Code prévoit parfois que l'interdiction puisse être perpétuelle et sans limite d'âge (CPP, art. 763).

1473 — Maintien de l'interdiction de séjour pendant la durée totale de la peine privative de liberté prononcée. De formulation assez maladroite, l'article 131-32 du Code pénal précise que l'interdiction de séjour s'applique en cas de permission de sortir ou de semi-liberté sans pour autant que sa durée ne soit amputée de celle de l'incarcération.

b L'interdiction de territoire

1474 — Personnes concernées. Énoncée à l'article 131-30 du Code pénal, cette peine vise exclusivement les étrangers reconnus coupables d'un crime ou d'un délit.

1475 — Conséquence. La peine d'interdiction emporte de plein droit une mesure de reconduite à la frontière, le cas échéant à l'issue de l'incarcération.

1476 — Exigence d'une motivation spéciale. Pour les personnes qui se prévalent d'un certain temps de résidence en France et/ou d'un lien familial avec un Français, la décision de condamnation doit faire l'objet d'une motivation spéciale.

1477 — Durée de l'interdiction de territoire. L'interdiction peut être prononcée à titre définitif. Elle peut l'être aussi pour une durée maximale de dix ans. Il faut noter que cette peine ne peut en soi faire obstacle à l'octroi d'une semi-liberté, d'un placement à l'extérieur, d'un placement sous surveillance électronique ou de permissions de sortir.

B La privation de droits

1478 — Pluralité des droits concernés. La privation peut concerner des droits importants presque liés à l'existence citoyenne comme d'autres droits, moins forts en apparence, mais dont la privation peut avoir des conséquences pratiques importantes.

1 La privation des droits civiques, civils et de famille

1479 — Droits concernés par la privation. Cette peine vise, à la discrétion du juge, une partie ou la totalité des droits limitativement énumérés par l'article 131-26 du Code pénal, à savoir le droit de vote, l'éligibilité, le droit d'exercer une fonction juridictionnelle ou d'être expert devant une juridiction, de représenter ou d'assister une partie devant la justice, de témoigner en justice, le droit d'être tuteur ou curateur exception faite, selon les formalités imposées, de ses propres enfants.

1480 — Durée de la privation. Nécessairement temporaire depuis l'entrée en vigueur du nouveau Code pénal le 1er mars 1994, la peine varie selon la nature de l'infraction reprochée, dix ans pour les crimes, cinq ans pour les délits. Pour autant, la nouvelle législation n'a pas vocation à remettre en cause une condamnation pénale devenue définitive avant l'entrée en vigueur du nouveau Code pénal. Tel est le message délivré par la Cour de justice de l'Union européenne à la suite d'une question préjudicielle.

> CJUE, 6 octobre 2015, n° C-650/13 : AJ pénal 2016, Allamélou, « L'affaire Delvigne : la déchéance du droit de vote à l'épreuve des droits fondamentaux ». En 1988, M. Delvigne, ressortissant français, a fait l'objet d'une condamnation pénale définitive pour crime grave en France. Sur la base des dispositions pénales en vigueur à l'époque, il a été privé de ses droits civiques à titre perpétuel. Malgré la réforme du Code pénal en 1994, l'interdiction a été maintenue, au motif qu'elle résultait d'une condamnation pénale devenue définitive avant l'entrée en vigueur du nouveau Code pénal. M. Delvigne ne peut donc plus voter en France, y compris pour les élections au Parlement européen.

1481 — Précision. Le renvoi préjudiciel permet aux juridictions des États membres, dans le cadre d'un litige dont elles sont saisies, d'interroger la Cour sur l'interprétation du droit de l'Union ou sur la validité d'un acte de l'Union. La Cour ne tranche pas le litige national. Il appartient à la juridiction nationale de résoudre l'affaire conformément à la décision de la Cour. Cette décision lie, de la même manière, les autres juridictions nationales qui seraient saisies d'un problème similaire.

2 La privation d'autres droits

1482 — Privation de chasser, de porter ou détenir une arme soumise à autorisation. Le retrait du permis de chasse est réglementé à l'article 131-6-8° en matière correctionnelle et aux articles 131-14-4° et 131-16-4° pour le domaine contraventionnel. Pour la détention d'une arme soumise à autorisation, il convient de se reporter respectivement aux articles 131-6-6° pour les délits et 131-16-2° pour les contraventions.

1483 — Privation du droit de conduire. Outre la confiscation du véhicule lui-même, la peine peut viser l'interdiction de conduire certains véhicules (art. 131-6-2°) ou la suspension, voire l'annulation, du permis de conduire. Cette dernière entraîne l'interdiction de solliciter la délivrance d'un nouveau permis pendant un délai de cinq ans (C. pén., art. 131-6-3°).

1484 — Autorisation de conduire sous condition. Innovation technologique oblige, la loi de 2014 relative à l'individualisation des peines et à l'efficacité des sanctions pénales a prévu une limitation assez singulière du droit de conduire.
« L'interdiction, pendant une durée de cinq ans au plus, de conduire un véhicule qui ne soit pas équipé, par un professionnel agréé ou par construction, d'un dispositif homologué d'anti-démarrage par éthylotest électronique... » (C. pén., art. 131-6 5°).

1485 — Interdiction de détenir un animal. Cette interdiction peut être définitive ou temporaire pour une durée maximale de cinq ans (C. pén., art. 131-21-2).

C L'obligation de faire

1486 — Précisions. Si la pluralité des obligations de faire ne fait aucun doute, le vocable est assez ambigu puisque la mesure ne pourra pas être imposée.
À noter : le droit pénal poursuit ici une fonction corrective en s'attachant à vouloir former ceux et celles qui auraient perdu quelques repères.

1 Le travail d'intérêt général

1487 — Définition du travail d'intérêt général. Issue d'une loi du 10 juin 1983, la peine consiste en l'exécution d'une prestation, au profit de la collectivité et plus exactement d'une personne morale de droit public ou d'une association.

1488 — Durée du travail d'intérêt général. La durée, encadrée par le législateur, est comprise entre 20 et 280 heures réparties sur une période maximale de dix-huit mois. La formule permet au condamné de poursuivre, le cas échéant, l'exercice de son activité professionnelle.

> « Le travail d'intérêt général, 30 ans après sa création », Infostat Justice juin 2014, n° 129.

1489 — Absence de rémunération. S'agissant d'une peine, le travail d'intérêt général ne donne naturellement lieu à aucune rémunération. Pour se conformer aux exigences de l'article 4 de la Convention européenne qui prohibe les travaux forcés, le Code pénal exige que l'intéressé consente personnellement au principe de cette peine ; accord qu'il exprime à l'audience de jugement s'il est présent ou qu'il fait connaître par écrit s'il est absent. Dans ce dernier cas, un avocat doit le représenter devant la juridiction. Les modalités d'exécution sont ensuite laissées à l'appréciation du juge de l'application des peines (C. pén., art. 131-8).

2 L'accomplissement de stages

1490 — Stage de sensibilisation à la sécurité routière. Issu de la loi du 12 juin 2003, l'article 131-35-1 du Code pénal fixe les modalités du stage de sensibilisation à la sécurité routière. Encouru à titre de peine complémentaire, le stage doit être exécuté dans un délai de six mois aux frais du condamné.

1491 — Stage de citoyenneté. Issu de la loi du 9 mars 2004, intégré à l'article 131-5-1 du Code, son objet est de rappeler au condamné les valeurs républicaines de tolérance et de respect de la dignité humaine sur lesquelles est fondée la société.

1492 — Stage de sensibilisation aux dangers de l'usage de produits stupéfiants. Issu de la loi du 5 mars 2007, et selon la plaquette officielle du gouvernement, ce stage vise les consommateurs occasionnels de cannabis afin de les informer des risques et de prévenir la récidive de la consommation. Coût du stage : entre 200 et 450 euros.

1493 — Stage de responsabilité parentale. Issu de la même loi de 2007, le stage de responsabilité parentale, véritable alternative aux poursuites, vise à rappeler les obligations juridiques, économiques, sociales et morales qu'implique l'éducation d'un enfant. Pour s'inscrire dans le cadre judiciaire contraint (à la demande et sous le contrôle du procureur de la République), le stage est entièrement animé de valeurs éducatives et constructives (C. pén., art. 131-35-1).

1494 — Stage de responsabilisation pour la prévention et la lutte contre les violences au sein du couple et sexistes. Créé par la loi du 4 août 2014 pour l'égalité entre les femmes et les hommes, ce stage a pour finalité de rappeler toute l'importance de ce principe républicain d'égalité et le devoir de respect mutuel qu'implique la vie en couple (C. pén., art. R. 131-51-1).

1495 — Stage de sensibilisation à la lutte contre l'achat d'actes sexuels. Il vise les clients de la prostitution pénalement répréhensibles sur le fondement de l'infraction de recours à la prostitution telle que créée par la loi du 13 avril 2016 (C. pén., art. 611-1). Il doit permettre de rappeler au condamné ce que sont les réalités de la prostitution et les conséquences de la marchandisation du corps (C. pén., art. R. 131-51-3).

D La peine de jours-amendes

1496 — Définition. La peine de jours-amendes consiste à verser au Trésor une somme dont le montant total résulte d'une contribution quotidienne fixée par le juge pendant un nombre de jours également déterminé par le juge. La somme est due à terme, c'est-à-dire une fois écoulé le nombre de jours retenus (C. pén., art. 131-5).

1497 — Nature juridique du jour-amende. Il a été jugé sous l'empire de l'ancien Code que la peine de jour-amende était une modalité de l'amende et relevait de la même nature.

Cass. crim., 26 sept. 1990 : Bull. crim., n° 323 ; RSC 1991, p. 75, Delmas Saint-Hilaire.

1498 — Caractéristiques de la peine de jours-amendes. La détermination de la peine résulte d'un double critère : la situation financière du condamné qui influe sur le montant de chaque jour-amende sans pouvoir excéder 1 000 euros et les circonstances de l'infraction qui précisent le nombre de jours-amendes dans la limite légale de 360 jours.

1499 — Pouvoir du juge. Les juges disposent du pouvoir d'apprécier librement le montant des jours-amendes sans rendre de compte autre que les limites prévues par la loi.

Cass. crim., 1er juill. 1997 : Bull. crim., n° 262 ; Bouloc B., « Confusion des peines, en cas de poursuites séparées », RSC 1998, p. 318.

III Les peines encourues par les seules personnes morales

1500 — Précision. Lorsque leur responsabilité est retenue, les personnes morales font parfois l'objet de peines adaptées à leur nature. Peu importe alors qu'elles soient poursuivies en qualité d'auteur principal ou de complice.

A Les sanctions applicables à toutes les personnes morales

1501 — Interdiction de faire appel public à l'épargne. La peine est définie comme la prohibition de placement de titres quels qu'ils soient, ou l'interdiction d'avoir recours tant à des établissements de crédit, des établissements financiers ou sociétés de bourse, qu'à des procédés quelconques de publicité (C. pén., art. 131-47).

1502 — Interdiction de percevoir toute aide publique attribuée par l'État, les collectivités territoriales, leurs établissements ou groupements ainsi que toute aide financière versée par une personne privée chargée d'une mission de service public. Instaurée en 2014 aux fins de lutter contre la concurrence sociale déloyale, cette sanction est encourue en cas de condamnation pour certaines infractions constitutives de travail illégal.

1503 — La peine de programme de mise en conformité. Instituée par la loi *Sapin 2* du 9 décembre 2016, cette peine est inscrite à l'article 131-39-2 du Code pénal. Visant les personnes morales reconnues coupables de corruption ou de trafic d'influence, elle consiste en l'obligation, pendant cinq ans au plus, de mettre en place, sous le contrôle de l'agence française anticorruption, un programme de prévention et de détection de la corruption *via* un ensemble d'actions coordonnées (charte d'éthique, contrôles comptables, cartographie des risques, dispositif de formation, mécanismes d'alerte interne, etc.). Son non-respect est pénalement sanctionné par le nouveau délit, créé par cette même loi, qui incrimine l'abstention ou l'obstacle à l'exécution de la peine de mise en conformité (C. pén., art. 434-43-1).

B Les sanctions spécifiques à certaines personnes morales

1504 — Fondement législatif de la spécificité. À l'égard de certaines personnes morales, l'article 131-39 du Code pénal limite, tant en matière criminelle qu'en matière contraventionnelle, le champ d'application de deux peines : la dissolution et la surveillance judiciaire.

1 ▮ La dissolution

1505 — Obligation de démontrer l'utilisation délibérée de la personne morale pour commettre l'infraction reprochée. Devant l'extrême gravité de la sanction, il n'est pas étonnant que le législateur l'entoure de conditions rigoureuses.

1506 — Hypothèses envisagées. Soit l'utilisation intentionnelle résulte de la création même de la personne morale, la personne morale a été constituée pour commettre l'infraction, soit l'utilisation intentionnelle s'est traduite par un détournement de l'objet de la personne morale dont l'origine était, cette fois, tout à fait licite.

1507 — Exigence d'un certain degré de gravité de l'infraction reprochée. Il faut en effet que l'infraction, résultante du dévoiement d'objet, présente un degré minimal de gravité puisque le texte précise qu'il ne peut s'agir que d'un crime ou d'un délit qui serait puni pour les personnes physiques de plus de trois ans d'emprisonnement.

1508 — Cas de dissolution impossible. La peine n'est pas applicable aux personnes morales de droit public dont la responsabilité pénale peut être engagée, aux partis ou groupements politiques, aux syndicats professionnels ou encore aux institutions représentatives du personnel, comité d'entreprise, comité d'établissement, comité de groupe, comités centraux d'entreprise (C. pén., art. 131-39).

2 ▮ Le placement sous surveillance judiciaire

1509 — Définition du placement sous surveillance judiciaire. Il s'agit ni plus ni moins d'une mise sous contrôle de la personne morale. Celle-ci perd alors son autonomie et son indépendance pour une durée maximale de cinq ans.

1510 — Nécessité de désigner un mandataire. Le placement sous surveillance judiciaire implique la désignation d'un mandataire de justice chargé d'agir en lieu et place des représentants de la personne morale, à moins qu'il ait été simplement chargé de les surveiller dans l'exercice de leurs fonctions.

1511 — Obligations du mandataire. Périodiquement, le mandataire doit rendre compte de sa mission au juge de l'application des peines. Sur la base de ce compte rendu, la juridiction de jugement, saisie à l'initiative du juge de l'application des peines, décidera du maintien ou non de la mesure de placement ou d'une autre peine (C. pén., art. 131-46).

1512 — Cas de placement sous surveillance judiciaire impossible. À l'image de la dissolution, la peine n'est pas applicable aux personnes morales de droit public dont la responsabilité pénale peut être engagée, aux partis ou groupements politiques ou encore aux syndicats professionnels.

SECTION 3 La qualification des peines

1513 — Plan de section. Qualifier la peine, c'est évidemment lui donner un nom, mais c'est avant tout lui attribuer une fonction (juridique). On distingue ainsi les peines principales des peines complémentaires.

I Les peines principales

1514 — Distinction doctrinale entre peines principales et peines alternatives. La doctrine distingue volontiers les peines principales « de référence » ou « explicitement principales » des peines principales « alternatives » ou « implicitement principales ».

1515 — Peines principales. Elles correspondent à celles qui sont encourues, à titre principal, en priorité, par le texte pour sanctionner un comportement contraire à la loi. Elles sont énoncées en premier rang pour chaque incrimination.

1516 — Peines alternatives. À l'inverse des peines principales, les peines alternatives sont détachées des incriminations et énumérées dans des textes de portée générale. Le juge peut les prononcer « à la place » de la peine encourue à titre principal. Elles s'y substituent. Pour cette raison, elles sont considérées comme équivalentes, en termes de répression, aux peines principales.

A Les peines principales « de référence »

1517 — Importance sur la qualification. Encourue au premier chef par la personne poursuivie, la peine principale de référence permet de qualifier l'infraction, c'est-à-dire de déterminer sa nature criminelle, correctionnelle ou contraventionnelle. Les peines principales diffèrent, en effet, selon qu'il s'agit d'un crime, d'un délit ou d'une contravention.

1518 — Illustrations législatives. L'article 311-1 du Code punit le vol de trois ans d'emprisonnement. Le vocable « emprisonnement » (et non la durée encourue) révèle qu'il s'agit d'un délit ouvrant la compétence du tribunal correctionnel. L'article 221-1 du Code énonce que le meurtre est puni de trente ans de réclusion criminelle. Le vocable « réclusion » (et non la durée encourue) révèle qu'il s'agit d'un crime ouvrant la compétence de la cour d'assises.

1519 — Liste des peines principales. Réclusion criminelle, emprisonnement et amende forment l'ensemble des peines principales « de référence ».

1 Les peines principales en matière criminelle

1520 — Réclusion criminelle. Il s'agit de la seule peine principale propre aux crimes de droit commun.

1521 — Détention criminelle. Il s'agit juste d'une spécificité de vocabulaire. Le législateur évoque à l'égard des auteurs de crimes politiques des peines de détention criminelle.

1522 — Existence d'une échelle de la peine de réclusion. L'article 131-1 du Code pénal édicte une échelle générale dans un ordre décroissant de gravité : perpétuité, trente ans au plus, vingt ans au plus, quinze ans au plus, et précise dans son dernier alinéa que la durée de la réclusion criminelle à temps est de dix ans au moins.

1523 — Précisions sur la durée de la peine encourue. Tout crime se voit nécessairement fustigé d'une peine de réclusion (ou de détention criminelle) dont la durée est précisée infraction par infraction dans les limites légales.

1524 — Conventionnalité de la réclusion criminelle à perpétuité. Pour demeurer compatible avec l'article 3 de la Convention européenne des droits de l'homme, la Cour européenne estime que la peine de perpétuité doit offrir à la fois une possibilité de réexamen et une chance d'élargissement.

CEDH, 9 juill. 2013, n° 66069/09, Vinter c/ Royaume-Uni : D. 2013. 2081, obs. Léna ; Poncela P., « Longues, trop longues peines – Sur la réclusion criminelle à perpétuité et la suspension de peine médicale », RSC 2013, p. 625.

CEDH, 4 sept. 2014, n° 140/10, Trabelsi c/ Belgique. L'extradition du requérant vers un État susceptible d'entraîner sa condamnation à une peine perpétuelle incompressible, sans possibilité de libération conditionnelle, porte atteinte à l'article 3 de la Convention européenne. Lavric S., « Une peine perpétuelle incompressible fait obstacle à l'extradition », AJ pénal 2014, p. 588 ; Peltier V., Dr. pén. 2014, p. 36.

2 Les peines principales en matière délictuelle

1525 — Emprisonnement. C'est le vocabulaire législatif retenu en matière de délits.

1526 — Existence d'une échelle de la peine d'emprisonnement. L'article 131-4 du Code pénal précise cette échelle en indiquant qu'elle comprend huit degrés : dix ans, sept ans, cinq ans, trois ans, deux ans, un an, six mois et deux mois maximum.

Herzog-Evans M., « Les articles 474 et 723-15 ou le sens retrouvé des courtes peines d'emprisonnement. Plaidoyer pour un artisanat judiciaire », AJ pénal 2008, p. 274 ; Dossier « La courte peine d'emprisonnement ferme », Gaz. Pal. 21-23 juill. 2013, n° 202 à 204, p. 4.

1527 — Amende. Le minimum de l'amende délictuelle est fixé par l'article 381 du Code de procédure pénale relatif à la compétence du tribunal correctionnel : 3 750 euros. La loi ne prévoit en revanche aucun maximum pour son montant.

1528 — Infraction uniquement passible d'une peine d'amende. Dans cette hypothèse, peu fréquente, l'infraction constitue un délit dès lors que le taux de l'amende encourue est égal ou supérieur à 3 750 euros. Tel est le cas de l'infraction de « tags » (C. pén., art. 322-1, al. 2).

3 Les peines principales en matière contraventionnelle

1529 — Suppression des peines d'emprisonnement en matière contraventionnelle. C'est l'œuvre de la loi du 19 juillet 1993. Les contraventions relevant du pouvoir réglementaire, la réforme était attendue et souhaitée par de nombreux auteurs qui lisaient dans le droit d'hier une violation manifeste des principes constitutionnels.

1530 — Amende. C'est la seule peine principale en matière de contraventions.

1531 — Existence d'une échelle des peines d'amende. L'article 131-13 présente les maxima variant selon les classes de contraventions, c'est-à-dire selon leur gravité :
- contraventions de la 1re classe, l'amende est de 38 euros au plus ;
- contraventions de la 2e classe, l'amende est de 150 euros au plus ;
- contraventions de la 3e classe, l'amende est de 450 euros au plus ;
- contraventions de la 4e classe, l'amende est de 750 euros au plus ;
- contraventions de la 5e classe, l'amende est de 1 500 euros au plus.

1532 — Effet de la récidive sur l'amende encourue. Pour les contraventions de la 5e classe et lorsque le règlement le prévoit, principe de la légalité oblige, le montant de l'amende peut être doublé en cas de récidive. La loi peut également prévoir que la récidive des contraventions de cette même classe constituera un délit (C. pén., art. 131-13, *in fine).*

B Les peines principales « alternatives »

1533 — Définition des peines principales « alternatives ». Sont ainsi dénommées les peines qui, listées dans des textes de portée générale, ont vocation à se substituer (d'où l'expression parfois rencontrée de « peines de substitution ») à la peine principale de référence.

1534 — Effets de la peine principale alternative. Le cas échéant, la juridiction de jugement la prononce, à titre principal, en remplacement de la peine édictée par le texte d'incrimination. C'est en ce sens qu'elle s'inscrit comme une peine alternative.

1535 — Absence de peine principale alternative en matière criminelle. En matière criminelle, l'incarcération encourue ne peut jamais s'effacer au profit d'une autre peine.

1 Les peines principales « alternatives » en matière délictuelle

1536 — Évolution. À côté des peines principales « alternatives » habituelles (presque classiques) qui depuis plusieurs dizaines d'années occupaient le paysage pénal, une nouvelle peine, non sans quelques polémiques, vient de prendre rang : la contrainte pénale.

a Les peines principales « alternatives » classiques

1537 — Raison d'être des peines principales alternatives. Elles se sont développées, à partir de 1975, afin de lutter principalement contre les courtes peines d'emprisonnement jugées particulièrement néfastes tant pour le condamné que pour la société.

1538 — Peines privatives ou restrictives de droits. Elles prennent la forme de peines alternatives à l'emprisonnement ou de peines alternatives à l'amende à condition que cette dernière soit seule encourue à titre principal (C. pén., art. 131-6, 131-7 et 131-9) :

- ***travail d'intérêt général.*** Peine entendue comme une alternative à l'emprisonnement (C. pén., art. 131-8 et 131-9) ;

- ***stage de citoyenneté.*** Peine entendue comme une alternative à l'emprisonnement (C. pén., art. 131-5-1) ;
- ***sanction-réparation.*** Peine entendue comme alternative à l'emprisonnement ou alternative à l'amende à condition que cette dernière soit seule encourue à titre principal (C. pén., art. 131-8-1) ;
- ***jour-amende.*** Peine entendue comme une alternative au prononcé d'une amende (C. pén., art. 131-5).

b Une peine principale « alternative » nouvelle : la contrainte pénale

1539 — Définition de la contrainte pénale. Véritable catalyseur des critiques qui ont émaillé la réforme pénale de 2014, la contrainte pénale, déclarée conforme à la Constitution, s'analyse aujourd'hui comme une véritable peine exécutable en milieu ouvert. Pour la circonstance, l'article 131-3 du Code pénal a été retouché, si bien que la contrainte pénale s'affiche dans la liste des peines correctionnelles encourues entre l'emprisonnement (1°) et l'amende (3°).

Bonis-Garçon E., « Vers un droit pénal raisonné ? – À propos du rapport de la conférence de consensus du 20 février 2013 », JCP 2013, 285 ; Dossier « Quelle nouvelle peine », AJ pénal 2013.

Cons. const., 7 août 2014, n° 2014-696 DC. Bonis-Garçon E. et Peltier V., « Validation constitutionnelle de la contrainte pénale », Dr. pén. 2014, p. 34.

Robert J.-H., « Punir dehors, commentaires de la loi n° 2014-486 du 15 août 2014 », Dr. pén. 2014, p. 6 ; Pradel J., « Un législateur bien imprudent, à propos de la loi du 15 août 2014 », JCP 2014, 952 ; Griffon-Yarza L., « La contrainte pénale : premiers éléments d'analyse pratique », Dr. pén. 2014, p. 9 ; Ficara J. et Kuentz P., La peine de contrainte pénale, entre constat d'échec et perspectives d'évolution, AJ pénal 2017, p. 172.

1540 — Application dans le temps. Inscrite au second rang dans l'échelle des peines par l'article 131-3 du Code pénal entre l'emprisonnement et l'amende alors qu'elle n'est qu'une peine alternative, la contrainte semble pouvoir s'analyser comme une peine plus douce que la peine d'emprisonnement. Le législateur n'ayant pas jugé bon de préciser les questions d'application dans le temps de la loi nouvelle, l'analyse révèle son importance. À l'évidence, les données ne sont pas si simples. Il est en effet assez aisé de relever les caractères coercitifs de la contrainte pénale qui ne peut être réduite à une simple alternative à l'emprisonnement. La Chambre criminelle a pris position. La contrainte pénale est une mesure plus douce que l'emprisonnement, cette sanction est donc, principe de la rétroactivité *in mitius* oblige, d'application immédiate y compris pour une infraction commise avant son entrée en vigueur.

Cass. crim., 14 avril 2015 : RSC 2015, p. 407, Boccon-Gibod D., « Contrainte pénale : un début de jurisprudence stabilisatrice » ; Peltier V., « Un an de droit de la peine », Dr. pén. 2016, chron. 3.

1541 — Application à l'ensemble des délits. Exclue en matière criminelle et contraventionnelle, la contrainte pénale, initialement, ne pouvait être prononcée qu'à l'encontre de délits punis d'une peine d'emprisonnement d'une durée inférieure ou égale à cinq ans. Mais la loi de 2014 comportait d'emblée des dispositions pour l'avenir. Ainsi, conformément à ce qui avait été prévu, la contrainte pénale, depuis le 1er janvier 2017, est étendue à tous les délits.

1542 — Précision sur la notion « de délits punis ». Au premier abord, la notion de « délit puni » peut entraîner une certaine hésitation. Prenant l'exemple d'un individu poursuivi en récidive pour un vol en réunion, un auteur s'est interrogé sur la possibilité de prononcer dans ce cas une contrainte pénale. Pour prendre la mesure de l'interrogation, il faut avoir en mémoire que l'infraction en question est punissable de cinq années d'emprisonnement et que la peine encourue est doublée en cas de récidive. Dans la mesure où l'article 131-4-1, alinéa 10 du Code pénal mentionne la peine d'emprisonnement encourue pour fixer le maximum de l'emprisonnement assortissant la contrainte pénale, cette notion devrait également être retenue pour délimiter ce que sont les « délits punis » visés par la loi, avec pour effet d'exclure la plupart des récidivistes.

1543 — Nécessité d'un délit punissable d'une peine d'emprisonnement. Certains - rares - délits du Code pénal ne sont pas punissables d'une peine d'emprisonnement. Tel est le cas en matière d'outrage à une personne chargée d'une mission de service public, notamment. Pour une telle infraction, le prononcé d'une contrainte pénale semble dès lors impossible puisque la juridiction doit fixer la peine d'emprisonnement encourue par le condamné s'il ne respecte pas la contrainte à laquelle il est astreint. Or, comme on l'a noté, il est exclu que l'on puisse sanctionner d'emprisonnement par le biais d'une contrainte pénale un délit punissable d'une peine d'amende.

Griffon-Yarza L., « La contrainte pénale : premiers éléments d'analyse pratique », Dr. pén. 2014, p. 9.

1544 — Peine réservée aux majeurs. Limitée à certaines infractions, la contrainte est également réservée aux délinquants majeurs. Elle a en effet été ajoutée à la liste des peines qui ne peuvent être prononcées à l'encontre des mineurs (Ord. 1945, art. 20-4).

1545 — Conditions liées au prononcé de la contrainte pénale. Selon la formule de l'article 131-4-1 du Code pénal, la juridiction pourra prononcer la peine de contrainte pénale lorsque la personnalité et la situation matérielle, familiale et sociale de l'auteur et les faits de l'espèce justifieront un accompagnement socio-éducatif individualisé et soutenu.

1546 — Principe des obligations pouvant peser sur le condamné. La peine emporte pour le condamné l'obligation de se soumettre à des mesures de contrôle et d'assistance ainsi qu'à des obligations et interdictions particulières destinées à prévenir la récidive en favorisant son insertion ou sa réinsertion au sein de la société (C. pén., art. 131-4-1). En somme, la contrainte pénale s'adresse plutôt aux délinquants qui demandent un traitement spécialisé. Une addiction à l'alcool ou aux stupéfiants, une pathologie psychiatrique ou encore d'une désocialisation marquée et persistante pourront commander cette mesure.

1547 — Durée et contrôle des obligations. La peine de contrainte pénale s'effectue sous le contrôle du juge de l'application des peines, pendant une durée comprise entre six mois et cinq ans qui est fixée par la juridiction. Dès le prononcé de la décision de condamnation, la personne condamnée est astreinte, pour toute la durée d'exécution de sa peine, aux mesures de contrôle prévues à l'article 132-44 qui concernent le régime de la mise à l'épreuve.

1548 — Obligations en question. La loi précise les obligations et interdictions particulières auxquelles peut être astreint le condamné :
- 1° les obligations et interdictions prévues à l'article 132-45 en matière de sursis avec mise à l'épreuve ;
- 2° l'obligation d'effectuer un travail d'intérêt général, dans les conditions prévues à l'article 131-8 ;
- 3° l'injonction de soins, dans les conditions prévues aux articles L. 3711-1 à L. 3711-5 du Code de la santé publique, si la personne a été condamnée pour un délit pour lequel le suivi sociojudiciaire est encouru et qu'une expertise médicale a conclu qu'elle était susceptible de faire l'objet d'un traitement.

1549 — Sanctions du non-respect des obligations. Il revient à la juridiction qui prononce la contrainte pénale de fixer la durée maximale de l'emprisonnement encouru par le condamné en cas d'inobservation des obligations et interdictions auxquelles il est astreint.

1550 — Limites des sanctions encourues en cas d'inobservation des obligations. L'article 131-41-1 du Code pénal fixe lui-même la limite de l'emprisonnement encouru. Cet emprisonnement ne peut excéder deux ans ni le maximum de la peine d'emprisonnement encourue.

1551 — Aparté. En outre, comme la contrainte pénale ne se démarque pas nettement du sursis avec mise à l'épreuve ou du suivi sociojudiciaire, il est tentant de s'interroger sur le devenir de ces dernières mesures. De là, d'aucuns s'interrogent sur la véritable nature la contrainte pénale : est-elle un SME amélioré ou un ersatz de SSJ ?

Pour un tableau comparatif des trois peines : Griffon-Yarza L., « La contrainte pénale : premiers éléments d'analyse pratique », Dr. pén. 2014, p. 13.

2 Les peines principales « alternatives » en matière contraventionnelle

1552 — Extension des peines principales alternatives aux contraventions de 5e classe. C'est à l'occasion de la réforme du Code pénal que les peines principales alternatives ont été étendues aux contraventions de 5e classe. En vérité, cette affirmation se déduit des dispositions de l'article 131-15 du Code pénal. « La peine d'amende ne peut être prononcée cumulativement avec une des peines privatives ou restrictives de droits énumérées à l'article 131-14 » (C. pén., art. 131-15).

1553 — Sanction-réparation. La loi du 5 mars 2007, relative à la prévention de la délinquance, a ajouté la peine de sanction-réparation parmi les peines principales alternatives pouvant être prononcées en matière contraventionnelle (C. pén., art. 131-15-1).

II Les peines complémentaires

1554 — Définition. La peine complémentaire, ainsi que le suggère son nom, est celle qui complète et s'ajoute à la peine principale.

1555 — Nécessité d'une peine prévue par un texte. Le principe de la légalité dicte l'exigence : *nulla poena sine lege*. La peine ne pourra être prononcée que si elle est spécialement prévue pour l'infraction jugée. Le schéma est le même que pour la peine principale de référence (à l'inverse de la peine alternative).

1556 — Caractère facultatif des peines complémentaires. En principe, les peines complémentaires sont facultatives. Cela signifie que la juridiction peut librement ne pas les prononcer. Dans de rares hypothèses, la peine n'est pas laissée à la libre appréciation du juge qui doit alors la prononcer. Tel est le cas de la confiscation obligatoire des objets dangereux (C. pén., art. 131-21).

1557 — Cumul des peines complémentaire et principale. Par principe, les peines complémentaires peuvent être prononcées cumulativement avec une peine principale. Pour certaines spécifiées par les textes, elles peuvent être retenues aux lieu et place des peines principales, à l'image alors des peines alternatives (C. pén., art. 131-11, 131-18, 131-36-7, 131-44).

III Les peines accessoires

1558 — Définition des peines accessoires. Les peines accessoires résultent automatiquement de la condamnation sans que le juge ait besoin de les prononcer expressément. Elles font ainsi corps avec la peine principale dont elle suit le sort. Aussi dit-on qu'elles y sont rattachées « de plein droit ».

1559 — Disparition certaine des peines accessoires avec le nouveau Code pénal. La disparition puise sa source dans les dispositions de l'article 132-17 dont l'alinéa 1er énonce avec conviction qu'« aucune peine ne peut être appliquée si la juridiction ne l'a pas expressément prononcée ».

Leturmy L., « Constitutionnalité des peines accessoires et des peines complémentaires obligatoires », AJ pénal 2011, p. 280.

1560 — Disparition annoncée des peines accessoires dans les textes hors Code pénal. Exclues du Code pénal, elles demeurent en effet dans des textes hors du Code pénal. Elles pourraient toutefois disparaître les unes après les autres. À plusieurs reprises, le Conseil constitutionnel, saisi selon la nouvelle procédure de « question prioritaire de constitutionnalité », a en effet jugé qu'elles contrevenaient au principe de l'individualisation des peines découlant de l'article 8 de la Déclaration des droits de l'homme et du citoyen.

Cons. const., 11 juin 2010, n° 2010-6/7 QPC, rendue à propos de l'article L. 7 du Code électoral.

Cons. const., 10 déc. 2010, n° 2010-72/75/82 QPC, rendue à propos de l'article 1741 du Code général des impôts.

Cons. const., 3 févr. 2012, n° 2011-218 QPC, rendue à propos de l'article L. 311-7 du Code de justice militaire.

CHAPITRE 2

La détermination de la peine

1561 — Détermination dictée par le principe de la légalité des délits et des peines. Quelles que soient les prérogatives reconnues à la juridiction de jugement en application du principe de la personnalisation des peines, la juridiction ne peut arrêter son choix que dans les limites tracées par le législateur.

SECTION 1 La détermination légale de la peine

1562 — Plan de section. Aujourd'hui, par principe, la peine encourue correspond à un maximum au-dessus duquel le juge ne peut s'aventurer. Parfois, le législateur édicte également un minimum en dessous duquel le juge ne peut descendre qu'en motivant sa décision. Le législateur énonce également des règles particulières applicables en cas de pluralité d'infractions en concours réel.

I Le seuil maximum de la peine

1563 — Compétence du législateur pour fixer les causes d'aggravation ou d'atténuation des peines. Soucieux d'adapter la peine encourue aux situations particulières, le législateur définit lui-même des causes d'aggravation ou d'atténuation. La solution puise sa source dans le principe de la légalité criminelle.

A L'aggravation du maximum ordinairement encouru

1564 — Justification de l'aggravation. C'est la gravité particulière de l'infraction qui conduit le législateur à rehausser le maximum normalement encouru. On parle alors de circonstances aggravantes de l'infraction.

1565 — Double facette de l'aggravation. Derrière le terme générique de circonstances aggravantes, deux situations sont à distinguer. L'aggravation s'explique en raison des circonstances dans lesquelles l'infraction a été commise ou dans la pluralité des infractions réalisées.

1 L'aggravation due aux circonstances de l'infraction

1566 — Caractère spécial des circonstances aggravantes. Loin d'être communes à toutes les infractions, elles sont propres à telle ou telle incrimination et comme telles précisées par les textes. On parle de circonstances aggravantes « spéciales ».

1567 — Obligation du législateur d'énoncer au cas par cas les circonstances aggravantes. Le législateur indique, pour chaque infraction qu'il détermine, quelles sont les circonstances aggravantes qui y sont rattachées. Pour chacune d'elles, il doit préciser le quantum de l'aggravation.

1568 — Illustration législative. Le vol, puni de trois ans d'emprisonnement et de 45 000 euros d'amende, peut, au fil des circonstances aggravantes, voir la peine portée à dix ans d'emprisonnement et à 150 000 euros d'amende. En présence d'une arme, la qualification délictuelle s'efface pour laisser place à une peine encourue de quinze ans de réclusion criminelle (C. pén., art. 311-3 et s.).

1569 — Circonstances aggravantes spéciales définies par le Code pénal. Diverses et variées, les circonstances aggravantes sont nombreuses. Seules sept d'entre elles font l'objet d'une définition :
- la bande organisée (art. 132-71) ;
- le guet-apens (art. 132-71-1) ;
- la préméditation (art. 132-72) ;
- l'effraction (art. 132-73) ;
- l'escalade (art. 132-74) ;
- l'arme (art. 132-75) ;
- la qualité de conjoint, de concubin ou de partenaire de l'auteur de l'infraction (art. 132-80).

1570 — Circonstances aggravantes générales. Font figure d'exception les circonstances aggravantes tenant à l'appartenance à une prétendue race, ethnie, nation ou religion déterminée (C. pén., art. 132-76), au sexe, orientation sexuelle ou identité de genre (C. pén., art. 132-77) et à l'utilisation d'un moyen de cryptologie (C. pén., art. 132-79). Contrairement aux précédentes, ces circonstances aggravante ne sont pas spéciales mais générales : elles ont en effet vocation à rehausser, selon l'échelle d'aggravation des peines encourues définie par ces trois textes, la répression de tout crime ou délit dont les circonstances de commission établissent qu'ils ont été commis contre la victime pour l'une des raisons en cause ou qu'un moyen de cryptologie a été utilisé. C'est la référence au « crime » ou au « délit » sans plus de précisions qui traduit leur caractère de généralité.

1571 — Distinctions doctrinales, circonstances aggravantes réelles, personnelles, mixtes. La doctrine distingue les circonstances aggravantes réelles (liées à la matérialité même de l'acte comme l'effraction ou l'escalade), les circonstances aggravantes personnelles tenant à la personne du délinquant (comme le lien de parenté avec la victime) et les circonstances aggravantes mixtes qui sont liées aussi bien à l'acte qu'à son agent (comme la préméditation).

1572 — Intérêts de la distinction. Parfois subtile à mettre en œuvre, la distinction n'est pas que pure théorie et présente un intérêt certain pour la répression du complice et du coauteur.

2 L'aggravation due à l'état de récidive

1573 — Caractère général de la circonstance aggravante de récidive. Le caractère spécial est ici abandonné puisque la circonstance de récidive concerne l'ensemble des infractions, exception faite toutefois des contraventions des quatre premières classes.

1574 — Définition de la récidive. Il y a récidive chaque fois qu'une personne, déjà condamnée irrévocablement pour une première infraction, en commet une seconde dans les conditions définies par les articles 132-8 à 132-15 du Code pénal.

> Raoult S., « Récidive : trois ans après la conférence, pourquoi il n'y a toujours pas de consensus », AJ pénal 2016, p. 25 (étude relatant la littérature scientifique récente sur l'appréhension du risque de récidive).

1575 — Conséquences de la récidive. Elle emporte aggravation de la peine encourue pour la seconde infraction.

1576 — Distinction de la réitération d'infractions et de la récidive. Dans le cas de la réitération d'infractions, la personne, déjà condamnée définitivement pour un crime ou un délit, commet une nouvelle infraction qui ne répond pas aux conditions de la récidive (C. pén., art. 132-16-7).

1577 — Conséquences de la réitération d'infractions. Elle conduit au cumul des peines prononcées pour la nouvelle infraction à celles infligées pour l'infraction précédente, sans limitation de quantum et sans possibilité de confusion.

a ▮ Le vocabulaire de la récidive

1578 — Exigence légale des termes de la récidive. La récidive suppose la réunion de deux éléments qu'il est convenu d'appeler les « termes » de la récidive.

α ▮ Le premier terme de la récidive

1579 — Exigence d'une première condamnation. Le bon sens conduit la formule. Sans première fois, il ne peut y avoir de récidive. Pour autant, il ne saurait s'agir de n'importe quelle condamnation. Ainsi ne peuvent constituer le premier terme une décision de relaxe, d'acquittement, de non-lieu, de classement sans suite ou encore de prescription de l'action publique.

1580 — Exigence d'une première condamnation pénale. Sont donc écartées, et ne peuvent constituer le premier terme, les condamnations à des sanctions administratives ou disciplinaires, ou encore des mesures ou sanctions éducatives qui ne sont pas des sanctions de nature pénale.

1581 — Exigence d'une première condamnation pénale irrévocable. Les voies de recours doivent avoir été épuisées ou les délais expirés. Ainsi, le premier terme de l'état de récidive criminelle peut résulter uniquement d'une condamnation définitive antérieure pour un crime ou pour un délit puni de dix ans d'emprisonnement.

> Cass. crim., 6 nov. 2013 : Bull. crim., n° 221. La personne définitivement condamnée pour agression sexuelle avec arme, délit puni de sept ans d'emprisonnement, condamnée, par la suite, pour viols aggravés, viols, dégradation volontaire du bien d'autrui et vol n'est pas en état de récidive légale.

1582 — Exigence d'une première condamnation pénale toujours existante. La disparition ou l'anéantissement de la condamnation interdit qu'elle puisse encore constituer le premier terme de la récidive. Tel est le cas par exemple pour une amnistie ou une réhabilitation.

β ▮ Le second terme de la récidive

1583 — Nécessité d'une seconde infraction. Le second terme apparaît avec la nouvelle infraction commise. C'est elle qui crée l'état de récidive. Toutes les infractions ne sont pas concernées. Il ne peut s'agir de n'importe quelle infraction.

1584 — Récidive générale ou personnelle. La nature de l'infraction dicte la distinction. Elle est dite générale lorsqu'elle est créée par la commission d'une seconde infraction, quelle que soit sa nature. Elle est dite spéciale lorsqu'elle n'existe que par la commission d'une nouvelle infraction identique, ou au moins équivalente à la première.

1585 — Récidive perpétuelle ou temporaire. Le délai dans lequel l'infraction est réalisée après le premier terme commande la distinction. Elle est perpétuelle lorsque la loi demeure indifférente au temps qui sépare les termes de la récidive. Elle est temporaire lorsque la loi prescrit un délai maximum entre les deux.

b Les situations de récidive

1586 — Nécessité de raisonner sur la seconde infraction. La seconde infraction crée l'état de récidive. Elle conduit les distinctions, opérées par le Code pénal, entre crime, délit et contravention.

α La récidive criminelle

1587 — Institution d'une récidive générale et perpétuelle. Tel est le cas, selon les termes de l'article 132-8 du Code pénal, lorsque la première condamnation avait été prononcée pour un premier crime ou un délit puni de dix ans d'emprisonnement.

1588 — Conséquences sur la peine. Le maximum encouru pour le nouveau crime est alors porté à la réclusion criminelle à perpétuité si la peine normalement encourue était de vingt ou trente ans, à trente ans de réclusion criminelle si la peine normalement encourue était de quinze ans de réclusion.

β La récidive correctionnelle

1589 — Institution d'une récidive générale et temporaire. Tel est le cas si la première condamnation concernait un crime ou un délit (C. pén., art. 132-9) : l'hypothèse est alors une récidive de délit à délit. La récidive est générale si le premier terme était relatif à un délit puni par les textes de dix ans d'emprisonnement. Le délai varie de dix ans (si le second délit est puni comme le premier) à cinq ans (s'il est puni d'un emprisonnement de plus d'un an).

1590 — Conséquences sur la peine. Dans un cas comme dans l'autre, le maximum des peines encourues (emprisonnement et amende) est doublé.

1591 — Institution d'une récidive spéciale et temporaire. Tel est encore le cas de récidive de délit à délit. La récidive est spéciale si les deux termes recouvrent les mêmes délits ou des délits assimilés et à condition que le second ait été commis dans un délai de cinq ans (C. pén., art. 132-10). Tel est le cas notamment du vol, de l'escroquerie et de l'abus de confiance, qui sont considérés par le législateur comme une même infraction (C. pén., art. 132-10).

1592 — Conséquences sur la peine. L'aggravation du maximum est identique dans les deux situations. En cas de récidive de délit à délit, le maximum des peines d'emprisonnement et d'amende encourues est doublé.

1593 — Point de départ du délai de récidive. Les choses sont ici bien plus complexes que ce que l'on pourrait imaginer. Il faut en effet être en mesure de cerner avec précision le moment exact à partir duquel court le délai de la récidive envisagé. Si critère du moment où la première condamnation est devenue définitive paraît de prime abord adéquat, la Chambre criminelle est d'un avis différent, et a pu préciser les contours de l'interprétation de l'article 132-10 du Code pénal.

> Cass. crim., 14 octobre 2014 : « le délai de récidive court, non à partir du jour où la première condamnation est devenue définitive, mais à compter de l'expiration ou de la prescription de la précédente peine ». Lasserre Capdeville J., « Précisions sur le point de départ du délai de récidive », AJ pénal 2014, p. 144.

γ La récidive contraventionnelle

1594 — Institution d'une récidive spéciale et temporaire. La récidive est limitée aux contraventions de 5e classe et à condition qu'il y ait une incrimination spéciale. Le délai est alors d'un an. Le maximum de l'amende est alors multiplié par deux (C. pén., art. 132-11).

1595 — Délai particulier. Le délai n'est plus d'un an, mais de trois ans dans les cas où la loi prévoit que la récidive d'une contravention de 5e classe constitue un délit (C. pén., art. 132-11, al. 2).

c La récidive des personnes morales

1596 — Superposition des règles gouvernant les personnes physiques. Les situations de récidive des personnes morales, régies aux articles 132-12 à 132-15 du Code pénal, sont très exactement superposables à celles des personnes physiques. Les mécanismes sont en effet identiques à l'exception des spécificités sur la peine encourue.

1597 — Spécificités sur la peine encourue. À l'inverse des règles concernant les personnes physiques, les délits ne sont plus distingués selon qu'ils font encourir dix ans d'emprisonnement ou plus, l'aggravation de l'amende est de dix fois le maximum défini au texte de pénalité.

1598 — Appréciation. Il ne faut pas s'y tromper. L'aggravation est en réalité similaire à celle des personnes physiques puisqu'il ne s'agit là encore que d'un doublement de la peine encourue. On sait en effet que l'amende encourue par les personnes morales est égale au quintuple de celle des personnes physiques (C. pén., art. 131-38).

B L'atténuation du maximum encouru

1599 — Traduction d'une indulgence législative. Qu'il se caractérise par l'atténuation ou la suppression de la peine, l'abaissement du maximum encouru révèle toujours une certaine forme d'indulgence législative.

1 La minoration de la peine

1600 — Diversité des cas de figure. La minoration peut être commandée par l'état psychique du condamné, son jeune âge ou encore, de manière un peu singulière, en contrepartie d'une dénonciation (vocabulaire pudique pour la délation).

a La minoration en raison de la minorité de l'auteur de l'infraction

1601 — Excuse atténuante de minorité. Sans reprendre le vocabulaire d'hier, notre droit positif précise que les mineurs de plus de 13 ans, à l'encontre desquels une condamnation à une peine peut être prononcée, bénéficient d'une pénalité atténuée. Le texte de référence est ici l'ordonnance du 2 février 1945 à laquelle renvoie l'article 122-8 du Code pénal.

Margaine C., « L'atténuation de la responsabilité pénale des mineurs », AJ pénal 2012, p. 17.

1602 — Effets de l'excuse atténuante de minorité sur les peines privatives de liberté. Qu'il s'agisse d'une peine de réclusion criminelle à temps ou d'une peine d'emprisonnement, le maximum encouru par le mineur est égal à la moitié du maximum édicté par le texte. Si le texte prévoit la perpétuité, le maximum est alors ramené à vingt ans de réclusion criminelle.

1603 — Effets de l'excuse atténuante de minorité sur la peine d'amende. Exception faite des contraventions des quatre premières classes pour lesquelles il n'existe aucun aménagement (Ord. 1945, art. 21, al. 2), la réduction est égale à la moitié, sans que le montant de l'amende ne puisse excéder, en matière criminelle et correctionnelle, 7 500 euros.

1604 — Caractère obligatoire de l'excuse atténuante de minorité. Le bénéfice de l'excuse est de droit pour les mineurs de 13 à 16 ans.

1605 — Caractère facultatif de l'excuse atténuante de minorité. Animée par la volonté d'une meilleure individualisation et une plus grande efficacité des sanctions, la loi de 2014 a quelque peu remanié l'ordonnance de 1945 en écartant la référence au risque de récidive et aux infractions de violence ou encore d'agression sexuelle. Aujourd'hui, seules des circonstances générales guident la décision des magistrats qui prétendent écarter « *l'excuse atténuante* ».
« Toutefois, si le mineur est âgé de plus de seize ans, le tribunal pour enfants et la cour d'assises des mineurs peuvent, à titre exceptionnel et compte tenu des circonstances de l'espèce et de la personnalité du mineur ainsi que de sa situation, décider qu'il n'y a pas lieu de faire application du premier alinéa [...] » (Ord. 1945, art. 20-2).

1606 — Obligation de motiver. Le tribunal pour enfants qui souhaite écarter le bénéfice de l'excuse de minorité à l'encontre d'un mineur de plus de 16 ans, en s'appuyant sur les exigences du texte, doit « spécialement motiver » sa disposition.

1607 — Emprisonnement du mineur. L'emprisonnement est subi par les mineurs soit dans un quartier spécial d'un établissement pénitentiaire, soit dans un établissement pénitentiaire spécialisé pour mineurs dans les conditions définies par décret en Conseil d'État (Ord. 1945, art. 20-2).

1608 — Nombre de mineurs en détention. Selon les chiffres clés de la Justice, l'administration pénitentiaire comptait, au 1er juin 2014, 809 mineurs en détention (écroués-détenus dont 746 en métropole et 63 en outre-mer).

b La minoration en raison de l'état psychique du condamné

1609 — Rappel du principe. L'article 122-1 (al. 1) du Code pénal écarte la responsabilité pénale de la personne qui était atteinte au moment des faits d'un trouble psychique ou neuropsychique ayant aboli son discernement. L'article poursuit (al. 2) en indiquant que lorsque le discernement a été simplement altéré, la personne demeure responsable.

1610 — Solution retenue initialement par le Code pénal. Pour avoir consacré la notion doctrinale du « demi-fou », les réformateurs du Code s'étaient contentés, en cas de discernement altéré, d'énoncer que la juridiction devait tenir compte de cette circonstance en déterminant la peine et en fixant le régime.

1611 — Précisions apportées par la loi de 2014. Modifié, l'alinéa 2 de l'article 121-2 rappelle la nécessité pour la juridiction de tenir compte de cette circonstance, mais en précise les modalités : « Si est encourue une peine privative de liberté, celle-ci est réduite du tiers ou, en cas de crime puni de la réclusion criminelle ou de la détention criminelle à perpétuité, est ramenée à trente ans... ».

Cass. crim., 15 sept. 2015 : Dr. pén. 2015, comm. 152, obs. Bonnis-Garçon. Animée par le principe de la rétroactivité *in mitius*, la Chambre criminelle a validé l'application rétroactive de cette disposition. Pour rappel, lorsque les faits n'ont pas encore donné lieu à une décision devenue définitive, la loi pénale plus douce doit être rétroactive.

1612 — Indulgence pouvant être écartée. À l'image des dispositions relatives aux mineurs de plus de 16 ans, les dispositions relatives à la minoration de la peine peuvent être écartées. Ainsi, la juridiction peut, par une décision spécialement motivée en matière correctionnelle, décider de ne pas appliquer cette diminution de peine.

1613 — Élargissement des mesures de sûreté pouvant être prononcées. Initialement réservés aux cas de déclaration d'irresponsabilité pénale pour trouble mental, les articles 706-135 et suivants du Code de procédure pénale s'étendent aujourd'hui aux cas de reconnaissance d'altération du discernement.
« Lorsqu'une personne condamnée dans les circonstances mentionnées au second alinéa de l'article 122-1 du Code pénal n'a pas été condamnée à un suivi sociojudiciaire, le juge de l'application des peines peut ordonner, à la libération de cette personne, si son état le justifie et après avis médical, une obligation de soins pendant une durée qu'il fixe et qui ne peut excéder cinq ans en matière correctionnelle ou dix ans si les faits commis constituent un crime ou un délit puni de dix ans d'emprisonnement. Le dernier alinéa de l'article 706-136 du présent code est applicable. » (CPP, art. 706-136-1).

C La minoration comme contrepartie de la dénonciation

1614 — Dénonciation, délation au service de l'indulgence. La minoration légale joue ici comme salaire de la délation, comme une récompense offerte aux auteurs ou complices d'une infraction qui renseignent la justice sur la commission de celle-ci ou sur l'identité des personnes compromises.

1615 — Introduction législative d'une disposition générale. C'est l'œuvre de la loi du 9 mars 2004 relative à la lutte contre la criminalité organisée. Sous forme d'une disposition générale, le Code pénal pose le principe d'une minoration de la peine en cas de dénonciation. « Dans les cas prévus par la loi, la durée de la peine privative de liberté encourue par une personne ayant commis un crime ou un délit est réduite si, ayant averti l'autorité administrative ou judiciaire, elle a permis de faire cesser l'infraction, d'éviter que l'infraction ne produise un dommage ou d'identifier les autres auteurs ou complices. » (C. pén., art. 132-78, al. 2).

Roussel G., « L'introduction du "repenti" ou le pragmatisme appliqué du législateur », AJ pénal 2005, p. 363.

1616 — Exigence d'un texte prévoyant la minoration. Comme l'énonce l'article 132-78 du Code pénal, la réduction de peine ne vaut que pour les infractions pour lesquelles le législateur la prévoit expressément. Il en est ainsi en matière de tortures (C. pén., art. 222-6-2, al. 2), de trafic de stupéfiants (C. pén., art. 222-43), de terrorisme (C. pén., art. 442-2), ou encore de fausse monnaie (C. pén., art. 442-10).

1617 — Conséquences sur la peine. Dans les hypothèses visées et lorsque la minoration est retenue, la peine encourue est réduite de moitié. Si la peine encourue est celle de la réclusion criminelle à perpétuité, celle-ci est ramenée à vingt ans de réclusion.

2 ▌ L'exemption de peine

1618 — Définition de l'exemption. L'exemption de peine, appelée hier « excuse absolutoire », est une forme de récompense. La mesure est importante puisque le dénonciateur aura permis, non plus seulement d'interrompre le cours d'une infraction, mais d'en éviter la commission.
« La personne qui a tenté de commettre un crime ou un délit est, dans les cas prévus par la loi, exempte de peine si, ayant averti l'autorité administrative ou judiciaire, elle a permis d'éviter la réalisation de l'infraction et, le cas échéant, d'identifier les autres auteurs ou complices. » (C. pén., art. 132-78).

1619 — Exigence d'un texte prévoyant l'exemption. À l'image de la minoration, l'indulgence du législateur ne vaut que pour une liste limitative d'infractions. Sont concernés notamment, l'assassinat et l'empoisonnement (C. pén., art. 221-5-3), le proxénétisme (C. pén., art. 225-11-1), les tortures (C. pén., art. 222-6-2, al. 1er), l'extorsion en bande organisée (C. pén., art. 312-6-1, al. 1er), l'association de malfaiteurs (C. pén., art. 450-2).

1620 — Conséquence de l'exemption sur la peine. Comme le vocabulaire le laisse entendre, l'effet est radical puisque l'exemption exclut tout simplement le prononcé de toute peine contre son bénéficiaire pourtant déclaré coupable.

II Le seuil minimum de la peine : l'abrogation des peines plancher

1621 — Finalité des peines planchers. Introduites, en 2007, à l'encontre des récidivistes et multirécidivistes, les peines planchers ont été élargies, en 2011, aux délinquants primaires pour quelques infractions précisément énumérées.

1622 — Appréciations. On a pu voir dans l'introduction des peines planchers la volonté du gouvernement, via l'intervention du législateur, d'interférer contre une certaine indulgence du corps judiciaire. C'est dire combien la notion est empreinte de politique.

Tellier-Cayrol V., « La récidive : de quelques paradoxes et incohérences », AJ pénal 2012, p. 64 ; Herzog-Evans M., « Prévenir la récidive les limites de la répression pénale », AJ pénal 2007, p. 357 ; Robert J.-H., « La loi n° 2007-1198 du 10 août 2007 », Dr. pén. 2007, étude n° 20.

1623 — L'abrogation par la loi de 2014. Au-delà de la création de la peine de contrainte pénale, l'abrogation des peines planchers marquait pour le gouvernement socialiste la volonté nettement affichée de lutter contre les mesures mises en place sous la présidence de Nicolas Sarkozy. Une belle illustration, parmi d'autres, des clivages qui opposent droite et gauche en matière de lutte contre la délinquance.

A L'abrogation des peines planchers à l'encontre des délinquants récidivistes

1624 — Majeurs et mineurs étaient concernés. La loi du 10 août 2007 renforçant la lutte contre la récidive des majeurs et des mineurs avait introduit, dans le Code pénal, deux nouveaux textes, les articles 132-18-1 et 132-19-1. Ces textes, aujourd'hui abrogés, instauraient des peines minimales applicables dès la première récidive pour l'ensemble des crimes et pour les délits punis d'au moins trois ans d'emprisonnement.

1625 — Conséquence pour le juge pénal. Les textes définissaient le quantum de la peine en dessous duquel le juge ne pouvait, en principe, pas descendre lorsqu'il jugeait un auteur récidiviste.

L. n° 2007-1198, 10 août 2007, renforçant la lutte contre la récidive des majeurs et des mineurs : JORF, 11 août 2007.

Pradel J., « Enfin des lignes directrices pour sanctionner les délinquants récidivistes (commentaire de la loi du 10 août 2007 sur les "peines planchers") », D. 2007, chron. 2247 ; Lasserre Capdeville J., « Peines planchers : état des lieux cinq ans après », AJ pénal 2012, p. 398.

1626 — Caractère non automatique des peines planchers. Les peines minimales n'étaient pas automatiquement prononcées puisque la juridiction de jugement pouvait, dans tous les cas, déroger à leur application. Le législateur encadrait bien évidemment ces dérogations.

1627 — Singulière indulgence législative d'hier. De manière assez étonnante, en matière criminelle comme en matière délictuelle, en cas de récidive (voire de troisième infraction en matière délictuelle), les juges pouvaient descendre en dessous du seuil plancher si l'auteur présentait des « *garanties exceptionnelles d'insertion ou de réinsertion* » (C. pén., ancien art. 132-19-1).

1628 — Obligation pesant sur le juge. Dans les hypothèses précitées, le tribunal correctionnel devait spécialement motiver sa décision.

> Sévely-Fournié C., « Réflexion sur la motivation des arrêts et jugements des juridictions répressives », RSC 2009, p. 793.

B | L'abrogation des peines planchers à l'encontre des délinquants primaires

1629 — Volonté législative d'afficher une répression plus forte. La loi du 14 mars 2011 dite d'orientation et de programmation pour la performance de la sécurité intérieure avait prévu des peines planchers à l'encontre des auteurs de violences et d'embuscade.

1630 — Appréciation. Plus encore qu'en matière de récidive, l'intervention du législateur révélait ici combien il importe au pouvoir politique de rappeler que les magistrats ne peuvent pas avoir toute latitude dans le prononcé des peines.

> Giacopelli M., « L'extension des peines minimales aux primo délinquants : la victoire à la Pyrrhus du législateur sur le juge », Dr. pén. 2011, étude n° 9.

1631 — Caractère non automatique des peines planchers. Le tribunal correctionnel, par décision spécialement motivée, pouvait choisir une peine autre que l'emprisonnement, soit prononcer une peine inférieure à ces seuils en considération des circonstances de l'infraction, de la personnalité de son auteur ou de ses garanties d'insertion ou de réinsertion.

1632 — Caractère inconstitutionnel des peines minimales applicables obligatoires aux mineurs primodélinquants. L'article 37 § 2 de la loi du 14 mars 2011 étendait la mesure des peines planchers aux mineurs qui n'avaient jamais été condamnés pour crime ou délit. Le Conseil constitutionnel avait censuré ce point en estimant qu'il contredisait les exigences constitutionnelles en matière de justice pénale des mineurs.

L. nº 2011-267, 14 mars 2011, d'orientation et de programmation pour la performance de la sécurité intérieure (*LOPPSI* 2).

Cons. const., 10 mars 2011, nº 2011-625. De Lamy B., « Droit pénal des mineurs : une spécificité toujours limitée », RSC 2012, p. 227.

III Le cumul limité des peines en cas de concours réel d'infractions

1633 — Définition du concours réel d'infractions. Le concours réel d'infractions se singularise, à la différence de la récidive, par la commission d'une pluralité d'infractions sans que l'auteur ait fait l'objet d'une condamnation pénale pour la ou les premières d'entre elles.
« Il y a concours d'infractions lorsqu'une infraction est commise par une personne avant que celle-ci ait été définitivement condamnée pour une autre infraction » (C. pén., art. 132-2).

1634 — Absence d'aggravation de la peine. Faute d'un précédent avertissement solennel par le biais d'une peine définitive, l'aggravation de la sanction, compréhensible en cas de récidive, ne vaut plus ici. Les peines encourues ne sont donc pas aggravées.

1635 — Indulgence législative. Le législateur instaure des règles qui, sans proclamer en tant que tel le principe du non-cumul des peines, prohibent néanmoins le cumul pur et simple de toutes les peines afférentes aux diverses infractions en concours. Le raisonnement est conduit comme si une seule infraction avait été réalisée.

1636 — Divergences des règles. Les règles législatives divergent selon que les infractions commises font l'objet d'une même procédure ou de procédures séparées.

A Le cas de l'unité de procédure

1637 — Principe du cumul des peines. « Lorsque, à l'occasion d'une même procédure, la personne poursuivie est reconnue coupable de plusieurs infractions en concours, chacune des peines encourues peut être prononcée... » (C. pén., art. 132-3).

1638 — Principe du non-cumul des peines. Le principe du cumul est à peine exposé qu'il est assorti d'un tempérament important : « [...] lorsque plusieurs peines de même nature sont encourues, il ne peut être prononcé qu'une seule peine de cette nature dans la limite du maximum légal le plus élevé... » (C. pén., art. 132-3).

1639 — Peine principale et peine complémentaire concernées. Le texte, se référant au terme générique de peine, semble ne faire aucune distinction selon la catégorie de sanction. Chacun admet donc qu'il englobe les peines principales comme les peines complémentaires.

1640 — Interprétation de l'expression « peines de même nature ». La circulaire d'application du 14 mai 1993 et la doctrine donnent sensiblement le même sens et visent les peines qui ont le même contenu et les mêmes effets. Pour autant, il en résulte des divergences. L'amende, l'interdiction bancaire et la confiscation sont pour les uns de même nature et de nature différente pour d'autres.

1641 — Précisions législatives. Les peines privatives de liberté sont de même nature et toute peine privative de liberté est confondue avec une peine perpétuelle (C. pén., art. 132-5).

1642 — Obligation pour le juge. Dans les silences de la loi, il appartient à la jurisprudence de se prononcer, au cas par cas. Les seules véritables certitudes déjà acquises visent les peines complémentaires rédigées en des termes identiques qui constituent indéniablement des peines de même nature.

1643 — Conséquences pour le juge. En présence de peines de même nature, la peine ne peut être prononcée que sous la forme d'une peine unique dont le quantum est au plus égal au maximum prévu pour l'infraction la plus sévèrement réprimée de toutes celles en concours.

B Le cas de procédures séparées

1644 — Déclarations séparées de culpabilité. La situation est celle où chacune des infractions en concours donne lieu à une procédure distincte. Chacune des juridictions saisies prononce la ou les peines prévues pour l'infraction poursuivie.

1645 — Difficultés liées à l'exécution des peines. L'article 132-4 du Code pénal fixe la marche à suivre : « Lorsqu'à l'occasion de poursuites séparées, la personne poursuivie a été reconnue coupable de plusieurs infractions en concours, les peines prononcées s'exécutent cumulativement dans la limite du maximum légal le plus élevé. Toutefois la confusion totale ou partielle des peines de même nature peut être ordonnée soit par la dernière juridiction appelée à statuer, soit dans les conditions prévues par le Code de procédure pénale. »

> Cass. crim., 16 déc. 2015 ; Dr. pén. 2016, comm. 38, Peltier : « le délai de six mois, à l'issue duquel la demande en relèvement des interdictions, déchéances ou incapacités ou mesures de publication prononcées à titre de peine complémentaire, qui constitue un incident d'exécution, peut être portée devant la juridiction compétente, a pour point de départ le jour où la décision ayant prononcé cette peine est devenue définitive ».

1646 — Réduction du maximum légal. L'article 132-4 du Code pénal conduit inévitablement à une réduction du maximum légal puisque, si les peines prononcées s'additionnent, ce cumul n'est admis que dans la limite du maximum le plus élevé.

1647 — Justifications. La solution est la même qu'en cas d'unité de procédure. On ne peut que s'en féliciter, la sévérité de la répression ne saurait dépendre de l'unité ou de la pluralité de procédure. À la règle du non-cumul des peines de même nature applicable en cas d'unité de poursuites correspond, en cas de pluralité de poursuites, la règle du « cumul plafonné » des peines de même nature.

1648 — Difficulté liée à la présence d'une infraction en concours assortie de la réclusion à perpétuité mais non prononcée. Faute d'un maximum légal déterminé, la perpétuité encourue devrait autoriser, en application de la règle du cumul, l'addition de l'ensemble des peines privatives de liberté sans aucune limite.

1649 — Solution législative. Afin d'éviter l'exécution d'une sanction qui n'aurait plus aucun sens (une peine d'incarcération dépassant de très loin les limites de la vie humaine), l'article 132-5, alinéa 3, précise que le maximum légal est alors fixé à trente ans de réclusion criminelle.

1650 — Difficulté liée au prononcé de la réclusion criminelle à perpétuité pour l'un des crimes en concours. Dans un tel cas, exiger le cumul des peines prononcées conduirait vers une solution absurde.

1651 — Solution législative. En présence d'une peine de perpétuité, le législateur prévoit que toute peine privative de liberté à temps soit alors confondue avec la peine perpétuelle. Seule cette dernière sera donc exécutée. La confusion des peines, ici incontournable, s'impose au juge (C. pén., art. 132-5, al. 1).

1652 — Cumul écarté au profit d'une confusion totale ou partielle. Dans certains cas, le cumul, bien que possible, sera évincé au profit d'une confusion laissée à la discrétion du magistrat. La dernière juridiction de jugement statuant peut, en effet, ordonner la confusion des peines qu'elle prononce avec celles antérieurement infligées en sorte qu'elles sont considérées s'effectuer en même temps.

1653 — Pouvoirs du juge. La confusion s'effectue séparément pour chaque catégorie de peines, ce qui laisse au juge une grande liberté d'individualisation des mesures. Il peut, à sa guise, restreindre la confusion à certaines peines uniquement, l'admettre pour toutes ou la rejeter totalement. La confusion traduit une volonté législative de permettre au juge de faire preuve de clémence à l'égard d'un condamné ayant commis plusieurs infractions qui n'ont pas été entrecoupées de décision de justice.

1654 — Premier exemple de confusion totale ou partielle laissée à l'appréciation du juge. La première condamnation emporte une réclusion de quinze ans (maximum légal encouru : vingt ans), la seconde un emprisonnement de cinq ans. La deuxième juridiction peut décider du cumul des peines (vingt ans), d'une confusion totale de l'emprisonnement avec la réclusion (durée totale de l'incarcération : quinze ans) ou d'une confusion partielle de deux ans par exemple (le total de vingt étant ramené à dix-huit ans).

1655 — Second exemple de confusion totale ou partielle laissée à l'appréciation du juge. Deux infractions identiques avec pour maximum légal dix ans d'emprisonnement. La première condamnation inflige sept ans, la seconde cinq ans. Il y a alors une confusion obligatoire de deux ans afin que le total ne soit pas supérieur au maximum légal (7 + 3), mais la confusion peut aussi être plus importante, de quatre ans par exemple (7 + 1), voire être totale (7 + 0).

SECTION 2 La personnalisation judiciaire de la peine

1656 — Rappel de la finalité de la peine. Telle est l'exacte formulation du nouvel article 130-1 du Code pénal issu de la loi de 2014 : « Afin d'assurer la protection de la société, de prévenir la commission de nouvelles infractions et de restaurer l'équilibre social, dans le respect des intérêts de la victime, la peine a pour fonctions :
1° De sanctionner l'auteur de l'infraction ;
2° De favoriser son amendement, son insertion ou sa réinsertion. »

1657 — Nécessité d'individualiser la peine prononcée. C'est encore la loi de 2014 qui a entendu rappeler et préciser les contours de ce principe. Pour l'occasion, l'article 132-1 du Code pénal a été complété par ces deux alinéas : « Toute peine prononcée par la juridiction doit être individualisée. Dans les limites fixées par la loi, la juridiction détermine la nature, le quantum et le régime des peines prononcées en fonction des circonstances de l'infraction et de la personnalité de son auteur ainsi que de sa situation matérielle, familiale et sociale, conformément aux finalités et fonctions de la peine énoncées à l'article 130-1. »

1658 — Nécessité d'aménager le prononcé des peines. L'article 132-24 du Code pénal le commande, la juridiction prononce les peines et fixe leur régime en fonction des circonstances de l'infraction et de la personnalité de son auteur et tient compte, pour l'amende, des ressources et des charges de l'auteur de l'infraction.

1659 — Nécessité d'aménager l'exécution des peines. Afin de tenir compte de l'évolution de la personnalité et de la situation du condamné, l'article 707 du Code de procédure pénale prévoit un aménagement des peines au cours de leur exécution.

1660 — Plan de section. La peine prononcée ne peut être entendue comme le décalque pur et simple de la peine encourue. La peine effectivement exécutée ne peut être l'image absolument fidèle de la peine infligée.

I La personnalisation judiciaire au moment du prononcé de la peine

1661 — Le choix de la peine et sa nécessaire motivation. La première manifestation de la personnalisation judiciaire des peines par le juge réside dans son pouvoir de choisir, dans les limites imposées par la loi, le nombre, la nature et le quantum de la ou des peines. Longtemps, le choix de la peine par le juge a été discrétionnaire. Ainsi que le soulignait la Chambre criminelle, « les juges répressifs disposent quant à l'application de la peine dans les limites fixées par la loi, d'une faculté discrétionnaire dont ils ne doivent aucun compte ».

Cass. crim., 3 nov. 1955 ; 26 déc. 1962 ; 5 oct. 1977 ; 9 févr. 1987 ; 5 sept. 1989.

La seule exception, imposée par l'article 132-19, concernait la peine d'emprisonnement ferme en matière correctionnelle. Par trois arrêts du 1er février 2017, un revirement est opéré. Désormais le juge est tenu de motiver son choix, quelle que soit la peine prononcée.

Cass. crim., 1er févr. 2017, n° 15-83984 (peine d'amende), n° 15-84511 (peine d'inéligibilité), n° 15-85199 (peine d'interdiction de gérer).

Dreyer E., « La motivation de toute peine : un revirement à regret ? », AJ pénal 2017, p. 175 ; Pichon E., « Une jurisprudence vivante : selon la Chambre criminelle de la Cour de cassation, si le choix de la peine prononcée par le juge correctionnel demeure libre, il doit désormais être justifié », Dr. pén. 2017, études, p. 16.

La portée du principe n'est toutefois pas absolue. La Chambre criminelle, le 8 février 2017, a en effet explicitement dédouané de cet impératif la Cour d'assises. En conséquence, et bien que cela puisse paraître paradoxal dès lors qu'il s'agit des plus graves, les peines prononcées par cette juridiction n'ont pas à être motivées.

Cass. crim., 8 févr. 2017, n° 15-86914.

Dantras-Bioy H., « Qui peut motiver plus doit s'abstenir de le faire... Quelles perspectives pour la motivation du choix de la peine par les cours d'assises ? », Dr. pén. 2017, Études, n° 10.

1662 — Autres situations de personnalisation. La personnalisation ou l'individualisation s'exprime par bien d'autres modalités que le seul choix de la sanction. Selon les cas, elle peut rimer avec faveurs accordées au condamné comme prendre des allures de plus grande sévérité.

A ▌ L'indulgence judiciaire

1663 — Manifestations possibles de l'indulgence judiciaire. Cette indulgence peut s'exprimer de trois façons : soit le juge ne prononce aucune peine, soit il dispense le condamné d'exécuter la peine prononcée, soit enfin il détermine des modalités d'exécution plus douces.

1 ▌ Le choix de ne pas prononcer de peine

1664 — Dispense de peine réservée aux délits et contraventions. Cette faculté, exclue en matière criminelle, loin d'être discrétionnaire, ne peut être décidée que si les conditions définies par la loi sont remplies.

a ▌ Conditions de la dispense de peine

1665 — Pluralité des conditions. La personne doit être reconnue coupable de l'infraction (C. pén., art. 132-58), son reclassement acquis, le dommage causé réparé et le trouble résultant de l'infraction doit avoir cessé (C. pén., art. 132-59). Lorsque les conditions sont satisfaites, le juge peut décider de ne prononcer aucune peine principale ou complémentaire.

1666 — Ajournement possible du prononcé de la peine. Dans le cas où les conditions posées par l'article 132-59 ne sont pas encore remplies au jour de l'audience, mais qu'elles paraissent au juge en bonne voie de l'être, il peut ajourner le prononcé de la peine en fixant la date de la prochaine audience durant laquelle il statuera à nouveau sur la peine.

b ▮ Les différents ajournements de peine

1667 — Ajournement simple. Les peines délictuelles et contraventionnelles sont concernées. Sous condition de leur présence à l'audience, la mesure peut s'appliquer aux personnes physiques comme aux personnes morales (C. pén., art. 132-60 et s.). Le reclassement du coupable est en voie d'être acquis, le dommage causé en voie d'être réparé, le trouble résultant de l'infraction allant cesser.

1668 — Ajournement avec mise à l'épreuve. Les peines délictuelles et contraventionnelles sont concernées. Sous condition de leur présence à l'audience, la mesure peut s'appliquer aux personnes physiques comme aux personnes morales (C. pén., art. 132-63 et s.). Le reclassement du coupable est en voie d'être acquis, le dommage causé en voie d'être réparé, le trouble résultant de l'infraction allant cesser.

1669 — Ajournement avec injonction. Les peines délictuelles et contraventionnelles sont concernées, mais dans les seules hypothèses prévues par la loi (C. pén., art. 132-66 et s.). La mesure peut s'appliquer aux personnes physiques comme aux personnes morales qui n'ont pas respecté des obligations imposées par la loi ou le règlement.

> Boesel D., « Substitution d'un emprisonnement ferme par un sursis TIG ou des jours-amendes », AJ pénal 2014, p. 72.

1670 — Obligations attachées à l'ajournement avec mise à l'épreuve. La personne doit se soumettre aux mesures de contrôle et aux obligations définies par les articles 132-43 à 132-46 au titre de la mise à l'épreuve.

1671 — Obligations attachées à l'ajournement avec injonction. La personne doit exécuter, éventuellement sous la menace d'une astreinte, la ou les prescriptions qui ont été méconnues.

1672 — Délai pour la seconde audience. Pour l'ajournement simple comme pour l'ajournement avec mise à l'épreuve, le délai est d'un an au plus après la décision d'ajournement. Pour l'ajournement avec injonction, le délai est fixé par la juridiction lors de l'audience au cours de laquelle est décidé l'ajournement.

1673 — Décision possible lors de la seconde audience. Pour les trois formes d'ajournements, la juridiction peut soit prononcer la peine, soit prononcer une dispense, soit ajourner une seconde fois le prononcé (ce dernier point étant réservé à l'ajournement simple et à l'ajournement avec mise à l'épreuve).

1674 — Ajournement aux fins d'investigations sur la personnalité ou la situation personnelle de l'auteur. Porté par la loi de 2014, l'ajournement aux fins d'investigations, sous couvert du principe de l'individualisation des peines, vise à améliorer la connaissance de la personnalité et la situation matérielle, familiale et sociale du prévenu.

1675 — Formulation législative. « La juridiction peut ajourner le prononcé de la peine à l'égard d'une personne physique lorsqu'il apparaît nécessaire d'ordonner à son égard des investigations complémentaires sur sa personnalité ou sa situation matérielle, familiale et sociale, lesquelles peuvent être confiées au service pénitentiaire d'insertion et de probation ou à une personne morale habilitée. » (C. pén., art. 132-70-1).

1676 — Ajournement aux fins d'investigations et césure du procès pénal. Introduite par la loi de 2014, la césure du procès pénal permet aux magistrats qui le jugent nécessaire, de déclarer la culpabilité de l'auteur, de décider de l'indemnisation des victimes et de renvoyer, à une audience ultérieure, la décision sur la peine après avoir analysé le résultat des investigations menées.

1677 — Délais encadrant la césure. La loi de 2014 encadre la procédure nouvelle en indiquant, toujours dans l'article 132-70-1 du Code pénal, que la décision sur la peine doit intervenir au plus tard dans un délai de quatre mois après la décision d'ajournement. Le texte prévoit des délais plus courts quand la personne est placée en détention provisoire. Le délai peut être prolongé pour une nouvelle durée maximale de quatre mois.

1678 — Conséquences sur la liberté d'aller et venir de personne reconnue coupable. Pendant la durée des investigations, fort logiquement, la personne peut être placée sous contrôle judiciaire, sous assignation à résidence avec surveillance électronique ou encore en détention provisoire.

1679 — Ajournement aux fins de consignation d'une somme d'argent. Introduite également par la loi de 2014, cette mesure permet à la juridiction d'ajourner le prononcé de la peine à l'égard d'une personne en la soumettant à l'obligation de consigner une somme d'argent en vue de garantir le paiement d'une éventuelle peine d'amende (C. pén., art. 132-70-3).

1680 — Dispositions encadrant la mesure. La juridiction doit déterminer le montant de cette consignation et le délai dans lequel celle-ci doit être déposée au greffe. Le délai ne peut être supérieur à un an. La juridiction peut prévoir que cette consignation sera effectuée en plusieurs versements, selon un échéancier qu'elle détermine.

1681 — Décision sur la peine. Lorsqu'elle entend prendre une décision d'ajournement aux fins de consignation d'une somme d'argent, la juridiction doit fixer dans sa décision la date à laquelle il sera statué sur la peine. La décision sur la peine doit intervenir dans l'année qui suit la décision d'ajournement.

2 Le choix de dispenser le condamné de l'exécution de sa peine

1682 — Culpabilité sans peine. Reconnu coupable et effectivement condamné, l'auteur de l'infraction peut être dispensé de l'exécution de sa peine. On dit alors que la condamnation est assortie d'un sursis.

1683 — Origine historique et évolution du sursis. Introduit pour la première fois en France par une loi du 26 mars 1891, dite loi Bérenger, le sursis connaît aujourd'hui diverses modalités : au sursis originel qualifié de sursis simple s'ajoutent le sursis avec mise à l'épreuve (créé en 1958) et le sursis avec travail d'intérêt général (introduit en 1983), ces deux dernières modalités ayant pour point commun d'imposer au sursitaire un régime d'obligations surveillées.

1684 — Primauté législative pour le sursis en matière correctionnelle. C'est l'un des points importants de la réforme de 2014. L'article 132-19 modifié énonce aujourd'hui avec conviction : « En matière correctionnelle, une peine d'emprisonnement sans sursis ne peut être prononcée qu'en dernier recours... ».

1685 — Précisions. La préférence ne sous-entend nullement l'exclusivité. L'article poursuit en indiquant que si la gravité de l'infraction et la personnalité de son auteur rendent cette peine nécessaire et si toute autre sanction est manifestement inadéquate, une peine d'emprisonnement pourra être prononcée. Dans la mesure du possible, cette peine devra faire l'objet de mesures d'aménagement.

1686 — Nécessité pour la juridiction de motiver la décision d'emprisonnement. La formulation est sans ambiguïté. Lorsque le tribunal correctionnel prononce une peine d'emprisonnement sans sursis ou ne faisant pas l'objet d'une des mesures d'aménagement, il doit spécialement motiver sa décision, au regard des faits de l'espèce et de la personnalité de leur auteur ainsi que de sa situation matérielle, familiale et sociale (C. pén., art. 132-19). La Chambre criminelle exerce ici un contrôle des plus stricts et n'hésite pas à censurer les décisions du fond avares de motivation.

> Cass. crim., 30 mars 2016 : Goetz D., « Nouvelle confirmation de l'obligation de motivation spéciale des peines d'emprisonnement ferme sans sursis », D. actualité 2 mai 2016 ; Bonnis-Garçon E., « Un an de droit de la peine », Dr. pén. 2016, chron. 3.
>
> Cass. crim., 31 mars 2015 : AJ pénal 2015, p. 491, Capdeville J.-L. (décision rendue à propos de l'application dans le temps de la loi du 15 août 2014 indiquant que si l'article 132-19 est une disposition de procédure immédiatement applicable, elle ne peut avoir pour effet d'entraîner l'annulation d'une décision sur le fond régulièrement rendue avant son entrée en vigueur).

a Le sursis simple

1687 — Liberté de la juridiction. L'octroi du sursis simple relève de l'appréciation souveraine de la juridiction. Pour autant, la mesure répond à certaines conditions qui l'encadrent.

α Conditions d'octroi du sursis simple

1688 — Conditions liées au passé pénal du délinquant personne physique. La personne ne doit pas avoir été condamnée dans les cinq ans précédant les faits à une peine de réclusion ou d'emprisonnement, avec ou sans sursis, pour un crime ou un délit de droit commun.

1689 — Conditions liées au passé pénal du délinquant personne morale. La personne ne doit pas avoir été condamnée dans les cinq ans, pour un crime ou un délit de droit commun, à une amende supérieure à 60 000 euros si la personne morale est poursuivie pour un crime ou un délit, ou à 15 000 euros si elle est poursuivie pour une contravention.

1690 — Infractions précédentes permettant l'octroi du sursis. L'interprétation des articles 132-30 et suivants du Code pénal invite à considérer que des condamnations précédentes pour infractions militaires, politiques ou pour contraventions n'interdisent pas l'octroi du sursis.

1691 — Conditions liées à la peine prononcée pour un crime ou un délit à l'encontre d'une personne physique. Le sursis peut être accordé pour toute condamnation à un emprisonnement au plus égal à cinq ans, à une amende, à la peine de jour-amende, aux peines prévues par les articles 131-6 et 131-10 du Code pénal (sauf exceptions prévues).

1692 — Conditions liées à la peine prononcée pour un crime ou un délit à l'encontre d'une personne morale. Le sursis peut être accordé pour toute condamnation à l'amende et pour certaines peines prévues par l'article 131-39 du Code pénal.

1693 — Conditions liées à la peine prononcée pour une contravention à l'encontre d'une personne physique. Le sursis peut être accordé pour certaines peines prévues par les articles 131-14, 131-16 et 131-17. Il peut l'être également pour la peine d'amende, mais uniquement pour les contraventions de 5e classe.

1694 — Conditions liées à la peine prononcée pour une contravention à l'encontre d'une personne morale. Le sursis peut être accordé pour toute condamnation à une peine d'interdiction bancaire. Il peut l'être également pour la peine d'amende, mais uniquement pour les contraventions de 5e classe.

β Les effets de l'octroi du sursis simple

1695 — Dispense d'exécution de la peine. Dès qu'il est prononcé, le sursis emporte dispense d'exécuter la peine prononcée. Suspendue, la peine n'est donc pas exigible pour la partie assortie du sursis. Le juge a en effet le pouvoir, pour les peines d'emprisonnement, d'accorder simplement un sursis partiel (C. pén., art. 132-31, al. 3).

1696 — Dispense de peine sous conditions. La dispense n'est pas définitivement acquise. Durant un certain délai, fixé par la loi, elle est conditionnelle, subordonnée à la « bonne conduite » du condamné. Si tel est le cas, la condamnation est réputée non avenue.

1697 — Conséquences générales d'une condamnation pénale réputée non avenue. Non seulement les peines infligées n'ont pas été exécutées, mais au surplus, la condamnation cesse de compter comme premier terme d'une récidive et d'être un obstacle au bénéfice d'un éventuel nouveau sursis à l'avenir.

Hardouin-Le Goff C., « Les fictions légales en droit pénal », Dr. pén. 2009, étude no 1.

1698 — Conséquences sur le casier judiciaire d'une condamnation pénale réputée non avenue. Elle est effacée du bulletin no 2 du casier judiciaire (CPP, art. 775, 4o). Depuis une modification introduite en 2007, la condamnation demeure au bulletin no 1 (CPP, art. 769).

1699 — Conséquences sur le prononcé de l'amende d'une condamnation pénale réputée non avenue. En cas de sursis partiel, la partie de la peine d'amende ou de jours-amendes qui n'en était pas assortie reste due, et ce, alors même que la condamnation est réputée non avenue dans tous ses éléments (C. pén., art. 132-39).

1700 — Conséquences sur le paiement des dommages et intérêts d'une condamnation pénale réputée non avenue. Sans être profondément inique, la mesure de sursis ne saurait nuire aux droits des tiers. Aussi, le Code pénal précise-t-il que le paiement des dommages et intérêts au profit de la victime demeure à la charge du condamné (CPP, art. 736).

1701 — Révocation possible du sursis. Une nouvelle condamnation pénale est bien évidemment susceptible d'entraîner la révocation du sursis. Toute nouvelle condamnation n'est cependant pas prise en considération.

1702 — Abrogation par la loi de 2014 des mesures de révocation automatique du sursis. Sous l'empire du droit antérieur, une condamnation ferme à une nouvelle infraction entraînait de plein droit la révocation du sursis. La peine suspendue devenait alors exigible. La juridiction qui prononçait la peine révocatoire pouvait toutefois, sous couvert de l'individualisation des peines, par une décision spéciale et motivée, décider de l'écarter en tout ou partie. La révocation n'avait donc un caractère automatique que si le juge n'en décidait pas autrement.

1703 — Conditions nouvelles à la révocation du sursis. La nouvelle rédaction de l'article 132-36 du Code pénal précise (al. 1 et 2), quelle que soit la nature de la peine qu'elle prononce, que la juridiction, par décision spéciale, peut révoquer totalement ou partiellement, pour une durée ou un montant qu'elle détermine, le sursis antérieurement accordé.

b Le sursis avec mise à l'épreuve

1704 — Définition du sursis avec mise à l'épreuve. Le sursis avec mise à l'épreuve est un sursis probatoire dans la mesure où le condamné, personne physique, est soumis à une épreuve, autrement dit au devoir de respecter un certain nombre de prescriptions (C. pén., art. 132-40 à 132-53).

1705 — Conditions de l'octroi du sursis avec mise à l'épreuve liées au passé du délinquant. Par principe, le passé pénal est indifférent. Par exception, et ce depuis la loi du 12 décembre 2005, l'octroi d'un nouveau sursis avec mise à l'épreuve est écarté pour certains auteurs récidivistes ou multirécidivistes qui avaient déjà bénéficié d'un tel régime (C. pén., art. 132-41). Ces interdictions ne concernent pas les cas de sursis partiel.

1706 — Conditions de l'octroi du sursis avec mise à l'épreuve liées à la peine prononcée. Ce sursis n'est applicable qu'à l'emprisonnement prononcé pour un crime ou un délit de droit commun ; un emprisonnement de cinq ans au plus pour le délinquant primaire, dix ans au plus pour le récidiviste.

1707 — Durée du sursis avec mise à l'épreuve. Le délai d'épreuve, fixé par la juridiction de jugement, est compris entre douze mois et trois ans. Le maximum est porté à cinq ans pour le récidiviste et sept ans pour le multirécidiviste. En cas de sursis partiel, l'épreuve est suspendue pendant le temps où le condamné est incarcéré.

1708 — Mise à l'épreuve sous forme de mesures de contrôle. De telles mesures s'analysent comme un tout indivisible, rattaché de plein droit par la loi au sursis. Le Code énonce six mesures (C. pén., art. 132-44) :

- répondre aux convocations du juge de l'application des peines ou de l'agent de probation désigné (travailleur social) ;
- recevoir les visites du travailleur social et lui communiquer les renseignements ou documents de nature à permettre le contrôle de ses moyens d'existence et de l'exécution de ses obligations ;
- prévenir le travailleur social de ses changements d'emploi ;
- prévenir le travailleur social de ses changements de résidence ou de tout déplacement dont la durée excéderait quinze jours et rendre compte de son retour ;
- obtenir l'autorisation préalable du juge de l'application des peines pour tout changement d'emploi ou de résidence, lorsque ce changement est de nature à faire obstacle à l'exécution de ses obligations, pour tout ;
- informer préalablement le juge de l'application des peines de tout déplacement à l'étranger.

1709 — Mise à l'épreuve sous forme d'obligations particulières. Une certaine liberté d'appréciation est ici laissée à la juridiction pour imposer au sursitaire une ou plusieurs des obligations ou interdictions parmi les vingt-deux énumérées à l'article 132-45 du Code pénal (par exemple, exercer une activité professionnelle, se soumettre à des traitements médicaux, ne pas conduire certains véhicules, s'abstenir de paraître en certains lieux ou de fréquenter certaines personnes ou encore de s'inscrire et de se présenter aux épreuves du permis de conduire).

1710 — Révocation du sursis avec mise à l'épreuve. Lorsque le probationnaire n'a pas satisfait aux mesures de contrôle ou aux obligations particulières qui lui étaient imposées ou lorsque, au cours du délai d'épreuve, il est condamné, sans sursis, pour un crime ou un délit de droit commun, le sursis peut être révoqué.

1711 — Caractère facultatif de la révocation. À l'image du sursis simple, la révocation est ici toujours facultative. Il revient à la juridiction de la prononcer expressément. La juridiction, une seule fois, peut d'ailleurs prononcer une révocation simplement partielle. La condamnation est alors réputée non avenue lorsque le sursis n'a pas été révoqué, mais aussi lorsqu'il ne l'a été que partiellement.

c Le sursis avec travail d'intérêt général

1712 — Sursis avec travail d'intérêt général, forme particulière de sursis avec mise à l'épreuve. Le travail d'intérêt général fait figure ici d'obligation de l'épreuve. La parenté se révèle à travers les articles 132-54 et suivants du Code pénal qui renvoient, pour une large part, aux textes applicables pour le sursis avec mise à l'épreuve. Seules quelques particularités méritent donc d'être soulignées.

1713 — Octroi du sursis avec travail d'intérêt général. Le prononcé d'une telle mesure nécessite que le consentement du condamné soit recueilli à l'audience. Le sursis partiel n'est pas possible. À défaut et à condition qu'il soit représenté par un avocat, le condamné peut formuler sa demande par écrit.

1714 — Épreuve du sursis avec travail d'intérêt général. Outre les mesures de contrôle et les éventuelles obligations ou interdictions particulières, le condamné doit accomplir un travail d'intérêt général, d'une durée comprise entre 20 et 280 heures dans un délai qui ne peut dépasser dix-huit mois. Lorsqu'une condamnation pour un délit de droit commun comportant une peine d'emprisonnement ferme de 6 mois au plus a été prononcée, le juge de l'application des peines peut, lorsque cette condamnation n'est plus susceptible de faire l'objet d'une voie de recours par le condamné, ordonner qu'il sera sursis à son exécution et que le condamné accomplira, pour une durée de 20 à 280 heures, un travail d'intérêt général non rémunéré. Dans l'hypothèse d'une conversion de plusieurs peines, la durée cumulée ne peut dépasser la limite de 6 mois prévue par l'article 132-57 du Code pénal.

Cass. crim., 3 sept. 2014. Herzog-Evans M., « Pluralité de peines et STIG », AJ pénal 2014, p. 594.

1715 — Issue du sursis avec travail d'intérêt général. Avant même l'expiration du délai d'épreuve, la condamnation est réputée non avenue dès l'accomplissement de la totalité du travail, sauf si le condamné est soumis à des obligations particulières. Celles-ci peuvent d'ailleurs perdurer, sur décision de la juridiction, au-delà de l'accomplissement du travail d'intérêt général, pendant douze mois au plus.

3 Le choix des modalités d'exécution de la peine plus douce

1716 — Modalités dominées par le principe de l'individualisation des peines. Animé par ce principe, le législateur confie à la juridiction de jugement, et ce indépendamment des aménagements qui peuvent être décidés au cours du déroulement de la peine, d'importantes prérogatives quant au choix des modalités de son exécution à venir.

a La semi-liberté

1717 — Personnes concernées par la semi-liberté. La formule est réservée à ceux qui ont à purger un emprisonnement sans sursis d'une durée maximale de deux ans pour le délinquant primaire, d'un an pour le récidiviste (C. pén., art. 132-25).

1718 — Justifications de la semi-liberté. Elle permet de ne pas interrompre l'exercice d'une activité professionnelle, un traitement médical en cours, de ne pas faire obstacle au suivi d'un enseignement, d'une formation professionnelle, d'un stage ou d'un emploi temporaire, de pouvoir continuer à participer de manière effective à leur vie de famille, de pouvoir rechercher un emploi, ou plus largement de s'investir dans tout autre projet d'insertion sociale.

1719 — Application concrète de la semi-liberté. Le bénéficiaire est autorisé à quitter l'établissement pénitentiaire pour le temps nécessaire à la réalisation de ces diverses activités en respectant naturellement les modalités de la liberté telles que définies par le juge de l'application des peines, notamment les jours et heures de sortie et de retour. Pour le reste, le condamné doit demeurer dans l'établissement.

1720 — Obligations complémentaires. Le bénéficiaire de la mesure peut être astreint à une ou plusieurs des obligations ou interdictions des articles 132-44 et 132-45 du Code pénal (celles du sursis avec mise à l'épreuve) ou à celles résultant du suivi sociojudiciaire. L'irrespect de l'une des obligations imposées, et plus généralement la mauvaise conduite du condamné, ou encore la disparition de l'intérêt légitime de la mesure, sont autant de facteurs susceptibles d'écarter le bénéfice de la semi-liberté. La compétence d'une telle décision revient naturellement au juge de l'application des peines (CPP, art. 723-2).

1721 — Aparté. Le système, qui comporte moult avantages, entraîne de nombreuses formalités administratives liées aux entrées et sorties de détention.

b ▮ Le fractionnement de la peine

1722 — Définition. Comme son nom le laisse entendre, le fractionnement de la peine permet une exécution par fractions de certaines peines, autrement dit une répartition dans le temps de leur exécution.

1723 — Justifications du fractionnement de la peine. À l'image de la semi-liberté, c'est encore l'avantage bien compris du condamné qui commande le choix d'une telle mesure. Le Code pénal précise qu'elle peut être ordonnée pour un motif d'ordre médical, familial, professionnel ou social.

1724 — Peines concernées. Exclu en matière criminelle, le fractionnement ne peut concerner que l'emprisonnement d'une durée maximum d'un an ou de deux ans selon que l'intéressé est récidiviste ou non (art. 132-27) ; la peine d'amende, quel que soit son montant ; la peine de jours-amendes et la peine de suspension du permis de conduire (C. pén., art. 132-28).

1725 — Durée limitée par la loi. Dans tous les cas, afin d'éviter que l'exécution intégrale de la peine se prolonge indéfiniment dans le temps, les textes exigent que celle-ci s'effectue sur une période de trois ans maximum, voire quatre s'il s'agit d'une peine d'emprisonnement. Pour cette dernière, le Code impose que chaque fraction soit nécessairement au moins égale à deux jours (C. pén., art. 132-27).

c ▮ Le placement à l'extérieur

1726 — Autorités décidant le placement à l'extérieur. Initialement, la mesure relevait de la compétence du juge de l'application des peines. Depuis la loi du 9 mars 2004, la juridiction de jugement dispose de la même prérogative au moment du prononcé de la peine.

1727 — Application concrète du placement à l'extérieur. Le condamné est employé en dehors de l'établissement pénitentiaire. Chaque année, selon les données communiquées, un peu plus de deux mille personnes bénéficient de cette mesure.

1728 — Obligations pour le bénéficiaire. Réglementé par le Code pénal, le placement à l'extérieur répond aux deux mêmes conditions que la semi-liberté (C. pén., art. 132-25 et 132-26). De la même manière, le condamné peut être soumis, par la juridiction de jugement, aux mesures et obligations du sursis avec mise à l'épreuve (C. pén., art. 132-26), ainsi qu'à celles issues d'un éventuel suivi sociojudiciaire (CPP, art. 763-7).

1729 — Conséquences du non-respect des obligations imposées. À l'image de la semi-liberté, le juge de l'application des peines peut retirer le bénéfice de cette mesure lorsque le condamné n'en remplit plus les conditions d'octroi, s'il fait preuve de mauvaise conduite ou s'il ne satisfait pas aux obligations imposées (CPP, art. 723-2).

d Le placement sous surveillance électronique

1730 — Autorités décidant le placement sous surveillance électronique. Initialement, comme pour le placement à l'extérieur, la mesure relevait de la compétence du juge de l'application des peines. Depuis la loi du 9 mars 2004, la juridiction de jugement (le tribunal correctionnel) dispose de la même prérogative au moment du prononcé de la peine.

Peretti M., « Bracelet électronique : "boulet moderne" ou outil d'insertion ? », AJ pénal 2007, dossier p. 468.

1731 — Consentement nécessaire de la personne concernée. Le placement sous surveillance électronique suppose, outre les deux mêmes conditions que la semi-liberté et le placement extérieur, l'accord express de l'intéressé (C. pén., art. 132-26-1, al. 7).

1732 — Justification de l'exigence du consentement de la personne concernée. Le consentement préalable s'explique pour la simple raison que le placement présente un caractère contraignant qui ne doit pas être méconnu, comme en témoigne la métaphore de « prison à domicile ».

1733 — Application concrète du placement sous surveillance électronique. La privation de liberté est ici remplacée par une surveillance continue grâce à un bracelet électronique qui permet de contrôler à distance le respect, par l'intéressé, de l'interdiction de s'absenter de son domicile ou de tout autre lieu désigné par ce juge en dehors des périodes que celui-ci a fixées en fonction de l'activité professionnelle, de sa vie de famille ou d'un traitement médical.

1734 — Obligations complémentaires pour le bénéficiaire. Le condamné peut être soumis aux mesures ou obligations particulières du sursis avec mise à l'épreuve (C. pén., art. 132-26-3). L'inobservation des obligations imposées, la commission d'une nouvelle infraction, l'inconduite notoire du condamné ou son opposition à la poursuite du placement sont autant de facteurs susceptibles d'entraîner le retrait de la mesure par décision du juge de l'application des peines (CPP, art. 723-13).

1735 — Données statistiques. Selon les données communiquées par le ministère de la Justice, plus de 23 000 personnes ont bénéficié de cette mesure en 2012 (15 % de plus qu'en 2011).

B La sévérité judiciaire

1736 — Individualisation de la peine au service de la répression. Radicalement à l'opposé de l'indulgence, le principe de l'individualisation révèle également une facette toute tournée vers une rigueur accrue.

1737 — Majoration de l'amende. Depuis la loi du 3 juin 2016 (renforçant la lutte contre la criminalité organisée, le terrorisme et leur financement, et améliorant l'efficacité et les garanties de la procédure pénale), la juridiction a la possibilité de majorer, dans la limite de 10 % de leur montant, les amendes prononcées en matière contraventionnelle, délictuelle et criminelle. Cette majoration, présentée comme destinée à financer l'aide aux victimes (C. pén., art. 132-20) est déterminée au regard des circonstances de l'infraction, de la personnalité de son auteur ainsi que de sa situation matérielle, familiale et sociale (CPP, art. 707-6).

1 La période de sûreté

1738 — Définition et conséquence du prononcé d'une période de sûreté. En prononçant une peine privative de liberté assortie d'une période de sûreté, la juridiction de jugement prive le condamné, durant toute cette période, de la possibilité d'obtenir certaines mesures comme un placement à l'extérieur, une semi-liberté ou une libération conditionnelle.

1739 — Nature juridique de la période de sûreté. Selon une jurisprudence continue de la Chambre criminelle, la période de sûreté ne s'analyse pas comme une mesure distincte de la peine, mais constitue seulement une modalité d'exécution de celle-ci.

> Cass. crim., 16 janv. 1985 : Bull. crim., n° 29 – Cass. crim., 9 mars 1993 : Bull. crim., n° 104 : « La période de sûreté prévue à l'article 720-2 du Code de procédure pénale n'est pas une mesure distincte de la peine qui en est assortie, mais constitue seulement une modalité d'exécution de celle-ci. Dès lors, en cas de confusion entre deux peines privatives de liberté, la durée de la détention subie antérieurement à cette mesure en exécution de la peine absorbée doit s'imputer sur la période de sûreté attachée à la peine absorbante. »

1740 — Double facette de la période de sûreté. Le Code pénal dévoile deux types de périodes de sûreté, l'une obligatoire, l'autre facultative.

1741 — Détermination légale de la période de sûreté obligatoire. Elle se rattache de plein droit à la condamnation. Si le juge conserve quelques attributions pour en déterminer la durée, il ne peut librement décider de son opportunité (C. pén., art. 132-23).

> L. n° 2005-1549, 12 déc. 2005, relative au traitement de la récidive des infractions pénales.

1742 — Détermination judiciaire de la période de sûreté facultative. Librement décidée, en toute opportunité, par le juge pénal, la mesure illustre parfaitement le pouvoir de rigueur qui accompagne la personnalisation de la peine au moment de son prononcé.

1743 — Cas d'application de la période de sûreté obligatoire. Il en va ainsi en cas de condamnation à une peine privative de liberté, sans sursis, d'une durée au moins égale à dix ans. La solution ne vaut que pour l'une des infractions expressément prévues par le législateur (par ex. crimes contre l'humanité, meurtres aggravés, emprisonnement, tortures, terrorisme, enlèvement...) (C. pén., art. 132-23, al. 1).

1744 — Cas d'application de la période de sûreté facultative. Il en va ainsi en cas de condamnation à une peine privative de liberté, sans sursis, d'une durée supérieure à cinq ans, quelle que soit l'infraction concernée (C. pén., art. 132-23, al. 3).

1745 — Durée de la période de sûreté obligatoire. La durée est égale à la moitié de la peine prononcée. S'il s'agit de la réclusion à perpétuité, elle est égale à dix-huit ans. La juridiction peut moduler cette durée, soit en l'abrégeant, soit en l'augmentant dans la limite des deux tiers de la peine prononcée et s'il s'agit de la réclusion à perpétuité, de vingt-deux ans.

> Cass. crim., 12 mars 2014. Casse une décision ayant condamné un individu à la réclusion criminelle à perpétuité en ayant fixé aux deux tiers de la peine la durée de la période de sûreté. D. actualité 1er avr. 2014, obs. Fleuriot.
>
> Cass. crim., 18 févr. 2015. En réponse à un individu qui contestait la validité du délai d'une mesure de sûreté rendu par une Cour d'assises au motif que la durée de la période de sûreté ne peut être portée aux deux tiers de la peine qu'aux termes d'une décision spéciale, la Chambre criminelle répond « que l'absence de motivation des peines prononcées par les cours d'assises, qui s'explique par l'exigence d'un vote, n'est pas contraire aux textes et principes invoqués », Dr. pén. 2015, comm. 62, note Peltier – Cass. crim., 4 nov. 2015 : Dr. pén. 2016, chron. 3, Bonnis-Garçon.

1746 — Durée de la période de sûreté facultative. La durée est librement déterminée par la juridiction dans la limite des deux tiers de la peine prononcée ou de vingt-deux ans s'il s'agit d'une réclusion à perpétuité.

1747 — Point de départ de la période de sûreté assortissant une peine criminelle. Le doute réside dans le fait qu'avant le prononcé de la condamnation, la personne a déjà été placée en détention provisoire. Dans cette hypothèse, le point de départ doit être fixé à la date de la réincarcération du condamné et cela même si d'autres peines correctionnelles doivent être exécutées avant la peine criminelle assortie de la période de sûreté.

> Cass. crim., 1er févr. 2012 : D. actualité 6 mars 2012, obs. Léna ; D. actualité 2012, p. 612.

En sens contraire, Lyon, ch. instr., 28 févr. 2014 : D. actualité 19 mars 2014, obs. Léna. La chambre d'instruction fixe le point de départ de la période de sûreté à la date de mise à exécution effective de la peine qu'elle assortit déduction faite de la période de la détention provisoire pendant laquelle le requérant n'était pas incarcéré pour une autre cause.

2 La peine incompressible

1748 — Définition et conséquences de la peine incompressible. Il s'agit d'une variante de la période de sûreté. Celle-ci peut être prononcée pour la durée totale de la peine. Le condamné ne peut alors bénéficier, pendant l'exécution de sa peine, d'aucune mesure d'individualisation.

1749 — Cas d'application de la peine incompressible. Elle concerne ceux qui ont été condamnés :

- pour meurtre ou assassinat d'un mineur de 15 ans précédé ou accompagné d'un viol, de tortures ou d'actes de barbarie (C. pén., art. 221-3 et 221-4) ;
- pour assassinat d'un magistrat, d'un fonctionnaire de la police nationale, d'un militaire de la gendarmerie, d'un membre du personnel de l'administration pénitentiaire ou de toute autre personne dépositaire de l'autorité publique, à l'occasion de l'exercice ou en raison de ses fonctions (C. pén., art. 221-3) ;
- pour meurtre, commis en bande organisée, sur un magistrat, un fonctionnaire de la police nationale, un militaire de la gendarmerie, un membre du personnel de l'administration pénitentiaire ou toute autre personne dépositaire de l'autorité publique, à l'occasion de l'exercice ou en raison de ses fonctions (C. pén., art. 221-4) ;
- pour faits de terrorisme (infractions criminelles ou délits punis de dix ans d'emprisonnement) (C. pén., art. 421-7).

1750 — Exigence d'une motivation spéciale. Le prononcé d'une telle mesure suppose une « décision spéciale » de la cour d'assises. Cette peine a été prononcée à quelques reprises depuis son entrée en vigueur, notamment à l'encontre du tueur en série Michel Fourniret et de Pierre Bodein (dit « Pierrot le fou »).

1751 — Durée de la peine incompressible. Elle peut être portée à trente ans. Elle peut aussi permettre de couvrir la totalité de la peine privative de liberté à temps ou perpétuité lorsque la réclusion criminelle est elle-même prononcée à perpétuité. Elle révèle alors une sorte de « perpétuité réelle ».

1752 — Possibilité de réduction de la durée de la peine incompressible. La compétence en revient au tribunal de l'application des peines (CPP, art. 720-4). Cette possibilité de réduction a « sauvé » la France d'une condamnation européenne. Alors que la Cour européenne se montre très attentive (notamment en matière d'extradition) au respect de l'article 3 de la Convention européenne des droits de l'homme, les juges strasbourgeois ont estimé que « le droit français offre une possibilité de réexamen de la réclusion à perpétuité qui est suffisante, au regard de la marge d'appréciation des États en la matière ». Ainsi, lorsque le requérant Pierre Bodein aura 87 ans, en 2034, il pourra saisir la justice d'une demande d'aménagement de sa peine.

CEDH, 13 nov. 2014, n° 40014/10, Pierre Bodein c/ France. Céré J.-P., « La réclusion criminelle à perpétuité assortie d'une période de sûreté perpétuelle ne constitue pas un traitement inhumain et dégradant », AJ pénal 2014, p. 105.

CEDH, 3 févr. 2015, n° 57592/08, Hutchinson c/ Royaume-Uni. Bonis-Garçon E. et Peltier V., « Peines perpétuelles et prohibition des traitements inhumains et dégradants », Dr. pén. 2015, p. 34.

1753 — Condition générale à la réduction de la durée de la peine incompressible. Il est évident que le condamné doit présenter des gages sérieux de réadaptation sociale.

1754 — Conditions spécifiques à la réduction de la durée de la peine incompressible. Face à une condamnation à trente ans, le condamné doit purger au moins vingt ans. Face à une condamnation à perpétuité, le condamné doit purger au moins trente ans et un collège de trois experts médicaux doit se prononcer sur l'état de dangerosité du condamné.

Et s'agissant des auteurs d'actes de terrorisme, l'article 720-5 du Code de procédure pénale exige par ailleurs qu'aucun trouble grave à l'ordre public ne risque d'être causé par la réduction, laquelle suppose que le tribunal de l'application ait recueilli un double avis : celui d'une commission composée de cinq magistrats de la Cour de cassation et celui des parties civiles éventuelles.

II La personnalisation judiciaire au cours de l'exécution de la sanction

1755 — Décalage entre la peine prononcée et la peine réellement exécutée. L'individualisation de la peine se poursuit bien après son prononcé. Le législateur invite en effet à suivre la personnalité du condamné et l'évolution de sa situation afin d'en tenir compte au cours de l'exécution de sa peine.

1756 — Instauration du juge de l'application des peines. Présenté comme la « cheville ouvrière » de la personnalisation des peines après leur prononcé, ce magistrat du siège, membre du tribunal de grande instance, est né, après la Seconde Guerre mondiale, d'une mesure animée par l'idée que l'autorité judiciaire devait avoir la direction entière de l'exécution morale, juridique et sociale de la peine.

1757 — Finalités recherchées. La mission du juge de l'application des peines devait permettre notamment que toute décision en la matière soit précédée d'un débat offrant au condamné la possibilité de présenter requêtes, explications et moyens de défense.

1758 — Juge de l'application des peines élevé au rang de premier degré de juridiction. C'est l'œuvre combinée des lois du 15 juin 2000 et du 9 mars 2004. Avant cette réforme, le juge était confiné dans un « statut » d'administrateur judiciaire.

1759 — Conséquence directe de cette judiciarisation. Depuis la réforme, toutes les décisions du juge de l'application des peines ont une nature juridictionnelle et, comme telles, sont susceptibles de faire l'objet de voies de recours.

1760 — Création de deux nouvelles juridictions. Issus de la loi du 9 mars 2004, le tribunal et la Chambre de l'application des peines complètent aujourd'hui le dispositif lié à l'exécution des peines.

1761 — Existence de deux juridictions de premier degré. Il s'agit du juge de l'application des peines et du tribunal de l'application des peines.

1762 — Rôle du juge de l'application des peines. Il est compétent pour fixer les principales modalités de l'exécution des peines privatives de liberté et en contrôler les conditions d'application. Ses décisions en matière de réduction de peines, de permission de sortir et d'autorisation de sortie sous escorte sont appelées « ordonnances », les autres, relatives notamment au fractionnement de la peine, à la libération conditionnelle... constituent des « jugements ».

1763 — Rôle du tribunal de l'application des peines. Juridiction collégiale, son rôle est limité aux décisions les plus graves concernant les « longues peines » (par exemple relèvement de la période de sûreté, mais aussi libération conditionnelle ou suspension de peine qui restent en dehors de la compétence du juge de l'application des peines).

1764 — Existence de deux juridictions au second degré. La Chambre de l'application des peines et son président constituent ces deux juridictions.

1765 — Rôle de la Chambre de l'application des peines. Juridiction collégiale, elle est amenée à connaître des appels interjetés contre les décisions du tribunal et les jugements rendus par le juge de l'application des peines.

1766 — Rôle du président de la Chambre de l'application des peines. Il est seul compétent pour connaître des appels formés à l'encontre des ordonnances du juge de l'application des peines.

1767 — Pourvoi possible. Les arrêts de la Chambre de l'application des peines comme les ordonnances rendues par son président sont susceptibles de faire l'objet d'un pourvoi en cassation devant la Chambre criminelle.

1768 — Philosophie de l'exécution des peines portées par le Code de procédure pénale. Les dispositions du Code sont sans ambiguïté : le régime d'exécution des peines privatives et restrictives de liberté vise à préparer l'insertion ou la réinsertion de la personne condamnée afin de lui permettre d'agir en personne responsable, respectueuse des règles et des intérêts de la société et d'éviter la commission de nouvelles infractions (CPP, art. 707, al. 2).

1769 — Évolution pendant le temps de la peine. Le régime est adapté au fur et à mesure de l'exécution de la peine, en fonction de l'évolution de la personnalité et de la situation matérielle, familiale et sociale de la personne condamnée, qui font l'objet d'évaluations régulières (CPP, art. 707, al. 3).

1770 — Préparation de la sortie. Toute personne condamnée incarcérée en exécution d'une peine privative de liberté bénéficie, chaque fois que cela est possible, d'un retour progressif à la liberté en tenant compte des conditions matérielles de détention et du taux d'occupation de l'établissement pénitentiaire, dans le cadre d'une mesure de semi-liberté, de placement à l'extérieur, de placement sous surveillance électronique, de libération conditionnelle ou d'une libération sous contrainte.

1771 — Aparté. On comprend les motivations du législateur qui cherche à éviter autant que possible les sorties sèches (sans aucun accompagnement) qui sont analysées comme sources de récidive. Il a été noté que 98 % des peines de prison de moins de six mois se terminaient en sortie sèche sans aucun suivi.

1772 — Respect nettement plus affiché du droit des victimes. La loi de 2014 reprend et complète les dispositions existantes en affichant les droits de la victime au cours de l'exécution de la peine. Celle-ci peut saisir l'autorité judiciaire de toute atteinte à ses intérêts, obtenir la réparation de son préjudice, être informée de la fin de l'exécution d'une peine privative de liberté, et peut demander que soit prise en compte, s'il y a lieu, la nécessité de garantir sa tranquillité et sa sûreté (CPP, art. 707, al. 4).

1773 — Dispositions particulières pour la femme enceinte. Porté par la loi de 2014, le nouvel article 708-1 du Code de procédure pénale affiche nettement la volonté du législateur de limiter l'emprisonnement d'une femme enceinte. « Lorsque doit être mise à exécution une condamnation à une peine d'emprisonnement concernant une femme enceinte de plus de douze semaines, le procureur de la République ou le juge de l'application des peines s'efforcent par tout moyen soit de différer cette mise à exécution, soit de faire en sorte que la peine s'exécute en milieu ouvert. »

1774 — Commentaire. De ce qui précède, l'individualisation rime avec aménagement ou avec abrégement du temps de l'incarcération. Il peut être assez déroutant d'accepter d'emblée cette situation. Il faut alors accepter le principe selon lequel la « personnalisation » de la peine pendant son exécution est un principe supérieur au principe de souveraineté des magistrats qui ont prononcé la décision initiale. Les deux ne sont d'ailleurs nullement opposés et contradictoires.

A L'aménagement du temps de l'incarcération

1775 — Variétés des mesures permettant l'aménagement du temps d'incarcération. Certaines des mesures sont communes à la phase décisoire du procès pénal, d'autres sont propres au stade de l'exécution de la peine.

1 Semi-liberté, placement à l'extérieur, fractionnement de la peine et placement sous surveillance électronique

1776 — Conditions de mise en œuvre élargies. Pour l'essentiel, ces mesures obéissent au même régime que lorsqu'elles sont décidées lors de l'audience de jugement. En revanche, leurs conditions d'octroi, définies par le Code de procédure pénale, sont un peu plus larges.

1777 — Semi-liberté et placement sous surveillance électronique. En dehors du cadre habituel, ces deux mesures peuvent être appliquées aux condamnés qui pourraient être admis au régime de la libération conditionnelle (CPP, art. 723-1 et 723-7) ou à celui de la libération sous contrainte (CPP, art. 720).

1778 — Placement à l'extérieur. Accompagné d'une surveillance exercée par le personnel pénitentiaire, le placement concerne ici plus largement les détenus ayant à subir une durée d'incarcération au plus égale à cinq ans et qui n'ont pas été condamnés auparavant à une peine privative de liberté supérieure à six mois, mais également les condamnés pouvant bénéficier d'une semi-liberté ou d'une libération conditionnelle (CPP, art. D. 128).

1779 — Conditions communes pour le placement à l'extérieur. Quel que soit le cas de figure, les personnes bénéficiaires doivent présenter des garanties suffisantes pour la sécurité et l'ordre public.

2 Les permissions de sortir

1780 — Définition de la permission de sortir. Elle autorise un condamné à s'absenter de l'établissement pénitentiaire pendant une période de temps déterminée qui s'impute sur la durée de la peine en cours. Cette période varie en fonction de la durée de la peine privative de liberté prononcée ou restant à courir et des motifs pour lesquels la permission est accordée (CPP, art. 723-3).

1781 — Permission d'une journée. Peuvent en bénéficier les délinquants primaires condamnés à une peine privative de liberté au plus égale à cinq ans ou supérieure si la moitié de la peine a déjà été exécutée. Pour les récidivistes, les deux tiers de la peine doivent avoir été exécutés.

1782 — Permission de trois jours. Peuvent en bénéficier les délinquants primaires condamnés à une peine privative de liberté au plus égale à cinq ans ou les condamnés ayant exécuté la moitié de leur peine (quelle que soit sa durée) et les condamnés ayant exécuté la moitié de leur peine, si le temps restant à subir est inférieur à trois ans. Pour les récidivistes, les deux tiers de la peine doivent avoir été exécutés.

1783 — Permission de sortir de cinq jours ou dix jours une fois par an. Peuvent en bénéficier les condamnés incarcérés dans des centres pour peines aménagées ou les condamnés incarcérés dans des centres de détention s'ils ont exécuté le tiers de leur peine. Pour les récidivistes, les deux tiers de la peine doivent avoir été exécutés.

1784 — Week-end et jours fériés. Peuvent en bénéficier les condamnés sous le régime de la semi-liberté, du placement à l'extérieur sans surveillance ou du placement sous surveillance électronique.

1785 — Motifs de la permission de sortir. Ces motifs sont la recherche d'emploi, le passage d'un examen, la préparation de la réinsertion sociale, le suivi de soins, l'exercice du droit de vote, les activités culturelles ou sportives organisées, les circonstances familiales graves, le maintien des liens familiaux.

B L'abrégement du temps d'incarcération

1786 — Définition de l'abrégement du temps d'incarcération. Il s'agit ici de l'octroi de dispenses partielles d'exécution de la peine privative de liberté. Autrement dit, c'est le temps passé en prison qui se trouve amputé d'une partie.

1 Les réductions de peine

1787 — Modifications portées par la loi du 9 mars 2004. La loi a modifié le système des réductions de peine, le condamné bénéficie d'un crédit de peine auquel peuvent s'adjoindre des réductions supplémentaires et exceptionnelles.

a Le crédit de réduction de peine

1788 — Caractère automatique du crédit de réduction de peine. Le bénéfice de ce crédit de réduction de peine, calculé sur la durée de la condamnation, est octroyé de plein droit à tout condamné – à l'exception de ceux qui auraient été condamnés pour une infraction liée au terrorisme –, lui permettant ainsi, le jour où il entre en prison, de connaître la date prévisible de sa libération (CPP, art. 721).

1789 — Calcul du crédit pour une condamnation inférieure à un an ou pour la partie de la peine inférieure à une année entière. Le crédit est de sept jours par mois sans que le total puisse excéder deux mois.

1790 — Calcul du crédit pour une condamnation égale ou supérieure à un an. Le crédit est de trois mois pour la première année et deux mois pour les années suivantes.

1791 — Abrogation des dispositions spécifiques aux récidivistes. Animée par le souci majeur de favoriser l'individualisation, la loi de 2014 a abrogé les dispositions plus sévères qui encadraient hier le crédit de réduction de peines pour les récidivistes. Ces derniers voient leurs réductions de peines globalement augmenter de 50 %. Comme on l'a noté, chaque médaille ayant son revers, ils peuvent être aujourd'hui soumis à une surveillance d'une durée nettement plus longue que celle d'hier.

Griffon-Yarza L., « Nouveau régime des réductions de peines : une grâce législative accordée aux seuls récidivistes », Dr. pén. 2015, p. 17.

1792 — Retrait partiel ou total du crédit par le juge de l'application des peines. Le retrait peut être décidé par le juge en cas de mauvaise conduite en détention (hypothèse générale), de refus du condamné de se soumettre à un traitement ou de suivi irrégulier du traitement accepté (hypothèses qui dépendent de l'infraction pour laquelle la condamnation a été prononcée).

1793 — Comparution de la personne concernée. Alors qu'elle estime habituellement que l'article 6 de la Convention européenne des droits de l'Homme ne concerne pas l'application des peines, la Chambre criminelle a rendu une décision qui semble admettre son applicabilité au contentieux lié au retrait de crédit de réduction de peine. Si elle écarte pour la procédure concernée toute atteinte aux garanties du procès équitable, il est envisageable que l'empreinte européenne va marquer, en ce domaine, les décisions prochaines. Témoin, l'arrêt rendu le même jour, avec une issue totalement opposée, en matière de retrait de libération conditionnelle (v. *infra*, nº 1827).

Cass. crim., 15 avril 2015 : AJ pénal 2016, p. 126, Falxa, « Clairs-obscurs d'une œuvre jurisprudentielle pointilliste : de l'applicabilité des articles 6 et 7 de la Convention européenne des droits de l'homme au droit de l'exécution des peines ». Voir également, Cass. crim., 1er mars 2015 : Dr. pén. 2016, chron. 3, Bonis-Garçon, « un an de droit de la peine ».

CE, 24 octobre 2014 : AJ pénal 2015, p. 39 note Céré : « les décisions de retrait de la réduction de peine... doivent être regardées comme relevant de la matière pénale, au sens des stipulations de l'article 6 ».

1794 — Retrait partiel ou total du crédit par la juridiction de jugement. L'hypothèse vise le cas où l'intéressé commet un nouveau crime ou délit après sa libération, pendant la période correspondant à la réduction.

b Les réductions de peine supplémentaires

1795 — Justifications des réductions de peine supplémentaires. Elles s'ajoutent au crédit de peine au profit des condamnés qui manifestent des efforts sérieux de réadaptation sociale. Si l'octroi d'une réduction supplémentaire de peine est subordonné à l'appréciation des efforts de réadaptation sociale du condamné par le juge de l'application des peines, il n'est pas nécessaire que le détenu en ait fait la demande ni le l'ait acceptée.

Cass. crim., 8 juin 2016, FS-P+B, nº 15-84205 : « Le président de la chambre de l'application des peines n'a fait qu'user du pouvoir d'appréciation que lui confère l'article 721-1 du Code de procédure pénale, lequel ne subordonne pas l'octroi d'une réduction supplémentaire de peine à la demande du condamné, ni même à son acceptation de celle-ci... ».

1796 — Exemples susceptibles d'ouvrir une réduction de peine supplémentaire. Il peut en être ainsi lorsque la personne passe avec succès un examen scolaire, universitaire ou professionnel qui traduit l'acquisition de connaissances nouvelles, lorsqu'elle justifie de réels progrès dans le cadre d'un enseignement ou d'une formation, ou lorsqu'elle suit une thérapie destinée à limiter les risques de récidive ou qu'elle s'efforce d'indemniser les victimes (CPP, art. 721-1).

1797 — Ajout de la loi de 2014. La loi relative à l'individualisation des peines et renforçant l'efficacité des sanctions pénales a complété la liste des actions pouvant ouvrir une réduction de peine. Il en va ainsi lorsque la personne s'investit dans l'apprentissage de la lecture ou participe à des activités culturelles.

1798 — Aparté sur l'atelier lecture. Proposée puis écartée des débats parlementaires, la référence à l'atelier lecture a, sur le vote final, été réintroduite. On comprend mieux cette mesure en prenant acte des données régulièrement rapportées qui font état d'un niveau d'illettrisme avoisinant les 30 % parmi les personnes détenues.

1799 — Calcul de la réduction en cas de condamnation inférieure à un an ou pour la partie de la peine inférieure à une année entière. Le crédit, par mois d'incarcération, est de sept jours.

1800 — Calcul de la réduction en cas de condamnation égale ou supérieure à un an. Le crédit, par année d'incarcération, est de trois mois pour les délinquants.

1801 — Abrogation des dispositions spécifiques aux récidivistes. À l'instar des réductions de peines « principales », la loi de 2014 a abrogé les dispositions plus sévères qui encadraient hier le crédit de réduction de peines supplémentaires pour les récidivistes.

> Cass. crim., 16 déc. 2015 (2 arrêts). Incontestablement plus douces, « les réductions supplémentaires de peines relatives aux périodes d'incarcération subies par les condamnés en état de récidive, examinées postérieurement au 1er janvier 2015, date d'entrée en vigueur de la loi du 15 août 2014, doivent être calculées exclusivement selon les modalités plus favorables prévues par le dispositif légal en vigueur ». Bonis-Garçon E., « Application transitoire des règles de calcul des réductions supplémentaires de peine », Dr. pén. 2016, comm. 39.

1802 — Absence de réduction supplémentaire. En cas de condamnation prononcée pour un crime ou un délit pour lequel le suivi sociojudiciaire est encouru et en cas de refus du traitement proposé ou d'un suivi non régulier du traitement, il n'y a pas d'octroi de réduction supplémentaire sauf si le juge de l'application des peines en décide autrement.

c Les réductions de peine exceptionnelles

1803 — Réduction de peine pour le repenti. Depuis le 1er janvier 2005, une réduction de peine exceptionnelle, dont le quantum peut aller jusqu'au tiers de la peine, peut être prononcée en faveur des condamnés repentis dont les déclarations ont permis de faire cesser ou d'éviter la commission d'une infraction relevant de la criminalité organisée (CPP, art. 721-3).

1804 — Réduction du temps d'épreuve pour le repenti. Lorsque le repenti est condamné à la réclusion criminelle à perpétuité, une réduction exceptionnelle du temps d'épreuve lui permettant d'accéder au bénéfice de la libération peut lui être accordée dans la limite de cinq années. Ces réductions sont accordées par le tribunal de l'application des peines.

2 La libération conditionnelle

1805 — Origine historique de la libération conditionnelle. Instituée par une loi du 14 août 1885, la libération fut l'une des toutes premières mesures d'individualisation de la peine privative de liberté, réservée alors aux « condamnés qui en auront été dignes ».

1806 — Évolution législative. Depuis 1885, elle a fait l'objet de nombreuses réformes : lois du 15 juin 2000, du 9 mars 2004, du 12 décembre 2005, du 10 août 2007, du 25 février 2008, du 10 mars 2010 et du 27 mars 2012.

1807 — Définition de la libération conditionnelle. Le condamné à une peine privative de liberté quelle qu'elle soit (réclusion, détention, emprisonnement), sous réserve d'une période de sûreté, peut bénéficier d'une libération anticipée lui permettant de finir son temps d'incarcération sous le régime de la liberté.

a Les conditions à l'octroi de la libération conditionnelle

1808 — Efforts sérieux de réadaptation sociale. Le condamné bénéficiaire doit pouvoir justifier soit de l'exercice d'une activité professionnelle, d'une formation professionnelle, d'un stage ou d'un emploi temporaire, soit de sa participation essentielle à la vie de la famille, soit de la nécessité de subir un traitement, soit de ses efforts pour indemniser la victime, soit encore de son implication dans tout autre projet sérieux d'insertion ou de réinsertion (CPP, art. 729, al. 2 et s.).

1809 — Peine partiellement exécutée. Le condamné doit avoir déjà purgé une partie de sa peine, autrement appelée « temps d'épreuve » (CPP, art. 729, al. 8).

1810 — Temps d'épreuve pour une condamnation à une peine à temps. Pour les non-récidivistes, la durée est de la moitié de la peine prononcée, dans la limite de quinze ans (vingt ans pour les récidivistes) et des deux tiers de la peine prononcée.

1811 — Temps d'épreuve pour une condamnation à la réclusion criminelle à perpétuité. Pour les non-récidivistes, la durée est de dix-huit ans (vingt-deux ans pour les récidivistes).

1812 — Pas de temps d'épreuve pour le titulaire de l'autorité parentale. Pour le condamné qui exerce l'autorité parentale sur un enfant de moins de 10 ans ayant sa résidence habituelle chez lui, la libération conditionnelle peut être accordée dès lors que la peine prononcée ou restant à subir est au plus égale à quatre ans (CPP, art. 729-3). Cette disposition, toutefois, ne bénéficie pas aux personnes condamnées pour un crime ou un délit commis sur mineur, ou pour une infraction commise en récidive.

1813 — Pas de temps d'épreuve pour la femme enceinte. Les dispositions relatives au titulaire de l'autorité parentale ont été étendues par la loi de 2014 à la femme enceinte de plus de douze semaines.

1814 — Pas de temps d'épreuve pour le condamné de plus de 70 ans. Introduite en 2009, la mesure peut être octroyée dès lors que la réinsertion est assurée (prise en charge adaptée ou hébergement assuré à la sortie), à moins qu'il n'y ait un risque grave de renouvellement de l'infraction ou que la libération soit susceptible de causer un trouble grave à l'ordre public (CPP, art. 729).

1815 — Pas de libération conditionnelle en cas de refus du traitement proposé. Pour les condamnés pour un crime ou un délit pour lequel le suivi sociojudiciaire est encouru, la libération conditionnelle ne peut être accordée s'ils ont refusé, pendant leur incarcération, de suivre les traitements proposés, ou s'ils n'ont pas suivi régulièrement leur traitement. Il en va de même s'ils ne s'engagent pas à suivre le traitement après leur libération.

1816 — Cas particulier pour certains délinquants étrangers. La libération conditionnelle est parfois subordonnée à l'obligation de quitter le territoire français ou à l'interdiction d'y revenir ou encore à une mesure de reconduite à la frontière, d'expulsion, d'extradition ou de remise sur le fondement d'un mandat d'arrêt européen.

1817 — Avis préalable d'une commission d'experts. Pour certains condamnés, la libération conditionnelle, réservée, par dérogation, à la seule compétence du tribunal de l'application des peines, suppose au préalable l'avis d'une commission pluridisciplinaire (réunissant magistrat, avocat, fonctionnaires d'État, deux experts, l'un psychologue, l'autre psychiatre, et un représentant d'une association nationale d'aide aux victimes) se prononçant sur la dangerosité de l'intéressé.

1818 — Exigence du consentement de la personne concernée. Pour toute libération conditionnelle, le condamné doit donner son consentement (CPP, art. D. 531). La solution se justifie principalement par le fait que la libération s'accompagne de mesures d'assistance, de contrôle et éventuellement d'obligations particulières et de mesures de surveillance.

1819 — Mesures d'assistance. Il s'agit d'aide psychologique et/ou matérielle afin de seconder le condamné dans ses efforts de réadaptation familiale et professionnelle (CPP, art. D. 532).

1820 — Mesures de contrôle. L'autorisation préalable du juge est requise avant des changements de résidence ou des déplacements (CPP, art. D. 534). Plus largement, on retrouve les mesures liées au sursis avec mise à l'épreuve (C. pén., art. 132-44).

1821 — Obligations particulières. Le bénéficiaire doit avoir satisfait à une épreuve de semi-liberté, de placement à l'extérieur ou au bracelet électronique. Il peut aussi s'agir des interdictions prévues par l'article 131-36-2 du Code pénal relatif au suivi sociojudiciaire (CPP, art. D. 535 et D. 536) et, de manière plus large, celles liées au sursis avec mise à l'épreuve (C. pén., art. 132-45).

1822 — Mesures de surveillance. Elles visent ceux qui ont été condamnés pour une infraction faisant encourir le suivi sociojudiciaire : injonction de soins et surveillance électronique mobile (CPP, art. 731-1).

1823 — Compétence du juge de l'application des peines. Il est compétent pour décider de la libération conditionnelle lorsque la peine prononcée est égale ou inférieure à dix ans, ou lorsque, quelle que soit la peine initialement prononcée, la peine restant à subir est égale ou inférieure à trois ans. Cette décision est susceptible d'un appel devant la Chambre de l'application des peines.

1824 — Compétence du tribunal de l'application des peines. Le tribunal est compétent dans les hypothèses qui échappent au juge de l'application des peines. Les décisions rendues par le tribunal sont également susceptibles d'appel devant la Chambre de l'application des peines.

b Les conditions au maintien de la libération conditionnelle

1825 — Respect des obligations. Le maintien de la libération conditionnelle suppose, outre l'accomplissement des obligations et mesures susmentionnées, que le condamné libéré n'ait ni fait preuve d'« inconduite notoire » ni commis une nouvelle infraction.

1826 — Révocation possible de la libération conditionnelle. Elle peut être révoquée, sans qu'il y ait d'automaticité en la matière, par l'autorité qui l'avait octroyée, par le juge de l'application des peines, par le tribunal de l'application des peines ou par la Chambre de l'application des peines.

1827 — Le condamné doit avoir été mis en mesure de comparaître à l'audience. Tel est le message, sous forme de cassation, que vient de délivrer la Chambre criminelle au visa des articles 6 de la Convention européenne des droits de l'homme, et des articles préliminaire et 733 du Code de procédure pénale.

> Cass. crim., 15 avril 2015. « Attendu qu'il se déduit de ces textes que le respect des principes du contradictoire et de l'équilibre des droits des parties interdit à la chambre de l'application des peines prononçant sur une demande de révocation de libération conditionnelle de statuer sans que le condamné qui en fait la demande eut été mis en mesure de comparaître à l'audience... Attendu que Mme X... n'a pas été avertie de son droit à demander sa comparution devant la juridiction d'appel pour se défendre des inobservations reprochées aux mesures énoncées dans la décision de libération conditionnelle ; Mais attendu qu'en statuant ainsi, la chambre de l'application des peines a méconnu les textes et principe ci-dessus rappelés... »
>
> Herzog-Evans M., « Révocation d'un aménagement de peine : comparution obligatoire en appel », AJ pénal 2015, p. 270.

1828 — Conséquences de la révocation. Dans tous les cas, la révocation, qui peut être limitée à une partie de la peine restant à subir, oblige le condamné à effectuer tout ou partie de la fraction de la peine non exécutée sans qu'il puisse y avoir de confusion possible avec la sanction nouvellement prononcée pour l'infraction commise pendant son temps de liberté.

C | L'issue triomphante de la période de libération conditionnelle

1829 — Peine réputée exécutée. En l'absence de révocation, la libération conditionnelle devient définitive. Le condamné est définitivement libéré et sa peine est réputée terminée depuis le jour de sa libération.

1830 — Conséquences sur la récidive. Le jour de la libération est le seul à devoir être pris en compte comme point de départ de la récidive. Contrairement au sursis couronné de succès, une libération conditionnelle réussie n'entraîne pas l'effacement de la condamnation pour l'avenir. Elle compte ainsi comme premier terme de la récidive et peut être un obstacle à l'octroi d'un sursis.

3 | La libération sous contrainte

1831 — Définition. Issue de la loi du 15 août 2014 et entrée en vigueur au 1er janvier 2015, la libération sous contrainte est une nouvelle procédure qui modifie les modalités de fin d'exécution des peines. Qualifiée de

« nouvel oxymore juridique », la libération sous contrainte prend place dans un environnement pénal qui malmène depuis longtemps la notion de liberté – qui, on le sait, peut déjà être conditionnelle ou partielle avec la semi-liberté.

Griffon-Yarza L., « La libération sous contrainte, un nouvel oxymore juridique », AJ pénal 2015, p. 80.

1832 — Objectif législatif affiché. Énième mesure visant à réduire le nombre de personnes incarcérées, la libération sous contrainte succède aux différentes procédures simplifiées d'aménagement des peines. Pour l'occasion, le législateur a abrogé les dispositions relatives à la Sefip (surveillance électronique de fin de peine : CPP, art. 723-28) et aux Psap (procédures simplifiées d'aménagement des peines : CPP, art. 723-14, 723-19 et 723-27). L'article 720 du Code de procédure pénale dicte donc seul aujourd'hui les règles relatives à la libération sous contrainte.

1833 — Largesse des conditions d'application. Les conditions d'application de la libération sous contrainte s'affichent avec une réelle générosité, qu'il s'agisse tant des conditions liées à la durée des peines portées à l'écrou ou déjà accomplies, que de celles liées à la durée de la peine restant à accomplir. La singularité n'est somme toute qu'apparente puisque l'objectif affiché est, encore fois, de réduire le nombre de personnes incarcérées. Comme il a été écrit avec pertinence, « la fin justifiant les moyens, plus on veut libérer, moins il faut d'obstacles ». La mesure concerne tant les majeurs que les mineurs. Elle peut s'appuyer sur des peines de réclusion criminelle comme sur des peines d'emprisonnement. Autrement dit, les crimes et les délits sont concernés.

1834 — Conditions liées à la durée de la peine prononcée. Pour prétendre bénéficier de la libération sous contrainte, la personne condamnée doit exécuter une ou plusieurs peines privatives de liberté d'une durée totale inférieure ou égale à 5 ans (CPP, art. 720, al. 1). Contrairement au calcul effectué naguère pour les autres mesures (Sefip et Psap), l'interprétation du texte conduit à prendre en compte uniquement le total des peines fermes d'emprisonnement. Les peines prononcées avec sursis n'entrent pas en comptabilité. À l'évidence, et sans être expert en calcul, on mesure aisément que le nombre des condamnés pouvant bénéficier de cette nouvelle mesure va être assez important. En revanche, la mesure ne peut être mise en œuvre lorsque la personne bénéficie déjà d'un aménagement de peine. En effet, la loi a entendu ici créer une nouvelle mesure, et non pas un outil de passage d'un aménagement de peine à un autre.

1835 — Conditions liées à la durée de la peine déjà exécutée. Lorsque la durée de la peine accomplie est au moins égale au double de la durée de la peine restant à subir, la situation de la personne condamnée est examinée par le juge de l'application des peines (CPP, art. 720, al. 1). Ainsi, la personne condamnée doit avoir déjà exécuté au moins les deux tiers de la ou des peines prononcées. Comme il convient de tenir compte des réductions de peines, la libération sous contrainte pourra être mise en œuvre en pratique avant la mi-peine prononcée.

1836 — Absence de condition liée à la durée de la peine restant à exécuter. Le législateur n'a fixé aucun seuil minimal au-deçà duquel la libération sous contrainte ne peut être mise en œuvre. Comme il a été souligné, cela signifie concrètement qu'une personne condamnée à une peine d'un mois d'emprisonnement est éligible après 15 jours d'incarcération.

1837 — Caractère systématique de l'examen de la situation du détenu. C'est avec la volonté de réduire sensiblement le nombre de « sorties sèches » que la réforme pénale a prévu, dans le cadre de l'exécution de la peine, une période de préparation à la sortie. En somme, il s'agit d'un rendez-vous judiciaire obligatoire. L'examen de la situation du détenu est en effet systématique dès lors que le condamné est éligible à la libération sous contrainte. Le juge de l'application des peines est, bien évidemment, compétent ici (CPP, art. 720, al. 1).

> « S'il n'est pas procédé à l'examen de la situation de la personne condamnée conformément aux dispositions du premier alinéa du présent article, le président de la chambre de l'application des peines de la cour d'appel peut, d'office ou sur saisine de la personne condamnée ou du procureur de la République, prononcer une mesure de libération sous contrainte dans les conditions prévues au deuxième alinéa » (CPP, art. 720, al. 4).

1838 — Nécessité de l'accord du condamné. Il ressort des termes de l'article 720 du Code de procédure pénale (al. 2) que la personne condamnée doit donner son accord pour bénéficier d'une mesure de libération sous contrainte. La condition est présentée comme une condition de fond indispensable. Pour autant, le détenu ne sera pas nécessairement entendu. Le condamné ne peut pas solliciter sa comparution, seul le juge de l'application des peines peut l'ordonner. Faute de débat contradictoire, on peut s'interroger sur le respect des règles entourant les principes qui visent à assurer le respect d'une procédure pénale équitable.

1839 — Suite de l'examen de la situation du détenu. À l'issue de cet examen en commission de l'application des peines, le juge de l'application des peines peut, par ordonnance motivée, décider ou refuser de prononcer une mesure de libération sous contrainte. La loi a toutefois prévu que l'audition de la personne soit possible. Le juge peut ainsi ordonner la comparution de la personne condamnée devant la commission de l'application des peines afin d'entendre ses observations et, le cas échéant, celles de son avocat (ce dernier pouvant transmettre des observations écrites au juge de l'application des peines). Ainsi, c'est bien l'examen de la situation qui est automatique, et absolument pas la libération sous contrainte, qui est systématiquement prononcée.

1840 — Effets du prononcé de la libération sous contrainte. La libération sous contrainte entraîne l'exécution du reliquat de peine sous le régime – selon la décision prise par le juge de l'application des peines – de la semi-liberté, du placement à l'extérieur, du placement sous surveillance électronique ou de la libération conditionnelle. Pour les conséquences de l'inobservation de ces mesures, le législateur renvoie à celles déjà prévues par le Code de procédure pénale.

1841 — Aparté. On peut noter, toutefois, quelques désillusions sous la plume d'un auteur particulièrement initié. Parmi celles-ci, on relève que le juge de l'application des peines pourra ainsi, le cas échéant, prendre sa décision sans projet d'insertion ou de réinsertion. On peut donc relire, non sans ironie, l'intitulé de la loi n° 2014-896 du 15 août 2014, dans lequel l'individualisation de la peine et l'efficacité des sanctions pénales étaient pourtant nettement affichées.

Griffon-Yarza L., « La libération sous contrainte, un nouvel oxymore juridique », AJ pénal 2015, p. 80.

4 La suspension des peines privatives de liberté

1842 — Précisions. Le Code pénal distingue deux situations différentes. La première est réservée aux délits, la seconde s'émancipe de toutes considérations liées à la nature de la peine prononcée pour encadrer les dispositions relatives aux détenus gravement malades.

a La suspension et le fractionnement des peines en matière correctionnelle

1843 — Principe de la suspension et du fractionnement. En matière correctionnelle, la peine peut être suspendue ou fractionnée pour motif d'ordre médical, familial, professionnel ou social pendant une période qui ne peut excéder quatre années. Aucune des fractions ne peut être inférieure à deux jours.

1844 — Conditions liées à la durée de la peine restant à exécuter. La mesure de suspension ou de fractionnement est possible lorsqu'il reste à subir pour la personne condamnée une peine d'emprisonnement inférieure à deux ans. Ce seuil a été porté, par la loi de 2014, à quatre ans lorsque la suspension pour raison familiale s'applique soit à une personne condamnée exerçant l'autorité parentale sur un enfant de moins de dix ans ayant chez ce parent sa résidence habituelle, soit à une femme enceinte de plus de douze semaines (CPP, art. 720-1).

1845 — Encadrement de la mesure. Le juge d'application des peines est ici évidemment compétent. Il peut soumettre le condamné, qui bénéficie d'une mesure de suspension ou de fractionnement, à une ou plusieurs obligations liées au régime de la mise à l'épreuve. L'article 720-1 du Code de procédure pénale renvoie ici expressément aux articles 132-44 et 132-45 du Code pénal.

b La suspension de peine pour les détenus gravement malades

1846 — Apport de la loi du 4 mars 2002. Cette loi, retouchée en 2014, relative aux droits des malades et à la qualité du système de santé prévoit qu'une suspension de la peine peut être accordée aux condamnés dont il est établi qu'ils sont atteints d'une pathologie engageant leur pronostic vital ou dont l'état de santé physique ou mentale est durablement incompatible avec le maintien en détention (CPP, art. 720-1-1).

1847 — Condition à la suspension de peine. La suspension ne peut être accordée que si une expertise médicale a établi que le condamné se trouve effectivement dans l'une ou l'autre des situations prévues par la loi. En cas d'urgence, toutefois, le seul certificat médical établi par le médecin de l'établissement suffit.

1848 — Mesure de suspension écartée en cas de risque de récidive. Depuis la loi du 12 décembre 2005, alors que les conditions médicales précitées sont réunies, la suspension de la peine est exclue « s'il existe un risque grave de renouvellement de l'infraction ».

1849 — Exigence du suivi de la personne bénéficiaire. Depuis la loi du 12 décembre 2005, une nouvelle expertise doit intervenir à intervalles de six mois toutes les fois que la suspension de peine a été ordonnée pour une condamnation prononcée en matière criminelle. Avant cette loi, le juge de l'application des peines appréciait librement de l'opportunité d'une telle expertise.

1850 — Compétence du juge de l'application des peines. Il est compétent pour décider de la suspension de la peine en cas d'urgence ou lorsque la peine prononcée est égale ou inférieure à dix ans, ou lorsque, quelle que soit la peine initialement prononcée, la peine restant à subir est égale ou inférieure à trois ans. Cette décision est susceptible d'un appel devant la Chambre de l'application des peines.

1851 — Compétence du tribunal de l'application des peines. Le tribunal est compétent dans les hypothèses qui échappent au juge de l'application des peines. Les décisions rendues par le tribunal sont également susceptibles d'appel devant la Chambre de l'application des peines.

1852 — Obligations pouvant encadrer la suspension. La personne bénéficiant d'une telle suspension peut être soumise aux mesures de contrôle et obligations ou interdictions particulières qui assortissent le sursis avec mise à l'épreuve (CPP, art. 720-1-1 et C. pén., art. 132-44 et 132-45).

1853 — Sanction du non-respect des obligations prescrites. Le non-respect peut conduire à la décision de mettre fin à la mesure. Il en est de même si les conditions de la suspension ne sont plus réunies. Au-delà de l'obligation susvisée, le juge peut à tout moment ordonner une nouvelle expertise médicale.

1854 — Suspension de peine débouchant sur une libération conditionnelle. Complété par la loi de 2014, l'article 729 du Code de procédure pénale prévoit qu'une libération conditionnelle puisse être accordée si, à l'issue d'un délai de trois ans après l'octroi de la mesure de suspension, une nouvelle expertise établit que l'état de santé physique ou mentale de la personne est toujours durablement incompatible avec le maintien en détention. Le condamné doit pouvoir justifier d'une prise en charge adaptée à sa situation. Aucune condition quant à la durée de la peine accomplie n'est ici exigée.

CHAPITRE 3

L'extinction de la peine et l'effacement de la condamnation

1855 — Extinction « normale » de la peine. Poursuivant une pensée un peu simpliste (peut-être un peu répressive), on pourrait imaginer que seule l'exécution effective de la peine puisse conduire à son extinction. La sanction ayant été prononcée pour être subie, la seule situation « normale » de la disparition de la peine serait son entière exécution.

SECTION 1 Extinction de la peine sans effacement de la condamnation

1856 — Plan de section. Trois mesures, aux contours et effets différents, méritent d'être notées : la prescription, la grâce et le relèvement.

I La prescription

1857 — Définition de la prescription. L'inexécution de la sanction pendant un certain temps entraîne son extinction. La solution, pour paraître singulière, n'en reflète pas moins la définition de la prescription. Celle-ci s'opère par l'écoulement d'un certain délai et fait obstacle à l'exécution de la peine prononcée (C. pén., art. 133-2 et s.).

1858 — Réserves sur le bien-fondé de la prescription. Assez naturellement, parce qu'elle peut se révéler un redoutable allié des délinquants les plus astucieux pour échapper aux recherches policières, la prescription est loin de faire l'unanimité. Elle n'en compte pas moins à son actif de nombreux avantages.

1859 — Justifications du bien-fondé de la prescription. On compte souvent ici, parfois de manière assez singulière, la sanction de l'inertie et de la carence des autorités chargées de l'exécution ; l'apaisement de l'opinion publique qui serait contrariée par une mise en exécution tardive de la peine pour une infraction dont le souvenir s'est déjà le plus souvent estompé ; un instrument de politique criminelle puisque la prescription suppose que le délinquant, soucieux de se faire oublier, ait eu pendant des années une conduite irréprochable.

Griffon L., « Prescription de la peine : de la prescription sans fin à la fin de la prescription », AJ pénal 2012, p. 462.

A Les délais de prescription de la peine

1860 — Variation des délais de prescription selon la nature de l'infraction. Sans aucun regard sur la peine prononcée, la prescription des peines s'appuie sur le principe de la classification tripartite des infractions :
- la prescription est de vingt ans pour les crimes ;
- la prescription est de six ans pour les délits ;
- la prescription est de trois ans pour les contraventions (C. pén., art. 133-2 à 133-4).

1861 — Point de départ du délai de prescription. Le point de départ du délai, quelle que soit sa durée, se situe, selon la loi, au jour où la décision de condamnation est devenue définitive, c'est-à-dire insusceptible de recours.

1862 — Causes d'interruption et de suspension du délai de prescription. Dans le silence des textes (seul l'article 707-1 du Code de procédure pénale fait référence, dans une formule très large, aux actes interruptifs), ces causes ont été précisées par la jurisprudence. L'interruption du délai, remettant « le compteur à zéro », fait courir un nouveau délai, de même durée que le précédent. La suspension permet uniquement que le cours du délai soit arrêté, celui-ci reprenant là où il avait été stoppé une fois la cause de suspension disparue.

1863 — Peines susceptibles de prescription. Toutes les peines sont susceptibles de se prescrire quelle que soit leur nature (peines ou mesures de sûreté), leur qualification (peines principales et peines complémentaires) ou leur objet (peines privatives de liberté ou peines pécuniaires).

1864 — Peines insusceptibles de prescription. Il s'agit des peines dont l'exécution résulte automatiquement de la condamnation, sans nécessité de recourir à un acte positif de l'autorité pour être amenées à exécution. Ainsi en est-il des peines privatives ou restrictives de droits comme une interdiction professionnelle.

1865 — Imprescriptibilité des crimes contre l'humanité. Elle concerne aussi bien l'action publique que les peines prononcées (C. pén., art. 133-2, dernier al.).

B Les effets attachés à la prescription

1866 — Extinction de la peine. La prescription est une cause d'extinction bien comprise de la peine en sorte qu'elle ne peut être ramenée à exécution. La prescription est un obstacle absolu puisque, étant d'ordre public, elle doit être relevée d'office par les juges sans que la personne condamnée puisse y renoncer.

1867 — Maintien de la condamnation. Les effets de la prescription ne sont pas absolus. Sur le plan pénal, la condamnation demeure inscrite au casier judiciaire de l'intéressé, elle compte comme premier terme de la récidive et peut faire obstacle au bénéfice d'un sursis.

II La grâce

1868 — Caractère du droit de grâce. Le droit de grâce était l'un des droits régaliens des anciens rois de France.

1869 — Droit de grâce et peine de mort. Le président de la République était tenu par la loi d'examiner le cas de chaque condamné à mort. L'exécution ne pouvait avoir lieu qu'une fois le recours en grâce rejeté. Sur ce rejet, la mention indiquant que le chef de l'État « décide de laisser la justice suivre son cours » équivalait à un ordre d'exécution.

1870 — Définition de la grâce. La grâce est un moyen dont dispose le pouvoir exécutif pour dispenser un condamné d'exécuter tout ou partie de la peine prononcée par le juge ou pour y substituer une peine moins lourde (Omar Raddad, condamné en 1994 pour meurtre, a bénéficié d'une grâce présidentielle partielle en 1998).

> « Le président de la République a le droit de faire grâce à titre individuel » (Const., art. 17).

A Le domaine de la grâce

1871 — Caractère général du droit de grâce. Il ne comporte aucune limite quant aux personnes et concerne toutes les peines sans distinction, de la plus légère amende contraventionnelle à la réclusion criminelle à perpétuité, de la peine principale à la peine complémentaire.

1872 — Caractère arbitraire dans son principe. La décision du président de la République, non motivée, ne peut faire l'objet d'aucun recours.

1873 — Caractère arbitraire dans sa mesure. La grâce peut être totale, partielle (réduction gracieuse de la peine) ou substitutive lorsque la peine prononcée est remplacée par une autre. On parle alors de « commutation de peine ». Elle peut aussi être pure et simple, ou conditionnelle lorsque son bénéfice est subordonné à certaines exigences (indemnisation de la victime, paiement d'une amende).

1874 — Caractère nécessairement individuel. Depuis la loi constitutionnelle du 23 juillet 2008, le droit de grâce ne peut plus être exercé qu'« à titre individuel ». Cette précision met donc fin à la pratique de la grâce collective qui était accordée indistinctement à tous les condamnés frappés d'un certain type de peine.

> Poncela P., « Les grâces collectives à la recherche d'une identité », RSC 2005, p. 926 ; Roujou de Boubée G., « Disparition des grâces collectives depuis la loi constitutionnelle n° 2008-724 du 23 juillet 2008 », D. 2009, pan. 126.

1875 — Condamnations échappant à la grâce. Il n'y a qu'une seule condition de fond qui restreigne cette mesure de clémence, celle de la nécessité d'une condamnation irrévocable et exécutive. Sont donc exclues les condamnations assorties du sursis, les condamnations amnistiées, et celles prescrites.

B Les effets de la grâce

1876 — Dispense d'exécution de la peine. C'est bien évidemment le principal effet de la grâce prononcée. Elle n'a d'autre effet que de dispenser, entièrement ou partiellement, celui qui en fait l'objet d'exécuter sa peine.

> « La grâce emporte seulement dispense d'exécuter la peine » (C. pén., art. 133-7).

1877 — Maintien de la condamnation. La condamnation, non effacée, demeure inscrite au casier judiciaire, compte toujours pour la récidive et constitue un obstacle potentiel pour le sursis.

1878 — Préservation des droits des victimes. À l'égal de ce qui a été dit à propos de la prescription, la grâce ne saurait nuire au droit de la victime d'obtenir réparation du préjudice causé par l'infraction (C. pén., art. 133-8).

III Le relèvement

1879 — Définition du relèvement. Derrière la terminologie se cache une décision par laquelle la juridiction peut effacer les mesures d'interdictions, de déchéance, d'incapacité et de publication résultant de la condamnation.

1880 — Peines concernées par le relèvement. La décision concerne les peines accessoires (C. pén., art. 132-21), les peines complémentaires (CPP, art. 702-1 et 703) ainsi que la peine de suivi sociojudiciaire (CPP, art. 763-6). Elle ne peut jamais viser la peine principale et laisse intacte la condamnation.

1881 — Relèvement immédiat. Il en va ainsi lorsque le relèvement est accordé au moment même de la condamnation par la juridiction de jugement (cas des peines accessoires).

1882 — Relèvement différé. Il en va ainsi lorsque le tribunal fait droit à une demande présentée par le condamné après la condamnation.

1883 — Conditions du relèvement différé. La demande n'est recevable qu'à l'issue d'un délai de six mois après la condamnation. En cas de refus, elle ne peut être réitérée tous les six mois. Le délai est écarté si la demande de relèvement vise une peine accessoire.

> Cass. crim., 13 janv. 2016 : Dr. pén. 2016, comm. 53, Bonis-Garçon : « le délai de six mois, à l'issue duquel la demande en relèvement des interdictions, déchéances ou incapacités ou mesures de publication prononcées à titre de peine complémentaire... a pour point de départ le jour où la décision ayant prononcé cette peine est devenue définitive ».

1884 — Compétence judiciaire. La juridiction compétente est celle qui a prononcé la condamnation. En cas de pluralité de condamnations, la dernière juridiction qui a statué est compétente. Si la condamnation émane d'une cour d'assises, la compétence revient à la Chambre de l'instruction.

1885 — Compétence nouvellement reconnue aux juridictions de l'application des peines. Saisies d'une demande d'aménagement, elles peuvent accorder le relèvement d'une interdiction d'exercer une profession ou une activité. La mesure est possible si l'interdiction résulte de plein droit de la condamnation ou si elle a été prononcée à titre de peine complémentaire (CPP, art. 712-22).

SECTION 2 Extinction de la peine et effacement de la condamnation

1886 — Plan de section. Deux situations différentes méritent d'être rappelées. La première concerne les effets du décès ou de la disparition, la seconde, plus complexe, est relative aux effets de l'amnistie.

I Le décès ou la disparition

1887 — Précision. Dans son principe comme dans ses limites, c'est l'effet extinctif de la condamnation qui guide le raisonnement.

A Le principe de l'effet extinctif

1888 — Vocabulaire. Le décès concerne les personnes physiques, la disparition, les personnes morales.

1 Décès du condamné

1889 — Conséquences du décès du condamné. Le décès du condamné entraîne l'extinction de la peine et l'effacement de la condamnation au casier judiciaire (C. pén., art. 133-1).

1890 — Absence de transmissibilité de la peine aux héritiers. Le principe de la personnalité des peines s'oppose à ce que l'exécution puisse être poursuivie à l'encontre des héritiers de l'auteur de l'infraction. Souvent citée, la vieille maxime reste encore d'actualité : « le crime ou la peine du père ne peuvent imprimer aucune souillure à son fils ».

2 Disparition de la personne morale

1891 — Conséquences de la disparition de la personne morale. Dans le même mouvement que pour la personne physique, le législateur énonce que la disparition de la personne morale empêche l'exécution de la peine (C. pén., art. 133-1). Le Code précise toutefois que la solution s'inverse si la dissolution a été prononcée par la juridiction pénale.

B Les limites de l'effet extinctif

1892 — Réserves législatives permettant la transmissibilité des peines aux héritiers. L'article 133-1 du Code prévoit qu'il puisse être procédé, après le décès du condamné, au recouvrement de l'amende et des frais de justice ainsi qu'à l'exécution de la confiscation. De même, le cas échéant, le versement des dommages et intérêts reste dû.

1893 — Critiques doctrinales sur la transmissibilité des peines aux héritiers. Présentée comme manifestement contraire au principe de la personnalité des peines, la transmission aux héritiers a été vivement critiquée par la doctrine avant même l'entrée en vigueur du Code pénal.

Buffeteau P., « De la transmission des peines par voie successorale, ou l'article 133-1 du nouveau Code pénal », RSC 1992, p. 729.

1894 — Justifications avancées en faveur de la transmission des peines. Interrogé sur le principe de la transmissibilité de l'amende lors d'une question écrite à l'Assemblée nationale, le garde des Sceaux a eu l'opportunité de rappeler que la solution se fondait sur les dispositions de l'article 870 du Code civil selon lesquelles « *les cohéritiers contribuent entre eux au paiement des dettes et charges de la succession...* »

JOAN Q, 23 sept. 1991, n° 37 ; Dr. pén. 1992, chron. n° 53.

1895 — Réserves législatives permettant l'exécution des peines. À l'image de la personne physique, le Code prévoit qu'après la dissolution de la personne morale et jusqu'à la clôture des opérations de liquidation, il puisse être procédé au recouvrement de l'amende et des frais de justice ainsi qu'à l'exécution de la confiscation.

1896 — Ne pas confondre exécution des peines et poursuite pénale. Si, par dérogation, il est possible d'exécuter certaines peines après la dissolution de la personne morale, toute poursuite pénale est impossible face une personne morale qui n'existe plus. Tel est le cas par exemple en présence d'une fusion de sociétés avec la conséquence que la société absorbante, principe de la responsabilité personnelle oblige, ne rendra pas de compte sur les faits commis par la société absorbée.

Cass. crim., 20 juin 2000 : Bull. crim., n° 237 ; Cass. crim., 14 oct. 2003 : Dr. pén. 2004, comm. n° 20. À la suite d'une fusion, une société absorbante ne peut être valablement reconnue pénalement responsable de faits antérieurs commis par une société absorbée.

II L'amnistie

1897 — Définition. L'amnistie s'analyse comme une mesure d'oubli, une manifestation d'un pardon, consistant à retirer le caractère d'infraction à certains faits commis par le passé. Ce qui était infractionnel ne l'est plus, comme si l'élément légal de l'infraction venait à disparaître.

1898 — Prise en charge par le Code pénal. Avant le nouveau Code pénal, chaque loi d'amnistie déterminait individuellement son régime et son champ d'application. Aujourd'hui, intégrées au Code, les dispositions visant l'amnistie régissent principalement les effets qu'elle produit (C. pén., art. 133-9 à 133-11).

A Les variantes de l'amnistie

1899 — Source législative de l'amnistie. Selon les règles portées par l'article 34 de la Constitution, l'amnistie relève du domaine de la loi. La loi, entendue au sens strict, est seule habilitée à accorder amnistie et à en préciser le champ d'application.

1900 — Amnistie dite « réelle » en fonction de la nature de l'infraction. Il en va ainsi lorsque la loi, pour encadrer le domaine de l'amnistie, dresse un inventaire des infractions concernées. Les auteurs s'en trouvent automatiquement amnistiés.

1901 — Amnistie dite « réelle » en fonction de la gravité de l'infraction. Il en va ainsi lorsque la loi réserve le bénéfice de l'amnistie aux infractions qui, au regard de la peine encourue et non prononcée, sont sanctionnées d'une peine inférieure à un certain taux précisément énoncé par la loi.

1902 — Effets de l'amnistie dite « réelle ». Opérant *in rem*, l'amnistie, parce qu'elle impose l'oubli des faits eux-mêmes, bénéficie alors à tous les participants de l'infraction, qu'ils soient auteurs, coauteurs ou complices.

1903 — Amnistie dite « personnelle ». L'amnistie dépend alors de la qualité de son bénéficiaire (son âge – mineur de 18 ans), ou de son « titre » (ancien combattant, déporté).

1904 — Amnistie personnelle conditionnelle. L'amnistie dépend alors du comportement du délinquant après l'infraction. Ainsi, la mesure peut être subordonnée à l'accomplissement de certaines obligations particulières, tel le paiement de l'amende prononcée.

1905 — Effets de l'amnistie dite « personnelle ». Opérant *in personam*, l'amnistie conserve aux faits leur nature délictueuse. Le complice reste punissable s'il ne peut prétendre aux qualités exigées par le législateur.

1906 — Variantes de l'amnistie législative. À côté de l'amnistie proprement législative, cohabitent d'autres variantes d'amnistie où sont alors associés au pouvoir législatif l'autorité judiciaire (amnistie judiciaire) ou le pouvoir exécutif (grâce amnistiante).

1907 — Amnistie « judiciaire ». Il en va ainsi lorsque la loi d'amnistie édicte que sont amnistiées les infractions commises avant telle date déterminée ou celles qui sont ou seront punies de peines d'emprisonnement inférieures ou égales à x mois sans sursis. La loi d'amnistie, en subordonnant le pardon à la peine prononcée, laisse au juge le soin de désigner ceux qui profiteront de l'amnistie.

1908 — Grâce « amnistiante ». Il en va ainsi lorsque la loi d'amnistie réserve ses effets aux seuls délinquants ayant obtenu un décret de grâce du président de la République pour une infraction déterminée. Sous cette variante, c'est donc cette fois au pouvoir exécutif qu'est transféré le soin de désigner les seuls bénéficiaires de la mesure d'oubli.

B Les conséquences de l'amnistie

1909 — Finalités de l'amnistie. Pour le recteur Lombois, l'amnistie s'analysait comme « l'opportunité des poursuites, dans les mains du législateur ». Par une telle formulation, on comprend aisément les conséquences qui en découlent.

1 Les manifestations de l'effet extinctif de l'amnistie

1910 — Conséquence sur l'action publique. L'amnistie éteint l'action publique à compter du jour de la promulgation de la loi qui l'accorde. Elle s'oppose en outre à ce que les mêmes faits reçoivent une qualification autre que celle qui leur avait été donnée dans des poursuites clôturées par une décision définitive.

> Cass. crim., 26 sept. 2006 : Bull. crim., n° 235. Mayaud Y., « De la requalification, après non-lieu, d'injures non publiques en violences volontaires, ou des limites de l'acharnement judiciaire », RSC 2007, p. 76.
>
> Cass. crim., 31 oct. 2006 : Bull. crim., n° 262. Herzog-Evans M., « Le fauchage de plants transgéniques peut-il bénéficier des lois d'amnistie ? », AJ pénal 2007, p. 26.

1911 — Effet radical de l'amnistie. Non seulement les peines prononcées, principales comme complémentaires, cessent de recevoir application, mais encore la condamnation disparaît rétroactivement. Tout se passe donc comme si l'infraction n'avait jamais été commise, comme si la condamnation n'avait jamais été rendue.
« L'amnistie efface les condamnations prononcées. Elle entraîne, sans qu'elle puisse donner lieu à restitution, la remise de toutes les peines. Elle rétablit l'auteur et le complice de l'infraction dans le bénéfice du sursis qui avait pu lui être accordé lors d'une condamnation antérieure » (C. pén., art. 133-9).

1912 — Effectivité des effets de l'amnistie. Pour garantir l'efficacité, voire l'effectivité des effets de l'amnistie, le législateur a pris soin de fixer quelques principes d'une importance pratique considérable.
« Il est interdit à toute personne qui, dans l'exercice de ses fonctions a connaissance de condamnations pénales, de sanctions disciplinaires ou professionnelles ou d'interdictions, déchéances ou incapacités effacées par l'amnistie, d'en rappeler l'existence sous quelque forme que ce soit ou d'en laisser subsister la mention dans un document quelconque [...] » (C. pén., art. 133-11).

1913 — Conséquences de l'amnistie. La condamnation amnistiée doit être effacée du casier judiciaire. Elle ne compte plus comme premier terme de la récidive et ne fait plus obstacle, en cas de nouvelle condamnation, à l'octroi du sursis.

1914 — Regard sur l'amnistie. Il n'est pas certain que les lois d'amnistie soient toujours entendues comme équitables. On peut avoir en mémoire celles qui, suivant une période trouble, poursuivaient un schéma de réconciliation (amnistie à la Libération, après l'indépendance de l'Algérie, après les événements de mai 1968). Mais on ne peut oublier que par le passé, l'amnistie n'a eu d'autre rôle que d'effacer des infractions financières commises par nos politiques pour le financement de leurs propres partis.

2 Les limites de l'effet extinctif de l'amnistie

1915 — Absence d'effet de l'amnistie sur les peines déjà subies. L'amnistie ne saurait permettre à un condamné de prétendre au remboursement de l'amende honorée, ni même à la réparation des mois de privation de liberté. L'amnistie est, et demeure, une simple mesure de clémence sans jamais s'apparenter à une mesure de réparation.

1916 — Effets de l'amnistie et droits des tiers. L'amnistie ne porte pas préjudice aux droits des tiers. Portée par l'article 133-10 du Code pénal, la formule consacre la survivance du droit à réparation fondé sur le fait que la matérialité des faits n'a pas disparu avec la condamnation.

1917 — Exclusion de l'amnistie pour les mesures de sûreté. Par principe, la jurisprudence écarte les mesures de sûreté du domaine de l'amnistie. La solution puise sa source dans le fait que ces dernières ne constituent pas une sanction infligée au condamné, mais s'analysent en un instrument destiné à protéger la société contre d'éventuelles futures infractions.

1918 — Appréciations sur l'exclusion judiciaire de l'amnistie des mesures de sûreté. Alors que l'article 133-9 du Code pénal énonce que l'amnistie « *entraîne la remise de toutes les peines* », la solution jurisprudentielle semble confortée par différentes lois (3 août 1995, 6 août 2002) qui écartent de leurs prévisions certaines mesures.

SECTION 3 Effacement de la condamnation après extinction de la peine

1919 — Extinction de la peine ne signifie pas effacement de la condamnation. Que la peine ait été totalement ou partiellement exécutée, qu'elle soit réputée exécutée par l'effet de la prescription ou d'une mesure de grâce, cela n'a aucune incidence sur l'existence même de la condamnation.

1920 — Conséquences du maintien de la condamnation. Celle-ci reste accrochée au passé du délinquant. Elle entraîne dans son sillage des conséquences pénales en matière de récidive ou d'aptitude au sursis. Pour faire disparaître la condamnation et dissiper toute trace du passé pénal de l'intéressé, le droit positif consacre deux formes de réhabilitation.

I Les formes de la réhabilitation

1921 — Précision. La réhabilitation permet de rendre à la personne frappée par une condamnation tous les droits qu'elle a perdus. Pour la doctrine, elle tend à rétablir le condamné dans son honneur et sa probité par l'effacement de la condamnation et de toutes les déchéances et incapacités qui peuvent en résulter. Elle tend également, comme le Conseil constitutionnel l'a jugé, « au reclassement du condamné ». La réhabilitation révèle deux sources différentes. La première est judiciaire, la seconde, législative.

A La réhabilitation judiciaire

1922 — Distinction. Sans qu'il y ait une grande variation, on oppose la réhabilitation des personnes physiques à celle des personnes morales.

1 La réhabilitation judiciaire au profit des condamnés personnes physiques

1923 — Personnes concernées par la réhabilitation. Toute personne condamnée par un tribunal français à une peine criminelle, correctionnelle ou contraventionnelle peut être réhabilitée (CPP, art. 782).

1924 — Personnes habilitées à demander la réhabilitation judiciaire. La réhabilitation doit faire l'objet d'une demande à l'autorité judiciaire par le condamné lui-même ou son représentant légal. En cas de décès du condamné et dans l'année qui suit, son conjoint, ses ascendants et descendants peuvent également engager l'action (CPP, art. 785).

1925 — Délais pour former la demande de réhabilitation. La demande en réhabilitation ne peut être formée qu'après un délai de cinq ans pour les condamnés à une peine criminelle, de trois ans pour les condamnés à une peine correctionnelle et d'un an pour les condamnés à une peine contraventionnelle.

> Cons. const., 27 nov. 2015, n° 2015-501 QPC : AJ pénal 2016, p. 142, Saas. Est jugé conforme à la Constitution le fait qu'une peine principale d'interdiction définitive du territoire soit imprescriptible et qu'elle ne puisse, par définition, expirer qu'au décès du condamné, la voie de la réhabilitation judiciaire étant ainsi fermée à ce dernier.

1926 — Point de départ du délai. Le délai part, pour les condamnés à une amende, du jour où la condamnation est devenue irrévocable et, pour les condamnés à une peine privative de liberté, du jour de leur libération définitive ou du jour de leur libération conditionnelle lorsque celle-ci n'a pas été suivie de révocation. À l'égard des condamnés à une sanction pénale autre que l'emprisonnement ou l'amende, prononcée à titre principal, ce délai part de l'expiration de la sanction subie.

1927 — Délais allongés pour les récidivistes. Les délais sont alors portés, selon les cas de figure, de six à dix années (CPP, art. 787).

1928 — Peine devant avoir été exécutée. La condition est somme toute assez logique. La formule s'étend toutefois à la peine effectivement exécutée et à celle qui est réputée l'être.

1929 — Paiement des dommages et intérêts effectués. Exception faite de la prescription de la peine, le condamné doit justifier du paiement de l'amende et des dommages et intérêts ou, à défaut, démontrer qu'il a subi la contrainte par corps ou que le Trésor a renoncé à ce moyen d'exécution.

1930 — Particularité singulière. L'ensemble de ces conditions s'évanouit lorsque le condamné, depuis l'infraction, a rendu des services éminents au pays (CPP, art. 789) sans que le texte soit plus explicite sur ce qu'il faut entendre par « services éminents ».

2 La réhabilitation judiciaire au profit des condamnés personnes morales

1931 — Transpositions des règles de la réhabilitation judiciaire. Pour l'essentiel, les règles procédurales énoncées pour les personnes physiques sont similaires et s'appliquent à la réhabilitation demandée pour le compte d'une personne morale.

1932 — Auteur et délais de la demande de réhabilitation. Au profit de la personne morale condamnée, la demande de réhabilitation peut être formulée par le représentant légal deux ans après l'expiration du délai de la sanction subie. Lorsque la demande a été rejetée, une nouvelle peut être formulée après une année.

B La réhabilitation légale

1933 — Réhabilitation de plein droit. La réhabilitation légale s'acquiert automatiquement par l'effet du temps qui passe lorsque la personne concernée n'a subi aucune condamnation nouvelle (criminelle ou correctionnelle) dans un délai qui varie en fonction de la gravité de la peine prononcée.

Cass. civ., 29 févr. 2012 : D. actualité 21 mars 2012, obs. Fleuriot. Selon l'article 21-27 du Code civil, la condamnation à une peine égale ou supérieure à six mois d'emprisonnement non assortie d'une mesure de sursis ne peut faire obstacle à l'acquisition de la nationalité française si elle a fait l'objet d'une réhabilitation de plein droit dans les conditions prévues par l'article 133-13 du Code pénal.

1 La réhabilitation légale au profit des condamnés personnes physiques

1934 — Variations du délai en fonction de la gravité de l'infraction. Selon les dispositions de l'article 133-13 du Code pénal, les délais sont :
- de trois ans pour les condamnations à l'amende ou jour-amende ;
- de cinq ans pour les condamnations à une peine d'emprisonnement n'excédant pas un an ou à une autre peine qui ne soit ni pécuniaire ni privative de liberté ;
- de dix ans en cas de condamnation unique à une peine d'emprisonnement n'excédant pas dix ans et en cas de condamnations multiples à l'emprisonnement pour un total de cinq ans maximum.

1935 — Conséquence de l'état de récidive. Les délais portés par l'article 133-13 du Code pénal ont doublé lorsque la personne a été condamnée pour des faits commis en état de récidive légale.

2 La réhabilitation légale au profit des condamnés personnes morales

1936 — Délai unique. Le législateur a prévu un délai unique de cinq ans, quelle que soit la peine subie. À l'égard des personnes morales, à l'image des personnes physiques, condamnées pour des faits commis en état de récidive légale, les délais sont doublés (C. pén., art. 133-14).

II Les effets de la réhabilitation

1937 — Effets propres à la réhabilitation. Elle anéantit toutes les incapacités et déchéances résultant de la condamnation. À l'inverse de l'amnistie, elle peut faire disparaître les mesures de sûreté qui par nature, en raison de l'amendement du condamné, n'ont plus de raison d'être.

1938 — Effectivité des effets de la réhabilitation. À l'image de l'amnistie, la réhabilitation produit les mêmes effets et interdit notamment à toute personne en ayant eu connaissance de rappeler l'existence de condamnations pénales effacées par la réhabilitation.

1939 — Maintien du droit des tiers. Les tiers conservent intact leur droit à être indemnisés des conséquences dommageables des infractions dont le souvenir a été effacé.

1940 — Apport de la loi du 5 mars 2007. Relative à la prévention de la délinquance, la loi précise aujourd'hui que « la réhabilitation judiciaire n'interdit pas la prise en compte de la condamnation, par les seules autorités judiciaires, en cas de nouvelles poursuites, pour l'application des règles sur la récidive légale » (C. pén., art. 133-6 *in fine).*

1941 — Conséquences de la loi de 2007. Les dispositions relatives au casier judiciaire ont été modifiées. La mention des réhabilitations y figure et les fiches des condamnés réhabilités ne sont plus supprimées du bulletin n° 1 (CPP, art. 769, al. 1 et 2) sauf si, s'agissant de la réhabilitation judiciaire, la juridiction l'a expressément ordonné (CPP, art. 769, 8°).

1942 — Apport de la loi du 27 mars 2012. La réhabilitation ne produit ses effets qu'à l'issue d'un délai de quarante ans lorsqu'a été prononcée, comme peine complémentaire, une interdiction, incapacité ou déchéance à titre définitif (C. pén., art. 133-16, entrant en vigueur au 1er janv. 2015).

L. n° 2012-409, 27 mars 2012, de programmation relative à l'exécution des peines : JORF, 28 mars 2012- Giacopelli M., « Loi n° 2012-409 du 27 mars 2012 de programmation relative à l'exécution des peines », Rev. pénit. 2012, p. 766.

Dossier « Effacement des condamnations : peut-on encore parler de droit à l'oubli ? », AJ pénal, oct. 2007.

Bibliographie

Manuels et Mémentos

BOULOC (B.), *Droit pénal général*, 25ᵉ éd., 2017, Dalloz, coll. « Précis ».

CANIN (P.), *Droit pénal général*, 7ᵉ éd., 2015, Hachette supérieur, coll. « Les fondamentaux ».

DESPORTES (F.), LE GUNEHEC (F.), *Droit pénal général*, 17ᵉ éd., 2011, Economica, coll. « Corpus ».

DREYER (E.), *Droit pénal*, 4ᵉ éd., 2016, LexisNexis, coll. « Manuels ».

GARÉ (T.), GINESTET (C.), *Droit pénal et procédure pénale*, 9ᵉ éd., 2016, Dalloz, coll. « HyperCours ».

HERZOG-EVANS (M.) et ROUSSEL (G.), *Droit pénal général*, 3ᵉ éd., 2011, Vuibert, coll. « Dyna'Sup ».

KOLB (P.) et LETURMY (L.), *Mémentos LMD Droit pénal général*, 12ᵉ éd., 2017-2018, Gualino éditeur.

LEROY (J.), *Droit pénal général*, 6ᵉ éd., 2016, LGDJ, coll. « Manuels ».

MAYAUD (Y.), *Droit pénal général*, 5ᵉ éd., 2015, PUF, coll. « Droit fondamental ».

PIN (X.), *Droit pénal général*, 8ᵉ éd., 2017, Dalloz, coll. « Cours ».

PRADEL (J.), *Droit pénal général*, 21ᵉ éd., 2016, Cujas, coll. « Référence ».

RASSAT (M.-L.), *Droit pénal général*, 4ᵉ éd., 2017, Ellipses, coll. « Cours magistral ».

RENOUT (H.), FOURMENT (F.), *Droit pénal général*, 19ᵉ éd., 2015, Larcier, coll. « Paradigme ».

SORDINO (M.-C.), *Droit pénal général*, 6ᵉ éd., 2016, Ellipses, coll. « Universités ».

Autres ouvrages

BAUER (A.), *Criminologie plurielle : une introduction générale à la criminologie*, 2011, PUF, coll. « Major ».

BEZIZ-AYACHE (A.), *Dictionnaire du droit pénal et procédure pénale*, 2016, Ellipses, coll. « Dictionnaires de droit ».

BONFILS (P.), GOUTTENOIRE (A.), *Droit des mineurs*, 2e éd., 2014, Dalloz, coll. « Précis ».

BONFILS (P.), VERGES (E.), CATELAN (N.), *Travaux dirigés droit pénal et procédure pénale*, 3e éd., 2013, Litec, coll. « Objectif Droit ».

BOULOC (B.), *Droit de l'exécution des peines*, 5e éd., 2017, Dalloz, coll. « Précis ».

CLÉMENT (G.), VICENTINI (J.-P.), *Fiches de droit pénal général : rappels de cours et exercices corrigés*, 5e éd., 2015, Ellipses, coll. « Fiches ».

GASSIN (R.), BONFILS (Ph.), CIMAMONTI (S.), *Criminologie*, 7e éd., 2011, Dalloz, coll. « Précis ».

HERZOG-EVANS (M.), *Droit de l'exécution des peines*, 5e éd., 2016-2017, Dalloz, coll. « Action ».

KOLB (P.), LETURMY (L.), *L'essentiel de la jurisprudence pénale et procédure pénale*, 3e éd., 2016, Gualino éditeur, coll. « Carrés jurisprudence ».

KOLB (P.), LETURMY (L.), *Petit lexique de droit pénal général*, 2017, Gualino éditeur.

LAVIEILLE (B.), LAMEYRE (X.), JANAS (M.), *Le guide des peines*, 5e éd., 2012-2013, Dalloz, coll. « Guides ».

LAZERGES (Ch.), *Politique criminelle*, 1987, PUF, coll. « Que sais-je ? ».

MATHIAS (E.), *La responsabilité pénale*, 2005, Gualino éditeur.

MATHIAS (E.), *Termes de droit pénal et de procédure pénale*, 2006, Glossaire, Gualino éditeur.

PRADEL (J.), VARINARD (A.), *Les grands arrêts du droit pénal*, 10e éd., 2016, Dalloz, coll. « Grands arrêts ».

SORDINO (M.-C.), *32 exercices corrigés de droit pénal*, 3e éd., 2015, Gualino éditeur, coll. « Exos LMD ».

SOURZAT (Cl.), *Droit pénal général et procédure pénale*, 2e 2016, Larcier, coll. « Paradigme ».

Index

A

B

C

D

E

F

G

I

J

L

M

N

O

P

R

S

T

U

V

Achevé d'imprimer par Rotolito Lombarda S.p.A. en Août 2017